ÖGNI (Hrsg)

Bestandsgebäude

Bestandsgebäude

Chancen und Herausforderungen der Zukunft

herausgegeben von

ÖGNI

Österreichische Gesellschaft
für Nachhaltige Immobilienwirtschaft

Linde

Zitiervorschlag: *Autor* in *ÖGNI* (Hrsg), Bestandsgebäude (2021) Seite

Bibliografische Information der Deutschen Nationalbibliothek

Die Deutsche Nationalbibliothek verzeichnet diese Publikation in der Deutschen Nationalbibliografie; detaillierte bibliografische Daten sind im Internet über http://dnb.d-nb.de abrufbar.

Hinweis: Aus Gründen der leichteren Lesbarkeit wird auf eine geschlechtsspezifische Differenzierung verzichtet. Entsprechende Begriffe gelten im Sinne der Gleichbehandlung für alle Geschlechter.

ISBN 978-3-7073-4403-5

1210 Wien, Scheydgasse 24, Tel.: 01/24 630
www.lindeverlag.at

Druck: Hans Jentzsch & Co GmbH
1210 Wien, Scheydgasse 31
Dieses Buch wurde in Österreich hergestellt.

Gedruckt nach der Richtlinie des Österreichischen Umweltzeichens „Druckerzeugnisse", Druckerei Hans Jentzsch & Co GmbH, UW-Nr. 790

PRINTED IN AUSTRIA

Vorwort

Wir leben in einer großartigen Zeit. Unsere Vorfahren, soweit unsere Wissenschaftler ihr Leben bisher erforschen konnten, waren stets mit Konflikten, Kriegen und der Bewältigung von lebensbedrohenden Krisen beschäftigt. Wir jedoch leben nun seit vielen Jahrzehnten in Frieden und unsere Krisen sind andere.

Die Technik entwickelt sich rasant und unterstützt die Menschen in fast allen Fragen und obwohl vieles gut läuft, stehen uns notwendige Veränderungen bevor. Die Unbekümmertheit, mit der wir die Ressourcen unseres Planeten, unserer Länder verbraucht haben, kann nicht länger beibehalten werden. Die Bevölkerung von Staaten, die sich bisher aufgrund ihrer Lebenssituation nur sehr zurückhaltend an den Ressourcen bedient haben, strebt nach Wohlstand. Über 2,5 Mrd Menschen in China und Indien wollen das erreichen, was sie bisher nicht hatten: technische Ausstattung, komfortablen Wohnraum, höheren Fleischkonsum uvm. Die lange Zeit vorherrschende „Verteilungsgerechtigkeit" – alles für die Erste Welt, ein bisschen für die Zweite und nichts für die Dritte Welt – hat ihre Gültigkeit verloren. Und wir konnten sehen, dass sich die Menschen nicht aufhalten lassen und nach Europa kommen, wenn wir nicht nachhaltig agieren und sie dabei intensiv unterstützen, ihre Heimatländer lebenswerter zu gestalten.

Der Klimawandel ist da, kann vielleicht durch die Innovationskraft der Menschheit gemildert werden, verschwinden wird er aber nicht mehr. In Europa haben wir das gut im Griff, es gibt Strategien mit der Hitze, mit Starkregenereignissen und mit Naturkatastrophen umzugehen. Unsere Landwirtschaften sind dabei, resilienter gegen Trockenheit und Hitze zu werden, auf den Anstieg des Meeresspiegels wird in den betroffenen Ländern bereits reagiert. Was wir aber bei all unseren Anstrengungen nicht vergessen dürfen, sind die Einwohner jener Länder, die ihre Siedlungsgebiete an das Meer verlieren und die eine neue Heimat brauchen werden. Diese nach Expertenschätzungen mindestens 300 Mio Menschen werden neues Land brauchen und es werden aufgrund ihrer großen Anzahl globale Lösungen nötig sein. Eine europäische Migrationspolitik greift bei diesem Thema zu kurz.

Das vorliegende Buch beschäftigt sich mit den bereits gebauten Immobilien und hat mit den oben genannten Themen sehr viel zu tun. Wir haben uns bemüht, ein Werk zusammenzustellen, das den Immobilienbestand aus den verschiedensten Gesichtspunkten beleuchtet, immer mit einer klaren Fokussierung auf Nachhaltigkeit in all ihren Ausprägungen. Im „richtigen" Umgang mit unserem Immobilienbestand sehen wir einen Baustein zur Erreichung von besserem Klimaschutz und mehr Klimaresilienz und zur Verbesserung der Verteilungsgerechtigkeit durch die Verminderung des Ressourcenverbrauchs. Wir glauben, dass die sorgfältigere Behandlung unseres Immobilienbestands das Leben der Menschen in unseren Ländern verbessert und unseren Kindern das Weiterleben erleichtern wird, aber auch ein wichtiger Beitrag dazu ist, den globalen Herausforderungen unserer Zeit zu begegnen.

Wir sehen bei der Immobilienwirtschaft und ihren Vertretern eine sehr große Verantwortung gegenüber der Gesellschaft und va gegenüber zukünftigen Generationen. Ähnlich wie bei der Forstwirtschaft werden hier Entscheidungen getroffen, die noch jahrzehntelang gültig sind. Die europäische Baukultur ist die Basis, auf die wir stolz sein und auf die zukünftige Entwicklungen aufgebaut werden können. Diese Kultur hat sich über Jahrhunderte entwickelt und ist von verschiedensten Völkern aus verschiedenen Kontinenten über Migration, Eroberung oder Neubesiedlungen beeinflusst worden. Durch die wechselhafte Geschichte Europas ist viel Bestand zerstört und neu aufgebaut worden, es hat eine ständige Erneuerung, Weiterentwicklung und „Sanierung" gegeben. Die Frage nach der Behandlung der existierenden Bausubstanz wurde in vielen Fällen durch Kriege beantwortet.

Das ist nun anders und es ist gut so. Fast 80 Jahre Frieden hat viel Bausubstanz erhalten und damit uns die Entscheidung überlassen, was wir damit machen. Nicht alles, was alt ist, ist ein Denkmal, schützenswert oder sanierbar. Va sind die „Sünden" der Vergangenheit (leider bauen wir heute auch noch Sünden) näher zu betrachten und zu bearbeiten. Bei der Entscheidung, was mit alter Bausubstanz zu tun ist, ist die Frage der Nachhaltigkeit ein zentrales Thema: wegreißen, idealerweise recyceln und neu bauen belastet das Klima vielleicht mehr als eine Renovierung. Ist eine Sanierung wirtschaftlich sinnvoll, ist die Bausubstanz ausreichend stabil? Wie wertvoll ist das Gebäude für seine Umgebung und kann dieser Wert auch mit einem Neubau erzielt werden? Das sind Fragen, deren Antworten in Verbindung zueinander stehen und die nur gelöst werden können, wenn die drei Säulen der Nachhaltigkeit gleich gewichtet werden. Soziale Nachhaltigkeit, Ökonomie und Ökologie sollten nie einseitig betrachtet werden, nur gemeinsam ergeben sie ein stabiles nachhaltiges Ergebnis und machen allen Beteiligten Freude.

Ein weiteres Thema bei der Betrachtung des Immobilienbestands ist die Diskussion über den Wert, den dieser Bestand darstellt. Die Immobilien, die auf dem jeweiligen Staatsgebiet bestehen, sind ein wichtiger Teil seines Vermögens, unabhängig von den Eigentumsverhältnissen. Wir alle sind der Staat, tragen zum Wert des Staates bei und haben damit die Verpflichtung, auf dieses Staatsvermögen zu achten und sorgfältig damit umzugehen. Das gilt auch für die Bestandsimmobilien: Es ist eine Verpflichtung, das zu erhalten, das erhaltenswert ist, und für eine regelmäßige Sanierung und Erneuerung der technischen Ausstattung zu sorgen. Nur mit regelmäßiger Sanierung kann der Wert der Bestandsimmobilien erhalten und unser gemeinsames Vermögen gesichert werden. Gerade bei der Sanierung ergeben sich Herausforderungen. Viele Diskussionen über den wirtschaftlichen Wert solcher Sanierungen oder auch technischer Erneuerungen sind zu kurz gegriffen. Bei der wirtschaftlichen Betrachtung dieser Maßnahmen kann nie die derzeitige Situation die Basis sein, es müssen immer die Lebenszykluskosten eines Gebäudes betrachtet werden, unabhängig davon, wer diese Kosten zu tragen hat. Unter Berücksichtigung der Lebensdauer der verschiedenen Baustoffe wäre ein Sanierungszyklus von durchschnittlich 30 Jahren sinnvoll, derzeit halten wir statistisch bei 100 Jahren. Damit kann kein Vermögen erhalten werden.

Ebenfalls nicht vergessen sollten wir das Thema des Grundverbrauchs. Auch der Grund eines Staates stellt Staatsvermögen dar und es ist eine Verpflichtung, diesen Grund bestmöglich zu nutzen. Nichtnutzung von versiegelter Fläche, aus welchen Gründen auch immer, ist keine sinnvolle Verwendung und vernichtet Vermögen. Ausgedehnte Parkplätze auf Flächen, die besser genutzt werden könnten, sind zu diskutieren, ebenso wie der Mangel von Überbauung von bisher nur einstöckig bebauten Flächen, va im städtischen Bereich, oder die Vernichtung von Boden mit den unsäglichen Reihenhaussiedlungen in den Speckgürteln. Die Schaffung eines Verständnisses für das Thema Bodenfläche ist eine Herausforderung, eine effizientere Nutzung als bisher ist anzustreben, denn Boden ist eine begrenzte Ressource, die mehr Beachtung verdient.

Wenn wir den Immobilienbestand aus Sicht der Gebäude betrachten, ergeben sich für uns zwei Ansätze: Wir wünschen uns Gebäude, die so gebaut sind, dass sie ewig haltbar, sanierbar, umnutzbar sind; keine Ausoptimierung auf nur eine Nutzungsvariante, stabile Baustoffe für den Gebäudekern, die ewig halten bzw erhalten werden können, eine Architektur, die Umnutzung, Sanierung, Aufrüstung mit neuer Technik ermöglicht. Wir wünschen uns abseits des Gebäudekerns Baustoffe, die wiederverwendbar sind oder so recycelt werden können, dass es keine zusätzliche Belastung für die Umwelt gibt. Wir sollten nie vergessen, dass ein Gebäude am Ende seiner Nutzungszeit nicht nur ein Ärgernis und einen Kostenfaktor durch die Abfallentsorgung darstellt. Gebäude am Ende ihrer Lebenszeit sind in erster Linie Rohstofflager, die wir im Sinne der Ressourcenschonung nutzen sollten.

Den letzten Blick, den vielleicht wichtigsten, wollen wir aus Sicht der Menschen, die die Gebäude nutzen, auf den Immobilienbestand richten. Die langlebigsten Gebäude sind die, in denen Menschen sich wohlfühlen. Wohlfühlen ist ein individueller Begriff, der für jeden etwas anderes bedeutet, er kann aber im Allgemeinen an einigen Faktoren festgemacht werden: gute und die Nutzung unterstützende Architektur, Komfort, Kommunikation und soziale Interaktion fördernde Funktionalität. Langlebige Gebäude sind in ihrer Umgebung verankert, haben eine gute Anbindung an Infrastruktur und öffentlichen Verkehr und sind in ihrer Funktionalität flexibel. Wenn sich Menschen in einem Gebäude wohlfühlen, ist es auch wirtschaftlich für die Eigentümer erfolgreich, hier gibt es eine direkte Abhängigkeit. Wirtschaftlich erfolgreiche Gebäude sind langlebig und werden regelmäßig saniert, womit die drei Säulen der Nachhaltigkeit miteinander gekoppelt werden können.

Flexibilität ist sowohl für Gewerbe- als auch Wohngebäude ein entscheidender Faktor. Arbeitswelten verändern sich, die Lebenssituation von Menschen ändert sich, von nachhaltigen Gebäuden wird erwartet, dass sie sich zumindest in einem gewissen Umfang diesen Änderungen anpassen. Barrierefreiheit ermöglicht Menschen die Nutzung auch im Krankheitsfall oder im hohen Alter, wir erleben gerade durch den Fortschritt der Digitalisierung eine massive Änderung der Arbeitswelten, die sowohl Einfluss auf Bürobauten als auch Wohnbauten hat. Wenn die betroffen Gebäude eine veränderte Nutzung nicht ermöglichen, werden sie an Wert verlieren oder schlimmstenfalls rasch das Ende ihrer Lebensdauer erreichen.

Das vorliegende Buch behandelt all diese Themen aus Expertensicht. Es enthält keine Checklisten, die es einfach abzuarbeiten gilt. Die Autoren wollen einen Überblick über die Bestandsimmobilien aus den verschiedenen Blickwinkeln geben und zum Nachdenken anregen. Jede Immobilie ist ein Unikat und individuell zu betrachten, es kann keine Patentlösung für sämtliche Immobilien geben, daher ist umfassendes Nachdenken in jedem Fall nötig.

Die *ÖGNI (Österreichische Gesellschaft für Nachhaltige Immobilienwirtschaft)* bedankt sich an dieser Stelle herzlich bei allen Autoren für ihre Beiträge und ihr Engagement. Wir sind uns sicher, dass dieses Buch einen kleinen Teil dazu beitragen wird, die Welt nachhaltiger und lebenswerter zu gestalten.

Wien, im Frühjahr 2021

Andreas Köttl
Peter Engert

Autorenverzeichnis

Ing. Walter Burger ist seit 2014 Technischer Direktionsleiter und Geschäftsführer der BÖHM Stadtbaumeister & Gebäudetechnik GmbH. 1987 trat er als Techniker mit HTL Abschluss in den Konzern ein. Seine 20 Jahre Führungserfahrung mit einem zukunftsorientierten Führungsstil haben ihn ua gelehrt, in herausfordernden Situationen Verhandlungsgeschick und einen kühlen Kopf zu bewahren. Zu seinen Kompetenzen zählen aber auch Innovationsbereitschaft und der Umgang mit Change-Management.

Dipl.-Ing. Dr.techn. Anna-Vera Deinhammer erfand und leitet den DoTank Circular City Wien 2020–2030. Sie besitzt ein Diplom in Architektur (TU Wien) und promovierte im Bauingenieurwesen (TU Wien in Kooperation mit der University of New South Wales Sydney). Sowohl ihre Forschung als auch ihre praktischen Aktivitäten beschäftigen sich stets mit der Schaffung einer gesunden und lebenswerten gebauten Umwelt. Seit 2016 ist sie Mitglied der Magistratsdirektion Bauten und Technik und für die Koordination der Kreislaufwirtschaftsaktivitäten der Stadt Wien verantwortlich. Ihre Arbeitsschwerpunkte sind das zirkuläre Wien, integrale Bauforschung und Ingenieurwissenschaft. Dazu vertritt sie die Stadt Wien in vielen Arbeitsgruppen, zB als Vorsitzende der Arbeitsgruppe Circular Construction Materials der ICLEI's Big Buyers Initiative; EUROCITIES Wirtschaftsforum; European Circular Economy Stakeholder Platform. Zusätzlich leistet sie im Austrian Standards Institut (ASI) Normenarbeit und im Österreichischen Institut für Bautechnik (OIB) Sachverständigenarbeit für die Stadt Wien auf dem Gebiet der Anforderungen an das nachhaltige Bauen.

Ing. Gerhard Dreyer verfügt über 35 Jahre Erfahrung in der Fonds- und Immobilienbranche. Er initiierte und verwaltete Beteiligungs- und Immobilienfonds sowie Direktanlagen in Immobilien für private und institutionelle Investoren. Er war 2003 an der Emission des heute größten österreichischen offenen Immobilien-Investmentfonds ebenso maßgeblich beteiligt wie zuvor an der Auflage der ersten geschlossenen Immobilien Investments mit Investitionen in CEE und deren Exit im Jahr 2006. In seinen Funktionen an der Schnittstelle zwischen Investoren und Investitionsobjekten erwarb er umfangreiches Know-how in der Strukturierung und Umsetzung zahlreicher in- und ausländischer An- und Verkaufstransaktionen, dem Asset-, Fonds- und Portfoliomanagement sowie der Investorenbetreuung samt kapitalmarkt- und aufsichtsrechtlichen Anforderungen. Seine mehrere Immobilienzyklen umfassende Tätigkeit lehrte ihn den erfolgsentscheidenden Umgang hinsichtlich Timing bei An- und Verkäufen sowie dem konkreten Einsatz von Risikomanagementsystemen. Sein Einstieg in die Finanz- und Immobilienbranche erfolgte 1982 bei der Immorent als Spezialist ua für die Strukturierung von Leasing- und Beteiligungsmodellen im Tourismus- und Energiebereich für private und institutionelle Kunden. 1989 wechselte er in eine Führungsposition im damaligen Creditanstalt Konzern und verantwortete von 1993 bis Ende 2016 als Geschäftsführer der heutigen Bank Austria Real Invest Immobilien-Management GmbH das Geschäftsfeld „Gemanagte Immobilienveranlagungen“. Seit 2017 begleitet und unterstützt er selbständig Investoren und Finanzdienstleister als Immobilientreuhänder und gründete

2019 mit seinem langjährigen Kollegen Herbert Logar die DreyerLogar & Partner Asset Management GmbH.

Mag. Karin Fuhrmann ist Steuerberaterin und Partnerin bei TPA Steuerberatung GmbH. Sie hat mehrjährige Erfahrung in der Entwicklung von Finanzierungsmodellen im Zusammenhang mit Immobilienprojekten und betreut Gesellschaften mit umfangreichem Immobilienbesitz sowie bei nationalen und internationalen Immobilientransaktionen. Sie ist Mitglied des Fachsenats für Steuerrecht der Kammer der Steuerberater und Wirtschaftsprüfer, Lektorin an der Donau Universität Krems und Mitherausgeberin der Zeitschrift immo aktuell.

Sebastian Gstaltner, BSc (WU) ist seit Jänner 2019 Steuerberater-Berufsanwärter bei TPA Steuerberatung GmbH mit den Tätigkeitsbereichen Jahresabschluss-Erstellung und An- und Verkaufsberatung, insb mit Immobilienbezug.

DI (FH) Walter Hammertinger ist geschäftsführender Gesellschafter der value one development GmbH. In seiner Funktion verantwortet er den gesamten Development-Bereich der Projekte in Österreich. Er kümmert sich zudem um technische Themen, wie die Einführung von BIM in der gesamten Unternehmensgruppe. Davor war er in der Projektleitung der BauConsult Group tätig und später bei der Value One Development, wo er bei der Entwicklung vom mehrfach preisgekrönten Stadtentwicklungsprojekt Viertel Zwei mitwirkte.

DI (FH) Lisa Handl studierte Facility Management an der FH Kufstein Tirol (Abschluss 2004) und arbeitet seitdem als Consultant im Facility Management

Bmstr. DI Andreas Kloiber, versiert in der Ausschreibung, Planung und Vergabe von Bauprojekten, bringt seine Kompetenzen in die TÜV AUSTRIA Group mit den Schwerpunkten Sachverständigentätigkeit (Begutachtungen EFH, MFH, Gewerbebetriebe), begleitende Kontrolle, Baumanagement & Bauherrenvertretung, Objektsicherheitsprüfungen nach ÖNORM B 1300, Barrierefreiheit nach ÖNORM-B-1600-Reihe sowie technische Due Diligence (für WHA und Industriebauten) ein.

Dipl.-Ing. Wolfgang Kradischnig ist Miteigentümer der DELTA Gruppe, Geschäftsführer der Delta Holding GmbH und Geschäftsführer der Delta Podsedensek Architekten ZT GmbH. Seit 2011 ist er als Holding Geschäftsführer auch Unternehmenssprecher der DELTA Gruppe in Österreich. Wolfgang Kradischnig ist als einer der Initiatoren der IG Lebenszyklus Bau Mitglied im Vorstand. Ebenso ist er Präsidiumsmitglied des VZI, des Verbandes der Ziviltechniker- und Ingenieurbetriebe. Seit vielen Jahren bemüht sich Wolfgang Kradischnig um einen Kulturwandel in der Bauwirtschaft hin zu mehr Fairness und Partnerschaftlichkeit. Er engagiert sich außerdem für ein neues Bewusstsein der zentralen Rolle der Bau- und Immobilienwirtschaft hinsichtlich Klimaschutz. Er hat über viele Jahre Neu- und Umbauprojekte begleitet und geleitet sowie die DELTA green line zur Planung lebenszyklusoptimierter Projekte ins Leben gerufen.

Dipl. Ing. Harald Kreuter hat seine nachrichtentechnische Ausbildung an der HTL Mödling absolviert. Zu seiner technischen Ausbildung hat er berufsbegleitend im Jahr 2004 sein Studium „Projekt- und Prozessmanagement" abgeschlossen.

Wohnhaft in Baden bei Wien, ist er als Projekt- und Planerbetreuer der Firma BELIMO Automation Handelsgesellschaft m.b.H. österreichweit unterwegs. Weiters ist er auch in einigen Normen-Arbeitskreisen im Bereich HLK und Brandschutz tätig.

Theodor Kubak ist seit 2019 geschäftsführender Gesellschafter von Arbireo Hospitality sowie Value One Hotel Operations. Nach erfolgter Ausbildung an der Hotelfachschule in Wien hatte er in unterschiedlichen Weltregionen wie Neuseeland, Australien, der ehemaligen UDSSR und Asien als Hotelbetreiber Gelegenheit, mit Hotelentwicklung, Neupositionierung und Eröffnungen den gesamten Lebenszyklus einer Hotelimmobilie in unterschiedlichen Rollen zu gestalten und Gesamtverantwortung für den Hotelbetrieb zu übernehmen. Später folgten Hotel Asset Management und operative Beratung für Konzeptentwicklung, Märkte und Machbarkeitsstudien, Interims Management, Pre-Opening Task Force, Mystery Shopping, Executive Search sowie aktive Gestaltung von Hotel M&A für einen der aktivsten institutionellen Hotelinvestoren in Europa. Er verantworte mehr als 50 Hoteltransaktionen über zwei Milliarden Euro – in Europa und den USA. Hierfür wurden ihm 2016 in Los Angeles je ein ALIS-Award für die Beste Hotelentwicklung und die Beste Hoteleinzeltransaktion in den USA überreicht. Kubak ist Vortragender, Fachbuchautor und engagiert sich für die Branche in diversen Think Tanks und Organisationen: Er ist Mitbegründer und 1. Präsident der Hotel Asset Manager Association (HAMA Europe) und agiert derzeit als deren Mitglied des Aufsichtsrats.

Prok.[in] Bianca Lang ist seit dem Jahr 2009 in der Facility-Management-Branche tätig und verfügt über fundierte Erfahrung in der operativen Betreuung und Akquisition sowie in der technischen und infrastrukturellen Kalkulation von Liegenschaften. Im Jahr 2016 absolvierte sie die Ausbildung zur Meisterin der Denkmal-, Fassaden- und Gebäudereinigung. Seit 2019 ist sie als Prokuristin und Bereichsleitung für Ausschreibungsmanagement bei SIMACEK verantwortlich.

Dipl.-Ing. Herbert Logar ist ein ausgewiesener Transaktionsexperte und verfügt über mehr als 25 Jahre Erfahrung in den Bereichen Investment- und Immobilienmanagement inkl Infrastruktur. Er begleitete in den letzten Jahren eine Vielzahl von Immobilientransaktionen mit einem Gesamtvolumen von mehreren Milliarden Euro. Sein Erfahrungshintergrund konzentriert sich dabei va auf die Strukturierung von komplexen und großvolumigen Transaktionen aller Asset-Klassen im In- und Ausland (Deutschland, CEE, SEE).

Seine Karriere begann der gebürtige Kärntner bei Swarovski in den USA. Nach seiner Rückkehr nach Österreich und Stationen bei Honeywell und der VA Tech Elin EBG GmbH avancierte Herbert Logar im Jahr 2003 zum Geschäftsführer der Bundesimmobiliengesellschaft. Im Jahr 2007 wechselte er auf die Investorenseite und wurde Geschäftsführer der Bank Austria Real Invest GmbH, wo er die Bereiche Investment Management und Asset Management leitete und maßgeblich am Aufbau des größten österreichischen offenen Immobilien Fonds Real Invest Austria mitwirkte. Von 2012 bis Mitte 2017 war er als Geschäftsführer bei ÖBB Immobilienmanagement tätig und repräsentierte damit den größten Projektentwickler im Land. In seine Geschäftsführungsphase fallen die Errichtung des Wiener Hauptbahnhofes und die Entwicklung der städtebaulichen Flächen am Hauptbahnhof sowie am Wiener Nord- und Nordwestbahnhof. 2017 gründete Herbert

Logar mit Franz Helbich und Dr. Karl Derfler die Investmentmakler-Firma ADEQAT, die es innerhalb von zwei Jahren aus dem Stand geschafft hat, der viertgrößte Investmentmakler im Land zu werden. 2019 trennte sich Herbert Logar von seinen Anteilen an ADEQAT, um seinen Fokus verstärkt auf Asset-Management-Dienstleistungen legen zu können, und gründete mit seinem Partner Gerhard Dreyer die Dreyer Logar & Partner Asset Management GmbH.

Christina Nekola, MAS studierte Facility Management an der Donau-Universität Krems (Abschluss 2003) und ist Gründungsmitglied, Gesellschafterin und Prokuristin des Unternehmens immovement Management Consulting GmbH.

Jürgen Obmauer, MBA hat seine elektrotechnische Ausbildung am Linzer Technikum absolviert und im Jahr 2018 sein MBA-Studium abgeschlossen. Als Vertriebsleiter der Firma BELIMO Automation Handelsgesellschaft m.b.H. ist er österreichweit für Kunden unterwegs. Seit 2019 ist Jürgen Obmauer auch Botschafter der ÖGNI.

Mag. Robert Öllinger hat als ausgebildeter Jurist ein großes Spektrum an Erfahrungen im Management. Nach einem Ausflug in die Anwaltei war er lange im Einzelhandel und im Sozialbereich in unterschiedlichsten Führungsebenen tätig. Im Anschluss erfolgte ein Wechsel in den Gesundheitsbereich, wo er als CEO einer GmbH der Stadt Wien tätig war. Mit über 30 Jahren Berufspraxis bringt Robert Öllinger einen großen Schatz an Beratungsexpertise in das myAbility-Team mit. Durch seine gesammelten Erfahrungen in unterschiedlichen Führungspositionen versteht und erkennt er die Anliegen von Führungskräften und Mitarbeitern. So unterstützt er Unternehmen auf dem Weg zu einer inklusiveren Kultur. Herr Öllinger ist zuständig für die Bereiche Strategieentwicklung und Unternehmensberatung, Trainings und ist Experte in Sachen Barrierefreiheit sowie barrierefreies Bauen. Im Rahmen seiner Tätigkeiten war er für viele Bauprojekte, darunter auch Krankenanstalten, verantwortlich. Herr Öllinger ist aufgrund seiner eigenen Behinderung (Taubblindheit) somit auch Experte in eigener Sache. Weiters ist er Mitglied im Verein Forum für Usher-Syndrom, Hörsehbeeinträchtigung und Taubblindheit.

Stefan Pfefferer, MBA, Bsc agierte während seines Studiums zum MBA für General Management bereits 2007 mit Führungsverantwortungen im Mediaprint Rechenzentrum, ab 2012 dann als stellvertretender IT-Leiter des TÜV AUSTRIA, ehe er zum Programmleiter des Organisationsentwickungsprogramms berufen wurde. Neben seiner Verantwortung als Business-Unit-Leiter Real Estate & Facility Management leitet er mit dem TÜV AUSTRIA Campus in Brunn am Gebirge (NÖ) und dem Technology & Innovation Center in Wien die größten Standorte der TÜV AUSTRIA Group.

Ina Pfneiszl ist Certified CSR Expert. Ihre berufliche Laufbahn startete sie 1988 in der CallCenter-Leitung bei Master Management. 1998 wechselte sie zu Microsoft Österreich in die Funktionen Channel Marketing und Community Development. Seit 2010 ist Ina Pfneiszl bei SIMACEK in der Leitung des strategischen Marketings und dem Nachhaltigkeitsmanagement tätig. Sie verantwortet seitdem als Stabsstelle die strategische Nachhaltigkeitsentwicklung der gesamten Unternehmensgruppe.

DI (FH) Christian Pillwein, MSC ist Leiter des Branchenmanagements Gebäude- und Infrastruktur Automatisierung bei Beckhoff Automation GmbH. Nach dem Abschluss der HTL für Steuer- und Regelungstechnik startete seine Berufslaufbahn in der Industrie, wo er 12 Jahre Erfahrungen in der Industrieautomation sammelte. Seit 2006 widmet er sich dem Thema Gebäude- und Infrastruktur-Automation bei Beckhoff Automation. Er engagiert sich in mehreren Organisationen der Immobilien- und Energiewirtschaft, die das Ziel verfolgen, qualitativ hochwertige Gebäude hinsichtlich ökonomischer, ökologischer und soziokultureller Aspekte realisieren zu können. 2014 schloss er das Studium Wirtschaftswissenschaften und 2017 das Studium Industrial Management mit dem Fachbereich Energiewirtschaft ab.

Ing. Harald Steinberger, MAS, CMC studierte Facility Management an der Donau-Universität Krems (Abschluss 2001) und ist Gründer sowie geschäftsführender Gesellschafter des Unternehmens immovement Management Consulting GmbH.

Mag. Franz Vogl ist Prokurist der BauConsult Energy GmbH sowie der Kraftwerk Krieau PG02 GmbH. In dieser Funktion begleitet er sowohl die Entwicklung des in Zukunft größten Anergienetzes in Europa im Neubau als auch die Implementierung des ersten Anergienetzes in einem bestehenden Gründerzeitviertel. Zudem zeichnet er für die Konzeption und Implementierung von regenerativen Energieversorgungslösungen für Einzelobjekte aber auch Quartiersentwicklungen unterschiedlichster Größen und Ausprägungen verantwortlich. Durch die Mitwirkung in nationalen sowie internationalen Forschungsprojekten, seine Mitgliedschaft im Fachausschuss für oberflächennahe Geothermie und laufende persönliche Weiterentwicklung ist es sein Ziel, die Systeme regenerativer Energieversorgung sowohl in technischer wie auch in wirtschaftlicher Hinsicht voranzutreiben und so dafür zu sorgen, dass es auch für seine zukünftigen Enkelkinder noch Blätter auf den Bäumen gibt.

Mag. Florian Wehrberger, MSc studierte an der Universität Wien Meeresbiologie. Sein Diplom legte er 2012 ab. In den darauffolgenden Jahren studierte er berufsbegleitend Umweltmanagement an der FH-Wien Technikum. Er lebt in Wien und ist seit Anfang des Jahres 2017 in der nachhaltigen Immobilien-Wirtschaft tätig. Er arbeitet bei der ÖGNI und leitet dort die Zertifizierungsabteilung.

Dr. Kurt Weinberger studierte an der Universität für Bodenkultur in Wien und Rechtswissenschaften an der Universität Salzburg. Seit 2002 ist er Vorstandsvorsitzender der Österreichischen Hagelversicherung. Die Österreichische Hagelversicherung ist der Spezialversicherer in der Landwirtschaft in Österreich und fünf osteuropäischen Ländern. Kurt Weinberger ist stellvertretender Vorsitzender des Aufsichtsrats der ÖBB-Holding und Vorsitzender des Universitätsrats der Universität für Bodenkultur, der Nachhaltigkeitsuniversität.

Inhaltsverzeichnis

III. Future for ESG?!

Theodor Kubak

IV. Österreich: Ein Land ohne Äcker – zukunftslos?

Kurt Weinberger

V. Immobilienbestand in Österreich – das materielle Potential eines Staats

Anna-Vera Deinhammer

VI. Innenraumqualität

Jürgen Obmauer/Harald Kreuter

VII. Digitalisierung im Bestand

Christian Pillwein

XI. Sanieren ist cool, revitalisieren ist sexy – aber wie werden Umbauprojekte erfolgreich?

Wolfgang Kradischnig

XII. Umnutzung, Nachnutzung, Flexibilität

Walter Hammertinger

XIII. Nachhaltige Energieversorgung von Bestandsimmobilien am Beispiel SMART BLOCK Geblergasse

Franz Vogl

XIV. Beispiele aus der Praxis: Werdertorgasse 5–7 und 6 sowie Walfischgasse 13 und Krugerstraße 16

Walter Burger

Abkürzungsverzeichnis

A	Österreich
Abb	Abbildung
AfA	Absetzung für Abnutzung
AG	Auftraggeber
AIF	Alternative Investment Fund
AIFM	Alternative Investment Fund Manager
AN	Auftragnehmer
Anm	Anmerkung
AVA	Ausschreibung, Vergabe und Abrechnung
Aws	Austria Wirtschaftsservice (GmbH)
BAFIN	Bundesanstalt für Finanzdienstleistungsaufsicht (D)
BAO	Bundesabgabenordnung
BDA	Bundesdenkmalamt
BFG	Bundesfinanzgericht
BGF	Bruttogeschossfläche
BIM	Building Information Modeling
BMDW	Bundesministerium für Digitalisierung und Wirtschaftsstandort
BMF	Bundesministerium für Finanzen
BMK	Bundesministerium für Klimaschutz, Umwelt, Energie, Mobilität, Innovation und Technologie
BMLFUW	Bundesministerium für Land- und Forstwirtschaft, Umwelt und Wasserwirtschaft
BMS	Bundesministerium für Soziales, Gesundheit, Pflege und Konsumentenschutz
BREEAM	Building Research Establishment Environmental Assessment Method
BVI	Bundesfachverband der Immobilienverwalter (D)
bzgl	bezüglich
bzw	beziehungsweise
ca	zirka
CAFM	Computer-Aided Facility Management
CH	Schweiz
CO_2	Kohlenstoffdioxid
CRIC	CRIC e.V. Verein zur Förderung von Ethik und Nachhaltigkeit bei der Geldanlage

CRM	Customer-Relationship-Management
CSR	Corporate Social Responsibilty
D	Deutschland
DGNB	Deutsche Gesellschaft für Nachhaltiges Bauen
dh	das heißt
DNSH	Do No Significant Harm
DSV	Düsenstrahlverfahren
EAG	Erneuerbaren-Ausbau-Gesetz
EBPD-RL	Richtlinie über die Gesamtenergieeffizienz von Gebäuden
EED	Energy Efficiency Directive
EMAS	Eco-Management and Audit Scheme
EMEA	Wirtschaftsraum Europa-Arabien-Afrika
EN	Europäische Norm
ERP	Enterprise-Resource-Planning
ESG	Environmental Social Governance
EStR	Einkommensteuerrichtlinien
etc	et cetera
ETF	Exchange Traded Fund
EU	Europäische Union
eV	eingetragener Verein
evtl	eventuell
FM	Facility Management
FMA	Facility Management Austria
FNG	Forum Nachhaltige Geldanlagen
GA	Gebäudeautomation
GEFMA	German Facility Management Association
gem	gemäß; gemeinsam
GLT	Gebäudeleittechnik
GmbH	Gesellschaft mit beschränkter Haftung
GRESB	Global Real Estate Sustainabilitiy Benchmark
GrESt	Grunderwerbsteuer
GRI	Global Reporting Initiatives
GUID	Global unique identifier
HFKW	teilfluorierte Kohlenwasserstoffe
HKLS	Heizung, Klimatechnik, Lüftung, Sanitär
HLK	Heizung-, Lüftung und Klima
HLKSE	Heizung, Lüftung, Klimatisierung, Sanitär und Elektro

IDD	Insurance Distribution Directive
idR	in der Regel
IFMA	International Facility Management Association
IFRS	International Financial Reporting Standards
IKT	Informations- und Kommunikationstechnologien
ImmoESt	Immobilienertragsteuer
immolex	Neues Miet- und Wohnrecht
inkl	inklusive
iSd	im Sinne des, der
InvPrG	Investitionsprämiengesetz
ISO	International Organization for Standardization
ISS	Institutional Shareholder Services
iZm	in Zusammenhang mit
kg	Kilogramm
KI	künstliche Intelligenz
KonStG 2020	Konjunkturstärkungsgesetz 2020
KPI	Key Performance Indicator
KStG	Körperschaftsteuergesetz
KVP	kontinuierlicher Verbesserungsprozess
kWh	Kilowattstunde
LEED	Leadership in Engergy and Environmental Design
lfm	Laufmeter
LGX	Luxembourg Green Exchance
LRL	Liebhabereirichtlinien
lt	laut
LVO	Liebhabereiverordnung
m^3	Kubikmeter
max	maximal
mg	Milligramm
MiFID	Richtlinie 2004/39/EG – Markets in Financial Instruments Directive
Mio	Million, -en
Mrd	Milliarde, -n
MRG	Mietrechtsgesetz
N	Newton
NACE	Nomenclature statistique des activités économiques dans la Communauté européenne – System zur Klassifizierung von Wirtschaftszweigen
NZEB	Net Zero Energy Buildings

oa	oben angeführt
oÄ	oder Ähnliche, -s
ÖBA	örtliche Bauaufsicht
OeMAG	Abwicklungsstelle für Ökostrom AG
OGAW	Organismen für gemeinsame Anlagen in Wertpapieren
ÖGNB	Österreichische Gesellschaft für Nachhaltiges Bauen
ÖGNI	Österreichische Gesellschaft für Nachhaltige Immobilienwirtschaft
ÖGUT	Österreichische Gesellschaft für Umwelt und Technik
ÖHV	Österreichische Hagelversicherung
OIB	Österreichisches Institut für Bautechnik
ÖNORM	Österreichische Norm
ÖPNV	öffentlicher Personennahverkehr
pa	pro (per) anno (annum)
PAK	polyzyklische aromatische Kohlenwasserstoffe
PCB	polychlorierte Diphenyle
PEB_{SK}	Primärenergiebedarf bezogen auf das Standortklima
PIR	Polyiso-Hartschaum
PM	Particulate Matter
PMV	Predicted Mean Vote
ppm	parts per million
PUR	Polyurethane
PV	Photovoltaik
PVC	Polyvinylchlorid
PVT	photovoltaisch-thermisch
Q	Quartal
rd	rund
RL	Richtlinie
RLT	raumlufttechnisch
SDG	Sustainable Development Goals der UN-Agenda 2030 für nachhaltige Entwicklung
sog	sogenannt, -e, -es, -er
SRI	Socially Responsible Investing
Tab	Tabelle
TBA	thermische Bauteilaktivierung
TEG	Technical Expert Group
TGA	technische Gebäudeausrüstung
TGM	technisches Gebäudemanagement

THG	Treibhausgas
to	Tonnen
TQB	Total Qualitity Building Assessments
TS	Teilsatz
TVOC	Summe der flüchtigen organischen Verbindungen (TVOC-Wert) in Innenräumen
TWh	Terawattstunde
ua	unter anderem
u dgl	und dergleichen
UCITS	Undertakings for Collective Investments in Transferable Securities
uE	unseres Erachtens
UGB	Unternehmensgesetzbuch
UFS	Unabhängiger Finanzsenat
uU	unter Umständen
uvm	und vieles mehr
UZ	(Österreichisches) Umweltzeichen
UZ 49	Richtlinie UZ 49 – Nachhaltige Finanzprodukte
va	vor allem
VKI	Verein für Kosumenteninformation
VO	Verordnung
VOC	Volatile Organic Compound
V&V	Vermietung und Verpachtung
VwGH	Verwaltungsgerichtshof
WEG	Wohnungseigentumsgesetz
XPS	extrudiertes Polystyrol
zB	zum Beispiel
ZIA	Zentraler Immobilien Ausschuss e. V. (D)

I. Mehrwert von Gebäudezertifizierungen

Florian Wehrberger

1. Zertifizierung im Allgemeinen

1.1. Einleitung

Zertifizierungen und Qualitätssiegel werden immer häufiger bestellt und es gibt mittlerweile die unterschiedlichsten Zertifizierungen in fast allen Lebensbereichen. Zertifiziert biologisches Gemüse, FSC-zertifiziertes Holz, diverse Gütesiegel für Produkte und Dienstleistungen, das Angebot ist bald nicht mehr zu überblicken. In vielen Situationen wollen und müssen wir uns auf eine Zertifizierung verlassen können – sei es bei der Qualität unserer Lebensmittel oder wenn wir darüber sprechen, ob die Spielsachen für unsere Kinder schadstofffrei sind. Hier wird nicht lange überlegt, es ist bereits in unseren Köpfen verankert, dass uns Weichmacher, Antibiotika und Co krank machen können. Für Personen, die sich mit Immobilien und den darin verbauten Materialien beschäftigen, ist ganz logisch, dass auch Gebäude unserer Gesundheit beeinflussen können.[1] Bis zu 80 % der Zeit verbringen wir in Gebäuden, sei es die Wohnung, das Büro, die Schule oder das Einkaufszentrum. Macht man sich diese Zahl bewusst, wird schnell klar, dass die Qualität der Gebäude einen Einfluss auf unser Wohlbefinden haben muss. Hier geht es um Komfortthemen, wie den akustischen, visuellen und thermischen Komfort, Barrierefreiheit, soziale Interaktion, aber auch um die Qualität der eingebauten Materialien und die Innenraumluftqualität. Gerade diese kann darüber entscheiden, ob eine Immobilie uns gesund hält oder krank macht, sei es durch eine schlecht gewartete Lüftung, eine nicht steuerbare Heiz- und Kühleinheit oder durch das Ausdampfen diverser Schadstoffe. Beginnt man sich darüber Gedanken zu machen, merkt man schnell, dass ein Gebäude uns schon lange nicht mehr nur vor den Elementen schützt, sondern Wohlfühlort, Kreativraum und Rückzugsgelegenheit ist. Zusätzlich muss die Immobilie natürlich auch wirtschaftlich sein und im besten Fall noch einen kulturellen und ästhetischen Wert für die Umgebung aufweisen. Keine leichte Aufgabe!

Wie kann diese scheinbar unüberblickbare Anzahl an relevanten Themen dokumentiert und bewertet werden? Das ist mit einem nachhaltigen Gebäudezertifikat möglich.

Wir sprechen ständig über Nachhaltigkeit, doch woher kommt dieser Begriff? Geprägt wurde der Begriff Nachhaltigkeit neben der Forstwirtschaft ua 1987 durch den sog Brundtland-Bericht, der eine nachhaltige Entwicklung so beschreibt, dass sie den Bedürfnissen der aktuellen Generation entspricht, ohne dabei die Erfüllung der Bedürfnisse zukünftiger Generationen zu gefährden.[2] Neben den natürlichen Lebensgrundlagen sollen auch wirtschaftliche Wachstumsmöglichkeiten und soziale Gerechtigkeit für die derzeitige und die zukünftige Weltbevölkerung gewährleistet sein. Die großen globalen

1 *Healthline*, https://www.healthline.com/health/sick-building-syndrome#causes (28.9.2020).
2 *TÜV Rheinland Industrie Service GmbH*, Immobilienzertifizierung – Nachhaltigkeit und Wirtschaftlichkeit im Fokus (2017) 9.

Entwicklungsprobleme werden nicht getrennt betrachtet, sondern sollen mit ihren wechselseitigen Auswirkungen ganzheitlich bekämpft werden.[3] Dieses Prinzip wird auch beim Bau nachhaltiger Gebäude verfolgt.

Hat man früher noch von Green Buildings gesprochen, also Gebäuden, die hauptsächlich nach ökologischen Kriterien, wie Ressourcen- und Energieeinsparung, biologisch vertretbare Materialien oder Schadstofffreiheit, konzipiert sind, spricht man heute, wenn es um Nachhaltigkeit in der Immobilienbranche geht, ausschließlich über Blue Buildings. Diese vereinen unter den Grundsätzen des nachhaltigen Bauens neben der ökologischen Nachhaltigkeit auch die ökonomische und die soziale Nachhaltigkeit. Diese drei Dimensionen bilden schon seit langem die drei Säulen der Nachhaltigkeit[4] und stehen in stetiger Wechselwirkung zueinander.

Ein Blue Building muss ua folgende Eigenschaften aufweisen:

- **Ökologisch:** Es muss umweltverträglich und ressourcenschonend gebaut und betrieben werden können, und das möglichst klimaneutral. Weiters wird auf die Auswahl und (Wieder-)Verwendung der bebauten Flächen geachtet, um den Grundverbrauch zu minimieren.
- **Ökonomisch:** Es muss wirtschaftlich sinnvoll, langfristig kostensparend und mit Blick auf die Investitionen möglichst wenig risikobehaftet sein. Die Kosten für Instandhaltung und Wartung sowie Kosten für den Austausch von Materialien und technischen Anlagen müssen analysiert und somit planbar werden. Eine hohe Grundrissflexibilität ermöglicht verschiedene Nutzungen über den Lebenszyklus einer Immobilie und erhöht dadurch deren Langlebigkeit.
- **Sozial:** Es muss den Mensch in den Fokus setzen, indem es Gesundheit und Komfort fördert und die Aufenthaltsqualität erhöht, was eine langfristige Nutzung wahrscheinlicher macht und Leerstand vermeidet. Durch durchgängige Barrierefreiheit ist das Gebäude für alle gleichermaßen nutzbar und eine ansprechende Gestaltung schafft langfristige Akzeptanz in der Bevölkerung.

Es gibt kein einheitliches Rezept, um ein nachhaltiges Gebäude zu schaffen, es muss immer die Gesamtperformance betrachtet werden. Zusammengefasst kann man aber sagen: Nachhaltigkeit muss sich auch rechnen, also wirtschaftlich sein, da sie sonst eben nicht nachhaltig ist. Ein Gebäude aus den richtigen Materialien, energieeffizient, mit konstanten Betriebskosten, einer hohen Flexibilität und mit dem Fokus, den Menschen in den Mittelpunkt zu stellen, zeichnet die Idee eines Blue Buildings aus. Schafft man es, diese Kriterien zu kombinieren, erhält man eine Immobilie, die resilient und den Marktanforderungen gewachsen ist. Nachhaltige Gebäude sind zusätzlich werthaltiger bei geringeren Betriebs- und Unterhaltskosten. Nachhaltiges Bauen ist daher Werttreiber und nicht Kostentreiber.

Um all diese Qualitäten transparent und auf höchstem Niveau nachzuweisen und darstellen zu können, bedarf es einer Gebäudezertifizierung!

---

3 *United Nations*, Our Common Future (1987) 36.

4 *Bundesinstitut für Bau-, Stadt- und Raumforschung*, Drei Säulen der Nachhaltigkeit: Ökologie, Ökonomie und Soziales, https://www.bbsr.bund.de/BBSR/DE/forschung/fachbeitraege/bauen/nachhaltiges-bauen/drei-saeulen/DreiSaeulen.html#doc2827392bodyText1 (10.5.2021).

Gab es vor zehn Jahren die ersten vereinzelten Zertifikate, existieren mittlerweile viele Zertifizierungssysteme und es werden laufend mehr. Im Vergleich zur Lebensmittelbranche ist die Situation in der Immobilienbranche jedoch übersichtlicher. Neben verschiedenen nationalen Labels gibt es im Wesentlichen drei international anerkannte Zertifizierungssysteme, die den Großteil des Markts bedienen.

1.2. Die drei international anerkannten Gebäudezertifikate

Das britische BREEAM-System ist eines der ersten Bewertungssysteme, das internationale Beachtung fand. BREEAM steht für Building Research Establishment Environmental Assessment Method und ist das älteste und am weitesten verbreitete Zertifizierungssystem für nachhaltiges Bauen. Es wurde 1990 in Großbritannien entwickelt.[5] Die Zertifizierungsmethode behandelt sowohl ökologische als auch soziokulturelle Aspekte einer Immobilie und legt dabei ein besonderes Augenmerk auf globale, lokale und gebäudeinterne Auswirkungen in deren Lebenszyklus. Die Bewertung der BREEAM-Zertifizierung erfolgt nach einem genau definierten Punktesystem und bietet die Bewertungsmöglichkeiten Herausragend, Ausgezeichnet, Sehr gut, Gut, Durchschnittlich oder Akzeptabel.

Als weiteres Zertifizierungssystem wurde 1998 das US-amerikanische System LEED (= Leadership in Energy and Environmental Design) auf Basis des britischen Zertifizierungssystems BREEAM entwickelt. Die Beurteilung von Gebäuden erfolgt durch Punktevergabe für einzelne Kriterien. Die Summe der erreichten Punkte entscheidet, wie das Bauwerk bei der Zertifizierung eingestuft wird. LEED bezieht sich auf alle Phasen des Lebenszyklus. Es ist das weltweit meistverbreitete Zertifizierungssystem für nachhaltiges Bauen und ist grundsätzlich für alle Gebäudetypen anwendbar. Der große Vorteil von LEED ist eine weltweite Vergleichbarkeit für Investoren, daher ist LEED auch für zahlreiche Unternehmen ein Baustein ihrer CSR-Politik (CSR = Corporate Social Responsibilty).[6] Für die Einführung und stetige Weiterentwicklung des Systems sind der United States Green Building Council mit Hauptsitz in Washington bzw der Canada Green Building Council mit Hauptsitz in Ottawa verantwortlich. Bewertet wird mit folgenden Auszeichnungsstufen: Zertifiziert, Silber, Gold und Platin.

Das dritte System international anerkannter Gebäudezertifizierungen ist das von der ÖGNI, der Österreichischen Gesellschaft für Nachhaltige Immobilienwirtschaft, angewandte DGNB-System. Es ist ein System der zweiten Generation, baut also auf den gesammelten Erfahrungen von LEED und BREEAM auf. Außerdem kann dieses System, das die europäische Baukultur und die Gegebenheiten auf dem europäischen Markt am besten abbildet, auch international angewendet und flexibel an Länderspezifika angepasst werden.[7] Die Bewertungsgrundlage basiert nicht nur auf ökologischen Aspekten, sondern auf einer ganzheitlichen Betrachtung des gesamten Lebenszyklus eines Gebäudes

5 *Baunetz-Wissen*, https://www.baunetzwissen.de/nachhaltig-bauen/fachwissen/nachweise-zertifikate/bnb-bewertungssystem-nachhaltiges-bauen-fuer-bundesgebaeude-2402695 (19.9.2020).

6 *Green Building Magazin*, https://www.greenbuilding-magazin.de/fileadmin/user_upload/greenBUILDING/BAU2017/gB_BAU17_gesamt.pdf (21.9.2020) 40.

7 *ÖGNI*, Umfrage zum Mehrwert von Zertifizierung (2019) 1.

bzw Stadtquartiers. Wie bei LEED erfolgt die Einstufung über ein Punktesystem und bietet die Auszeichnungsstufen Silber, Gold und Platin. Bestandsgebäude können auch mit Bronze zertifiziert werden.

1.3. Das DGNB-System

Das DGNB-System ist als Gemeinschaftsprojekt des damaligen Bundesministeriums für Verkehr, Bau und Stadtentwicklung und der 2007 gegründeten Deutschen Gesellschaft für Nachhaltiges Bauen (DGNB) entstanden.[8] Es wurde entwickelt, um nachhaltiges Bauen praktisch anwendbar, messbar und damit vergleichbar zu machen. Das DGNB-System ist in unterschiedlichen Systemvarianten für Gebäude, Innenräume und Quartiere verfügbar – sowohl für Neubauten als auch für Bestandsprojekte. Als Planungs- und Optimierungstool hilft das DGNB-System, die reale Nachhaltigkeit in Bauprojekten zu erhöhen, und trägt durch die Reduktion von kostenintensiven Risiken zu einer hohen Zukunftssicherheit von Bauprojekten bei.[9]

Inhaltlich hebt sich das DGNB-System von den anderen Zertifizierungssystemen ab und stützt sich im Wesentlichen auf drei Grundpfeiler:

- Lebenszyklusbetrachtung
- Ganzheitlichkeit
- Performanceorientierung

Die Betrachtung über den gesamten Gebäudelebenszyklus hinweg macht das DGNB-System so einzigartig. Die Bewertung geschieht immer im Hinblick auf die Umweltwirkung und den Ressourcenverbrauch, genauso wie in Bezug auf die Kosten für die Bewirtschaftung und Instandhaltung.

Das DGNB-System betrachtet alle wesentlichen Aspekte des nachhaltigen Bauens. Diese umfassen die sechs Themenfelder Ökologie, Ökonomie, soziokulturelle und funktionale Aspekte, Technik, Prozesse sowie den Standort. Dabei fließen die ersten drei Themenfelder (die drei Säulen der Nachhaltigkeit) gleichgewichtet in die Bewertung ein. Damit ist das DGNB-System das einzige, das die Ökologie genauso gewichtet wie die anderen Faktoren, die zur Herstellung eines nachhaltig erfolgreichen Gebäudes entscheidend beitragen.[10] In jedem dieser Themenfelder muss eine Mindestpunkteanzahl erreicht werden, um ein erfolgreiches Endergebnis zu erzielen. Es erfolgt keine Zertifizierung, wenn lediglich auf die Ökologie geachtet wird und die sozialen Themen vernachlässigt werden. Es entscheidet immer die Gesamtperformance eines Projekts, nicht einzelne Maßnahmen. Das System zielt darauf ab durchgehende und ganzheitliche Qualität von der Planung über den Bau bis zum Betrieb zu gewährleisten. Dass die Qualität DGNB-zertifizierter Gebäude so herausragend ist, rührt auch daher, dass das System ein benchmarkorientiertes ist. In jedem Kriterium gibt es einen Grenz-, Referenz- und Zielwert. Der Grenzwert spiegelt in vielen Fällen die jeweilige Bauordnung wider. Dieser muss

8 *Baunetz-Wissen*, Nachhaltige Gebäudezertifikate, https://www.baunetzwissen.de/nachhaltig-bauen/fachwissen/nachweise-zertifikate/dgnb-deutsches-nachhaltigkeitszertifikat-68532 (19.9.2020).

9 *DGNB*, Die DGNB Zertifizierung: Mit System zu mehr Nachhaltigkeit, https://www.dgnb.de/de/verein/system/index.php (20.9.2020).

10 *ÖGNI*, Das DGNB System, https://www.ogni.at/leistungen/zertifizierung/dgnbzertifizierung/ (20.9.2020).

ohnehin erreicht werden. Durch Übererfüllungen gelangt man zum Zielwert, der eine doch deutliche Verbesserung zu den Normanforderungen darstellt.

Spricht man über Nachhaltigkeit, kommt man auch nicht an den Sustainable Development Goals (SDGs) vorbei. Diese 17 konkreten Ziele, mit zahlreichen Unterzielen, wurden 2016 von den Vereinten Nationen formuliert, mit dem Ziel, die weitere Bauentwicklung weltweit sinnvoll zu gestalten, damit langfristig ein Umdenken stattfindet, um ein Leben in einer nachhaltigen Welt zu ermöglichen. Der Gebäudesektor spielt durch den Ressourcen- und Energieverbrach bedingt, aber auch durch das Abfallaufkommen eine wichtige Rolle hinsichtlich einer nachhaltig agierenden Welt. Um den Zusammenhang zu den SDGs herauszuarbeiten, wurden sämtliche Kriterien des DGNB-Systems auf deren Verlinkung zu den Zielen der UN überprüft und entsprechend ausweisbar gemacht. Für jedes Projekt, das eine DGNB-Zertifizierung erfolgreich abschließt, bedeutet dies, dass es künftig eine Aussage darüber erhält, inwieweit es einen Beitrag zur Erreichung der SDGs leistet.[11]

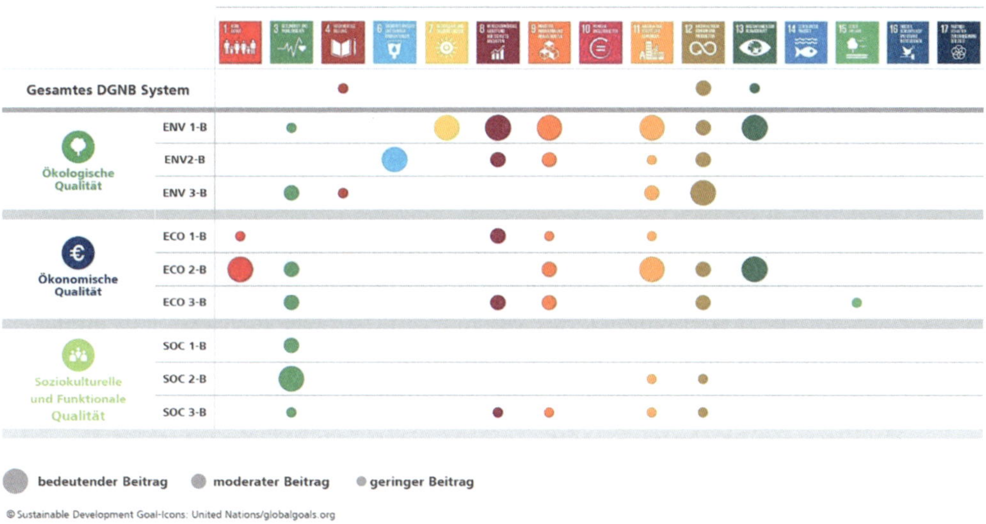

Abb I.1: Beitrag zu den Sustainable Development Goals am Beispiel der Systemvariante Gebäude im Betrieb, Version 2020 [© DGNB, https://static.dgnb.de/fileadmin/dgnb-system/de/gebaeude/im-betrieb/kriterien/SDG_Matrix_Kriterien-GIB.pdf]

Ein weiterer Vorteil des DGNB-Systems ab 2018 ist, dass auch das Thema EU-Taxonomie behandelt wird. Dabei handelt es sich um ein Klassifizierungssystem für nachhaltige Immobilien und um ein Instrument, das Investoren, Unternehmen und Projektträgern dabei hilft, die verpflichtenden Anforderungen des Paris Agreements umzusetzen. Wird ein Gebäude nach DGNB zertifiziert, werden bereits viele der Taxonomie-Kriterien erfüllt und durch die Transparenz der Daten aus den Projektaudits wird die Bearbeitung zusätzlich erleichtert.

11 *Braune*, Saving the World – Der DGNB Beitrag zu den Sustainable Development Goals der UN, 12.1.2017, https://blog.dgnb.de/sustainable-development-goals/ (28.9.2020).

Hat man sich in der Gebäudezertifizierung zu Beginn noch eher auf den Neubau konzentriert, gibt es mittlerweile Systeme für die Sanierung und den Betrieb von Gebäuden bis hin zum Rückbau einer Immobilie. Die Intensivierung der Sanierung ist notwendig, um den Energieverbrauch im Gebäudebereich zu senken und damit die Voraussetzungen zu schaffen, die Pariser Klimaziele zu erreichen. Der Bausektor spielt dabei eine Schlüsselrolle. Der Gebäudesektor ist für etwa ein Drittel der weltweiten Treibhausgasemissionen verantwortlich. Heizen, Warmwasserbereitstellung und, bedingt durch die Klimaerwärmung, immer häufiger die Kühlung von Gebäuden benötigen erhebliche Mengen an Energie. Die Hälfte des Endenergieeinsatzes geht durch geringe Qualität der Gebäudehülle verloren. Thermische Sanierungen sind nachgewiesenermaßen sehr effektiv. Sie führen sofort und direkt zu einer Reduktion des Treibhausgasausstoßes und einer Senkung der Betriebskosten.[12] Je früher also damit begonnen wird, den Gebäudebestand energetisch zu sanieren und mit erneuerbaren Energien zu versorgen, desto günstiger wird es – für uns und für das Klima. Hierbei sind va die Lebensdauer eines Gebäudes sowie die Entwicklung der Energiekosten zu bedenken. Umfassende Sanierungen können auch in Teilschritten im Rahmen einer mehrjährigen Langfriststrategie erfolgen. Im Zuge eines Gesamtsanierungskonzepts soll der gesamte österreichische Gebäudebestand bis 2050 dekarbonisiert werden.[13] Wie wir mit unserem Gebäudebestand umgehen, spielt also in vielerlei Hinsicht eine essentielle Rolle. Ob wir gemeinsam Klimaschutzziele erreichen, den Menschen als Gebäudenutzer ein komfortables, gesundheitsförderndes Umfeld bieten oder bares Geld sparen wollen – vieles lässt sich bewegen, wenn wir den Herausforderungen rund um die gebaute Umwelt auf nachhaltige Weise begegnen. Der Schlüssel zu einem nachhaltigen Gebäudebetrieb liegt im richtigen Management – angefangen mit der Definition konkreter, messbarer Ziele bis hin zur Umsetzung sinnvoller Maßnahmen, die genau auf diese Ziele abzielen.[14] Für all das ist eine Gebäudezertifizierung das geeignete Werkzeug.

2. Der Mehrwert von Gebäudezertifizierungen

2.1. Vorteile einer Gebäudezertifizierung

Menschen, die sich nicht professionell mit Zertifizierungen beschäftigen, stellen sich oft die Frage, aus welchen Motivationslagen Bauherren, Investoren und Projektentwickler Zertifikate bestellen. Ist es ein reiner Marketinggag? Dient es nur dazu, zukünftige Investoren zu beeindrucken, oder unterstützt das System tatsächlich dabei, hohe Qualität und Nachhaltigkeit zu erreichen?[15]

Waren die Treiber zu Beginn des nachhaltigen Bauens noch weniger präzise definiert und unter dem Motto „Doing the right thing“ zu verorten, ist nachhaltiges Bauen mittlerweile zu einem „Business Case“ geworden. Wo früher nur im Fall eines Verkaufs eine

12 *Klima- und Energiefonds*, Faktencheck Nachhaltiges Bauen (2020) 6.

13 *Bundesministerium Nachhaltigkeit und Tourismus*, Langfriststrategie 2050 – Österreich (2019) 67.

14 *Lemaitre*, Gebäude nachhaltig betreiben, https://realestate.union-investment.com/nachhaltigkeitsportal/Immobilienmarkt/Gebaeude-nachhaltig-betreiben.html (28.9.2020).

15 *ÖGNI*, Umfrage zum Mehrwert von Zertifizierungen (2019) 1.

„Due Diligence“ durchgeführt wurde oder der Wirtschaftsprüfer eine Basis für den Bewertungsansatz in der Bilanz brauchte, sind Bewertungen und Zertifikate heute, va für größere Immobilien, nicht mehr wegzudenken. Das Bauen von Blue Buildings ist nicht nur mehr eine Randnische, sondern hat sich zu einem eigenen Sektor mit stark steigendem Potential entwickelt.[16] Bedingt durch die Agenden des EU Green Deals, der Pariser Klimaziele und der steigenden CO_2-Bepreisung, steigen die Nachfrage und der Wunsch nach nachhaltigen Gebäuden weiter stark an. Kein institutioneller Investor wird heute in eine Immobilie investieren, wenn nicht neben der Due Diligence auch ein internationales Zertifikat die Qualität und Werthaltigkeit des Investments bestätigt. Projektentwickler nutzen den Prozess der Zertifizierung, um die eigenen Entscheidungen zu überprüfen und zu bewerten. Damit Fehler vermieden und die Qualität des Prozesses sichergestellt werden können, erfolgt bereits bei der Planung eine Einbeziehung der Zertifizierungs-Auditoren in den Bauprozess. Die Einsparungen, die sich durch die Vermeidung von Fehlplanungen sowie Fehlern in den Prozessen ergeben, amortisieren die Kosten einer vielleicht längeren Planungsphase und der Zertifizierung um ein Vielfaches. Ein weiterer Trend, der Gebäudezertifikate massiv unterstützt, ist, dass viele Mieter im Bürobereich mittlerweile von den Immobilieneigentümern die Erreichung einer Mindest-Zertifizierungsstufe als Bedingung für den Abschluss des Mietvertrags verlangen. Bedingt durch die EU-Taxonomie-Verordnung, springen nun auch viele Versicherungen und Fonds auf den Zug mit auf und wollen ihre Immobilien-Portfolios bewerten lassen. Um die Berichterstattung und die Offenlegung ihrer Umsatz- und Kapital- oder Betriebsausgaben zu erleichtern, bietet sich eine DGNB-Zertifizierung bestens an.

Diese Argumente, ein stetig steigendes Interesse an Nachhaltigkeit und ein erhöhtes Umweltbewusstsein sind die Treiber für eine nachhaltige Gebäudezertifizierung. Höhere Mieteinnahmen und bessere Verkaufserlöse heizen die Nachfrage weiter an. Umfragen der DGNB und ÖGNI haben diese und andere Gründe aufgezeigt. Abb I.2 zeigt die Umfrageergebnisse einer von der DGNB 2019 durchgeführten Studie.

Die Ergebnisse der Erhebung zeigen, dass nicht allein Marketing- und Imagevorteile als Grund für die Zertifizierung gesehen werden. Etwa zwei Drittel der Befragten gaben an, dass sie die Zertifizierung als qualitätssicherndes Steuerungsinstrument nutzen. Ähnlich oft wurde die erhöhte Nachfrage von Investoren, Mietern und Kunden als Motivation genannt. Hinzu kommen Aspekte, die sich mit dem Menschen als Gebäudenutzer beschäftigen. Dabei geht es einerseits um eine gesteigerte Produktivität und das Wohlbefinden, andererseits um die Vermeidung eines Sick-Building-Syndroms und die damit verbundene Kosteneinsparung durch geringere Krankenstände. Eher untergeordnete Gründe waren dagegen ein höheres Mietsteigerungspotenzial sowie die Verringerung der Finanzierungs- oder Kapitalkosten.[17]

16 *TÜV Rheinland Industrie Service GmbH*, Immobilienzertifizierung – Nachhaltigkeit und Wirtschaftlichkeit im Fokus (2017) 11.

17 *DGNB*, Mehrwert zertifizierter Gebäude (2019) 5.

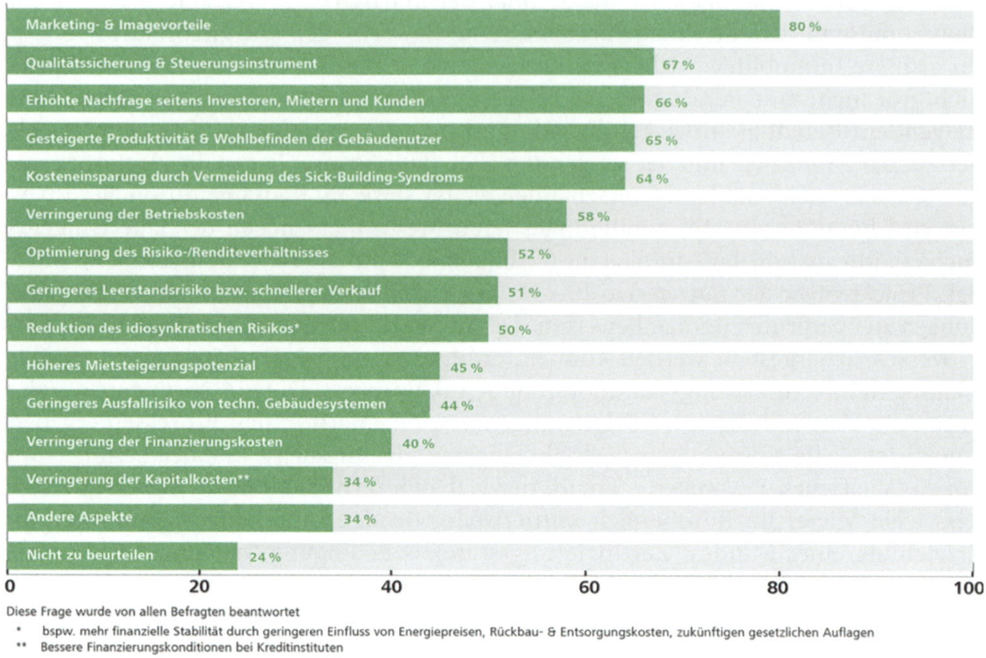

Abb I.2: Gründe für eine Gebäudezertifizierung nach DGNB [© DGNB, Report März 2019 „Mehrwert zertifizierter Gebäude", 5]

Zu den bereits genannten Vorteilen einer Gebäudezertifizierung kommt, dass mit einem Gebäudezertifikat gutachterlich bestätigt wird, was eine Immobilie alles kann. Bei gleichwertigen Gebäuden wird sich der Investor sicher für die Immobilie entscheiden, die ein qualitätssicherndes Zertifikat besitzt, womit die Frage, welche Vorteile eine Gebäudezertifizierung bringt, beantwortet wäre.

2.2. Kosten und Nutzen

Der konkrete Wunsch von Bauherren, Bauwerke nachhaltig mit einer hohen Gebäudequalität und geringen Umweltauswirkungen zu erstellen, nimmt, wie bereits erwähnt, kontinuierlich zu.[18] Obwohl die Nachfrage sowohl vonseiten der Investoren als auch der Mieter und Nutzer nicht von der Hand zu weisen ist, stellt sich oft weiterhin die Frage nach dem tatsächlichen Nutzen im Verhältnis zum Aufwand und den zusätzlichen Kosten, die eine Zertifizierung mit sich bringt.

Diese Frage lässt sich auch nicht einfach beantworten. Um die tatsächlichen Kosten rein für die Zertifizierung gegenüber ihrem Nutzen abzuwägen, ist es wichtig, sowohl die Position des Bauherren oder Investors als auch die des zukünftigen Nutzers im Gebäude-

18 *Green Building Magazin*, https://www.greenbuilding-magazin.de/fileadmin/user_upload/greenBUILDING/BAU2017/gB_BAU17_gesamt.pdf (20.9.2020) 42.

betrieb zu kennen. Solange die Rollen unterschiedlich besetzt sind, nicht voneinander profitieren und getrennte Budgets haben, ist die Argumentationskette für eine nachhaltige Immobilie schwer aufrechtzuerhalten. Für den – vielleicht internationalen – Investor, der später die Immobilie nicht selbst benutzt, sind häufig lediglich eine kostengünstige Errichtung und eine schnelle Veräußerung des Gebäudes von Interesse.[19] Es geht rein um die Wirkung als Marketinginstrument. Für ihn zählen Argumente wie zB höhere Marktchancen und höhere Verkaufspreise. Das Zertifikat dient als Unterscheidungsmerkmal zu anderen – auf den ersten Blick vielleicht gleichwertigen – am Markt verfügbaren Immobilien. Hier reichen oft sog Vorzertifikate aus, um den Verkaufsprozess abzuschließen.

Ist der Investor auch der spätere Nutzer, sieht das Szenario schon ganz anders aus. Hier profitiert er immens durch den Zertifizierungsprozess – sei es durch das Optimierungspotential während der Planungsphase, unterstützt durch ein Vorzertifikat, die Bewertung der Gesamtperformance über den Lebenszyklus der Immobilie, eine hohe Nutzerzufriedenheit sowie geringere und konstante Betriebskosten. Ein Beispiel, das den vielleicht anfänglich erhöhten Planungsaufwand rechtfertig, sind die geringen Reinigungs- und Wartungskosten, die in der Nutzung durch Planungsoptimierung eingespart werden können. Allgemein kann gesagt werden, dass man nirgendwo sonst den wirtschaftlichen Vorteil der Nachhaltigkeit besser messen kann als im Betrieb. Auch rechnen sich Investitionen in die Nutzerzufriedenheit sehr schnell. Der Zusammenhang zwischen Produktivität und Leistungsfähigkeit und der Gebäudequalität ist bekannt. Durch die Anwendung einer Gebäudezertifizierung werden Themen, die die Mitarbeiterproduktivität und -gesundheit beeinflussen, zB die Innenraumluftqualität, bereits zu Beginn der Planung berücksichtigt und somit für die spätere Nutzung gewährleistet. Die Qualität der Innenraumluft bildet im DGNB-System sogar ein Ausschlusskriterium. Wird ein bestimmter Grenzwert der Innenraumluftqualität oder ein gewisses Maß an Barrierefreiheit laut gültiger Bauordnung unterschritten, kann keine Zertifizierung erfolgen.

Auch die Ergebnisse einer von der ÖGNI durchgeführten Studie mit dem Titel „Mehrwert einer Gebäudezertifizierung“ zeigen, dass sich die Zertifizierungen für alle Bauherren gerechnet haben. 100 % der befragten Teilnehmer stimmten einer erneuten Zertifizierung für weitere Bauten zu. Neben Vorteilen im direkten Marktvergleich, höheren Renditen und einer besseren Verkaufbarkeit zählen auch geringere Betriebskosten und eine höhere Nutzerzufriedenheit zum Mehrwert einer ÖGNI-Zertifizierung. Das Wissen über die verbauten Qualitäten, die Transparenz der umgesetzten Maßnahmen sowie strukturierte Prozesse der integralen Planung sorgen für eine bessere Kommunikation mit dem Kunden und eine erhöhte Wahrnehmung am Markt. Die Umfrage zeigt, dass sich eine Zertifizierung der ÖGNI rechnet – ökonomisch, ökologisch und sozial.[20]

Bezogen auf den Gebäudebestand zeigt sich auch, dass sich Investitionen in die Sanierung, unterstützt durch ein Zertifikat, sehr schnell rechnen. Sanierungsmaßnahmen bringen zahlreiche positive Effekte – etwa für die Wohnqualität, die Werterhaltung der

19 *TÜV Rheinland Industrie Service GmbH*, Immobilienzertifizierung – Nachhaltigkeit und Wirtschaftlichkeit im Fokus (2017) 104.

20 *ÖGNI*, Umfrage zum Mehrwert von Zertifizierungen (2019) 5.

Immobilie, die Gesundheit der Bewohner. Zusätzlich wird die heimische Wertschöpfung gefördert und die Betriebskosten werden zB durch thermische Sanierungsmaßnahmen teilweise drastisch reduziert. Ein wichtiges Kredo der ÖGNI ist, dass die Betrachtung der Nachhaltigkeit nicht mit der Eröffnung eines Gebäudes endet, sondern erst damit beginnt. 80 % der Kosten eines Gebäudes entstehen, über den Lebenszyklus betrachtet, beim Betrieb. Betriebskosten müssen nicht starr und unveränderbar sein. Durch geschickte Maßnahmen und eine sinnvolle Sanierung kann man sie senken und damit den Wert und die Zukunftstauglichkeit des Gebäudes steigern. Aus diesen Gründen rechnet sich ein Gebäudezertifikat, das die Verbräuche und Prozesse lückenlos darstellt, analysiert und optimiert, sehr schnell.

Es gibt bereits viele Best-Practice-Beispiele zum Thema Sanierung und Optimierung des Gebäudebestands und das bei sehr unterschiedlichen Gebäudetypen. Selbst denkmalgeschützte Gebäude können hohe Endenergieeinsparungen und eine entsprechende Verringerung der Treibhausgasemissionen erzielen.[21] Wie in der Mission 2030 beschrieben, wird bis 2030 eine Reduktion um zumindest 3 Mio Tonnen CO_2-Äquivalent (von derzeit rund 8 auf unter 5 Mio Tonnen) angestrebt, bis 2050 soll ein möglichst CO_2-freier und energieeffizienter Gebäudebestand erreicht werden.

Welche Möglichkeiten es gibt, das Beste aus einer Bestandsimmobilie herauszuholen, sei es durch entsprechende Sanierungsmaßnahmen oder eine Optimierung des Betriebs, soll das nächste Kapitel erläutern.

3. EU-Taxonomie-Verordnung

Spätestens seit dem Pariser Klimaschutzabkommen und der UN-Agenda 2030 für nachhaltige Entwicklung im Jahr 2015 steht fest: Es ist keine Frage mehr ob, sondern nur noch wie Nachhaltigkeit bzw Klimaschutz in der Immobilienbranche umgesetzt wird. Das Thema steht inzwischen ganz oben auf der politischen Agenda der Europäischen Union (EU). Das Finanzsystem spielt dabei eine Schlüsselrolle, denn Kapital soll gezielt in nachhaltige Investitionen gelenkt werden. Was aber heißt „nachhaltig" in diesem Zusammenhang? Um das zu klären, sieht der EU-Aktionsplan zur Finanzierung nachhaltigen Wachstums zunächst die Schaffung einer einheitlichen Definition, der sog EU-Taxonomie, von nachhaltigen Anlageprodukten und Tätigkeiten vor.[22]

Seit 1.1.2021 ist die EU-Taxonomie-Verordnung in Kraft. Doch was ist die EU-Taxonomie eigentlich genau?

Die EU-Taxonomie ist ein Teil des EU-Green-Deals, der zum Ziel hat, Europa klimafreundlich zu gestalten und die ambitionierten CO_2-Ziele zu erreichen. Es handelt sich um ein einheitliches Klassifizierungssystem für nachhaltige ökonomische Aktivitäten. Es geht dabei darum, nachhaltige Unternehmen und Projekte zu stärken, indem Finanzierungen auf Nachhaltigkeit gelenkt werden, und so den Übergang zu einer low-carbon,

21 *Klima- und Energiefonds*, Faktencheck Nachhaltiges Bauen (2020) 13.

22 *Union Investment*, Taxonomie: Die neue Messlatte für Klimaschutz, https://realestate.union-investment.com/de/im-fokus/nachhaltigkeit/taxonomie.html (12.3.2021).

widerstandsfähigen und ressourcenschonenden Wirtschaft umzusetzen. Eine wirtschaftliche Tätigkeit kann nur als ökologisch nachhaltig betrachtet werden, wenn sie mindestens zu einem der in der Taxonomie-Verordnung festgeschriebenen Umweltziele beiträgt. Diese **sechs Umweltziele** sind folgende:

- Klimaschutz
- Anpassung an den Klimawandel
- Nachhaltige Nutzung und Schutz der Wasser- und Meeresressourcen (ab 2022)
- Übergang zu einer Kreislaufwirtschaft, Abfallvermeidung und Recycling (ab 2022)
- Vermeidung und Verminderung von Umweltverschmutzung (ab 2022)
- Schutz und Wiederherstellung der biologischen Vielfalt und der Ökosysteme (ab 2022)

Neben einem substanziellen Beitrag zu mindestens einem der sechs Umweltziele dürfen wirtschaftliche Tätigkeiten außerdem keinem der anderen Umweltziele erheblichen Schaden zufügen (Do No Signifikant Harm). Darüber hinaus müssen sie im Einklang mit den Mindestanforderungen in den Bereichen Arbeitsstandards und Menschenrechte stehen sowie den von der EU-Kommission vorgegebenen quantitativen und qualitativen Kriterien genügen.

Dieses Ziel wird in der Praxis erreicht, indem große bzw staatliche Unternehmen und sämtliche Finanzinstitute mit 1.1.2022 dazu verpflichtet werden, Taxonomie-Berichte zu erstellen, das erste Mal im Frühjahr 2022 für das Jahr 2021. 2021 werden die ersten zwei Kriterien, Umweltschutz und Klimaresilienz, gültig, 2022 folgen die vier weiteren Kriterien: Schutz der Wasserressourcen, Förderung der Kreislaufwirtschaft, Vermeidung von Umweltverschmutzung und Schutz der Ökosysteme. Alle Kriterien sind mit konkreten, messbaren Indikatoren versehen, um Greenwashing zu vermeiden. Die Marktteilnehmer sind aufgefordert, alle Kriterien zumindest zu erfüllen und bei einem davon besonders gut oder erfolgreich zu sein. Die europäische Politik hat mehrfach deutlich gemacht, dass sie die Finanzwirtschaft beim Übergang ins nachhaltige Zeitalter in der Pflicht sieht.[23]

Auf Banken kommen also nicht nur vermehrte Berichtspflichten in punkto Nachhaltigkeit zu, auch europäische wie nationale Aufsichtsbehörden erwarten zukünftig die Integration von Nachhaltigkeitsrisiken im Risikomanagement. Um all diesen Forderungen nachkommen zu können, werden Banken daher bei der Kreditvergabe signifikant mehr Wert auf die Prüfung von Nachhaltigkeitsmerkmalen der finanzierten Tätigkeit legen, als dies bisher der Fall war.[24]

Die Taxonomie ist als Verordnung beschlossen, dh, sie gilt in ganz Europa gleich, es gibt keine nationalen Besonderheiten und Sonderregelungen, was sehr wichtig ist, um keine Marktverzerrungen herbeizuführen und vergleichbar zu sein. Dadurch, dass alle Finanzinstitute berichtigungspflichtig sind, sind auch alle Unternehmen indirekt beeinflusst, was sehr geschickt gelöst ist, da so ein Umdenken in allen Branchen stattfinden muss. Die Bau- und Immobilienbranche als großer CO_2-Emittent und Abfallproduzent ist natürlich auch betroffen.

23 *Maak-Heß*, Nachhaltigkeit messbar machen, 14.8.2020, https://www.bafin.de/SharedDocs/Veroeffentlichungen/DE/Fachartikel/2020/fa_bj_2008_Taxonomie-VO.html (12.3.2021).

24 *Denkstatt*, Österreich: EU Taxonomie – Wie gut ist Ihr Unternehmen vorbereitet? 23.10.2020, https://denkstatt.eu/eu-taxonomie-wie-gut-ist-ihr-unternehmen-vorbereitet/?lang=de (12.3.2021).

Mit dem kennzahlenbasierten Berichtwesen sollen auch Immobilien-Portfolios bewertbar gemacht werden. Auswirkungen der Taxonomie sind hier sowohl auf Bestandsobjekte als auch auf Neubauten zu erwarten. An dieser Stelle ist es wichtig zu erwähnen, dass die Anwendung der Taxonomie freiwillig ist, wenn die Investments nicht ausdrücklich als nachhaltig ausgewiesen werden. Allerdings dürfte mit Sicherheit ein Wettbewerbsnachteil entstehen und die Investorennachfrage sowie die Verkaufspreise sinken, wenn man sich als einer der wenigen Marktteilnehmer nicht an die neuen Standards anpasst und den Nachhaltigkeitsgrad eines Objekts oder eines Portfolios angibt.[25]

Seitens Banken, Versicherungen und Fonds wird es eine verstärkte Nachfrage nach Projekten geben, die den Richtlinien entsprechen. Zukünftig ist eine Prüfung potentieller Ankaufsobjekte hinsichtlich der Taxonomie-Kriterien unerlässlich, bevor Portfoliomaßnahmen getroffen werden. Va aber geht es auch darum, Greenwashing zu vermeiden.

Im Detail auf Immobilien bezogen, sind vier unterschiedliche Aktivitäten besonders relevant, bei denen die Taxonomie zum Tragen kommt:

- Die Errichtung neuer Gebäude
- Der Erwerb von Gebäuden
- Die Renovierung von Bestandsgebäuden
- Sanierungsmaßnahmen, Einbau erneuerbarer Energien sowie fachliche, wissenschaftliche und technische Tätigkeiten

Um nur ein Beispiel für die daraus entstehenden Herausforderungen zu nennen, muss bei Neubauten der sog Near-Zero-Building-Standard um 20 % unterschritten werden. Bei der Renovierung von Bestandsgebäuden wird ein Rückgang des Energiebedarfs um 30 % angestrebt.[26]

Was passiert mit Projekten, die den Richtlinien nicht entsprechen? Will man keine Abschläge in Kauf nehmen, gilt es, die Objekte taxonomiekonform zu machen – sei es mit den entsprechenden Sanierungs- und Renovierungsmaßnahmen oder der entsprechenden Planung bei Neubauten. Es wird den Portfoliohaltern nicht helfen, zu sagen: „Taxonomie: leider nein". Es gilt, die richtigen Strategien zu entwickeln und so früh wie möglich mit der Umsetzung zu beginnen. Die Herausforderung für die Gebäudeeigentümer und Portfoliohalter wird das Finden einer guten Strategie sein: Was ist unter vernünftigen wirtschaftlichen Bedingungen sanierbar, was ist abzuschreiben, was abzuverkaufen?

Bei all diese Themen kann eine Gebäudezertifizierung Abhilfe bieten – sei es durch die richtigen nachhaltigen Hebel bei der Sanierung, dem zielführenden Management durch ein Betriebszertifikat oder die hohen ökologischen und ökonomischen Anforderungen einer Neubauzertifizierung. Ziel der Deutschen Gesellschaft für Nachhaltiges Bauen (DGNB), welche die europäische Baukultur wie kein anderes Zertifikat widerspiegelt, ist es, alle Kriterien der Taxonomie mit der Zertifizierung abzudecken. Viele der Anforderungen sind ohnehin schon Standard im DGNB-System.

25 *Union Investment*, Taxonomie: Die neue Messlatte für Klimaschutz, https://realestate.union-investment.com/de/im-fokus/nachhaltigkeit/taxonomie.html (12.3.2021).

26 *Deloitte*, ESG, der EU Action Plan und die Real Estate Akteure, 2020, https://www2.deloitte.com/content/dam/Deloitte/de/Documents/real-estate/POV_ESG%20der%20EU%20Action%20Plan%20und%20die%20Real%20Estate%20Akteure.pdf (12.3.2021).

Die noch abweichenden Punkte werden angepasst, sodass auf lange Sicht die Zertifikate für Neubau, Betrieb und Sanierung zusätzlich zu all den positiven Aspekten, die sie für Mensch und Umwelt mit sich bringen, auch die optimalen Tools für die Erreichung der Taxonomie-Anforderungen sind.

4. Systemvarianten der ÖGNI für Bestandsgebäude

4.1. Gebäude im Betrieb

> Der bestehende Gebäudestand wird bis 2050 thermisch-energetisch auf zukunftsfitten Standard gebracht. Bestehende Gebäude benötigen dann im Schnitt deutlich weniger Energie zur Konditionierung, wodurch Betriebskosten deutlich gesenkt und Wohnkomfort gleichzeitig signifikant erhöht werden. Dazu wird für jedes bestehende Gebäude ein Gesamtsanierungskonzept erstellt. Im Rahmen dieses Gesamtsanierungskonzepts wird ein zukunftsfitter thermisch-energetischer Standard definiert, der bis 2050 erreicht werden soll.

So lautet das Ziel für Österreich, definiert in der Langfriststrategie 2050.[27]

Bis spätestens 2050 muss also der gesamte Gebäudebestand in Österreich klimaneutral werden. Eine wahre Herkulesaufgabe für die gesamte Bau- und Immobilienbranche. Für Gebäudeeigentümer, -nutzer und Bestandshalter bedeutet das, dass am Ende der CO_2-Bilanz ihrer Gebäude im Betrieb eine Null stehen muss. Damit das gelingen kann, bedarf es einer zielgerichteten, ganzheitlichen und gleichzeitig objektspezifischen Herangehensweise zur nachhaltigen Optimierung. Doch wo können wir beginnen? Wie kann jeder Einzelne sein Gebäude in der Praxis Schritt für Schritt nachhaltiger betreiben? Praktikable Instrumente mit einer ganzheitlichen Perspektive sucht man bis jetzt vergebens. Genau hier setzt das DGNB-System für Gebäude im Betrieb an.[28] Das als Management-Tool angelegte System behandelt in neun Kriterien nur solche Aspekte, die beeinflussbar und damit auch optimierbar sind.[29]

Abb I.3: Grundstruktur des DGNB-Zertifikats der ÖGNI für Gebäude im Betrieb, Version 2020 [© DGNB, https://www.dgnb-system.de/de/gebaeude/im-betrieb/, Die Kriterien]

27 *Bundesministerium Nachhaltigkeit und Tourismus*, Langfriststrategie 2050 – Österreich (2020) 67.
28 *Kehl*, Gebäude ökologisch betreiben, 20.3.2020, https://blog.dgnb.de/oekologisch-betreiben/ (25.9.2020).
29 *Green Building Magazin*, https://www.greenbuilding-magazin.de/fileadmin/user_upload/greenBUILDING/BAU2017/gB_BAU17_gesamt.pdf (20.9.2020) 23.

Kriterien wie „Klimaschutz und Energie“ oder „Wertstoffmanagement“ verbessern das Gebäude auf ökologische Weise. Das richtige Risikomanagement und eine nachhaltige Beschaffung und Bewirtschaftung erhöhen die Wirtschaftlichkeit der Immobilie. Abgerundet durch einen hohen Innenraumkomfort, ein entsprechendes Mobilitätskonzept und regelmäßigen Nutzerbefragungen, erfüllt das Gebäude auch die soziale Qualität.

Der Nutzer fühlt sich stark eingebunden und das schafft Anreize, etwas aktiv beizutragen. Öffentlich ersichtlich und verständlich dargestellte Energieverbräuche und die angestrebten Zielwerte motivieren bspw zu Wasser- und Energiesparmaßnahmen. Das Einzigartige an diesem System ist, dass es für jeden Gebäudetyp angewandt werden kann. Von klassischen Büros hin zu Wohngebäuden, Bildungseinrichtungen und Handelsbauten lässt sich das System überall einsetzen. Bereits zertifizierte Neubauten führen die Nachhaltigkeit im Betrieb weiter und optimieren die letzten Einstellungen und Nutzerwünsche. Alle anderen Gebäude, ob neu oder alt, schaffen es mit diesem System, sich Stück für Stück zu verbessern, hin zu einem klimaneutralen und sparsamen Gebäudebetrieb mit einer hohen Nutzerzufriedenheit.

Klimaschutz und die dazugehörigen Investitionen müssen zielgerichtet geplant werden. Nur wer klare Ziele für seine Gebäude definiert, diese einhält und Maßnahmen zukunftsorientiert umsetzt, kann Klimaschutz und Wirtschaftlichkeit optimal kombinieren. Das muss gebäudeindividuell erfolgen, um valide Maßnahmenpläne zu erarbeiten, die zielgerichtet auf die spezifischen Beschaffenheiten ausgerichtet sind.[30] Mit einem zielgerichteten Klimaschutzfahrplan gelingt eine Dekarbonisierung bis spätestens 2050, die auch einen wirtschaftlichen Mehrwert für die Immobilie bringt. Abb I.4 zeigt eine Prinzipdarstellung für einen Klimaschutzfahrplan.

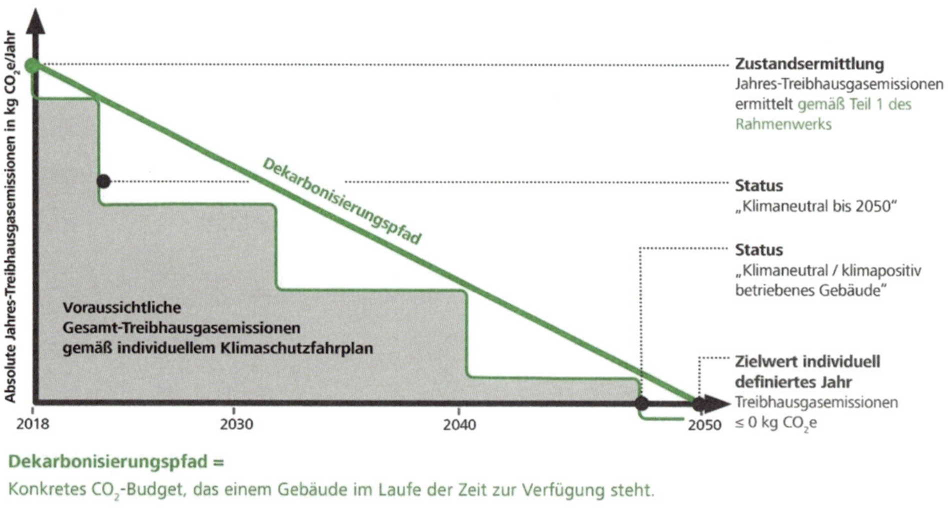

Abb I.4: Prinzipdarstellung eines Klimaschutzfahrplans mit individuellem Dekarbonisierungspfad [© DGNB, https://www.dgnb.de/de/themen/klimaschutz/rahmenwerk/, Teil 2: Klimaschutzfahrplan]

30 *DGNB*, Rahmenwerk für klimaneutrale Gebäude und Standorte, https://www.dgnb.de/de/themen/klimaschutz/rahmenwerk/ (30.9.2020).

Das System ist konzipiert als ein Transformations- und Managementinstrument für die Praxis. Es soll Eigentümer, Bestandshalter und Betreiber bei der Entwicklung einer zukunftsfähigen, auf Klimaschutz ausgelegten Immobilienstrategie unterstützen. Gleichzeitig soll hierzu der wirtschaftlichste Weg identifiziert und alle Nutzer miteinbezogen werden. Ziel ist es, Transparenz zu schaffen und Optimierungspotenziale herauszuarbeiten. Dabei sind im Wesentlichen vier Punkte zu beachten:

1.) Schaffen Sie eine transparente Datengrundlage

Wo steht meine Immobilie eigentlich? Um fundierte Entscheidungen treffen zu können, müssen Sie zunächst wissen, wo Sie derzeit mit Ihrem Gebäude bzw Ihrem gesamten Portfolio stehen. Hierbei reicht es nicht, sich auf grobe Referenzwerte und Hochrechnungen zu verlassen. Um zielorientiert vorgehen zu können, ist transparentes Wissen über das Gebäude und seine tatsächlichen Eigenschaften, die Nutzungssituation und die realen Verbrauchskennwerte zentral. Nur so können Risiken minimiert und Investitionssicherheit ermöglicht werden. Hier gilt es deswegen, ehrlich und transparent eine Bestandsanalyse durchzuführen.

2.) Plan – Do – Check – Act oder: Wie Sie Ihren Gebäudebestand aktiv managen

Für einen Großteil aller Bestandsgebäude – va bei älteren Gebäuden – werden die Daten zeigen, dass es noch ein weiter Weg bis zur Klimaneutralität ist, zB hinsichtlich einer thermischen Sanierung. Und auch mit Blick auf Aspekte wie Wasser- und Wertstoffmanagement werden Soll- und Ist-Werte möglicherweise weit auseinanderliegen. Das ist jedoch kein Grund, vor der Herausforderung zurückzuschrecken. Wichtig ist mit Blick auf alle Kriterien lediglich ein systematisches Vorgehen, das den Gebäudezustand genauso wie die Nutzerbedürfnisse und Wirtschaftlichkeit berücksichtigt. Aus diesem Grund sind die Kriterien im System für Gebäude im Betrieb überwiegend nach dem Managementsystem „Plan – Do – Check – Act“ aufgebaut. Dieses Vorgehen sichert einen kontinuierlichen Verbesserungsprozess. Konkret bedeutet dies:

PLAN: Legen Sie ein konkretes Ziel für ihre Verbräuche und Kosten bzw das jeweilige Kriterium fest.

DO: Erfassen Sie alle Messdaten.

CHECK: Werten Sie die Daten aus. Hierbei ist es wichtig, dass Sie diese sowohl quantitativ in Form eines Soll-Ist-Abgleichs bewerten als auch qualitativ durch eine Interpretation und Plausibilisierung der Daten.

ACT: Haben Sie Ihre gesetzten Ziele erreicht? Falls nicht, treffen Sie Maßnahmen zur Optimierung des Betriebs, um diese im nächsten Turnus erreichen zu können. Hierbei ist Punkt 3 entscheidend.

3.) Binden Sie alle Beteiligten ein

Potenziale können nur voll ausgeschöpft werden, wenn Eigentümer, Betreiber und Nutzer an einem Strang ziehen. Klare Absprachen sichern reibungslose Abläufe, von der Datenbereitstellung bis zur Umsetzung der Maßnahmen. Das richtige Monitoring und die zielgerichtete Analyse der Gebäudedaten machen Erfolge und weitere Ziele transparent und verständlich.

4.) Werden Sie klimaneutral

Ein solches Vorgehen im Rahmen einer DGNB-Zertifizierung für Gebäude im Betrieb stellt sicher, dass das große Ziel der Klimaneutralität im Gebäudebetrieb verlässlich – und im Einklang mit wirtschaftlichen Zielen und Nutzerbedürfnissen – erreicht werden kann.[31]

4.2. Sanierung

Die Sanierungsrate in Österreich ist heute so niedrig wie seit zehn Jahren nicht mehr. Gleichzeitig steigt der Handlungsbedarf hinsichtlich einer Dekarbonisierung des Gebäudebestands.[32] Die Sanierungsrate soll von derzeit rund 1 % auf durchschnittlich 3 % im Zeitraum 2020 bis 2030 angehoben werden, so steht es in der österreichischen Klima- und Energiestrategie. Die jeweiligen Sanierungskosten hängen dabei stark vom Gebäudetyp, Alter und aktuellen Zustand eines Gebäudes, aber auch vom Ausgangszustand und vom Sanierungsziel ab. Man darf nicht vergessen, dass die Emissionen der Immobilienwirtschaft hauptsächlich von schlecht isolierten Bestandsgebäuden, betrieben mit nicht erneuerbaren Energieträgern, beeinflusst werden. Die Lösung muss aber nicht immer ein Neubau sein. Es braucht mehr Gebäude, die lange genutzt werden können, weil sie flexibel und umnutzbar sind. Gebäude, die neuen Nutzungen zugeführt werden können, ohne abgerissen, recycelt und neu gebaut werden zu müssen, sind der wirtschaftlich sinnvollste Klimaschutz. Aus diesen Gründen ist es unbedingt nötig, die Sanierungsrate zu erhöhen und Bauten, die eigentlich für die Ewigkeit erschaffen wurden, zu erhalten. Bei der Sanierung von Gebäuden kommt es jedoch nicht nur auf die Quantität an, sondern va auf die Qualität der umgesetzten Maßnahmen. Bestandsgebäude, die heute saniert werden, haben einen maßgeblichen Einfluss auf die Treibhausgasemissionen der nächsten Generationen.[33] Um das im Sinne der Nachhaltigkeit zu tun, gibt es ein Zertifizierungssystem rein für Sanierungen und unter Denkmalschutz stehende Gebäude.

Grundlage für das Nutzungsprofil Sanierung sind die Kriterien der Neubau Versionen der ÖGNI. Es werden also dieselben Themen behandelt wie im Neubau, zB die Komfortkriterien, Barrierefreiheit, Materialökologie und Lebenszykluskosten. Bei Sanierungsprojekten können jedoch Anforderungen an den Denkmalschutz bestehen. Deshalb ist es möglich, dass in einzelnen Kriterien der Grenzwert der ÖGNI-Bewertung nicht erreicht werden kann. Um aber die Weiternutzung und Revitalisierung des Bestands zu fördern, gelten folgende Ausnahmen. Wurden bereits alle technisch und wirtschaftlich sinnvollen Maßnahmen zur Verbesserung der jeweiligen Gebäudequalität im Rahmen der Denkmalschutzanforderungen getroffen und ist trotz dieser Maßnahmen selbst die Erreichung des Grenzwerts des Kriteriums nicht möglich, ist es zulässig (zB aufgrund einer deutlich höheren Qualität in anderen Gebäudebereichen oder Bauteilen), die unter Denkmalschutz stehenden Gebäudebereiche oder Bauteile in der Bewertung zu vernachlässigen und nur die Gebäudebereiche oder Bauteile zu bewerten, die die Anforde-

31 *Kehl*, Gebäude im Betrieb, 11.3.2020, https://blog.dgnb.de/gebaeude-im-betrieb/ (25.9.2020).

32 *Umweltbundesamt Österreich*, Definition und Messung der thermisch-energetischen Sanierungsrate in Österreich (2020) 5.

33 *Klima und Energiefonds*, Leitfaden Mustersanierung (2020) 5.

rungen erfüllen können.[34] Der Fokus des Nutzungsprofils Sanierung liegt klar bei der Kernsanierungen. Neben ökologischen und wirtschaftlichen Aspekten spielt der Nutzerkomfort etwa in akustischer, thermischer und visueller Hinsicht, der großen Einfluss auf die Leistungsfähigkeit und Motivation von Arbeitskräften hat, eine wichtige Rolle. Verpflichtend für die Zertifizierung ist der Nachweis eines ausführlichen Schadstoffgutachtens, um mögliche Schadstoffe, die in älteren Gebäuden häufig verbaut wurden, nachzuweisen. Diese müssen entfernt und die Maßnahmen entsprechend dokumentiert werden. Nur so kann ein nachhaltiger, gesunder Gebäudebetrieb gewährleistet werden.

Die Sanierungsvariante ist anzuwenden, wenn die Fertigstellung der Sanierungsmaßnahmen bzw die Wiederinbetriebnahme des Gebäudes zum Zeitpunkt der Einreichung der Zertifizierungsunterlagen nicht länger als drei Jahre zurückliegt. Mit diesem System wird das Ziel verfolgt, denkmalgeschützte, geschichtsträchtige Bauten, die eine Bereicherung für das Ortsbild darstellen, durch Sanierungsmaßnahmen für eine nachhaltige Zukunft zu erhalten. Vorteile wie niedrige Energiekosten durch den Einsatz erneuerbarer Energie, niedrige Betriebskosten, Imagegewinn, Komfortsteigerung, sowie höhere Wertstabilität untermauern die Notwendigkeit von umfassenden Sanierungsmaßnahmen.

Siehe dazu näher das Kapitel XIV. von Ing. *Walter Burger* (Stadtbaumeister Böhm) zu Sanierungsmaßnahmen auf den Seiten 283 ff.

4.3. Innenräume

Komfort und Gesundheit sind wichtige Aspekte für die Nutzer eines Gebäudes. Früher noch oft unbeachtet, gewinnen sie an Bedeutung. Wie schon eingehend erwähnt, verbringen die meisten Menschen bis zu 80 % ihrer Zeit in geschlossen Räumen. Nachhaltigkeit im Bauen hört nicht bei der Inbetriebnahme eines Gebäudes auf. Auch beim Ausbau und der Möblierung der Innenräume lässt sich viel Positives bewirken und richtig machen. Das Wohlbefinden des Menschen ist eine subjektive Wahrnehmung, die von zahlreichen Faktoren abhängig ist. Dazu gehören neben der individuellen physischen und psychischen Verfassung der Person Einflüsse aus der jeweiligen Umgebung wie etwa die thermische und stoffliche Belastung, Geräusche, Lichtqualität, Akustik oder die Aufenthaltsdauer in einem Raum. Menschen brauchen ausreichend Luft und gutes Licht, um kreativ und leistungsfähig zu sein, angenehme Temperaturen und die richtige Luftfeuchtigkeit, um sich wohlzufühlen. Ständiger Luftzug, ein hoher Geräuschpegel oder Schadstoffe in der Luft machen Menschen auf Dauer krank. Aufgrund des individuellen Empfindens und der Anpassungsfähigkeit des menschlichen Körpers lässt sich Behaglichkeit nicht einheitlich messen. Allerdings ist es möglich, Raumzustände herzustellen, in denen sich die meisten Menschen besonders wohlfühlen.[35]

Die Beschaffenheit von Innenräumen, deren Gestaltung und Ausstattung sowie die Auswahl der Farben und Materialien haben also erheblichen Einfluss auf das Wohlbefinden von Menschen. Um einzelne Innenräume, ganze Stockwerke, aber auch gesamte Be-

34 *ÖGNI*, Das DGNB Zertifikat der ÖGNI für Sanierung (2020) 4.
35 *ÖGNI*, Positionspapier Benchmarks im Betrieb (2019) 1.

standsgebäude zu bewerten, wurde die Systemvariante für nachhaltige Innenräume entwickelt.

Dieses Zertifizierungssystem soll die Gesundheit, das Wohlbefinden und die Leistungsfähigkeit der Menschen aktiv fördern. Der bewusstere Einsatz finanzieller Mittel, der schonende Umgang mit Ressourcen sowie der Einsatz schadstoffarmer Produkte sind weitere Ziele. Im Fokus stehen auf die Menschen bezogene Qualitäten, zB die Innenraumluftqualität. Bereiche wie die Lüftungsrate oder die relative Luftfeuchte werden bewertet. Auch Maßnahmen zur Erhöhung des visuellen Komforts, etwa die optimale Ausnutzung von Tageslicht, bei gleichzeitiger Blendfreiheit sowie eine hohe Kunstlichtqualität sind im System hoch gewichtet.[36] Belohnt werden zudem die bewegungsfördernde Arbeitsplatzgestaltung und zukunftsorientierte Gestaltung des Innenraums, die die Bedürfnisse der Nutzer berücksichtigt. Im Sinne einer ganzheitlichen Nachhaltigkeit werden auch die Energieeffizienz und der Klimaschutz, die Verwendung von Ökostrom sowie die Klimaneutralität des Ausbaus positiv bewertet.

Das System richtet sich an Innenarchitekten, Mieter und Bauherren und kann ergänzend zu den DGNB-Zertifizierungen für Neubauten und Bestandsgebäude eingesetzt, aber auch bei Innenräumen in nicht zertifizierten Gebäuden angewendet werden. Wie in den anderen Systemen der DGNB und ÖGNI fußt auch die neue Variante für Innenräume auf einem ganzheitlichen Nachhaltigkeitsverständnis, indem es Kriterien zusammenführt, die der ökologischen, ökonomischen, soziokulturellen Qualität zuzuordnen sind. Hinzu kommen wie in den Neubau- und Sanierungssystemen die technische Qualität sowie die Prozessqualität.

Besonders hoch gewichtet sind die ökologische und soziofunktionale Qualität. Beide zielen darauf ab, den Menschen einen möglichst hohen Komfort zu bieten, sei es durch entsprechende Materialauswahl oder die bekannten Komfortkriterien. Siehe dazu auch Abb I.3.

36 *DGNB*, DGNB-Zertifizierung für nachhaltige Innenräume, https://www.baunetzwissen.de/nachhaltig-bauen/tipps/news-produkte/dgnb-zertifizierung-fuer-nachhaltige-innenraeume-5034216 (28.9.2020).

Abb I.5: Grundstruktur des DGNB-Zertifikats der ÖGNI für nachhaltige Innenräume, Version 2020 [© DGNB, https://static.dgnb.de/fileadmin/dgnb-system/de/gebaeude/im-betrieb/kriterien/SDG_Matrix_Kriterien-GIB.pdf]

In diesem Sinne kann das System nicht nur als Wegweiser zu gesundheitsbewussteren Innenausbauten verstanden werden. Es setzt auch Impulse für umweltfreundlichere und wirtschaftlichere Innenräume, indem es zB die über die Planungs- und Bauzeit hinaus anfallenden Kosten vorausschauend mitbetrachtet und konsequent die Wiederverwendung von Produkten belohnt.[37] Erstmals miteinbezogen im Rahmen der Zertifizierung wird hierbei die gezielte Auswahl der Möbel unter Nachhaltigkeitsaspekten. So wirken sich ergonomische, nachweislich schadstoffarme Möbel mit geringen Umweltwirkungen und einer langen Nutzungsdauer positiv auf das Zertifizierungsergebnis aus. Möbel werden in fast jedem Kriterium bei der Zertifizierung berücksichtigt. Wird die Möblierung in einem Kriterium nicht explizit genannt, fließt sie oft indirekt in die Bewertung ein.[38]

Innenarchitekten, Mietern, Eigentümern und Investoren dient das System im Planungs- und Ausführungsprozess ihres Projekts als Planungs- und Managementtool. Betrachtet werden dabei ausschließlich solche Gesichtspunkte, die für den Ausbau relevant und durch die Planung noch beeinflussbar sind. So werden allein die im Rahmen der bau-

37 *Deutsche Bau Zeitung*, Innenräume nachhaltig gestalten nach DGNB Zertifizierungssystem, https://www.dbz.de/artikel/dbz_Innenraeume_nachhaltig_gestalten_neues_DGNB_Zertifizierungssystem_2852089.html (10.5.2021).

38 *DGNB*, Möbel im DGNB System, https://www.dgnb-system.de/de/innenraeume/relevanz-von-moebeln/index.php (2.10.2020).

lichen Maßnahme neu eingebrachten Baustoffe und Baumaterialien sowie die Möblierung und Inneneinrichtung behandelt. Die Systemvariante für nachhaltige Innenräume ist ein schlankes System, die Nachweisführung erfolgt praxisnahe und es dient als Erweiterung für Neubau- und Sanierungszertifikate, kann aber auch für Innenräume in unzertifizierten Gebäuden angewandt werden. Siehe weiterführend auch das Kapitel VI. „Innenraumqualität“ von *Jürgen Obmauer*, MBA (Belimo) und Dipl. Ing. *Harald Kreuter* (Belimo) auf den Seiten 111 ff.

5. Schlusswort

War die Zertifizierung von Gebäuden vor zehn Jahren noch in ihren Anfängen, gibt es mittlerweile Systeme für so gut wie jede Art von Gebäude. Längst wird nicht mehr nur auf den Neubau geachtet, wo die Baustandards mittlerweile meist so hoch sind, dass die Bauten die Vorgaben an Energieeffizienz und Nachhaltigkeit in ihren Grundanforderungen sowieso erreichen. Natürlich sind auch hier enorme Anstrengungen nötig, um ein hohes Ergebnis in der Zertifizierung zu erzielen, viel mehr Energie und Budget muss jedoch in den Bestand investiert werden. Mit dem Vorhaben, eine Sanierungsrate von 3 % zu erreichen und den Gebäudebestand bis 2050 klimaneutral zu machen, wurden eindeutige Ziele gesetzt. Die Zertifizierung bietet hier Möglichkeiten und Werkzeuge, um diesen Weg zielgerichtet und wirtschaftlich umzusetzen. Mögliche Mehrkosten in der Planungsphase und im Erstellen von Sanierungskonzepten rechnen sich sehr schnell, betrachtet man den Lebenszyklus von Immobilien. Längst ist eine Zertifizierung Voraussetzung für viele Investoren und immer häufiger wird die Qualitätssicherung eines Zertifikats auch durch die Mieter gefordert. Eine hohe Gebäudequalität in den drei Säulen der Nachhaltigkeit ist also kein „Nice-to-have“ mehr, sondern entscheidet über Verkaufserlöse und Mieteinnahmen sowohl im Neubau als auch im Bestand.

Es steht bereits ein Hilfsmittel für die richtige Sanierung und den optimalen Betrieb von Immobilien sowie für das richtige Gebäudemanagement zur Verfügung – eine nachhaltige Gebäudezertifizierung.

II. Investitionen in Bestandsimmobilien

Gerhard Dreyer/Herbert Logar

1. Die Bestandsimmobilien als Investment im Nachhaltigkeitstrend

1.1. Einleitung

Die Immobilienbranche steht vor drei großen Herausforderungen: dem Digitalisierungsdruck, den Anforderungen zur Erreichung der Klimaziele und aktuell den Auswirkungen der Corona-Pandemie auf die Immobiliennutzungen und -märkte. Corona kann neben den unmittelbaren Folgen auch als Ereignis betrachtet werden, das den Blick auf die aktuellen und va auf künftige Anforderungen an Immobilien infolge geänderter Rahmenbedingungen schonungslos aufzeigt. Bspw wurde infolge der Kontakt- und Mobilitätseinschränkungen die in der Immobilienwirtschaft bislang hauptsächlich aus dem Gesichtspunkt der Bewirtschaftungskosten verfolgte Digitalisierung noch erheblich beschleunigt. Noch drastischer aber zeigte sich die Abhängigkeit der Mieterträge, der strukturellen und quantitativen Nachfrage nach Mietflächen und nach Investitionsimmobilien und daraus folgend der Bewertungen und erzielbaren Kaufpreise von (erwarteten) Änderungen des wirtschaftlichen Umfelds. Auf Segmente bezogen hat sich die Nachfrage der Investoren nach Wohnen und Logistik verstärkt und nach Tourismus und Handel deutlich abgeschwächt. Die Asset-Klasse Büro zeigt wegen aktuell divergierender Einschätzungen der langfristigen Bedeutung von Home-Office auf die Nutzernachfrage und -anforderungen noch keine eindeutige Richtung.[1]

Der Trend zur Nachhaltigkeit ist (auch) in der langfristig orientierten Immobilienbranche keine neue Entwicklung. Nachhaltigkeit wird in den für die Eigenmittel- und Kreditaufbringung relevanten Finanzmärkten durch ESG-Ziele definiert (Environmental Social Governance).[2] Hat sich der Nachhaltigkeitstrend zunächst langsam über viele Jahre von einer Ideologie zum Mainstream-Trend entwickelt, muss dieser aus Investorensicht spätestens seit dem *Aktionsplan zur Finanzierung nachhaltigen Wachstums* vom 8.3.2018 (EU-Aktionsplan)[3] als Megatrend beachtet werden, wodurch sich der frühere *Nice-to-have*-Effekt inzwischen zu einem *Must-have* gewandelt hat. Bei Immobilien stehen aus der Palette der ESG-Ziele primär Klimaziele im Vordergrund, die anderen Ziele sind aber in der Regel als Nebenbedingungen mit Mindestanforderungen zu betrachten. Dieser Beitrag widmet sich den Bestandsimmobilien aus der Perspektive eines institutionellen Investors.

Die bereits eingeleitete Transformation zu einer carbonarmen Wirtschaft erzwingt im gesamten Investmentprozess neben der Beachtung von physischen Risiken auch einen kritischen Blick auf die sog Transitionsrisiken und Anforderungen an die Resilienz, die

1 Vgl *Ridder*, Welche Konsequenzen hat die Corona-Krise auf den österreichischen Immobilienmarkt? 11.8.2020, https://a3bau.at/welche-konsequenzen-hat-die-corona-krise-auf-den-oesterreichischen-immobilienmarkt (15.9.2020).

2 Vgl *Lessing*, Nachhaltig investieren gegen den Klimawandel (2020) 20.

3 Vgl *Europäische Kommission*, Mitteilung der Kommission, 8.3.2018.

sich aus der mehr oder weniger raschen, jedoch unaufhaltsamen Entwicklung in Richtung mehr Umweltverantwortung auch schon während einer Umstellungsphase bis 2050 ergibt. Bei Bestandsimmobilien zeichnen sich zB bei der Einführung einer CO_2-Steuer zusätzliche Kosten und/oder Ertragsminderungen ab. Darüber hinaus ist eine ganz oder teilweise wegfallende Nachfrage von nachhaltig agierenden Unternehmen nach Mietflächen in sog Brown Buildings und von nachhaltig orientierten Investoren nach Brown Buildings[4] mittelfristig zu erwarten. Wie zuletzt die Coronakrise auch unerwartet kurzfristig gezeigt hat, könnten Brown Buildings durch eine sinkende oder fehlende Nachfrage oder – falls alle Eigentümer zeitgleich agieren – durch ein plötzliches Überangebot im Markt erhebliche Abwertungen erfahren und zu Stranded Assets mutieren. Nach der ab 2022 anzuwendenden EU-Taxonomie[5] ist zB der Ankauf von Bestandsobjekten, die vor 2021 gebaut wurden, nach den Kriterien der im Entwurf vorliegenden EU-VO[6] nur dann taxonomiekonform, wenn diese (a) zumindest die Energieeffizienzklasse A aufweisen oder (b) nach einem Best-in-Class-Ansatz gemessen am Primärenergiebedarf zur Gruppe der besten 15 % der regional und funktional vergleichbaren Objekte zählen. Dabei müssen bei Ankauf einer Bestandsimmobilie die Taxonomie-Kriterien anhand der zum jeweiligen Ankaufszeitpunkt gültigen Kriterien neu geprüft werden, ein sog Grandfathering zur automatischen Übernahme der Qualifikation beim Verkäufer ist nicht vorgesehen. Bei der Definition der technischen Kriterien für taxonomiekonforme Immobilien nimmt die EU unter klarer Betonung des Ziels, das Kapital in energieeffiziente Immobilien oder in die Sanierung von Bestandsgebäuden zu lenken, das Risiko einer Gebäudeab- oder -entwertung in Kauf und erzeugt damit indirekt Druck auf die Eigentümer zur angestrebten thermischen Sanierung der Brown Buildings.

Unter Berücksichtigung der dem Nachhaltigkeitstrend und den angekündigten Gesetzesvorhaben zugrunde liegenden Steuerungslogik kann eine chancenorientierte Perspektive eingenommen, die bestehende Strategie erforderlichenfalls angepasst und der Immobilienbestand zeitgerecht und zielgerichtet weiterentwickelt, saniert oder gedreht werden. Notwendige Grundlage für eine chancenbasierte Strategie sind das Erkennen der Treiber und eine möglichst gute Einschätzung des zeitlichen Verlaufs deren Entwicklung.

Das FNG (Forum Nachhaltige Geldanlagen) hat 2020 in einer Marktumfrage bei deutschen und österreichischen Finanzakteuren die Bedeutung von acht Treibern für die Nachfragesteigerung bei nachhaltigen Geldanlagen erhoben.[7] In beiden Ländern wurden unisono die Änderungen von gesetzlichen Rahmenbedingungen, die Nachfrage von institutionellen Investoren und die Nachfrage von Privatinvestoren am höchsten gewichtet, in Österreich gefolgt noch von Standards und Siegeln.

---

4 Gebäude, die im jeweiligen Kontext den Nachhaltigkeitskriterien nicht entsprechen und zu deren Erreichung Sanierungsmaßnahmen erforderlich sind, werden hier als *Brown Building* bezeichnet. Gebäude, die den jeweiligen Nachhaltigkeits- bzw Klimaeffizienzkriterien (bereits) entsprechen, als *Green Building*. Zur Definition *Green Building* bei Gebäudezertifikaten können im Detail Abweichungen bestehen.

5 Verordnung (EU) 2020/852 des Europäischen Parlaments und des Rates vom 18. Juni 2020 über die Einrichtung eines Rahmens zur Erleichterung nachhaltiger Investitionen und zur Änderung der Verordnung (EU) 2019/2088, ABl L 2020/198, 13.

6 EU Taxonomy Climate Delegated Act (Provisional version vom 21.4.2021) – Annex 1, 177, https://ec.europa.eu/finance/docs/level-2-measures/taxonomy-regulation-delegated-act-2021-2800-annex-1_en.pdf (20.5.2021).

7 Vgl *Forum Nachhaltige Geldanlagen*, Marktbericht Nachhaltige Geldanlagen 2020 – Deutschland, Österreich und die Schweiz (2020) 6.

1.2. Green Deals, Sustainable Action Plan und Taxonomie

Daher lohnt zunächst ein geraffter Blick auf die aktuellen und bevorstehenden Änderungen der gesetzlichen Rahmenbedingungen. Der vom Übereinkommen von Paris und von der UN-Agenda 2030 für nachhaltige Entwicklung abgeleitete EU-Aktionsplan verfolgt drei Ziele:[8]

- Neuausrichtung der Kapitalflüsse auf nachhaltige Investitionen,
- Bewältigung finanzieller Risiken infolge des Klimawandels, von Naturkatastrophen, Umweltzerstörung und sozialen Problemen und
- Förderung der Transparenz und einer langfristigen Perspektive für die Finanz- und Wirtschaftstätigkeit.

Um diese Ziele zu erreichen, sind ua folgende Maßnahmen in Umsetzung:

- EU-Taxonomie als EU-einheitliches Klassifikationssystem für ökologisch nachhaltige Wirtschaftstätigkeiten. Sie definiert sechs Ziele: (1) Klimaschutz, (2) Anpassung an den Klimawandel, (3) nachhaltige Nutzung und Schutz von Wasser- und Meeresressourcen, (4) Übergang zu einer Kreislaufwirtschaft, Abfallvermeidung und Recycling, (5) Vermeidung und Verminderung der Umweltverschmutzung sowie (6) Schutz gesunder Ökosysteme. Taxonomiekonform ist eine Investition (Tätigkeit), die mindestens zu einem der sechs Ziele einen substanziellen Beitrag leistet (Substantial Contribution), die anderen ökologischen Bereiche bzw Ziele nicht erheblich schädigt (Do No Significant Harm – DNSH), soziale Mindestbedingungen erfüllt (Minimum Social Safeguards) und technischen Screening-Kriterien genügt. Zur Taxonomie siehe auch Kapitel 4.
- Offenlegungspflichten für Finanzmarktteilnehmer sollen mehr Transparenz für Anleger schaffen, indem ua auf der Homepage und im Rahmen der vorvertraglichen und regelmäßigen Berichtspflichten für jedes Produkt, das in der EU angeboten wird, offenzulegen ist, ob bzw wie die Taxonomie in den Anlageentscheidungen berücksichtigt wird, zu welchen Umweltzielen die Investitionen beitragen, wie diese den Zielen entsprechen und wie sich Nachhaltigkeitsrisiken auf die Rentabilität auswirken können. Finanzmarktteilnehmer sind ua Alternative Investmentfond Manager (AIFM, zB Immobilienfonds, Private Equity Funds), OGAW-Verwaltungsgesellschaften (zB Wertpapierfonds, ETFs), Portfolio-Management, versicherungsbasierte Investmentprodukte und Einrichtungen der betrieblichen Altersvorsorge (Mitarbeitervorsorgekassen, Pensionskassen). Banken und internationale Unternehmen können die Taxonomie freiwillig anwenden (zB Banken für Grüne Kredite bzw Grüne Sparbücher). Die Regelungen zu den nachhaltigkeitsbezogenen Offenlegungspflichten traten am 10.3.2021 in Kraft. Große kapitalmarktorientierte Unternehmen, Kreditinstitute und Versicherungsunternehmen müssen die bestehende nichtfinanzielle Berichterstattung künftig um zusätzliche Informationen zur Corporate Social Responsibility erweitern (zB Nachhaltigkeitsbericht).

8 Vgl *Europäische Kommission*, Nachhaltiges Finanzwesen: Aktionsplan der Kommission für eine umweltfreundlichere und sauberere Wirtschaft, 8.3.2018, https://ec.europa.eu/commission/presscorner/detail/de/IP_18_1404 (15.9.2020).

- die künftige Verpflichtung von Versicherungsunternehmen und Wertpapierfirmen, beim Eignungstest die Nachhaltigkeitspräferenzen der Kunden abzufragen und diese im Rahmen der Anlageberatung bzw -empfehlung zu berücksichtigen.
- die Schaffung eines EU-Kennzeichens für „grüne" Finanzprodukte auf der Grundlage dieses EU-Klassifikationssystems („EU Eco-Label").

Der Zeitplan für die nächsten Schritte:

- Taxonomie: Für die technischen Überprüfungskriterien zu (1) Klimaschutz und (2) Anpassung an den Klimawandel fand ein Konsultationsverfahren statt, auf dessen Grundlage mit 21.4.2021 von der Komission ein Vorschlag für die Delegierte Verordnung vorgelgt wurd.[9] Die Verordnung soll bis Ende 2021 in Kraft treten, die Definition der Überprüfungskriterien und Verabschiedung für die anderen Umweltziele ist bis Ende 2021 mit In-Kraft-Treten Ende 2022 geplant.
- Offenlegung: Die Disclosure-VO gilt ab 10.3.2021, zu dem Finanzmarktteilnehmer die Information auf Level I durchgeführt haben müssen. Für Level II ist ein Konsultationsverfahren bis 1.9.2021 vorgesehen.
- ESG-Abfrage: Die Entwürfe zu MiFID, IDD, UCITS und AIFM wurden im Juni 2020 veröffentlicht und sollen nach dem Konsultationsverfahren ab Q4/2021 anzuwenden sein.

1.3. ESG-Strategie, Siegel, Gebäudezertifikate und Taxonomie

Die Nachhaltigkeitsstrategien für „Grüne Geldanlagen" werden von den Kapitalmarktteilnehmern idR als ESG-Ziele entweder nach eigenen ESG-Definitionen oder nach Vorgaben und im Rahmen von Richtlinien für nachhaltige Geldanlagen definiert und beschrieben. Durch die gebotene Vielfalt an Möglichkeiten in der Methodenwahl, der Definition und Auswahl von Nachhaltigkeitskriterien und -zielen ergeben sich letztlich individuelle Nachhaltigkeitsstrategien, wodurch es auch bei nahezu gleichen Produkten den Anlegern oft nicht oder nur schwer möglich ist, einen vollständigen Vergleich durchzuführen bzw einen Abgleich mit den persönlichen Präferenzen und Zielen vorzunehmen.

In den vergangenen Jahren wurden Siegel für nachhaltige Geldanlagen geschaffen, die bei Erfüllung der jeweiligen Kriterien und – im Sinne einer Objektivierung – nach Auditierung verliehen werden. Diese Siegel wurden jedoch primär für Wertpapierfonds entwickelt. Bei der Nachhaltigkeitsbeurteilung von Immobilieninvestitionen (zB Immobilienfonds) wird sowohl bei den individuellen Nachhaltigkeitsstrategien als auch bei den Siegeln für nachhaltige Geldanlagen noch schwerpunktmäßig auf Gebäudezertifikate abgestellt.

Weitere vom konkreten Gebäudezertifikat nicht erfasste ESG-Kriterien für nachhaltige Geldanlagen, Transparenz- und Offenlegungsregeln, Prozesskriterien etc müssen für die Verleihung eines Nachhaltigkeitssiegels für Finanzprodukte ergänzend erfüllt werden.

---

9 EU Taxonomy Climate Delegated Act (Provisional version), https://ec.europa.eu/finance/docs/level-2-measures/taxonomy-regulation-delegated-act-2021-2800_en.pdf (20.5.2021).

Das Österreichische Umweltzeichen nach der Richtlinie UZ 49 – Nachhaltige Geldanlagen hat im Jahr 2016 als erstes Siegel in Europa ausdrücklich auch Immobilienfonds als nachhaltige Geldanlage geregelt. Seit 2020 können auch (noch) nicht energieeffiziente Bestandsgebäude unter der Voraussetzung der Vorlage eines plausiblen und belastbaren Sanierungsprojekts als nachhaltig eingestuft werden. Das Konzept und die Anforderungen der UZ 49 werden als Beispiel eines Siegels für nachhaltige Immobilienfonds in Kapitel 3. noch näher dargestellt.

Beispiele für ESG-Ratings und Scoringmodelle für Immobilienanlagen sind zB das 2009 von Investoren ins Leben gerufene „Global Real Estate Sustainability Benchmark" (GRESB), das sich auf die Analyse der Nachhaltigkeitsperformance von Immobilienfonds fokussiert. Eine durch ZIA (Zentraler Immobilienausschuss) und BVI (Bundesfachverband der Immobilienverwalter) unterstützte Initiative von mehr als 30 Real Estate Asset Managern unter der Führung der Union-Investment-Gruppe hat das „ESG Circle of Real Estate" entwickelt, ein an der EU-Taxonomie orientiertes Scoringmodell für die Nachhaltigkeitsperformance von Immobilien und Portfolios. Immobilienbezogene Nachhaltigkeitsleitfäden haben bspw ZIA[10] oder CRIC[11] veröffentlicht.

Die ab 2022 anwendbare EU-Taxonomie ist dagegen weder ein Rating noch ein Siegel für nachhaltige Geldanlagen. Die Taxonomie soll vielmehr EU-weit durch eine gemeinsame Sprache, einheitliche Definitionen und Systematisierungen samt technischer Evaluierungskriterien Klarheit schaffen, welche Unternehmen und Investitionen in der ersten Phase zu den Zielen Klimaschutz und/oder zur Anpassung an den Klimawandel wesentlich beitragen, und Anlegern sowie Kapitalmarktteilnehmern eine einfache und kostengünstige Vergleichbarkeit von nachhaltigen Geldanlagen ermöglichen. Investitionen in taxonomiefähige Aktivitäten sind nicht obligatorisch, Finanzmarktteilnehmer sind aber dann zur Offenlegung verpflichtet, dass keine taxonomiekonformen Investitionen angestrebt werden.

10 Vgl *Mösle*, Leitfaden zur Einführung von Nachhaltigkeitsmessungen im Immobilienportfolio (2013).

11 Vgl *Deden/Doe/Tacke*, Leitfaden für ethisch-nachhaltige Immobilieninvestments (2018).

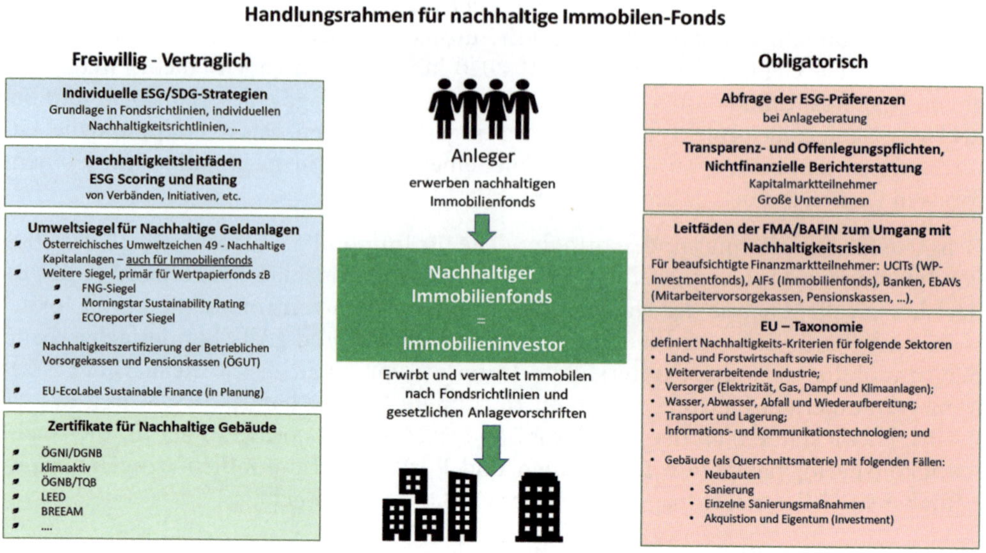

Abb II.1: Handlungsrahmen für Nachhaltige Immobilienfonds [eigene Darstellung]

Bei vielen Immobilienprodukten wird die Nachhaltigkeit zu einem relevanten Teil von Gebäudezertifikaten abgeleitet. Oterea hat Anfang 2021 eine Untersuchung des Gaps zwischen den Kriterien einiger Zertifikate und der EU-Taxonomie gem dem VO-Entwurf gemacht:

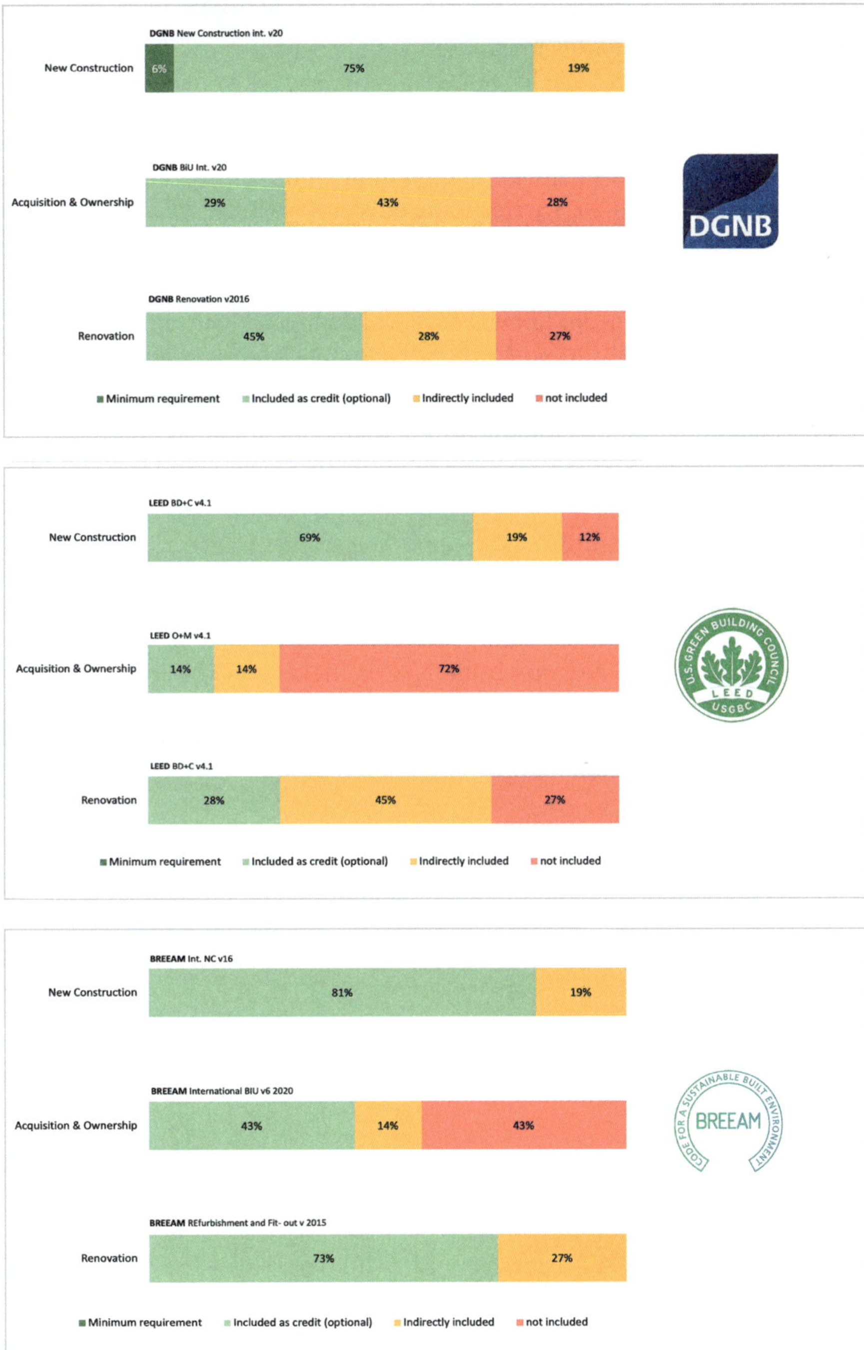

Abb II.2: Vergleich von Gebäudezertifikaten und Taxonomie-Kriterien [Quelle: OTEREA GmbH, 2021]

1.4. Marktentwicklung nachhaltiger Geldanlagen

Empfehlungen und/oder Entscheidungen der Anleger bei der Auswahl von Finanzanlage- und Vorsorgeprodukten erfolgten lange Zeit in Abhängigkeit vom Spar- oder Anlageziel nach den Hauptkriterien Behaltedauer, Ertrags- und Risikopräferenz sowie Risikotragfähigkeit. Seit einigen Jahren fließen bei Anlageentscheidungen ergänzend zu diesen Performancezielen auch Nachhaltigkeitsaspekte ein, und zwar mit einer dynamisch zunehmenden Bedeutung. Ab 2021 treten neue oder um Nachhaltigkeitsaspekte ergänzte Vorschriften zur Offenlegung und Anlageberatung in Kraft, die diese Entwicklung weiter beschleunigen werden.

Einen klaren Eindruck über die Entwicklung nachhaltiger Finanzanlagen in D, A und der CH vermitteln zB die jährlichen Marktberichte des FNG.

Der Marktbericht 2020 hat das Wachstum des Gesamtvolumens nachhaltiger Geldanlagen in Deutschland für 2019 im Vergleich zum Vorjahr mit 23 % auf 183,5 Mrd € ausgewiesen, was einem Anteil von 5,4 % des Gesamtmarkts entspricht. Rund 89 % entfielen davon auf institutionelle Investoren.

Für Österreich hat FNG für 2018 auf 2019 eine Steigerung nachhaltiger Geldanlagen um 38 % auf insgesamt 30,1 Mrd € erhoben, was einen Anteil am Gesamtmarkt von bereits mehr als 15 % bedeutet. Davon entfallen 25 % auf private Anleger und 75 % auf institutionelle Investoren, wobei auf die Mitarbeitervorsorgekassen allein 56 % entfielen. Dieser hohe Anteil wird von FNG durch die Nachhaltigkeitszertifizierung durch ÖGUT (Österreichische Gesellschaft für Umwelt und Technik GmbH), der sich alle Mitarbeitervorsorgekassen unterziehen, begründet. Die langfristige Entwicklung und Dynamik zeigen folgende Grafiken:

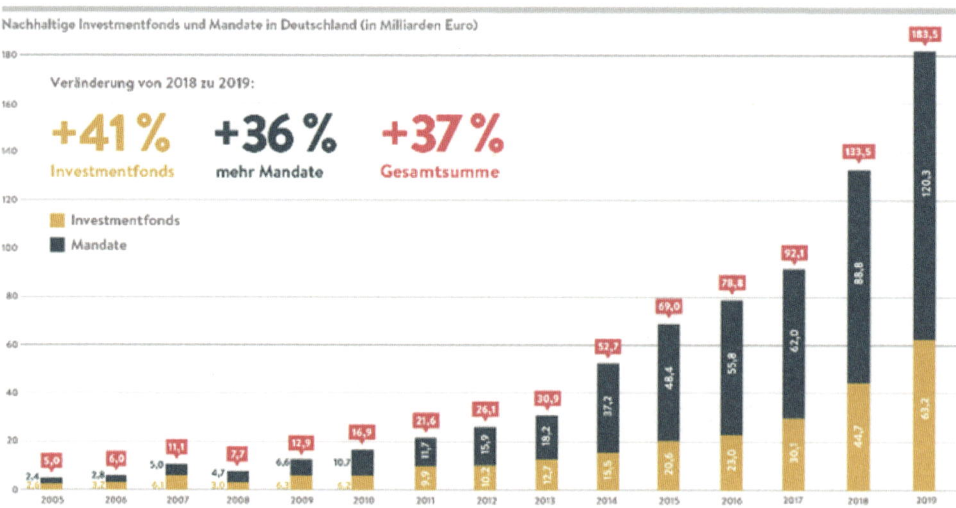

Daten: FNG – Forum Nachhaltige Geldanlagen

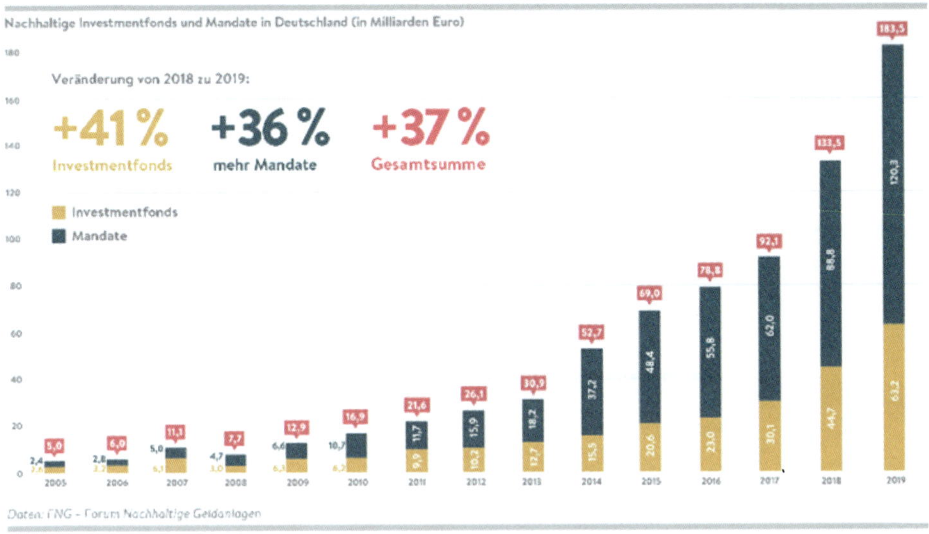

Abb II.3 und II.4: Nachhaltige Investmentfonds Deutschland und Österreich [Quelle: FNG, 2020]

Für die Asset-Klasse Immobilien werden für Deutschland und Österreich keine eigenen Volumenswerte ausgewiesen. Auf die Asset-Klasse „Sonstige inkl nachhaltige Immobilienfonds" entfallen in Deutschland ca 7 % und in Österreich ca 4 % des Volumens. Bei der Interpretation dieser Zahlen ist jedoch zu berücksichtigen, dass Immobilienfonds das Portfolio meist über einen langen Zeitraum aufbauen und dieses gewöhnlich deshalb auch ältere Bestandsobjekte enthält, wodurch die Kriterien für nachhaltige Geldanlagen auf Fondsebene kurzfristig meist nicht erfüllt werden können. Diese Immobilienfonds werden dann oft als verantwortliche Geldanlagen strukturiert, deren Kriterien weiter gefasst und damit leichter erfüllbar sind. Die Werte aller verantwortlichen Fonds und Mandate werden daher ersatzweise für eine generelle Trendbeurteilung herangezogen.

Von neun Teilnehmern der Umfrage in Deutschland wurden FNG 54 verantwortliche Immobilienfonds mit einem Fondsvolumen per Ende 2019 von insgesamt 87,8 Mrd € gemeldet (2018: 80,4 Mrd €), wobei 99 % des Volumens auf drei Teilnehmer entfallen. Bei den ökologischen Nachhaltigkeitskriterien dominieren der Ressourcenverbrauch, die Treibhausgas- und Schadstoffemissionen sowie der Erhalt der Biodiversität, ergänzt durch soziale bzw soziokulturelle Ziele (Gesundheitsverträglichkeit, Sicherheit, Wohlbefinden und Nutzerfreundlichkeit) und Governancekriterien.

Scope Analysis GmbH hat 14 offene Immobilienfonds mit überwiegend aus Gewerbeimmobilien bestehenden Portfolios mit einem Fondsvolumen von insgesamt 82 Mrd € untersucht. Ua hat Scope einen Anstieg der zertifizierten Objekte im Zeitraum 2013–2018 nach Anzahl von 25 % auf 53 % und nach Verkehrswerten von 35 % auf 65 % festgestellt.[12] Da Zertifizierungen hauptsächlich bei Neubauten erfolgen, kann dies als Indiz

12 Vgl *Hermann*, Immobilienfonds werden immer nachhaltiger – und verdienen prächtig, 12.2.2020, https://www.wiwo.de/finanzen/geldanlage/umweltbewusste-gewerbegebaeude-immobilienfonds-werden-immer-nachhaltiger-und-verdienen-praechtig/25530074.html (15.9.2020).

gewertet werden, dass Investitionen vorrangig in nachhaltige Gebäude erfolgen, wie das auch Suchprofile institutioneller Investoren belegen.

In Österreich wurden insgesamt 113 nachhaltigen Fonds gemeldet, davon tragen 71 ein Siegel (rd 63 %), zB FNG oder UZ 49. Auch bei den Immobilienfonds erhöht sich die Zertifizierungsquote. Ein Teilnehmer verwendet das Österreichische Umweltzeichen für alle Immobilienfonds, ein weiterer für einzelne Immobilienfonds. Nach der Richtlinie UZ (Umweltzeichen) 49 müssen alle Immobilien dieser Fonds klimaaktiv-zertifiziert sein oder ein plausibler Sanierungsfahrplan nachgewiesen werden. Ein weiterer Teilnehmer gab an, für 66 % der Immobilien international anerkannte Gebäudezertifikate zu haben.

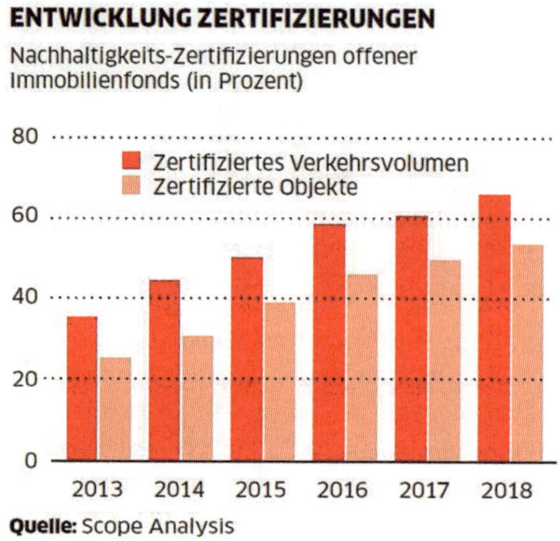

Abb II.5: Entwicklung Zertifizierungen [Quelle: Scope Analysis, 2020]

Wir beobachten aktuell folgende Entwicklungen:

- Neue Spezial-Immobilienfonds (Spezial-Immobilien-AIFs) als Investment für andere institutionelle Investoren (zB Pensions- und Vorsorgekassen, Versicherungen, Dachfonds mit Finanzlabel) werden überwiegend als nachhaltige Fonds aufgelegt. Diese dürfen dann regelkonform nur Immobilien erwerben und in Bestand halten, die Nachhaltigkeitskriterien bereits erfüllen oder durch anerkannte Sanierungsmaßnahmen erfüllen können.
- Immobilien-Kapitalanlagegesellschaften implementieren oder schärfen Nachhaltigkeitskriterien und -anforderungen in ihre Auswahl-, Verwaltungs- und Risikoprozesse und starten für die verwalteten Immobilienfonds Programme, um im Rahmen der jeweiligen Fondsrichtlinien die Anlagestrategie zu prüfen und allenfalls anzupassen, monitoren dazu den Status des Immobilienbestands auf Übereinstimmung und entwickeln (wie bereits bisher nach den jeweils definierten Ansprüchen) Handlungsoptionen für Gebäude mit festgestelltem Anpassungsbedarf. Hauptoptionen sind eine Sanierung (evtl samt Nachverdichtung), bei fehlender ökologischer und/oder kommerzieller Sanierungseignung eine (rechtzeitige) Portfoliobereinigung durch Verkauf der betroffenen Immobilie(n).

2. Technische Rahmenbedingungen und Stakeholder's View

Verordnungen und Gesetze machen mittlerweile zwingende Vorgaben bezüglich der Energieeffizienz und des Einsatzes von Primärenergieträgern. Im Klimaabkommen von Paris vereinbarten die EU-Staaten Ende 2015 überdies, den Ausstoß an CO_2 bis 2050 gegenüber 1990 um vier Fünftel zu kappen. Österreich als Musterschüler geht mit seinen lokalen Zielsetzungen sogar darüber hinaus und möchte die Ziele rascher als von der EU vorgegeben erreichen.

Diese ambitionierten Ziele stellen auch den Immobiliensektor vor große Herausforderungen. Er ist durchschnittlich für 30–40 % der CO_2-Emissionen verantwortlich. 2050 darf jedes Gebäude rein rechnerisch nur noch 14 Kilogramm CO_2 und 100 Kilowattstunden End-Energie pro Quadratmeter und Jahr verursachen bzw benötigen. Gemessen an den heutigen Werten von 94 kg/196 kWh wird eine massive Anstrengung zur Erreichung dieser Zielvorgaben notwendig sein.

Wenn man sich diese Ziele vor Augen führt und man davon ausgeht, dass sich der Gebäudebestand mit einer Neubaurate von rd 1 % erneuert, erkennt man, welchen überragenden Einfluss die Bestandssanierung auf die Erreichung der Klimaziele in Europa haben wird müssen.

Das Ziel eines nahezu CO_2-neutralen Gebäudebestands erfordert eine hohe gemeinsame Anstrengung aller Beteiligten. Va die unsanierten Bestände aus den 1950er-, 1960er-, 1970er-, 1980er- und 1990er-Jahren lassen zwar theoretisch erhebliche Energieeffizienzsteigerungen und Emissionssenkungen zu, die aber praktisch gesehen durch technisch-physikalische Grenzen und baukulturelle Gründe (Stichwort Denkmalschutz) sowie die wirtschaftliche Notwendigkeit, Bestandsimmobilien bestandsfrei sanieren zu wollen, oft in ihrer Hebung verhindert werden.

Wenn man nun wesentliche Verbesserungen in der CO_2-Performance des Gebäudebestands erzielen möchte – und nichts anderes hat man sich politisch vorgenommen –, muss man in der Problemanalyse auf die Heterogenität der Eigentümerstrukturen im Immobilienbereich Rücksicht nehmen. Es wird wohl ein Eigentümer, der zugleich Eigennutzer ist, anders zu adressieren sein als ein Bestandsinvestor oder ein Projektentwickler, der ein Gebäude errichtet oder saniert und in Folge unmittelbar weiterdreht, wodurch er nicht die langfristigen Konsequenzen seiner Planung und technischen Ausführung zu tragen hat. Darüber hinaus müssen Sanierungsmaßnahmen und energetische Verbesserungen natürlich grundsätzlich wirtschaftlich sein, was bedingt, dass sich diese Maßnahmen in angemessener Zeit auch amortisieren. Im Bestand sind in die Struktur des Objekts eingreifende Maßnahmen aber aufwendig organisatorisch-technisch umzusetzen, zumal damit im Normalfall vorübergehend erhebliche Einschnitte in der Nutzbarkeit der Immobilie einhergehen (Stichwort: ausmieten oder operieren am „lebenden Körper"). Wenn eine Generalsanierung nicht en bloc umsetzbar ist, sei es aufgrund nicht zeitgleich auslaufender Mietverträge oder anderer organisatorisch-technischer Hindernisse, muss man kleinteiligere Sanierungsformen wählen, die bedingen, dass die Sanierung des gesamten Bestandsobjekts nicht kostenoptimal und auch nur über einen längeren Zeitraum hinweg umsetzbar sein wird; ein Umstand, der wiederum auf die Rendite des Investors drückt und dadurch die Bestandssanierung im Wettbewerb mit anderen Investitionsoptionen evtl als wenig wirtschaftlich erscheinen lässt.

Bei allen Überlegungen zu den angestrebten Verbesserungen der Immobilien-Bestandsqualitäten wird es daher wesentlich sein, zu erkennen, dass eine Vielzahl von Bestandsimmobilien, die nicht einer Generalsanierung unterzogen werden, die quasi Qualitäten eines Neubaus schafft, nie den Status der Nahezu-Klima-Neutralität erlangen werden wird. Für derartige Objekte ist es weder technisch machbar noch wirtschaftlich sinnvoll, eine CO_2-Performance in der Größenordnung eines Neubaus anzustreben. Es wird daher in Folge zu prüfen sein, welche Förderung für Abriss und Neubau und/oder geförderte Generalsanierung notwendig sein wird, um derartige Objekte energetisch in die „CO_2-Emmissions-Neuzeit" zu überführen, oder dem Eigentümer, zB einem institutionellen Investor, über eine Bestands-Portfoliobetrachtung Werkzeuge an die Hand zu geben, durch optimierten Mitteleinsatz größtmögliche Reduktionen von Treibhausgas-Emissionen, durchgerechnet über ein Portfolio, zu erreichen.[13]

2.1. Stakeholder's View

Nachhaltiges Wirtschaften in der Immobilienwirtschaft hat, wie eben ausgeführt, mehrere Adressaten zugleich. Das sind einerseits die großen Bestandshalter und Investoren, andererseits die Mieter und Pächter sowie die Errichter und Sanierer, die ihrerseits die technische Weiterentwicklung des Produkts Immobilie und die technische Erfüllung des Nachzieheffekts für den Bestand (Sanierung) in ihrer Verantwortung in der Prozesskette haben.

Betrachten wir nun die einzelnen Prozesskettenbeteiligten der Immobilienwirtschaft und die Auswirkung der Taxonomie auf sie im Detail:

2.2. Mieter/„Green Leases"

Der Trend ist eindeutig: Immer mehr Unternehmen wünschen sich, in „grünen Gebäuden" eingemietet zu sein. Sie tun dies einerseits im Rahmen von ESG-Programmen aufgrund einer allgemein gesteigerten gesellschaftlichen Sensibilität bezüglich der Beeinträchtigungen des menschlichen Lebensraums durch Emissionen sowie der negativen Einflüsse, die der Klimawandel mit sich bringt, aber nicht zuletzt auch aus der Erwartung heraus, dass energieeffiziente und emissionsarme Gebäude einen langfristigen ökonomischen Vorteil bringen. In diesem Zusammenhang freuen sie sich naturgemäß über niedrigere Kosten für Strom, Warmwasser und Heizung sowie eine mitarbeiterfreundlich gestaltete Arbeitswelt.

Grundsätzliches Ziel von „Green-Lease"-Vereinbarungen ist die Verringerung von Emissionen und die Verbesserung der Energieeffizienz bei der Nutzung und beim Betrieb von Gebäuden. Das Erreichen dieser Ziele unterstellt dabei zwingend die Zusam-

13 Vgl *Grothe*, ZIA: Klimaziele auf wirtschaftliche Weise erreichen, https://realestate.union-investment.com/nachhaltigkeitsportal/Zukunftsthemen/ZIA--Klimaziele-auf-wirtschaftliche-Weise-erreichen.html (16.9.2020).

menarbeit zwischen Eigentümern und Mietern, was einen wesentlichen Paradigmenwechsel zu vergangenen Verhaltensweisen von Mietern und Vermietern darstellt.[14]

Einerseits geht es in dieser Kooperation um die Nachhaltigkeit im laufenden Betrieb der Immobilie hinsichtlich eines möglichst effizienten Verbrauchs und damit einer Senkung von Primärenergieeinsätzen, andererseits aber auch um ökologisch zielgerichtete und optimierte Betriebs-, Erhaltungs- und Baumaßnahmen.

Die Mietvertragsparteien formulieren dabei gemeinsam zu erreichende konkrete Ziele, die eine nachhaltige Gebäudenutzung gewährleisten sollen. Typischerweise werden dabei auch wechselseitige Informations- und Auskunftspflichten vereinbart.

Gemäß vom deutschen ZIA erarbeiteten Grundsätzen[15] enthalten „Green Leases" mindestens Regelungen zur

- nachhaltigen Nutzung und Bewirtschaftung des Mietgegenstands im laufenden Betrieb,
- Reduzierung von Abfällen, Verbräuchen und Emissionen sowie
- ökologisch unbedenklichen Durchführung von Erhaltungs-, Modernisierungs- und sonstigen Baumaßnahmen.

Zahlreiche nationale und internationale Zertifikate und Gütesiegel dokumentieren heute den nachhaltigen Standard von Gebäuden, was auch bereits deutlich erkennbare Auswirkung auf das zukunftsgerichtete Investitionsverhalten von Immobilieninvestoren gehabt hat. Auf Nachhaltigkeit ausgerichtete „grüne" Mietverträge („Green Leases") für Gewerbeflächen sind hingegen in Mitteleuropa noch wenig verbreitet, vielleicht weil dazu auch noch einheitliche Richtlinien und Vorgaben oder formale Zertifikate fehlen.

In den angelsächsischen Ländern sind diese bereits weiter verbreitet, da insb große börsennotierte Unternehmen neben ihrem Kosten- und Ertragsfokus schon seit Längerem auch ihren Einmietungen selbst auferlegte Nachhaltigkeitsstandards zugrunde legen.

Der hohe Stellenwert des Nachhaltigkeitsdenkens in der gesellschaftlichen Diskussion gerade der letzten beiden Jahre und der wachsende Druck der Gesetzeslage (Taxonomie) lassen aber erwarten, dass sich „grüne Mietverträge" künftig auch in Mitteleuropa immer mehr durchsetzen werden.

2.3. Auswirkungen auf Immobilienentwickler

Projektentwickler werden in ihrer Exit-Ausrichtung immer von der Anlagephilosophie ihrer Kapitalgeber und Endinvestoren getrieben. Wenn der Markt in Richtung grüner Investments tendiert oder dreht und die Preiserwartungen der Developer nur noch unter Umsetzung der Vorgaben der Investoren erzielbar ist, dann werden die Entwickler Produkte im Neubau und der Sanierung auf den Markt bringen, die diese Erwartungen

14 Vgl *Freshfields Bruckhaus Deringer*, Der Grüne Mietvertrag für Deutschland, Regelempfehlungen zur nachhaltigen Nutzung und Bewirtschaftung von Immobilien, 2018, http://knowledge.freshfields.com/en/Global/r/3823/green_lease_-_der_gr_ne_mietvertrag_f_r_deutschland (15.4.2020).

15 Vgl *Freshfields Bruckhaus Deringer*, Der Grüne Mietvertrag für Deutschland, Regelempfehlungen zur nachhaltigen Nutzung und Bewirtschaftung von Immobilien, 2018, http://knowledge.freshfields.com/en/Global/r/3823/green_lease_-_der_gr_ne_mietvertrag_f_r_deutschland (15.4.2020).

erfüllen. Gerade in diesem Bereich wird die Lenkungswirkung der Taxonomie wesentlich schneller greifen als bei Bestandshaltern und Asset Managern, die bestehende Portfolien aufwendig in Richtung nachhaltigerer Performance drehen müssen.

2.4. Auswirkungen auf die Investorenlandschaft

Indem Investoren sog „ESG Investment Practices" berücksichtigen, handeln sie unternehmerisch umsichtig.

In ihrem 2017 veröffentlichten Weißbuch „Nachhaltigkeit" kommen Autoren von LaSalle Investment Management zum Schluss, dass Anleger bei „grünen" Immobilien sogar bereit seien, als Preis für mehr Investitionssicherheit um bis zu 0,65 Prozentpunkte niedrigere Renditen und damit höhere Immobilienpreise in Kauf zu nehmen.[16] Hintergrund dafür ist, dass in diesem Fall oft Kosten für Modernisierung und Neupositionierung in der Kalkulation nicht in Ansatz gebracht werden müssen und damit die Annahme, dass diese Gebäude bereits auf die modernsten Standards hin erstellt und ausgerichtet sind oder alternativ bei Anpassungen an „grüne" Standards die Baumaßnahmen staatlich subventioniert werden.

Kann man über den Yield-Compression-Effekt von nachhaltigen Objekten im Ankauf trefflich anderer Meinung sein, finden wir aber, dass es kaum Argumente dagegen gibt, dass eine grüne Immobilie langfristig liquider bleiben wird als ein Brown Building. Einerseits wird die langfristige Marktfähigkeit erhalten und das Vermarktungsrisiko als Investment-Produkt reduziert, andererseits wird auch das Leerstandsrisiko minimiert, weil Mietinteressenten, die grüne Objekte und Mietverträge suchen, in der Tendenz solventer sind als andere, die rein auf den Quadratmeterpreis achten. Im Ergebnis werden sich daher nachhaltige Immobilien auf Asset- und Portfolioebene langfristig sicher besser entwickeln.

Diese grundsätzlichen Effekte lassen prozyklische und antizyklische Investitionsstrategien zu. Institutionelle Investoren werden in ihrer Ausrichtung wohl nur nachhaltigkeitszertifizierte Immobilien und Portfolien ankaufen wollen. Mit fortschreitender Zeit und der über die Taxonomie hereinkommenden Berichtspflicht wird der Druck auf Portfoliobereinigungen und Abverkäufe von Teilbeständen aber auch deutlich steigen. Daher wird es wohl so sein, dass institutionelle Investoren zuerst am Markt-Schachbrett durch gezielte Abverkäufe „ziehen" werden müssen, um am Ende 100 % nachhaltige Investments als Portfolio zu halten. Dies eröffnet damit antizyklisch für rein renditegetriebene Investoren (zB vermögende Private) ein Opportunitäts-Fenster, Objekte zu erwerben, die zwar kurzfristig nicht „grün" zu sanieren sind, aber evtl deutlich unter dem Marktwert, den diese Objekte noch vor wenigen Jahren hatten, zu haben sind. Diese Strategie kann allerdings nur unter einer mittel- bis langfristigen Value-Add-Perspektive stehen. Längerfristig gesehen müssen auch diese Assets wegen ihrer limitierten Verkaufbarkeit durch den fortschreitenden Trend zu geringeren Emissionen und Energieverbräuchen saniert oder redeveloped werden, trotzdem es aber immer Mieter geben wird, die den Standard einer „Green Lease" nicht bezahlen werden wollen.

16 Vgl *LaSalle Investment Management*, Weißbuch Nachhaltigkeit (2017) 26.

2.5. Förderprogramme

Für die thermische Sanierung des Gebäudes und Investitionen in die Erneuerung der Energieversorgung bzw Umstellung auf erneuerbare Energieträger gibt es zahlreiche Fördermöglichkeiten zB der EU, des Bundes und/oder der Länder. Je nach Standort, Nutzungsart, Sanierungsgegenstand und -umfang sowie der Objektstrategie (Halten, Verkaufen ...) wird individuell der persönliche und sachliche Förderanspruch zu prüfen und der optimale Förder- und Finanzierungsmix zu ermitteln sein. Bei Sanierung von Bestandsgebäuden nachhaltiger Investmentfonds gem UZ 49 ist ein Sanierungsfahrplan zu erstellen, in dem auch Angaben zur Finanzierung bzw einer allfälligen Inanspruchnahme von Förderungen vorgesehen sind.

Eine aussagekräftige Darstellung der Fördermöglichkeiten würde den Rahmen dieses Beitrags sprengen, insb weil diese zurzeit auch anlassbedingt ergänzt werden. Eine Übersicht über die jeweils aktuellen Fördermöglichkeiten mit Links zu den Förderstellen und Richtlinien bieten bspw das Bundesministerium für Digitalisierung und Wirtschaftsstandort und die Kommunalkredit Public Consulting GmbH.

Als typisches Beispiel einer kurzfristigen, jedoch befristeten Förderung kann die coronabedingt als Anreiz für Unternehmensinvestitionen beschlossene aws Investitionsprämie erwähnt werden. Der Zuschuss beträgt 14 % bei Investitionen zur Ökologisierung, wozu die thermische Sanierung von Gebäuden und Investitionen in die Energieversorgung mit erneuerbarer Energie zählen (ausgenommen sind aber Bau und Ausbau von Wohngebäuden, wenn diese zum Verkauf oder zur Vermietung an Private gedacht sind).[17] Die Antragstellung war nur im Zeitraum vom 1.8.2020 bis 28.2.2021 möglich, wobei erste Maßnahmen wie Bestellungen, Lieferungen, der Beginn von Leistungen, Anzahlungen, Zahlungen, Rechnungen, Abschluss eines Kaufvertrags oder der Baubeginn der förderungsfähigen Investitionen bis spätestens 31.5.2022 erfolgen müssen.

Ein Beispiel einer ebenfalls befristeten, aber bereits auf die Taxonomie verlinkten Förderung bietet der Klima- und Energiefonds,[18] der zB Projektentwicklungskosten und Nebenkosten für die Vorbereitung der Platzierung von Green Bonds und Crowd-Finanzierungen von Green-Finance-Projekten sowie die taxonomiekonforme thermische Sanierung von mehrgeschoßigem Wohnbau entsprechend unterstützt.

3. Österreichisches Umweltzeichen UZ 49 – Nachhaltige Finanzprodukte

3.1. Einordnung und Bedeutung des UZ 49

Träger des seit 1990 für diverse Produkte und Dienstleistungen bestehenden Österreichischen Umweltzeichens ist das Bundesministerium für Klimaschutz, Umwelt, Energie, Mobilität, Innovation und Technologie (BMK). 2004 wurde es als erstes Finanzlabel in Europa eingeführt und ist in der Richtlinie UZ 49 – Nachhaltige Finanzprodukte geregelt

17 Vgl *Austria Wirtschaftsservice*, aws Investitionspläne, 1.9.2020, https://www.aws.at/corona-hilfen-des-bundes/aws-investitionspraemie/ (1.10.2020).

18 Vgl *Klima Energie Fonds*, Ausschreibungen, https://www.klimafonds.gv.at/ausschreibungen/ (16.10.2020).

(kurz UZ 49).[19] Entwickelt und administriert wird das Label vom Verein für Konsumenteninformation (VKI), die Konformität mit den Anforderungen der Richtlinie ist durch ein Gutachten einer autorisierten Prüfstelle zu bestätigen.

Das österreichische Umweltzeichen wird seit 2016 auch für die Produktgruppe Nachhaltige Immobilienfonds verliehen. Neben weiteren Anforderungen an den Immobilienfonds bzw den Emittenten ist Voraussetzung, dass alle Fondsimmobilien zumindest die klimaaktiv Basiskriterien erfüllen. Nach einer Überarbeitung der Richtlinie sind seit 1.1.2020 auch das Halten und der Ankauf von unsanierten Bestandsimmobilien zulässig bzw unschädlich, sofern objektbezogen mittels Sanierungsfahrplan plausibel deklariert wird, dass nach Umsetzung geeigneter Sanierungsmaßnahmen die klimaaktiv Basiskriterien zumindest erfüllt werden.

Der Grund für die Erweiterung der zulässigen Immobilien um Sanierungsobjekte liegt in der Notwendigkeit, zur Erreichung der Klimaziele die Sanierungsraten von Gebäuden auf wenigstens 2 % zu erhöhen, diese liegt in der EU aktuell zwischen 0,4 bis 1,2 %, in Österreich bei 0,6 % (Quote der geförderten Sanierungsmaßnahmen in Bezug auf den Gesamtbestand, ohne nichtgeförderte Sanierungen).[20] Damit greift die UZ 49 die auch von der EU mit dem Aktionsplan 2018 beschlossene Lenkung von Finanzströmen in nachhaltige Tätigkeiten auf, wozu ausdrücklich auch die thermische Sanierung von Gebäuden zählt. Das Nachhaltigkeitslabel UZ 49 nimmt mit der Einbeziehung von Immobilienfonds eine Vorreiterrolle in Europa ein und wurde kürzlich vom Luxembourg Green Exchange („LGX") Fund Window anerkannt.

Die UZ 49 gilt für Investmentfonds, Dachfonds, fondsgebundene Lebensversicherungen, auf ESG-Indizes basierende Anlageprodukte, Green Bonds, nachhaltige Giro- und Sparprodukte (zB „Umweltsparbuch") und seit 2016 für Veranlagungen in Immobilien (Immobilienfonds). Die Mitarbeitervorsorgekassen sind in Österreich die mit Abstand größten Investoren in nachhaltige Finanzprodukte. Alle Mitarbeitervorsorgekassen haben sich durchgehend der Nachhaltigkeitszertifizierung durch ÖGUT angeschlossen.

Im Folgenden wird auf die für Immobilienfonds relevanten Regelungen der UZ 49 näher eingegangen, insb auf jene Bestimmungen, die einen konkreten Bezug zu Bestandsimmobilien aufweisen.

3.2. Investitionen in Immobilien

Die UZ 49 definiert nachhaltige Anlageprodukte in Immobilien als Investitionen in Gebäude mit überdurchschnittlicher Umwelt- und Sozialverträglichkeit, was durch die Anlagepolitik, die Auswahlkriterien und die Erhebungs-, Bewertungs- und Auswahlprozesse sichergestellt werden muss. Die maßgeblichen Bereiche, in denen der erforderliche signifikante Nachhaltigkeitsbeitrag nachzuweisen ist, sind

19 Vgl *Österreichisches Umweltzeichen*, Richtlinie UZ 49, 1.1.2020, https://www.umweltzeichen.at/file/Richtlinie/UZ%2049/Long/UZ 49_R5a_Sustainable%20Financial%20Products_2020_EN.pdf (15.9.2020).

20 Vgl zB *IIBW – Institut für Immobilien und Umweltbundesamt GmbH*, Definition und Messung der thermisch-energetischen Sanierungsrate in Österreich, http://iibw.at/documents/2020%20IIBW_UBA%20Sanierungs rate.pdf 6 (20.9.2020).

(1) Qualität der Infrastruktur,
(2) wirtschaftliche Transparenz,
(3) hohe Energieeffizienz,
(4) Nutzung erneuerbarer Energieträger,
(5) Einsatz ökologischer Baustoffe und
(6) thermischer Komfort.

Die Prüfung der Einhaltung der Nachhaltigkeitskriterien erfolgt einzelobjektbasiert nach:

- Negativ- bzw Ausschlusskriterien,
- Positiv- bzw Auswahlkriterien und
- Anspruchsniveau.

3.2.1. Negativ- bzw Ausschlusskriterien des UZ 49

Bei der Prüfung der Ausschluss- bzw Anforderungskriterien wird abhängig vom Lebenszyklus der Gebäude unterschieden zwischen Gebäuden mit Baubewilligung bzw Sanierung innerhalb der letzten fünf Jahre („Neubauten") und unsanierten Gebäuden oder Gebäuden mit umfassender Sanierung vor mehr als fünf Jahren („Bestandsgebäude").

3.2.1.1. Gebäude mit Baubewilligung bzw Sanierung innerhalb der letzten fünf Jahre

Gebäude, deren Baubewilligung nicht älter als fünf Jahre ist (sog Neubauten), müssen die Mindestkriterien des Gebäudestandards klimaaktiv für Neubauten erfüllen, Bestandsgebäude mit umfassender Sanierung innerhalb der letzten fünf Jahre die Mindestkriterien des klimaaktiv Gebäudestandards sanierte Gebäude (klimaaktiv Basiskriterien), jeweils abhängig vom Datum der Baubewilligung bzw des Energieausweises. Details sind dem Leitfaden *Klimaaktiv und die Anwendung in der Umweltzeichen Richtlinie 49, Version 2018* zu entnehmen.

Wenn die Baubewilligung oder größere Renovierung bereits fünf Jahre oder länger zurückliegt, kann die Deklaration nach den Kriterien des klimaaktiv Gebäudestandards für Sanierungen erfolgen.

Die Nichterfüllung auch nur eines einzigen erforderlichen klimaaktiv Kriteriums ist der Beantragung oder einer bereits erhaltenen Auszeichnung nach UZ 49 abträglich, eine Toleranzgrenze ist nicht vorgesehen. Die Nichterfüllung von ökologischen Kriterien kann auch nicht durch Übererfüllung anderer Kriterien kompensiert werden, zB durch außerordentliche soziale Beiträge bei Pflegeheimen.[21]

Durch die explizite Regelung wird die Behandlung eines nicht klimaaktiv-konformen Neugebäudes vor Ablauf der fünf Jahre seit Baubewilligung bzw Sanierung als unsanierte Bestandsimmobilie ausgeschlossen. Bei diesen Gebäuden könnten bei formaler Auslegung der Richtlinie selbst Sanierungsmaßnahmen zur Anhebung auf Neubaustandard keine UZ-49-Konformität herstellen. Die Sanierung müsste vielmehr noch vom Verkäufer vor dem Verkauf durchgeführt werden. Denkbar erscheint aber im Einzelfall,

21 Vgl Online-Diskussionstool zur Überarbeitung UZ 49 – Nachhaltige Finanzprodukte, 2019, https://www.discuto.io/de/consultation/33544 (15.9.2020).

dass sich der Verkäufer in einem Forward Deal[22] verpflichtet, diese Sanierung durchzuführen.[23] Im Umkehrschluss erscheint es aber als zulässig, diese Gebäude nach Ablauf der fünf Jahre als nicht saniertes Bestandsobjekt zu behandeln und mittels Sanierungsfahrplan UZ-49-konform zu machen (siehe unten).

Der Nachweis erfolgt mittels klimaaktiv Deklaration auf den Plattformen baubook (Wohngebäude) oder baudock (Dienstleistungsgebäude) mit Kriterienkatalogen für Neubau, Sanierung und/oder Sanierung im Denkmalschutz für folgende Gebäudetypen: Wohnbauten, Bürobauten, Bildungsbauten, Pflegeeinrichtungen, Krankenhäuser, Veranstaltungsbauten, Beherbergungsbetriebe, Sportstätten, Handelsbauten (Lebensmittelsupermärkte) und sonstige Gebäude wie Gewerbebauten.[24] Der zur Anwendung kommende Kriterienkatalog hängt von der Berechnung des Energieausweises (OIB 2011, OIB 2015, OIB 2019) ab.

3.2.1.2. Gebäude mit Baubewilligung oder Sanierung vor mehr als fünf Jahren

Bei Bestandsobjekten (Neubau mit Baubewilligung vor mehr als fünf Jahren oder Bestandsobjekt ohne oder mit Sanierung vor mehr als fünf Jahren) muss zwingend in einem Sanierungsfahrplan plausibel dargelegt werden, (a) welche klimaaktiv Basiskriterien aktuell nicht erfüllt werden und (b) welche mit einem Zeitplan unterlegten Sanierungsmaßnahmen geplant sind, um zumindest die klimaaktiv Basiskriterien vollinhaltlich zu erfüllen. Eine Ausnahmeregelung ist nur bei gasbeheizten Mehrfamilienhäusern und beim mehrgeschoßigen Wohnbau im Bereich Nutzung erneuerbarer Energieträger vorgesehen, wenn der Einsatz von hocheffizienten alternativen Energiesystemen lt OIB-Richtlinie-6 einer Alternativenprüfung unterzogen und das Ergebnis vorgelegt wird.

3.2.1.3. Prüfung der UZ-49-Konformität bei Ankauf und im Bestand

Vor Ankauf eines Gebäudes für einen nachhaltigen Immobilienfonds gem UZ 49 muss daher (möglichst frühzeitig) anhand des klimaaktiv Status das Vorliegen eines Ausschlussgrunds geprüft werden.

Bei einem Immobilienfonds, für den ein österreichisches Umweltzeichen UZ 49 beantragt werden soll, müssen alle Objekte im Portfolio auf mögliche Ausschlusskriterien und allenfalls notwendige Sanierungsmaßnahmen zur Herstellung der klimaaktiv Konformität geprüft werden. Das Ergebnis ist in die weitere Planung für die Antragstellung und/oder in die Portfoliostrategie aufzunehmen. Falls nicht alle Objekte UZ-49-konform sind, bestehen folgende Handlungsoptionen:

- Erstellen eines Sanierungsfahrplans für alle technisch-ökologisch sanierungsfähigen und kommerziell sanierungswürdigen Objekte, jeweils unter Berücksichtigung des 5-Jahres-Kriteriums, evtl mit

22 Vgl *Reimann*, Projektentwicklung – Transaktionen im Bestand und Forward Deals, Juli 2020, http://hoganlovells-blog.de/2020/07/20/projektentwicklung-transaktionen-im-bestand-und-forward-deals/ (15.9.2020).

23 Vgl *Österreichisches Umweltzeichen*, Richtlinie UZ 49 (2020) 12.

24 Vgl *ÖGUT – Österreichische Gesellschaft für Umwelt und Technik*, Klimaaktiv Deklarationsplattform, https://klimaaktiv.baudock.at/ (15.9.2020).

- Prüfung einer zeitlich auf die Portfoliostruktur und Sanierungsmaßnahmen abgestimmten Verschiebung der Antragstellung für die UZ 49 (zB um die 5-Jahres-Frist für erst kürzlich sanierte Bestandsobjekte zu erreichen) und/oder
- als letzte Option ein Verkauf der nicht sanierungsfähigen und -würdigen Objekte, wobei dazu jedenfalls die objektspezifische Marktsituation zu berücksichtigen ist und ausreichend Zeit für den Verkaufsprozess geplant werden sollte.

3.2.2. Sanierungsfahrplan

3.2.2.1. Struktur eines Sanierungsfahrplans

Der Sanierungsfahrplan[25] wird mittels eines von klimaaktiv zur Verfügung gestellten Excel-Sheets erstellt und ist bei Antragstellung des Umweltzeichens dem Gutachten beizulegen. Die Einhaltung des Sanierungsfahrplans wird im Rahmen des jährlichen UZ-49-Updates geprüft.

Der Sanierungsfahrplan wird auch als Gesamtsanierungskonzept bezeichnet, in dem technisch und organisatorisch abgestimmte Sanierungsmaßnahmen in richtiger zeitlicher Reihenfolge zur Herstellung eines energieeffizienten und ökologischen Gebäudebetriebs nach den Qualitätsanforderungen von klimaaktiv schlüssig festgelegt werden. Bei der Festlegung der Maßnahmen ist Kostenoptimalität unter Berücksichtigung des Gebäudelebenszyklus anzustreben, Lock-In-Effekte, zB durch suboptimale oder widersprüchliche Einzelmaßnahmen, zu vermeiden sowie Finanzierungs- und Fördermöglichkeiten aufzuzeigen. Eine Maximallaufzeit für den Sanierungsfahrplan ist nicht vorgesehen.

Die Sanierung kann in einem Zug als Generalsanierung oder schrittweise mittels abgestimmter Einzelmaßnahmen erfolgen. Die Ermittlung der optimalen Sanierungsvariante erfolgt typischerweise durch einen Alternativenvergleich in Abhängigkeit vom aktuellen Gebäudelebenszyklus und -zustand, von Möglichkeiten einer Kombination von Instandhaltungs- und Instandsetzungsmaßnahmen, der Vermietungssituation (Flächenbelegung, Vertragslaufzeiten etc), dem angestrebten Nachhaltigkeitsstandard, technisch/rechtlichen Einschränkungen (Gebäudestruktur, Baurecht etc), potentiellen Nachverdichtungsmöglichkeiten (Aufstockung, Zubau), den finanziellen Rahmenbedingungen (Kosten der einzelnen Varianten, verfügbare Eigenmittel und Kredite samt Förderungen, erzielbare Mieterträge nach Sanierung und Nachverdichtung). Bei einer Portfoliooptimierung werden auch die jährlichen Gesamtertragsziele berücksichtigt (bei mehreren Sanierungsobjekten in einem Portfolio wird zB eine zeitlich abgestimmte Durchführung von Maßnahmen mehrerer Objekte zur Glättung des Fondsergebnisses sinnvoll sein, Kostenvorteile können durch Rahmenverträge mit ausführenden Unternehmen erzielt werden etc).

Ein Sanierungsfahrplan weist folgende Bestandteile und Schritte auf:

- Bestandserhebung und Bewertung des Istzustands samt Dokumentation inkl Erstellung/Beibringung eines Bestandsenergieausweises.

25 Prozessleitfaden Sanierungsfahrplan – Unterlage für die Umweltzeichenrichtlinie 49 – Nachhaltige Finanzprodukte, 2019, https://www.klimaaktiv.at/bauen-sanieren/gebaeude-deklarieren/klimaaktiv-leitfaden-sanierungsfahrplan.html (15.9.2020).

- Formulierung der Sanierungsziele, wobei mindestens die klimaaktiv Basiskriterien für Sanierung erreicht werden müssen; abhängig vom Objekt und/oder dem Nachhaltigkeitslevel des Immobilienfonds können auch höhere Zielkriterien angestrebt werden.
- Erstellung des Sanierungsfahrplans mit
  - nachvollziehbaren und plausiblen Angaben der einzelnen Sanierungsmaßnahmen samt Beschreibung und deren zeitlicher Reihung,
  - Darstellung der sanierungsbedingten Einsparung im Lebenszyklus,
  - Erstellung eines Planungsenergieausweises,
  - Erstellung der klimaaktiv Planungsdeklaration.
- Eine Prüfung der Einhaltung des Sanierungsfahrplans erfolgt im jährlichen UZ-49-Update sowohl hinsichtlich der Umsetzung der geplanten Sanierungsmaßnahmen als auch hinsichtlich evtl geänderter klimaaktiv Kriterien. Inhaltliche und zeitliche Änderungen sind unverzüglich zu melden, bei unbegründeter Nichteinhaltung der Sanierungsmaßnahmen kann das UZ 49 entzogen werden.
- Nach Abschluss der Sanierung folgt die Umwandlung der Planungsdeklaration in die klimaaktiv Fertigstellungsdeklaration.

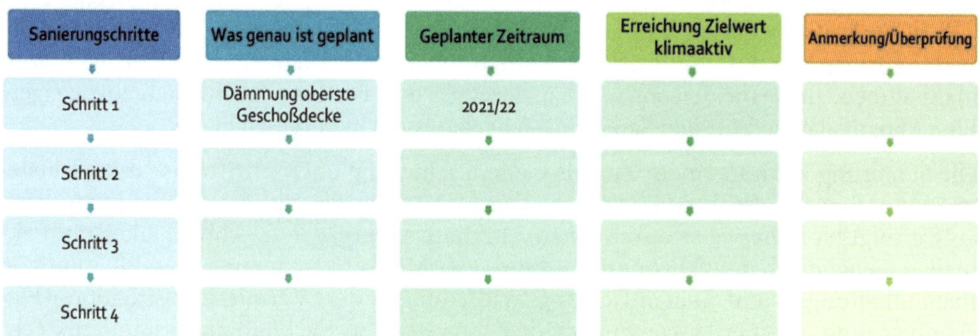

Abb II.6: Muster der zum Sanierungsfahrplan zu erstellende Beilage [Quelle: Österreichisches Umweltzeichen, Prozessleitfaden Sanierungsfahrplan, Unterlage für die Umweltzeichenrichtlinie 49 – Nachhaltige Finanzprodukte (2020) 9]

Für Bestandsgebäude, deren Baubewilligung oder Sanierung über fünf Jahre zurückliegt und deren Deklaration nach den klimaaktiv Basiskriterien für Sanierung nicht positiv abgeschlossen wird, wird ein Sanierungsfahrplan erarbeitet.

BASISKRITERIEN 2014	Planungsdeklaration	Fertigstellungsdeklaration nach Durchführung einer umfassenden Sanierung
Infrastruktureinrichtungen	Nachweis über 2 Einrichtungen in 1.000m	Nachweis über 2 Einrichtungen in 1.000m
Lebenszykluskostenberechnung (ab 1.000 m² kond. BGF)	Vorlage der Berechnung	Vorlage der Berechnung
Energieeffizienz und Erneuerbare Energieträger	Gültiger Energieausweis oder PHPP Berechnung des Gebäudes und Einhaltung der Mindestanforderungen an die Energiekennzahlen: HWB, PEB und CO2	Energieausweis oder PHPP Berechnung gemäß tatsächlich ausgeführter Sanierung und Einhaltung der Mindestanforderungen an die Energiekennzahlen: HWB/HWB*, PEB und CO2
OI3 Indikator	Berechnung	Ggfl. entsprechend der ausgeführten Maßnahmen korrigierte Berechnung
Ausschluss von klimaschädlichen Substanzen (HFKW)	Absichtserklärung	Nachweis über Verwendung von HFKW-freien Baustoffen bei der Sanierung
Vermeidung von PVC und anderen halogenorganischen Verbindungen	Absichtserklärung	Nachweis über PVC-freie Bodenbeläge
Sommertauglichkeit	Berechnung	Nachweis für Wohnbauten bzw. Einhaltung der Mindestanforderung an den KB* für Dienstleistungsgebäude
Blower-Door-Test	Absichtserklärung	Messprotokoll nach Durchführung der umfassenden Sanierung
Energiemonitoring (ab 1.000 m² kond. BGF)	Absichtserklärung	Nachweis über Einbau der Zähler
Raumluftmessung (ab 2.000 m² kond. BGF)	Absichtserklärung	Messprotokoll nach Durchführung der umfassenden Sanierung

Tab II.1: Überblick zu den klimaaktiv Basiskriterien 2014 und der Planungs- oder Fertigstellungsdeklaration [Quelle: Österreichisches Umweltzeichen, Klimaaktiv und die Anwendung in der Umweltzeichenrichtlinie 49 Version 2018 (2020) 8]

3.2.2.2. Der Sanierungsfahrplan beim Ankauf einer Bestandsimmobilie

Bei einem beabsichtigten Ankauf eines unsanierten Gebäudes für einen nachhaltigen Immobilienfonds gem UZ 49 ist möglichst frühzeitig eine hinreichend belastbare Vorversion eines Sanierungsfahrplans inkl Verifizierung der Sanierungsfähigkeit und Sanierungswürdigkeit zu erstellen. Die voraussichtlichen ertrags- und kostenmäßigen Auswirkungen der Sanierung und einer potenziellen Nachverdichtung sind bereits in der Ankaufsprüfung und -bewertung zu berücksichtigen, da für einen nachhaltigen Immobilienfonds zur Aufrechterhaltung des UZ 49 die Sanierung wirtschaftlich nahezu zwingend ist. Bei Feststellung einer mangelnden Sanierungsfähigkeit und Sanierungswürdigkeit nach Ankauf wäre zur Vermeidung des drohenden Entzugs des UZ 49 eine (kurzfristige) Wiederveräußerung notwendig. Das Risiko für die daraus entstehenden Kosten könnte zwar zB durch folgende Gestaltungen vermieden oder verringert werden: Vereinbarung eines Rückverkaufsrechts an den Verkäufer (Rückerstattung GrESt innerhalb von drei Jahren bei Rückabwicklung), Gewährleistungen des Verkäufers für eine vertraglich definierte Sanierungsfähigkeit oder die Festlegung der definierten Sanierungsfähigkeit als Closing-Bedingung. Die Durchsetzbarkeit derartiger Vertragsklauseln wird aber von der jeweiligen Verhandlungsposition abhängen.

Der Zeitplan und das Budget des Ankaufsprozesses müssen die Ressourcen für die Erstellung eines (zumindest) groben, entscheidungsorientierten Sanierungsprojekts bereits enthalten.

3.2.3. Auswahlkriterien, Anspruchsniveau und Bonuspunkte

Nachhaltige Immobilienfonds müssen in klar überdurchschnittliche Gebäude investieren, die einen signifikanten Nachhaltigkeitsbeitrag leisten. Bei der Auswahl für Immobilien sind folgende Themenbereiche zu bewerten:

Im Hinblick auf Umwelt und Klima:

(1) Energieeffizienz und Primärenergiebedarf, Treibhauspotenzial,
(2) Ressourceneinsatz und Materialeffizienz (zB Ökobilanz Baustoffe) und
(3) Biodiversität, Boden (zB Begrünungsmaßnahmen, Flächenbedarf).

Im Hinblick auf Gesundheit und Soziales:

(1) Schadstoffe und Belastungen (zB Emissionen),
(2) Mieter (zB Diversity, Gemeinschaftswohnprojekte),
(3) Benutzung und Infrastruktur (zB Barrierefreiheit).

Für das UZ 49 muss jeder der insgesamt sechs Themenbereiche mindestens „ausreichend erfüllt“ sein.

Die große Bedeutung der Sanierung wird beim UZ 49 dadurch hervorgehoben, dass Strategien, die zusätzlichen bzw ergänzenden Nachhaltigkeitsnutzen verschaffen, durch Bonuspunkte honoriert werden, sofern auch soziale Aspekte und Trade-offs berücksichtigt werden. Bonuspunkte gibt es für:

- Sanierung, da zur Erreichung der Klima- und Energieziele eine Erhöhung der Sanierungsrate zwingend notwendig ist, bzw für eine auf eine rasche, über die Minimalanforderung hinausgehende Sanierung ausgerichtete Strategie,
- Revitalisierung und Nachverdichtung bestehender Flächen und Gebäude zur Reduktion des Leerstands und des Bodenverbrauchs.

3.2.4. Erhebungs-, Bewertungs- und Auswahlprozess bei Immobilien

Für den Erhebungs-, Bewertungs- und Auswahlprozess ist eine Trennung von Entscheidungsbefugnissen innerhalb der Organisation nachzuweisen, wobei der Erhebungs- und Bewertungsprozess für Immobilien intern oder extern durchgeführt werden und durch folgende Akkreditierungen nachgewiesen werden kann:

- Allgemein beeideter/gerichtlich zertifizierter Sachverständiger/Gutachter/Ziviltechniker für Immobilien,
- Zertifizierungsstelle für klimaaktiv Gebäudestandard, Österreichische Gesellschaft für Nachhaltiges Bauen (ÖGNB), Total Quality Building Assessment (TQB), EU

Green Building, Österreichische Gesellschaft für Nachhaltige Immobilienwirtschaft (ÖGNI), Deutsche Gesellschaft für Nachhaltiges Bauen (DGNB), Leadership in Energy and Environmental Design (LEED) oder Building Research Establishment Environmental Assessment Methodology (BREEAM).

4. Ausblick auf die EU-Taxonomie für Immobilien

4.1. Ein kurzer Überblick zur Systematik der Taxonomie

Die Taxonomie[26] zielt auf die Lenkung von Kapital in klimafreundliche Aktivitäten (wirtschaftliche Tätigkeiten und Investitionen) ab und soll durch eine klare Sprache und einheitliche Definitionen von förderungswürdigen Aktivitäten, Messkriterien und Anspruchsniveaus Klarheit für Investoren, Emittenten, politische Entscheidungsträger und Aufsichtsbehörden schaffen. Die klimafreundlichen Aktivitäten werden der NACE-Klassifikation folgend sechs übergeordneten Wirtschaftssektoren und Gebäuden, die gemeinsam für aktuell rd 93 % der Treibhausgasemissionen verantwortlich sind, zugeordnet:

- Land- und Forstwirtschaft,
- Produktion,
- Strom-, Gas-, Dampf- und Klimaanlagenversorgung,
- Wasser, Abwasser, Abfall und Sanierung,
- Transport,
- Informations- und Kommunikationstechnologien (IKT),
- Gebäude.

Durch die Taxonomie-Verordnung wurden sechs Ziele definiert:[27]

- Klimaschutz,
- Anpassung an den Klimawandel,
- nachhaltige Nutzung und Schutz von Wasser- und Meeresressourcen,
- Übergang zu einer Kreislaufwirtschaft, Abfallvermeidung und Recycling,
- Vermeidung und Verminderung der Umweltverschmutzung sowie
- Schutz gesunder Ökosysteme.

Die Kriterien für die ersten beiden Ziele wurden im Entwurf des Technical annex to the TEG final report on the EU taxonomy[28] definiert. Das Konsultationsverfahren wurde am 20.4.2021 mit einem Entwurf der Kommission für die Delegierte Verordnung abgeschlossen,[29] mit einem Beschluss wird 2021 gerechnet. Für die vier anderen Ziele ist ein Zeithorizont bis 2022 vorgesehen.

---

26 Verordnung (EU) 2020/852 des Europäischen Parlaments und des Rates vom Juni 2020 über die Einrichtung eines Rahmens zur Erleichterung nachhaltiger Investitionen und zur Änderung der Verordnung (EU) 2019/2088, ABl L 2020/198, 13.

27 Art 9 Taxonomie-Verordnung.

28 *Europäische Kommission*, Final report of the Technical Expert Group on Sustainable Finance, März 2020, https://ec.europa.eu/info/sites/info/files/business_economy_euro/banking_and_finance/documents/200309-sustainable-finance-teg-final-report-taxonomy_en.pdf (15.9.2020).

29 EU Taxonomy Climate Delegated Act (Provisional version), https://ec.europa.eu/finance/docs/level-2-measures/taxonomy-regulation-delegated-act-2021-2800_en.pdf (20.5.2021).

Damit eine Investition (Tätigkeit) taxonomiekonform ist, muss diese einen substanziellen Beitrag zu mindestens einem dieser sechs Ziele leisten (Substantial Contribution), darf die anderen Ziele nicht erheblich schädigen (Do No Significant Harm – DNSH-Prinzip), muss soziale Mindestbedingungen erfüllen (Minimum Social Safeguards) und technischen Screening-Kriterien genügen, die mittels quantitativer oder qualitativer Schwellenwerte festgelegt werden. Die Kriterien Social und Government werden somit nicht gänzlich negiert, sind derzeit aber noch durch Mindestansprüche definiert.

Die Verordnung unterscheidet zwischen drei Klassen – „per se nachhaltige" oder „kohlenstoffarme Aktivitäten", Nachhaltigkeit „ermöglichende Aktivitäten" und „Übergangsaktivitäten":

- kohlenstoffarme Aktivitäten, die kompatibel mit einer CO_2-freien Wirtschaft von 2050 sind – die technischen Screening-Kriterien sind wahrscheinlich langfristig stabil.
- „Übergangsaktivitäten" („Transition Activities") tragen zum Übergang zu einer emissionsfreien Wirtschaft bei; die technischen Screening-Kriterien werden mindestens alle drei Jahre in Richtung Null-Emissionen überarbeitet.
- „ermöglichende Aktivitäten" („Enabling Activities") unterstützen die oben genannten Kriterien und werden regelmäßig überarbeitet.

FUNKTIONSWEISE DER TAXONOMIE

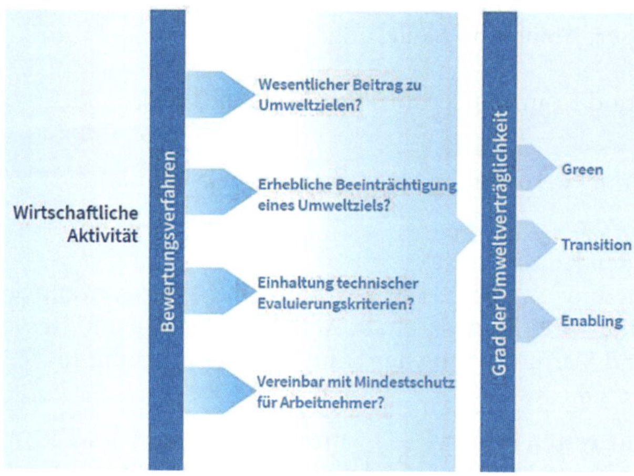

Abb II.7: Funktionsweise der Taxonomie [Quelle: VÖB-Wirtschaftsampel Juni 2020, 3, https://www.voeb.de/fileadmin/Dateien/Publikationen/Newsletter_VOEB_Wirtschaftsampel_Juni_2020.pdf (15.9.2020)]

Investitionen in taxonomiefähige Aktivitäten sind nicht obligatorisch. Finanzmarktteilnehmer sind aber verpflichtet, die Verfahren, Policies und Due-Diligence-Prozesse in ihrer Anlage- und Beratungstätigkeit zur Berücksichtigung von Umwelt- und sozialen Risiken offenzulegen und Angaben dazu zu machen, inwiefern sich diese Nachhaltigkeitsrisiken auf die Rentabilität der Investition auswirken könnten (auf der Website und in den [vor-]vertraglichen Kundeninformationen).

Wenn ein Kapitalmarktteilnehmer angibt, eine umweltverträgliche Anlagestrategie zu verfolgen, müssen zusätzliche Angaben zur Umsetzung der Strategie und zu den Auswirkungen seiner Produkte und Portfolios auf Nachhaltigkeit oder Klimaschutz gemacht werden. Bei Produkten, die Umweltziele verfolgen, oder solchen mit Umweltmerkmalen besteht die Offenlegungspflicht darin, wie und in welchem Umfang die Taxonomie verwendet wurde. Für alle anderen Produkte ist gem Art 7 der Taxonomie-VO[30] die folgende Erklärung verbindlich: *„Die diesem Finanzprodukt zugrunde liegenden Investitionen berücksichtigen nicht die EU-Kriterien für ökologisch nachhaltige Investitionen“*.

Die Taxonomie kann von anderen Finanziers, Unternehmen und lokalen Behörden auch freiwillig verwendet werden, zB durch Banken für umweltfreundliche Kredite und Projektfinanzierungen. Die Taxonomie ist auch Grundlage für Green-Bonds bzw das geplante EU-Ecolabel für Finanzdienstleistungen.

4.2. Immobilien in der Taxonomie[31]

Gebäuden werden rd 36 % der THG-Emissionen und 40 % des Energiebedarfs zugeordnet. Bei einem rd 75%igen Anteil nicht energieeffizienter Gebäude am Gesamtgebäudebestand und einer jährlichen Sanierungsrate von länderbezogen nur 0,4 % bis 1,2 % des Gebäudebestands müssen zur Erreichung des Netto-Null-Emissionspfads die Sanierungsraten erheblich gesteigert und die Energieeffizienzstandards sowohl für neue Gebäude als auch für Bestandsimmobilien kontinuierlich angepasst werden. Um Kapital in nachhaltige Immobilien oder die Sanierung zu lenken, nimmt die EU – wie oben erwähnt – in Kauf, dass Gebäude den jeweils festgelegten Mindestkriterien nicht (mehr) entsprechen und im Worst Case als stranded Investments enden. Daher sollte bei Immobilien mit typischerweise langer Lebensdauer und Behaltefrist bei der Festlegung der Ankaufs- und Zielkriterien mit angemessenen Reserven für künftige Anhebungen der Nachhaltigkeitsvoraussetzungen geplant, gerechnet und entschieden werden.

Aus Gründen der Datenverfügbarkeit und Zweckmäßigkeit hat die Taxonomie als Maßstab für die Nachhaltigkeit (vorerst) nur den Primärenergiebedarf herangezogen, die CO_2-Emissionen sollen später im Zuge der Weiterentwicklung der Taxonomie ergänzt werden. Die Nutzung fossiler Energieträger für die Energieversorgung und Nutzung der Immobilie zum Zweck der Gewinnung, Lagerung, des Transports oder der Herstellung fossiler Brennstoffe stellen generelle Ausschlusskriterien dar.

Die Taxonomie definiert für die Beurteilung der Förderfähigkeit von Investitionen in Bau und Immobilien vier Aktivitäten, mit denen die möglichen Auswirkungen auf die Energieeffizienz und später die CO_2-Emissionen beurteilt werden können:

- Bau neuer Gebäude,
- Gebäudesanierung,

30 Verordnung (EU) 2020/852 des Europäischen Parlaments und des Rates vom 18. Juni 2020 über die Einrichtung eines Rahmens zur Erleichterung nachhaltiger Investitionen und zur Änderung der Verordnung (EU) 2019/2088, ABL L 2020/198, 13.

31 Der komprimierte Überblick über die Taxonomie-Kriterien folgt dem am 21.4.2021 veröffentlichten Vorschlag der Kommission, EU Taxonomy Climate Delegated Act (Provisional version), https://ec.europa.eu/finance/docs/level-2-measures/taxonomy-regulation-delegated-act-2021-2800_en.pdf samt der Annexe 1 und 2. Aus Platz- und Vereinfachungsgründen erfolgt die Darstellung anhand der Mindestkriterien für das Ziel „Klimaschutz“ gem Annex 1 Kap 7.

- einzelne, gezielte Renovierungsmaßnahmen,
- Erwerb und Eigentum.

Der folgende Überblick beschränkt sich aus Platzgründen bspw auf die Kriterien für das Ziel Klimaschutz. Für die Kriterien des Ziels Anpassung an den Klimawandel sowie die umfangreichen und auch wesentlichen Anforderungen nach dem Do-No-Significant-Harm-Prinzip muss auf die Delegierte Verordnung idF des Entwurfs vom 20.4.2021 verwiesen werden.

4.2.1. Bau neuer Gebäude

NACE F41.1, F41.2, F43: Entwicklung von Bauprojekten, Bau von Wohn- und Nichtwohngebäuden

Mindestkriterien: Der Primärenergiebedarf des Neubaus muss mindestens 10 % unter den NZEB-Anforderungen für Gebäude mit nahezu Nullenergie liegen. Für Gebäude > 5.000 m^2 müssen Investoren-Angaben zu Luftdichtheit und thermischer Unversehrtheit gemacht werden und auf Anfrage das globale Erwärmungspotential während des Lebenszyklus bekannt gegeben werden.

Bei Gebäuden außerhalb der EU kann zB durch anerkannte Gebäudezertifikate oder eine ähnliche nationale Vorschrift oder Anforderung nachgewiesen werden, dass sie Taxonomiekriterien erfüllen.

4.2.2. Gebäudesanierung

NACE F41, F43: Bau von Gebäuden und spezialisierte Bautätigkeiten

Mindestkriterien sind entweder eine

- umfassende Renovierung: Die Renovierung entspricht den geltenden nationalen oder regionalen Anforderungen der Bauverordnung für die „umfassende Renovierung" iSd EU-RL 2010/31

oder eine

- relative Verbesserung: Die Renovierung führt zu einer Reduzierung des Primärenergiebedarfs um mindestens 30 % im Vergleich zur Energieeffizienz des Gebäudes vor der Renovierung.

Das DNSH-Prinzip am Beispiel der Sanierung von Bestandsgebäuden

Als Hauptpotenziale für erhebliche Schäden an anderen Umweltzielen gelten

(a) übermäßige(r) Energieverbrauch und Kohlenstoffemissionen,
(b) übermäßiger Wasserverbrauch durch ineffiziente Wassergeräte,
(c) Deponierung und/oder Verbrennung von Bau- und Abbruchabfällen anstelle möglicher Wiederverwendung oder Recycling,
(d) Asbest und/oder andere bedenkliche Stoffe in den Baumaterialien,
(e) ungeschützter Umgang mit Bauteilen, Bau- und Abbruchabfällen, die bedenkliche Stoffe enthalten (zB asbesthaltige Materialien),
(f) indirekte Schädigung von Waldökosystemen (Holzprodukte aus nicht nachhaltig bewirtschafteten Wäldern).

Zur Absicherung der Klimaschutzziele sind Gebäude zum Zweck der Gewinnung, Lagerung, des Transports oder der Herstellung fossiler Brennstoffe für die Taxonomie nicht förderfähig. Maßnahmen zur Verbesserung der Widerstandsfähigkeit des Gebäudes dürfen die betrieblichen Kohlenstoffemissionen des Gebäudes nicht erhöhen, ausgenommen bei einer nicht vermeidbaren Erhöhung der Emissionen mit Nachweis eines positiven Gesamteffekts.

4.2.3. Einzelne, gezielte Renovierungsmaßnahmen (Zusammenfassung)

NACE F41, F43, M71, C16 etc: Hochbau und spezialisierte Bautätigkeiten

Taxonomiekonform können zB Einzelmaßnahmen wie die Installation von Solaranlagen, Windrädern oder Energie-/Wärmespeichern, Verbesserung der Außendämmung, Ladestationen für E-Mobilität etc sein. Aufgrund der Vielzahl von Maßnahmen muss hier auf eine detailliertere Ausführung verzichtet und auf die Delegierte Verordnung verwiesen werden.[32]

4.2.4. Erwerb und Eigentum

NACE L68: Kauf und Eigentum von Gebäuden (Grundstücks- und Wohnungswesen)

Mindestkriterien:

- Gebäude, die vor 2021 gebaut wurden, müssen entweder
  - die lokalen Kriterien der Energieeffizienzklasse A erfüllen oder
  - in einem Best-in-Class-Ansatz gemessen am Primärenergieverbrauch zu den besten 15 % des lokalen Gebäudebestands zählen, wobei (a) eine regionale Clusterung nach Region oder Land und (b) eine funktionale Differenzierung zumindest zwischen Wohn- und Nichtwohngebäuden zu erfolgen hat.
- Gebäude, die nach 2021 gebaut wurden, müssen die zum Ankaufszeitpunkt gültigen Kriterien für den Bau neuer Gebäude (Neubau) erfüllen.
- Große Nichtwohngebäude müssen einen effizienten Betrieb durch Energiemanagement sicherstellen.

4.3. Anmerkungen zu den Aktivitäten von Investoren

Zum Zeitpunkt der Verfassung dieses Beitrags bestehen mangels ausdrücklicher Angaben in der Taxonomie-VO, dem Entwurf des Technischen Annex oder in den ergänzenden Materialien noch Auslegungsfragen zum Umfang der taxonomiekonformen Beträge (Indikator: Umsätze oder Investitionen). Bspw werden nur Gebäude angeführt, die Behandlung der Grundstücke wird nicht ausdrücklich geregelt. Wir sind der Ansicht, dass beim Eigentümer bzw Käufer in wirtschaftlicher Betrachtung das Grundstück wie das Gebäude zu qualifizieren ist, dh, bei Kauf oder Eigentum eines taxonomiekonformen Gebäudes zählt auch das zugehörige Grundstück zum Indikator.

32 Siehe EU Taxonomy Climate Delegated Act (Provisional version), https://ec.europa.eu/finance/docs/level-2-measures/taxonomy-regulation-delegated-act-2021-2800_en.pdf (20.5.2021), insb Annex 1.

Für Investoren bestehen folgende taxonomiekonformen Investitionsmöglichkeiten:

- Kauf von Gebäuden, die zum Ankaufszeitpunkt die gültigen Kriterien für den Bau neuer Gebäude (Neubau) erfüllen.
- Kauf von Gebäuden, die vor 2021 gebaut wurden und zum Ankaufszeitpunkt die gültigen Kriterien erfüllen, derzeit Energieeffizienzklasse A, künftig evtl auch strenger definierte Kriterien.
- Beauftragung zur Errichtung eines neuen Gebäudes nach den gültigen Kriterien für den Bau neuer Gebäude, zB mittels Forward-Deals in Form eines Totalunternehmervertrags. UE ist der TU-/TÜ-Preis als Indikator heranzuziehen, zuzüglich des im Verkehrswert gedeckten Werts des bereits im Besitz des Investors befindlichen Baugrundstücks und allenfalls des Restwerts eines abgerissenen oder des mitsanierten Gebäudebestands.
- Sanierung der im Portfolio enthaltenen Bestandsimmobilien. Wenn das Gebäude nach Sanierung die Kriterien Energieklasse A erfüllt, ist uE das „hochsanierte" Objekt mit dem neuen Verkehrswert (für Grundstück samt Bestand und Sanierungskosten) als Indikator anzusetzen.

Ein Grandfathering-Ansatz, der eine Übernahme der (positiven) Taxonomie-Beurteilung beim Verkäufer zuließe, ist uE durchgängig ausgeschlossen. Vielmehr müssen Gebäude vor jeder Investition anhand der zum Ankaufszeitpunkt gültigen Taxonomie-Kriterien neu geprüft werden. Durch die dynamisch ausgerichtete Taxonomie mit geplanten Anpassungen in Intervallen von max fünf Jahren könnten sich bei Gebäuden künftige Schärfungen der Anforderungskriterien oder eine Ergänzung bzw ein Ersatz des Primärenergiebedarfs durch CO_2-Emissionen als Maßstab schon laufend auf den Bestandswert (sowohl auf die Bewertungen als auch die Verkaufspreise) auswirken.

5. Auswirkungen auf den Investitionsprozess bzw die Due Diligence

Immobilien erfordern typischerweise allein aufgrund ihrer Bausubstanz und Nutzung eine kommerziell und ökologisch vorausschauende Betrachtung, um eine langfristig ertragreiche Nutzung, Wiederverwendung und Werterhaltung zu ermöglichen. Mit dem Ziel einer langfristigen Bestandshaltung und erfolgreichen Bewirtschaftung müssen bei Ankauf jeder Immobilie Prozesse und Kriterien eingehalten werden, die eine nachhaltige Bewirtschaftung nachvollziehbar gewährleisten.

Im Mittelpunkt aller Veranlagungsentscheidungen stehen die Sicherheit und die Rentabilität der Investments sowie deren langfristige Liquidität. Kommerziell zweckmäßige Investitionen in die Nachhaltigkeit bedeuten in einem sich gesellschaftlich, politisch und regulatorisch wandelnden Umfeld auch eine Stärkung der aktuellen und künftigen Wettbewerbsfähigkeit und somit Werthaltigkeit der Immobilien. Die Beurteilung der Nachhaltigkeitsanforderungen, -parameter und -ziele können sich dabei nach Nutzungsart und nach dem Investitionsland unterscheiden, bspw aufgrund unterschiedlicher Baugesetze und Mietrechte oder klimatischer Bedingungen.

In Österreich orientieren sich die in Zukunft relevanten Entscheidungskriterien daher zunehmend an der kommenden Taxonomie-Verordnung und am bestehenden österreichischen Umweltzeichen (UZ 49/klimaaktiv Kriterien), das eine von wenigen Möglichkeiten europaweit bietet, einen Immobilien-Fonds als nachhaltiges Finanzprodukt zu zertifizieren.

Strategische Aspekte der Investment Asset Allocation wurden bereits in den vorherigen Abschnitten im Detail beleuchtet, weshalb wir uns in diesem Abschnitt auf die Projektbeurteilung im Ankauf konzentrieren wollen – unter der Annahme, dass in Zukunft vermehrt „grüne Objekte" angekauft bzw entwickelt werden.

5.1. „manage2green"-Due-Dilligence und Asset-Management-Ansatz

Die technische und umwelttechnische Analyse einer Immobilie im Ankauf oder in der Anmietung ist neben der steuerlichen Prüfung bei einem Share Deal wahrscheinlich die aufwendigste Prüfung im Rahmen einer umfassenden Due Diligence. Die fachgerechte Bauausführung und Instandhaltung eines Objekts sowie die Wechselwirkung zwischen Objekt und Umwelt (Stichwort Primärenergieverbrauch; CO_2-Ausstoß etc) sind, wie bereits ausgeführt, bedeutende Parameter für die Werterhaltung und die langfristige Marktgängigkeit einer Immobilie und damit unmittelbar eine Messgröße für die nachhaltige Rendite eines Immobilieninvestments.

Daher müssen diese Parameter (Stichwort Anforderungen des UZ 49) bereits in der Ankaufsanalyse oder der Projektkonzeption eines Neubaus oder einer Sanierung Berücksichtigung finden, wodurch sie automatisch Thema bei der technischen Due Diligence werden, oder im Vorfeld eines Verkaufs im Rahmen der Vendors Due Diligence adressiert werden. *Dreyer Logar und Partner* haben dazu den „manage2green"-Prozess entwickelt, der gewährleisten soll, dass ein Investitionsobjekt/Bestandsobjekt diese Kriterien langfristig erfüllt und auch exittauglich bleibt.[33]

33 Vgl *Bollmann*, Risikomanagement: Wann strandet eine Immobilie?, https://realestate.union-investment.com/nachhaltigkeitsportal/Grundlagen/Risikomanagement--Wann-strandet-eine-Immobilie-.html (28.9.2020).

Abb II.8: manage2green: Prozessschritte und Inhalte [eigene Darstellung]

Ein analog dazu entwickelter Projekt-Zeitplan, der sowohl die Taxonomie- als auch die klimaaktiv Kriterien im Fokus hat, könnte exemplarisch wie in der folgenden Abb aussehen. Dabei gehen wir als Arbeitshypothese davon aus, dass am Ende die klimaaktiv Kriterien höhere Anforderungen an die CO_2-Einsparungen stellen als in der Taxonomie abgebildet.

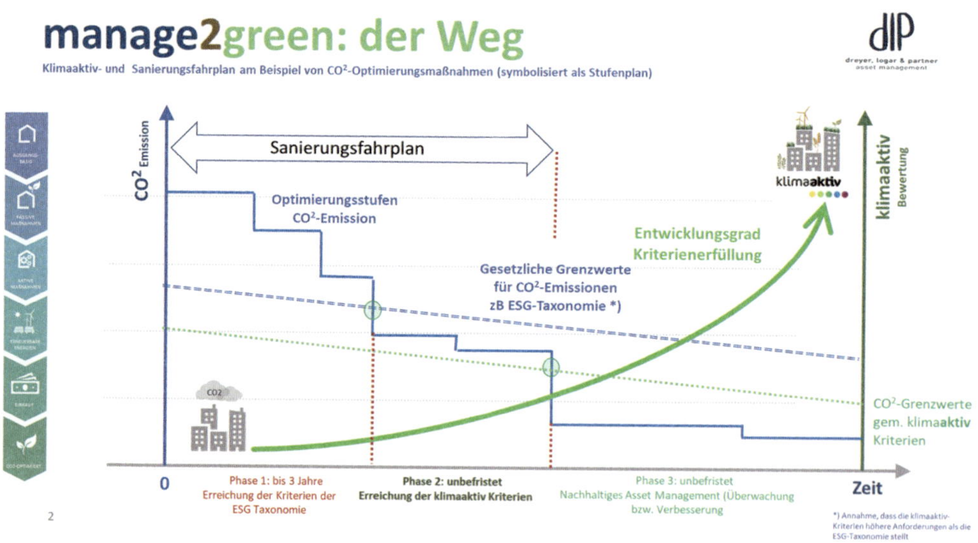

Abb II.9: manage2green: zeitlicher Ablauf [eigene Darstellung]

Darüber hinaus wird schon in der Vorauswahl von Investitionsobjekten zunehmend selektiv anhand von generellen Positiv-, Negativ- bzw Muss- und Ausschlusskriterien vorgegangen werden, die im Investitionsauswahlprozess des jeweiligen Investors festgelegt sein werden. Diese Kriterien finden – soweit technisch-rechtlich möglich und wirtschaftlich sinnvoll – sinngemäß auch bei Sanierungen, Umbauten und Nachvermietungen von Bestandsimmobilien Anwendung und sind somit im Ankauf jedenfalls einzuhalten und in der Bestandsanierung nach technischer, ökonomischer und ökologischer Zweckmäßigkeit umzusetzen.

Als mögliche Beispiele für Positiv- oder Muss-Kriterien gelten exemplarisch:

- ein Mindestwert für die Bonität des/der (Anker-)Mieter,
- ein Mindestvermietungsgrad, eine Mindestrestlaufzeit von Mietverträgen,
- die Drittverwendungsmöglichkeit und Flexibilität der Immobilie,
- ein zeitgemäßer Bau- und Ausstattungszustand.

Als Negativ- oder Ausschluss-Kriterien gelten insb und bspw:

- Gebäude mit Baumaterialien wie Asbest, Bleirohre und PVC und/oder mit hoher Umweltbelastung,
- Mieter aus den Branchen Herstellung von alkoholischen Getränken, Atomenergie, Gentechnik, Kohle, Prostitution, Waffen und Rüstungsgüter, Tabakherstellung oder Unternehmen mit häufigen Arbeitsrechtsverletzungen (die Einschränkung gilt für den Hauptunternehmenszweck des Mieters oder Garanten; Tätigkeitsfelder von anderen Konzernunternehmen werden nicht einbezogen),
- Spezialimmobilien, Objekte mit hohem Leerstand sowie Projektentwicklungen mit Entwicklerrisiko.

5.2. Vergleich verschiedener Gebäudezertifikate und dafür notwendiger Voraussetzungen

Interessant könnte für institutionelle Investoren und langfristige Bestandhalter eine Strategie sein, einerseits die klimaaktiv Basiskriterien zur Zertifizierung eines darüber liegenden Finanzprodukts (zB Fonds) oder Portfolios zu erfüllen und andererseits darüber hinaus noch ein zusätzliches Label (zB ÖGNI, DGNB) anzustreben, um den gesamten Sekundärmarkt für die Immobilie gut abzudecken. Die beiliegende Checkliste kann ein guter Anhaltspunkt für die Erlangung eines Basiszertifikats und des darüber hinaus gehenden Aufwands für die Zertifizierung nach einem weiterführenden Label sein. Tab II.2 stellt die technische Checkliste für die Anforderungen der jeweiligen Zertifizierungsverfahren dazu dar, die seitens der OTEREA GmbH für uns entwickelt wurde:

Bewertungsverfahren	klimaaktiv „Musskriterien“	klimaaktiv	DGNB
Dokumentation des Heiz- und Kühlungssystems	X	X	
Luftdichtheitstest nach ÖNORM EN ISO 9972 im Verfahren 1 (Nutzungszustand) unter Einhaltung der Mindestgrenzwerte (repräsentative Gebäudeabschnitte, zB Brandabschnitt).	X	X	
HKLS-Schemata inkl Darstellung Zählereinrichtungen	X	X	
ET-Schemata	X	X	
Beschreibung der Gebäudemesstechnik	X	X	
Energieausweis (aktuell) nach OIB RL6, 2015	X	X	X
Energieausweis (aktuell), berechnet nach detailliertem Verfahren	X	X	
Berechnung des spezifischen Primärenergiebedarfs PEBSK nach OIB-RL 6, 2015	X	X	
Berechnung der spezifischen CO_2-Emissionen nach OIB-RL 6, 2015 und mit geltenden Normen für das Standort-klima (SK)	X	X	
Herstellerbestätigungen mit Produktdatenblätter zur HFKW-Freiheit bei XPS-Dämmplatten, Montage-schäumen, Reinigern, Markierungssprays, Druckgasverpackungen auf PUR/PIR-Basis, PUR/PIR-Dämmstoffe (va aus recycelbaren PUR/PIR), Phenolharz-, Melaminharz- und Resol-Hartschaumplatten	X	X	
Herstellerbestätigungen mit Produktdatenblätter zur Vermeidung von PVC-freien Fußbodenbelägen und Wandbekleidungen	X	X	
Herstellerbestätigungen mit Produktdatenblätter zur Vermeidung von PVC-freien Fußbodenbelägen und Wandbekleidungen, Folien, Abdichtungsbahnen, Trenn-schichten sowie Dichtstoffen, Wasser- und Abwasser-rohren, ET-Installationen, Fenstern, Türen, Sonnen-/Sicht-schutz am Objekt		X	
Berechnung des OI3-Index	X	X	
Nachweis der Innenraumluftqualität bei Gebäuden ab 2.000 m² BGF mit TVOC von max 3000 µg/m³ und Formal-dehyd von max 0,10 mg/m³	X	X	
Flächenaufstellung gem ÖNORM B1800			X
Energiekosten und -verbräuche der letzten drei Jahre			
Instandhaltungs- und Modernisierungsstau			
TGA-Anteil am Stau			
PV.Ertrag, falls zutreffend, der letzten drei Jahre			X
Solarthermieertrag, falls zutreffend, der letzten drei Jahre			X
Architekturpläne, Schnitte, Ansichten dem aktuellen Gebäudestand entsprechend inkl Statik und Brandschutz	X	X	X
HKLS: Pläne, Schnitte, Ansichten dem aktuellen Gebäudestand entsprechend (inkl Schemata und Berechnungen wie Heizlast, Kühllast)	X	X	X

Bewertungsverfahren	klimaaktiv „Musskriterien“	klimaaktiv	DGNB
Elektrotechnik: Pläne, Schnitte, Ansichten dem aktuellen Gebäudestand entsprechend (inkl Schemata und Berechnungen wie elektr Lasten, Anschlussleistungen, Gleichzeitigkeiten)	X	X	X
Dokumentation des verwendeten Kühlmittels	X	X	X
BMS-System Beschreibung, Topographie	X	X	X
Datenblätter von Sanitärarmaturen und -anlagen			X
Angaben zu Regen-, Versickerungs- oder Grauwassernutzungsanlage (wo zutreffend)			X
FM-Verträge			
FM-Instandhaltungsmaßnahmen			
Gutachten im Rahmen der ÖNORM B1300 mit Vergabe von Aufgaben für Verantwortungsträger, Sicherheitsbeauftragte und Aufgabenträger			
Bauwerksbuch gem Wiener Bauordnung oÄ			
Gebäudehandbuch inkl Wartungs-, Inspektions-, Betriebs- und Pflegeanleitungen			
Wartungsprotokolle			
Dokumentation der baulichen Änderungen seit Inbetriebnahme			
Vertrag mit Sicherheitspersonal			
Betriebskostenvorschau			
Sachverständigengutachten zur Schadstofferkundung (Hazardous Building Materials)			
Schadstoffmessung und Messprotokoll (Pestizide, Asbest, Feinstaub, Weichmacher, PCB, PAK)			
Nachweis zur Einhaltung der erforderlichen Belichtungsfläche gem aktueller, gesetzlicher Vorgabe			
Nachweis der Einhaltung der Beleuchtungsstärken gem aktueller, gesetzlicher Vorgabe			
Rechnungen zu Reinigung der letzten drei Jahre			
Berechnung oder Messung der Nachhallzeiten und Vergleich mit den Sollwerten gem ÖNORM B8115-3			
Stellungnahme Architekt oder Sachverständiger zu Barrierefreiheit des Gebäudes			
Schalltechnische Berechnungen und/oder Messprotokolle gem ÖNORM B8115-2 für Außenbauteile, Luftschallschutz im Gebäude, Trittschallschutz und schalltechnische Anforderungen an haustechnische Anlagen			
Green-Lease-Mietverträge (falls vorhanden)			X
Nachweis der Bewirtschaftung des Gebäudes nach einem Umweltmanagementsystem wie zB ISO 14001 oder EMAS			X
Betreiberhandbuch mit Prozessen, Organisation, Störungsmanagement, Prüfungen, Wartungen u dgl			X

Tab II.2: Vergleich verschiedener Gebäudezertifikate und Voraussetzungen dafür [Quelle: OTEREA GmbH (2020) eigene Darstellung für DLP]

6. Ausblick

Politische und wirtschaftliche Unsicherheit trübt zwar den Ausblick für Europa im Jahr 2021 und doch bleiben Investoren von den einkommensschaffenden Attributen und der Ertragskraft von Immobilien überzeugt. Viele europäische Investoren glauben nach wie vor daran, dass der Sektor, gerade weil er in der Krise gut performt, weiter an Anziehungskraft gegenüber anderen Investitionen und Anlageklassen gewinnen wird. Es liegt jedoch angesichts der Eintrübung des makroökonomischen Bilds auch eine unbestreitbare Stimmung der Vorsicht über der Branche.

Trotz anderer politisch-wirtschaftlicher Themen wie Brexit und der Auswirkungen der Covid-19-Pandemie auf die Wirtschaft der Länder der EU haben wir, was die Klimaneutralitäts-Anstrengungen der Immobilienwirtschaft betrifft, einen Wendepunkt erreicht. Laut einer Umfrage von Ernst & Young unter europäischen Immobilien-Investment-Managern wird der Klimawandel den größten Einfluss auf das Verhalten und die Allokation von finanziellen Mitteln in der Branche unter allen sonstigen Investitions-Rahmenbedingungen haben. Das spiegelt sich auch in der Stimmung der Branche wider.

Aus Risiko-Sicht schätzen nur 23 % der befragten Investment- und Asset-Manager, dass sich das aus der kommenden Gesetzeslage bzw der Umsetzung der Taxonomie ergebende Risiko auf ihr Immobilien-Portfolio nicht in den nächsten fünf Jahren erhöht.[34] Das Thema ist also gekommen, um zu bleiben.

Wir hoffen, dass wir mit unserer Situationsdarstellung einen Beitrag dazu leisten können, die Unsicherheiten auf dem Weg zu mehr „grün" in der Immobilienwirtschaft etwas herauszunehmen.

Auch wenn einige Vertreter der Branche der Meinung sind, dass man die Ausformung der gesetzlichen Rahmenbedingungen der Umsetzung der Taxonomie-Verordnung der EU abwarten soll, steht für uns schon jetzt fest, dass der Trend zu Nachhaltigkeit in der Immobilienwirtschaft ein wesentlicher und unaufhaltsamer ist, wodurch eine frühe Beschäftigung mit Chancen und Risiken dieser Entwicklung strategisch notwendig und richtig erscheint.

34 Vgl *PWC & ULI*, Key Findings – Environmental Issues, https://www.pwc.com/gx/en/industries/financial-services/asset-management/emerging-trends-real-estate/europe-2020.html#key-findings (28.9.2020).

III. Future for ESG?!

Theodor Kubak

1. Einleitung

Schlagwörter wie **Circular Economy**, **Cradle to Cradle** (Kreislaufwirtschaft), **nachhaltige ETFs** (Exchange Traded Funds), **SDGs – 17 Sustainable Development Goals** (17 Ziele für nachhaltige Entwicklung), **SRI – Socially Responsible Investing** (ethisch-nachhaltige Geldanlage, nachhaltiges, ökologisches und sozial verantwortliches Investment), **European Green Deal** oder **EU-Taxonomie** erwecken nicht zwingend den Eindruck, mit der Immobilienbranche verankert zu sein.

Und doch, all jene Unternehmungen, die heute diesen Themenblöcken keinen zentralen Unternehmenswert beimessen, werden nicht nur gegenüber dem Wettbewerb zurückfallen, sondern zeitnah auch keine Relevanz in einem kompetitiven Umfeld haben.

2. Vereinfacht dreht sich alles um ESG und das Kapital

2.1. ESG

ESG-Kriterien und -Prinzipien beschreiben Aktivitäten, die zu einer nachhaltigen Verbesserung beitragen:

„E" **„Environmental"** (ökologische Nachhaltigkeit wie Umweltverschmutzung, Energieeffizienz oder Umgang mit Ressourcen)
„S" **„Social"** (soziales Engagement oder Spenden, Arbeitssicherheit Antidiskriminierung)
„G" **Governance"** (Nachhaltige Unternehmensführung zur Steuerung von internen Prozessen)

Die ESG-Kriterien orientieren sich prinzipiell an einem nachhaltigen Handeln. Es werden Aspekte wie Klimawandel und Umweltverschmutzung, aber auch soziales Engagement berücksichtigt. Interessant ist, dass der Punkt „Governance" neben dem Thema Compliance auch Kriterien wie Anlegerschutz beinhaltet und somit die Immobilienbranche in den Fokus rückt.

2.2. 17 Sustainable Development Goals

Mit den mit 1.1.2016 eingetretenen und einer Laufzeit von 15 Jahren festgesetzten 17 nachhaltigen Entwicklungszielen oder der **„Transformation unserer Welt: Die Agenda 2030 für nachhaltige Entwicklung (kurz: Agenda 2030)"**, wie der offizielle deutsche Titel lautet, haben sich die Mitglieder der UNO auf ein Paket von nationalen Zielen verständigt, die von nationalen Regierungen umgesetzt werden sollen. Die Definition dieser Ziele heben sich durch das erstmalige Einbinden von ökologischen, sozialen und ökonomischen Aspekten hervor.

Abb III.1: Sustainable Development Goals [https://de.wikipedia.org/wiki/Ziele_f%C3%BCr_nachhaltige_Entwicklung]

2.3. Circular Economy, Cradle to Cradle (Kreislaufwirtschaft)

„Über die Wertschätzung sowie die Wiederverwendung und Verwendung von Ressourcen soll deren Verfügbarkeit und Qualität für kommende Generation sichergestellt werden" – so umreißt ein von der ÖGNI in Gemeinschaft mit der DGNB publiziertes Dokument die Kreislaufwirtschaft (siehe Abb III.3).

2.4. Sozial nachhaltiges Investieren (SRI) und nachhaltige „Exchange Traded Funds" (ETFs)

Aufbauend auf dem sich immer mehr etablierenden Umwelt-, Sozial- und Governancebewusstsein (ESG) sind „Nachhaltigkeit" und „nachhaltiges Investieren" einige der Schlagwörter, die die Börsenfonds-Industrie durchdringen. SRI ist in den letzten Jahren mit der überproportionalen Auflage von ESG-ETFs rasant gewachsen.

Laut einem Financial-Times-Artikel im Sommer 2020[1] verzeichneten ESG-ETFs und börsengehandelte Produkte in den ersten sechs Monaten 2020 weltweit Nettozuflüsse von 32 Mrd USD, was nach Daten von ETFGI dem Dreifachen der 10-Mrd-USD-

1 *Johnson*, ETFs set to usurp active funds in world of ethical investing, 18.8.2020, https://www.ft.com/content/45248dec-3fda-42e2-9ee1-26baf174ff86 (16.6.2021).

Zuflüsse im gleichen Zeitraum des Vorjahrs entspricht. Dies brachte das Gesamtvermögen auf einen Rekordwert von 88 Mrd USD. Die nachstehende Graphik für die EMEA-Region zeugt gleichfalls davon, dass ESG-Aktivitäten mit dem 2019 erfahrenen Boom nicht nur als Trend in der Welt des Kapitals erachtet werden, sondern mit dem In-Flow bis August ESG-ETFs in einem Covid-19-Umfeld auch als Risikomitigation gelten.

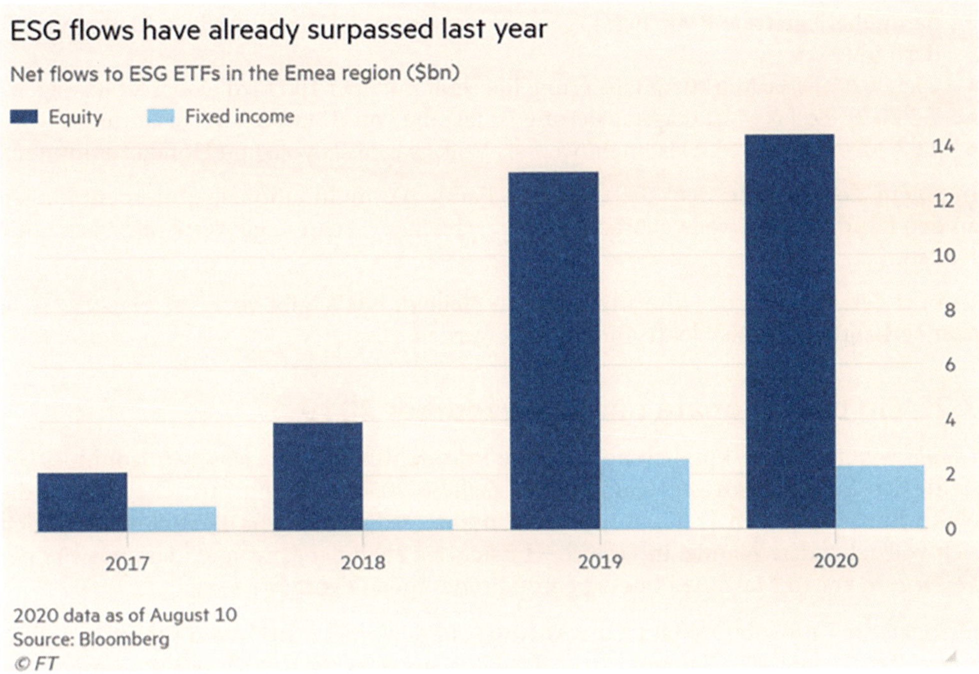

Abb III.2 [https://www.ft.com/content/45248dec-3fda-42e2-9ee1-26baf174ff86]

3. Warum jetzt und heute

3.1. Heute: Ein Tag im Herbst von 2020

Noch hüten sich alle, den Begriff „zweite oder ggf dritte Welle“ (Covid-19-Pandemie) zu artikulieren. Jedoch beherrschen neue Infektionsrekorde in Kroatien, Spanien, Brasilien, den USA, Frankreich aber auch Österreich – in einigen Ländern um vieles höher als zu Zeiten der ersten Welle – die Schlagzeilen. Zu keinem Zeitpunkt in meinem Leben war ich überzeugter, dass nicht nur Bekenntnisse der Politik quer über alle ideologischen Spektren gemeinsam mit tiefgreifend nachhaltigen ökologischen und pekuniären Maßnahmen, die von dem Großteil der Wirtschaftstreibenden und einem überwiegenden Anteil aus der Bevölkerung mitgetragen werden und nachhaltige Veränderungen bringen, erfolgreich in relativ kurzer Zeit implementiert werden. Das sind Veränderungen, die unsere Lebensqualität erheblich verbessern werden.

Ein Indikator dieser bereits stattfindenden Verschiebungen und Veränderungen ist die Börse:

- 18.8.2020: *„Die Wall-Street-Aktien notieren auf Rekordhoch. S&P 500 auf einem Allzeit Hoch an einem ansonsten trägen Tag für die globalen Märkte."*[2]
  Va Technologiewerte werden als echter Treiber des Markts gesehen. Nun kann treffend über die Nachhaltigkeit von Batterien diskutiert und philosophiert werden. Wenn Tesla jedoch ein Wert ist, der richtungsweisend auch für andere Branchen ist, dann überlegen alle Branchen gegenwärtig, wie sie sich strukturell nachhaltig verändern müssen:
- 23.1.2020: Tesla-Marktkapitalisierung überholt mit über 100 Mrd Dollar Volkswagen.[3]
- 7.2.2020: Teslas Marktkapitalisierung ist fast die von BMW & VW zusammen.[4]
- 13.7.2020: Tesla (TSLA) ist mehr wert als Volkswagen, Toyota und Honda zusammen.[5]

In einem Zeitraum, in dem die Covid-19-Pandemie multinationale Unternehmungen an den Rand der Insolvenz gebracht haben, erreichen Technologiewerte nicht bekannte Höhen.

Um bei der Analogie der Motorbranche zu bleiben: BMW gibt vor, dass bis 2030 50 % aller verkauften BMWs Elektromobile sein werden.[6]

3.2. Ein paar Monate davor: Dezember 2019

Ursula von der Leyen, kürzlich neubestellte Präsidentin der Europäischen Kommission, stellte den European Green Deal mit dem Ziel, bis 2050 in der Europäischen Union die Netto-Emissionen von Treibhausgasen auf null zu reduzieren, vor. Bezeichnend für den sich vollziehenden Wandel in vielerlei Hinsicht ist auch der Umstand, dass mit *von der Leyen* zum ersten Mal eine Frau die europäische Agenda vorgibt.

Europäische Klimaneutralität ist die Antwort auf den am 1.6.2017 vom ehemaligen Präsident *Trump* angekündigten Austritt der USA aus dem Pariser Klimaabkommen. Das Übereinkommen von Paris trat am 4.11.2016, also vier Tage vor der Wahl von *Donald Trump* zum Präsidenten der USA, in Kraft. Die Gewichtigkeit dieses Pariser Klimaabkommens wird weiter verdeutlicht mit „55/55": 30 Tage zuvor hatten 55 Staaten, die insgesamt 55 % der Emissionen verursachen, dieses Abkommen ratifiziert.

Möglicherweise werden wir uns in ein paar Jahren auf diese vier Jahre *Trump* mit Dank besinnen: Denn mit seiner Politik hat er uns gezwungen, über unser ESG-Verständnis

---

2 *Smith/Milne/Samson*, US stocks set record after powerful rebound from March low, 18.8.2020, https://www.ft.com/content/1d7b267a-6d1e-4012-b4f5-095a63eac626 (16.6.2021).

3 *Thelen*, Tesla wird Marktkapitalisierung verdoppeln, VW und BMW werden bedeutungslos, 22.1.2020, https://www.handelsblatt.com/meinung/gastbeitraege/gastbeitrag-von-frank-thelen-tesla-wird-marktkapitalisierung-verdoppeln-vw-und-bmw-werden-bedeutungslos/25462604.html?ticket=ST-7928025-qM3eH2rgzlc1zT5493nK-ap5 (16.6.2021).

4 *Crider*, Tesla's Market Cap Is Nearly That Of BMW & VW Combined, 7.2.2020, https://cleantechnica.com/2020/02/07/teslas-market-cap-is-nearly-that-of-bmw-vw-combined/ (16.6.2021).

5 *Klender*, Tesla (TSLA) is worth more than Volkswagen, Toyota, and Honda…combined, 13.7.2020, https://www.teslarati.com/tesla-tsla-market-cap-volkwagen-toyota-honda/ (16.6.2021).

6 *awp*, BMW will 2030 zur Hälfte Elektroautos verkaufen, 16.3.2021, https://www.handelszeitung.ch/news/bmw-will-2030-zur-halfte-elektroautos-verkaufen (16.6.2021).

und unsere Chancen auf dem Weg auch zur wirtschaftlichen Lokalisierung nachzudenken, neu zu definieren und va, uns von der Lethargie, der Starre eines nicht enden wollenden Bullmarkts zu befreien. Möglicherweise bieten neuartige Technologien viel mehr Chancen für den heimischen Markt als wir noch vor wenigen Monaten wahrhaben wollten. Chancen, die mit Umschulungen neue Arbeitsplätze und Betätigungsfelder für Blue Color Worker bedeuten.

Frau *von der Leyen* nimmt auf diese potenziellen Vorteile Bezug, wenn sie bei der Vorstellung des European Green Deal (Abb III.6) sinngemäß meint:

> European Green Deal ist eine Wachstumsstrategie. 100 Milliarden Euro werden hierfür bis 2050 mobilisiert. Dieser Übergang wird für alle oder für niemanden funktionieren. Diese Initiative gibt mehr zurück, als sie nimmt. Wir wollen die Menschen für klimafreundliche Industrie, grüne Technologien, grüne Finanzierung begeistern, mitnehmen und profitieren lassen.[7]

Um diese Ziele zu erreichen, sollen durch das Zusammenspiel der öffentlichen Hand mit privaten Investoren über zehn Jahre jährlich etwa 100 Mrd € in diese Projekte fließen, sodass Europa zwischen 2021 bis 2030 mit einer Billion € (= 1.000.000.000.000 €) über den „Investitionsplan für ein zukunftsfähiges Europa" („Sustainable Europe Investment Plan", kurz SEIP) seinen Beitrag und seine Verantwortung zum Klimaschutz und zur Verlangsamung der Erderwärmung beispielgebend leistet.

7 *Simon*, Die wichtigsten Punkte des „Green Deal", 11.12.2019, https://www.euractiv.de/section/energie-und-umwelt/news/die-wichtigsten-punkte-des-neuen-green-deal/ (16.6.2021).

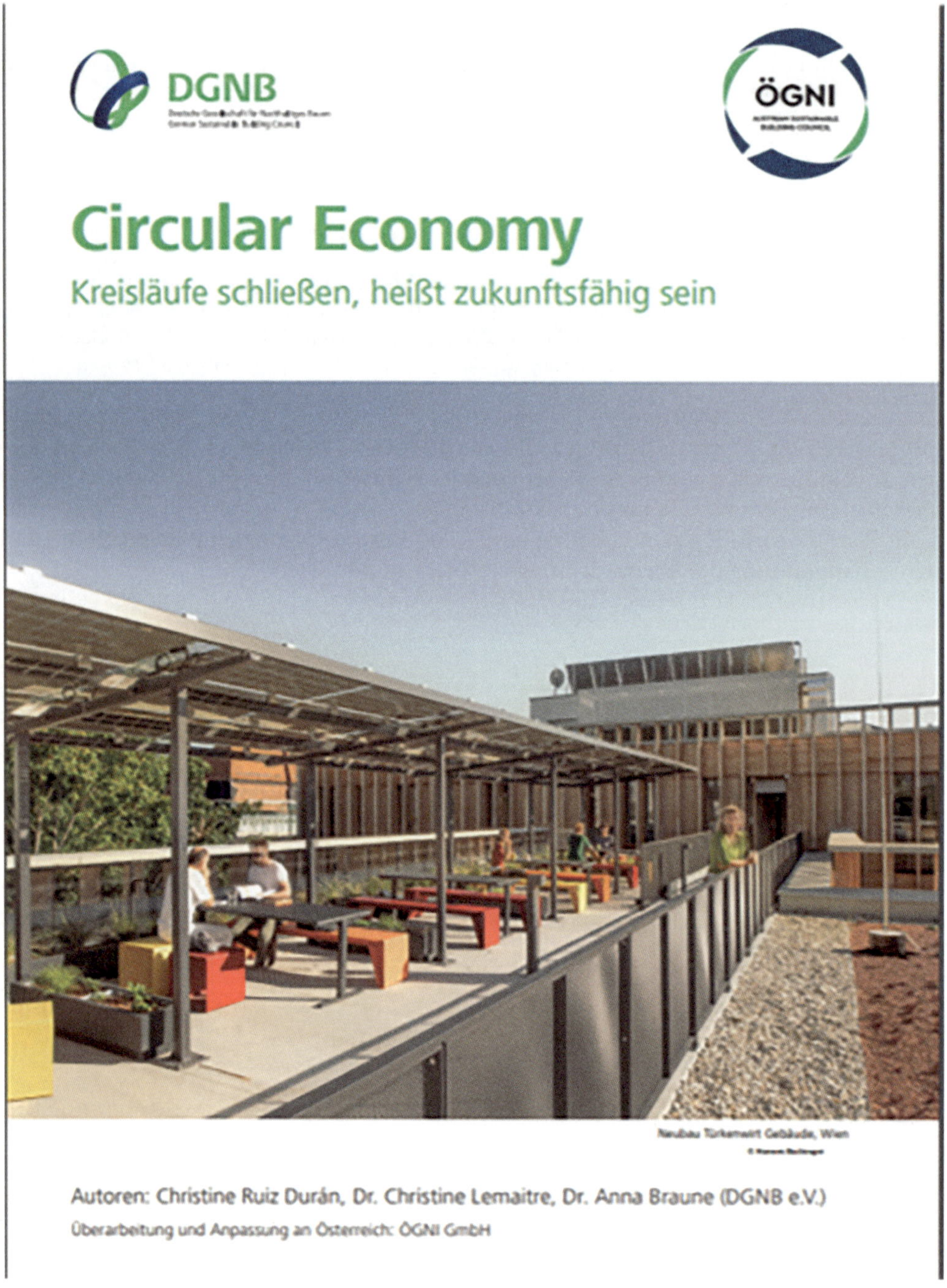
DGNB

ÖGNI

Circular Economy

Kreisläufe schließen, heißt zukunftsfähig sein

Neubau Türkenwirt Gebäude, Wien

Autoren: Christine Ruiz Durán, Dr. Christine Lemaitre, Dr. Anna Braune (DGNB e.V.)

Überarbeitung und Anpassung an Österreich: ÖGNI GmbH

Abb III.3: Die Kreislaufwirtschaft [https://www.ogni.at/wp-content/uploads/%C3%96GNI_Report_Circular-Economy_Final_website.pdf]

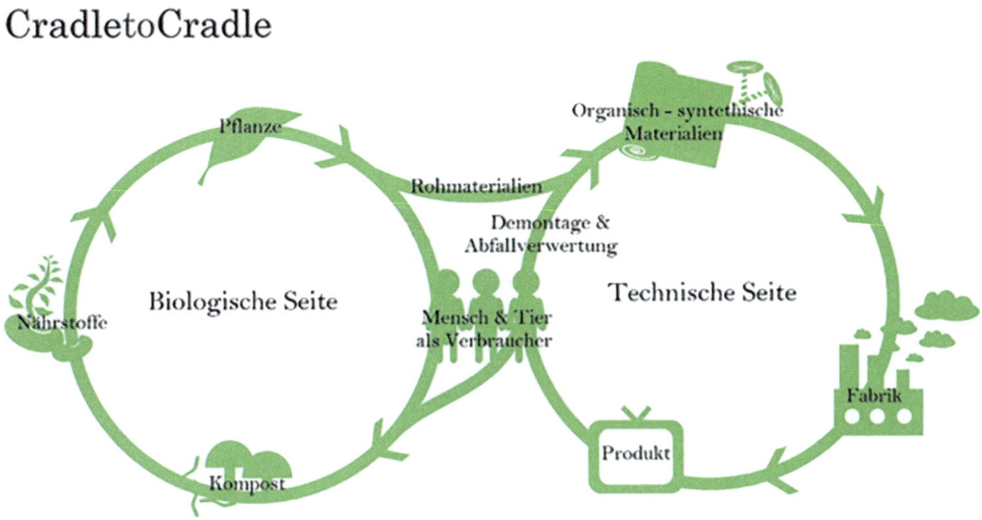

Abb III.4: Cradle to Cradle [Von Rex banditor – Eigenes Werk, CC BY-SA 4.0, https://commons.wikimedia.org/w/index.php?curid=64082869]

Abb III.5: Der Europäische Grüne Deal

3.3. Fast Forward: 30 Jahre später – Wir schreiben das Jahr 2050

Als 2020 die Alarmglocken läuteten, zum großen Teil dank der Jugendbewegung, *Greta Thunberg* wurde zwischenzeitlich auch mit dem Friedensnobelpreis ausgezeichnet, und aufgrund der Covid-19-Pandemie, stellten wir fest, dass wir unter zu viel Konsum, Konkurrenz und gierigem Eigeninteresse litten. Unser Engagement für diese Werte und unser Streben nach Profit und Status hatten uns dazu gebracht, unsere Umwelt zu vernachlässigen. Als Spezies waren wir außer Kontrolle, und das Ergebnis war der Beinahe-Zusammenbruch unserer Welt. Im August 2020 wurde berichtet, dass die Gletscherschmelze in Grönland nicht revidierbar ist. Wir konnten nicht mehr umhin, auf einer greifbaren, geophysikalischen Ebene zu sehen, dass, wenn man Regeneration, Zusammenarbeit und Gemeinschaft verschmäht, die Konsequenz die drohende Verwüstung ist.

Sich von der Selbstzerstörung zu befreien, wäre unmöglich gewesen, wenn wir nicht unsere Denkweise und unsere Prioritäten geändert hätten, wenn wir nicht erkannt hätten, dass das Tun, das gut für die Menschheit ist, Hand in Hand mit dem Tun geht, das gut für die Erde ist. Die grundlegendste Veränderung war, dass wir gemeinsam – als Bürger, Unternehmen und Regierungen – an einem neuen Endergebnis festhielten: „*Ist es gut für die Menschheit, ob Profit gemacht wird oder nicht?*" Dass *Donald Trump* im selben Jahr, nach nur vier Jahren Amtszeit abgewählt wurde, hat das Ende dieser Selbstzerstörung beflügelt.

Die Klimakrise zu Beginn des Jahrhunderts, massive geopolitische Verschiebungen mit der *Trumpschen* Doktrin von „*Make America Great Again*" und später Covid-19 haben uns aus unserer Lethargie herausgeschreckt. Als wir daran arbeiteten, unsere Umwelt wiederaufzubauen und zu pflegen, war es nur natürlich, dass wir uns auch mit größerer Sorgfalt und Sorge aneinander wandten. Als Frau *von der Leyen* den Green Deal im Dezember 2019 den Europäern vorstellte, meinte sie sinngemäß:

> Bringen Sie unsere Wirtschaft mit der Art und Weise, wie wir konsumieren, in Einklang und vereinbaren Sie die Art und Weise, wie wir konsumieren, mit unserem Planeten. Es geht darum, die Emissionen zu senken, bei gleichzeitiger Schaffung von Arbeitsplätzen und Förderung von Innovationen.

Frau *von der Leyen* bezeichnete den Europäischen Green Deal, angelehnt an *John F. Kennedys* Vision als Europas **„Mann auf dem Mond"**-Mission:

> Wir haben noch nicht alle Antworten. Europäische Bürger sind bereit, ihren Lebensstil zu ändern, um ihr Erbe zu schützen. Der Europäische Deal ist das Instrument, das wir unseren Kindern schulden, da wir diesen Planeten nicht besitzen, wir müssen nur unsere Rolle spielen, um ihn zu schützen.

Und tatsächlich, mit dieser Doktrin wurde erreicht, dass in Europa 2030 sich jeder dritte Fonds auf ESG-Investitionen konzentrierte und wir heute, 2050, CO_2-neutral sind.

Abb III.6: Frau *von der Leyen* – Europäischer Green Deal [https://www.euractiv.de/section/energie-und-umwelt/news/die-wichtigsten-punkte-des-neuen-green-deal/]

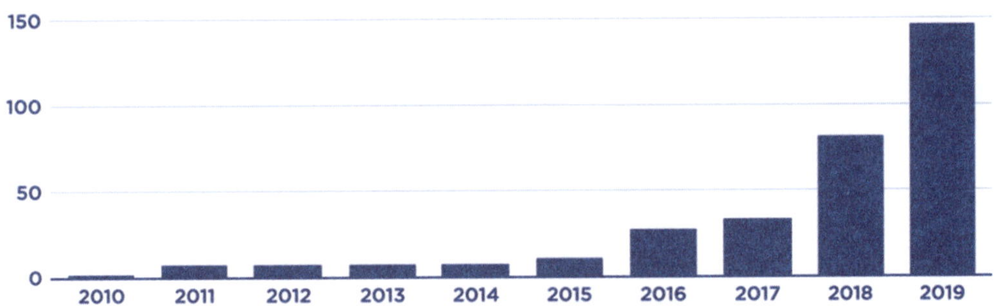

Abb III.7: Wachstum der ESG-Indizes über 10 Jahre [Deutsche Börse.com]

Der allgemeine Eindruck, die Gefühlslage, das Stimmungsbild ist von einer zuvor kaum festgestellten Überzeugung, Bereitwilligkeit und Übereinstimmung in der Bevölkerung, der Wirtschaft und der Politik, jetzt Veränderungen herbeizuführen, geprägt.

4. Umdenken der Immobilienbranche

Wenn nicht schon *Greta Thunberg* und die von ihr initiierte „Friday's for Future"-Bewegung oder die eingangs erwähnten politischen Anstrengungen wie „Pariser Klimaabkommen", der „Europäische Green Deal" oder „EU-Taxonomie", mit der europaweite Kriterien für klimaverträgliche Investments festgelegt werden, unsere Branche zum Umdenken bewegt haben, so scheint Covid-19 einen Einschlag ausgelöst zu haben, der maßgeblich nun auch die Immobilienbranche und das Kapital erreicht hat.

Im Ergebnis einer von Union Investment Real Estate durchgeführten Befragung von 150 professionellen Immobilien-Investoren in Deutschland, Frankreich und Großbritannien sprechen 58 % von einer „signifikanten Verschiebung der Anlagestrategien".

Die Covid-19-Pandemie in Verbindung mit einer risikoadjustierten ESG-Strategie als neues Lieblingskind des Kapitals hat auch eine deutliche Verschiebung hin zu klimafreundlichen Investitionen institutioneller Investoren ausgelöst:

- 54 % der Befragten planen, mehr in dieses Segment zu investieren.
- 49 % wollen durch das Virus mehr Kernimmobilien erwerben.
- 42 % geben an, mehr in ihr eigenes Land zu investieren.

> „Weniger Risiko – Geringere Rendite" ist das Mantra der Stunde. Vor Ausbruch der Pandemie waren es nur 35 Prozent. In Großbritannien ist der Wechsel besonders ausgeprägt: Für 79 Prozent der Befragten ist Sicherheit das Hauptanlagemotiv. Vor der Pandemie waren es 50 Prozent. Von einer grundsätzlichen Zurückhaltung kann aber insgesamt keine Rede sein. In dieser Phase vollständig auf Immobilieninvestments zu verzichten, ist nur für fünf Prozent der befragten europäischen Investoren eine Option.[8]

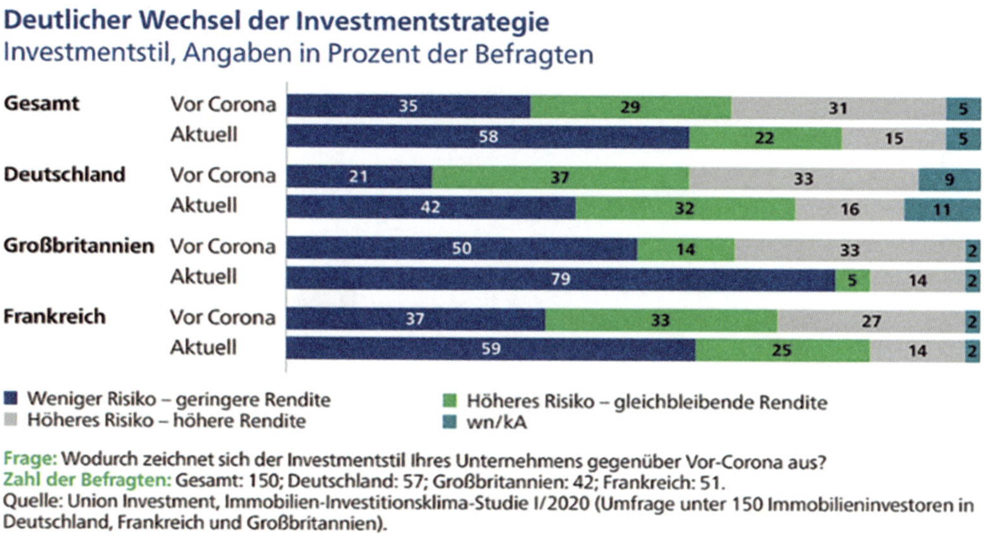

Abb III.8: Wechsel in der Investmentstrategie [Deutsche Börse.com]

8 *Union Investment*, Investorenstudie: Corona-Krise führt zu deutlichen Veränderungen in den Anlagestrategien, 18.8.2020 https://realestate.union-investment.com/de/mediathek/presseinformationen/2020/2020_08_18_klimastudie_1_2020.html#:~:text=58%20Prozent%20der%20von%20Union,waren%20es%20nur%2035%20Prozent.&text=42%20Prozent%20k%C3%BCndigen%20an%2C%20vermehrt%20im%20eigenen%20Land%20zu%20investieren (16.6.2021).

5. Messen von ESG-Aktivitäten

Das **„Harvard Law School Forum on Corporate Governance“** berichtet im Sommer 2020 von einer Morningstar-Umfrage, die Fonds für Umwelt, Soziales und Governance (ESG) in Bezug auf finanzielle Auswirkungen der Covid-19-Pandemie als resilienter als ihre konventionellen Pendants ausweist.[9]

Demgegenüber fühlt sich EY in einem Online-Beitrag im Frühjahr 2020[10] „genötigt“, von Initiativen in Nachhaltigkeit zu schreiben, „die nicht immer mit höheren Kosten verbunden sein müssen“.

Die Herausforderung war bis dato das Messen und Bewerten von nachhaltigen und ESG-Aktivitäten. Mit den eingangs beschriebenen Initiativen haben sich nun Consultingunternehmungen etabliert, die Unterstützung bei einer Bestandsaufnahme zur ESG-Konformität liefern und auch Programme, Strategien zur ESG-Konformität erarbeiten, um proaktiv den Anforderungen aus der EU-Taxonomie, der Politik, dem Kapitalmarkt und vermehrt auch den sozialen und gesellschaftlichen Erwartungshaltungen gerecht zu werden. In den vergangenen Jahren haben va Finanzdienstleister und Unternehmungen von öffentlicher Bedeutung, die gemäß der EU-Taxonomie-Verordnung zur nicht finanziellen Berichterstattung unter der EU-Richtlinie 2014/95/EU (sog CSR-Richtlinie) verpflichtet sind, proaktiv eigene ESG-Abteilungen eingerichtet.

Die Aufgaben der ESG-Teams sind die kontinuierliche Standortbestimmung sowie Optimierung der nachstehenden Pfeiler.

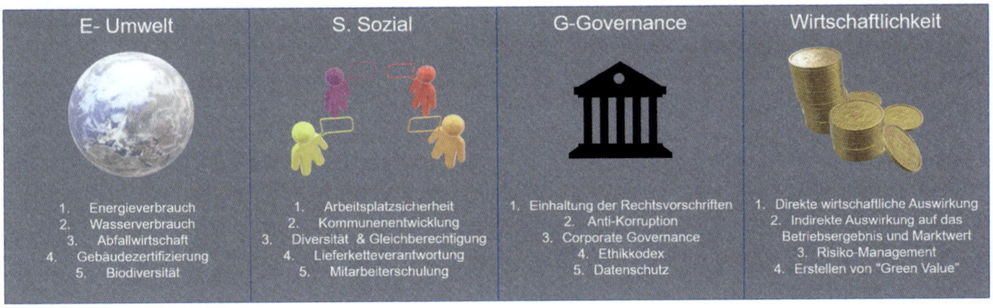

Abb III.9 [eigene Darstellung]

Die Herausforderung sind derzeit noch ein konzertiertes, abgestimmtes Prüfverfahren und die Bewertung von ESG-Kriterien. Es ist jedoch anzunehmen, dass sich kurzfristig Bewertungsstandards etablieren und auf nationaler und internationaler Ebene festgesetzt werden.

---

9 *Farmer et al*, The Ripple Effect of EU Taxonomy for Sustainable Investments in U.S. Financial Sector, 10.6.2020, https://corpgov.law.harvard.edu/2020/06/10/the-ripple-effect-of-eu-taxonomy-for-sustainable-investments-in-u-s-financial-sector/ (16.6.2021).

10 *Schulz-Wulkow*, Warum die Immobilienbranche viel nachhaltiger denken muss, 10.3.2021, https://www.ey.com/de_de/real-estate-hospitality-construction/warum-die-immobilienbranche-viel-nachhaltiger-denken-muss (16.6.2021).

5.1. ESG-Zertifizierung für die Immobilienbranche

Um sich diesem Thema zu nähern, muss vorab geklärt werden, ob und in welchem Ausmaß sich Investitionen in Nachhaltigkeit lohnen.

„*Nachhaltige Objekte schaffen Mehrwert*". Zu diesem Ergebnis kommt eine Untersuchung der International Real Ertaste Business School in Kooperation mit Union Investment Real Estate, die anhand von Bestandsimmobilien dieser Frage nachgegangen sind.[11]

Analysiert wurde ein Portfolio von rund 200 Büroobjekten aus dem Bestand von Union Investment. Dabei war die Frage leitend, inwiefern sich die nachhaltige Gestaltung einer Immobilie auf wesentliche und insb messbare Performance-Faktoren wie Mietertrag und Verkehrswert auswirkt. Im auf der Webseite von Union Investment veröffentlichten Bericht werden folgende Schlüsse aus dieser Analyse dargelegt:

- Höhere Energiekennwerte führten zu signifikant geringen (Netto-)Mieterlösen und Verkehrswerten. Dh, der Markt nimmt energetische Effizienz als wertrelevanten Treiber wahr. Der Verkehrswert kann in diesem Fall um über 300 €/m^2 sinken.
- Die Berücksichtigung nachhaltiger Mietvertragsstrukturen (sog Green Leases) wirkt sich im Datensatz positiv auf den Wert aus.
- Zertifikate wirken sich positiv auf Mieten und Werte aus. Hierbei wird es immer wichtiger, außerordentlich gute Resultate (Platin oder Gold) zu erzielen.
- Fußläufig erreichbare Nahversorger und ÖPNV haben signifikant positiven Einfluss auf die Miete.

Eine Erkenntnis, die unterstrichen werden muss, ist die Wertigkeit von Green Labels: Waren bis vor wenigen Jahren Green Labels noch ein Abhebungsmerkmal, das auch bei Investoren in der Bewertung Beachtung fand, so tragen va Zertifikate der höchsten Kategorie, oft mit den Zusätzen Platin oder Sehr Gut versehen, einen Teil zur Wertsteigerung bei.

Für das neue Kapital ist hingegen eine ESG- oder Taxonomiebewertung von höherer Bedeutung, da diese einen wesentlichen Beitrag zum eigenem Non-Financial Perfomance Reporting beiträgt.

In diese Bewertung fließen auch wesentlich sechs **umweltpolitischen Ziele der EU** ein:

- Klimaschutz,
- Anpassung an den Klimawandel,
- nachhaltige Nutzung und Schutz von Wasser- und Meeresressourcen,
- Übergang zu einer Kreislaufwirtschaft,
- Vermeidung und Verminderung der Umweltverschmutzung und
- Schutz und Wiederherstellung der Biodiversität und der Ökosysteme.

Problematisch ist gegenwärtig noch die Vielzahl der Anbieter mit unterschiedlichen Kriterien, Schwerpunkten und Standards, die oft unterschiedliche Matrizes der Bewertung zugrunde legen.

11 *Bienert*, Portfolioanalyse liefert Kennzahlen, https://realestate.union-investment.com/nachhaltigkeitsportal/Zukunftsthemen/Portfolioanalyse-liefert-Kennzahlen.html (16.6.2021).

Dass es grundsätzliche Übereinstimmung zwischen der vorgeschlagene EU-Taxonomie und der Methodik von ISS (Institutional Shareholder Services) in Bezug darauf, wie eine bestimmte wirtschaftliche Aktivität hinsichtlich ihres Beitrags zu einer nachhaltigen Entwicklung bewertet werden soll, gibt, davon zeugt die nachstehende Tab der HANSAINVEST:

	EU-Taxonomie	ISS ESG	Übereinstimmung
Zielsetzungen	Positiver Beitrag zu sechs Umweltzielen	Positiver Beitrag zu acht Umweltzielen, basierend auf den SDGs der UN	Abdeckung der EU-Taxonomiezielsetzungen durch Zielsetzungen von ISS ESG
'do no significant harm' (DNSH)	DNSH wird für jede Geschäftstätigkeit definiert (zum Beispiel Verhinderung von Wasser- oder Landverschmutzung, Abfallvermeidung, Schutz empfindlicher Ökosysteme)	Wird mittels Ratingindikatoren zu Umweltmanagement, mit spezifischen Indikatoren je nach Geschäftstätigkeit sowie durch normbasiertes Screening bewertet, um umweltschädliche Praktiken auszuschließen	Abdeckung in Bezug auf positive Beiträge sowie Verstöße
Soziale Mindeststandards	Einhaltung der Konventionen der Internationalen Arbeitsorganisation (ILO) und eventuell allgemeinerer Menschenrechte (zum Beispiel UN-Leitprinzipien für Wirtschaft und Menschenrechte)	Bewertung anhand von Indikatoren für Strategien und Maßnahmen zur Sicherstellung der Anwendung der ILO-Normen und der allgemeinen Menschenrechte, sowie normbasiertes Screening, um Kontroversen bezüglich Menschen- und Arbeitsrechte auszuschließen	Abdeckung in Bezug auf positive Beiträge sowie Verstöße
Wertschöpfungskette / Lebenszyklus	Berücksichtigung der gesamten Wertschöpfungskette und des Lebenszyklus durch technische Prüfkriterien	Bewertung anhand von Indikatoren für die Lieferkette, Kunden und die gesamte Lebensdauer von Produkten	Abdeckung in Bezug auf positive Beiträge sowie Verstöße (in der Wertschöpfungskette)

Tab III.1 [https://www.hansainvest.com/deutsch/ueber-uns/hansawelt/ausgabe-3-2019/eu-taxonomie-anforderungen-rahmenwerke-fuer-die-gruene-transformation.html]

Faktum ist jedoch, dass sich auf Basis der Taxonomie-Verordnung alle Marktteilnehmer, gleich ob Staatsbetriebe, öffentliche Hand oder Privatwirtschaft, quer durch alle Branchen auf die neuen Anforderungen vorbereiten müssen, um mittel- und langfristig mit der EU-Taxonomie kompatibel zu sein. Im Herbst 2020 ist augenscheinlich, dass jene Unternehmungen, die sich bereits ESG verschrieben haben, zwar nicht immun sind, aber überwiegend besser durch die Covid-19-Pandemie gekommen sind.

6. Finance for Future

6.1. Neue Bedingungen für das Kapital: Bereit oder nicht, hier kommt ESG

Dass sich auch die Kapitalwelt auf ESG und Taxonomie vorbereitet, bestätigt eine von J.P. Morgan durchgeführte Studie: Vertreter von 50 globalen Institutionellen Investoren, die insgesamt 12,9 Billionen US-Dollar an verwalteten Vermögenswerten (Assets under Management) repräsentieren, gaben zu etwa 71 % an, dass es „eher wahrscheinlich", „wahrscheinlich" oder „sehr wahrscheinlich" sei, dass Covid-19 die Zukunft von ESG-Investitionen beeinflusse.

6.2. Beeindruckende ESG-Ströme seit 2016

In Bezug auf die Anlageklassen dominiert das Equity und macht etwa die Hälfte der gesamten ESG AUM (Assets under Management) aus, aber der Markt für grüne Anleihen wächst und die Nachhaltigkeit breitet sich schnell auf andere Anlageklassen aus.

Mit Blick auf das Equity ist der aktuelle Trend beeindruckend, da die Zuflüsse zu ESG-Produkten seit 2016 stetig zugenommen haben und einen starken Kontrast zu den Gesamtabflüssen in der Branche bieten. Die Zuflüsse von ESG-Produkten nehmen mit der Einführung neuer Fonds sowie der Wiederverwendung von Nicht-ESG-Mitteln zu.

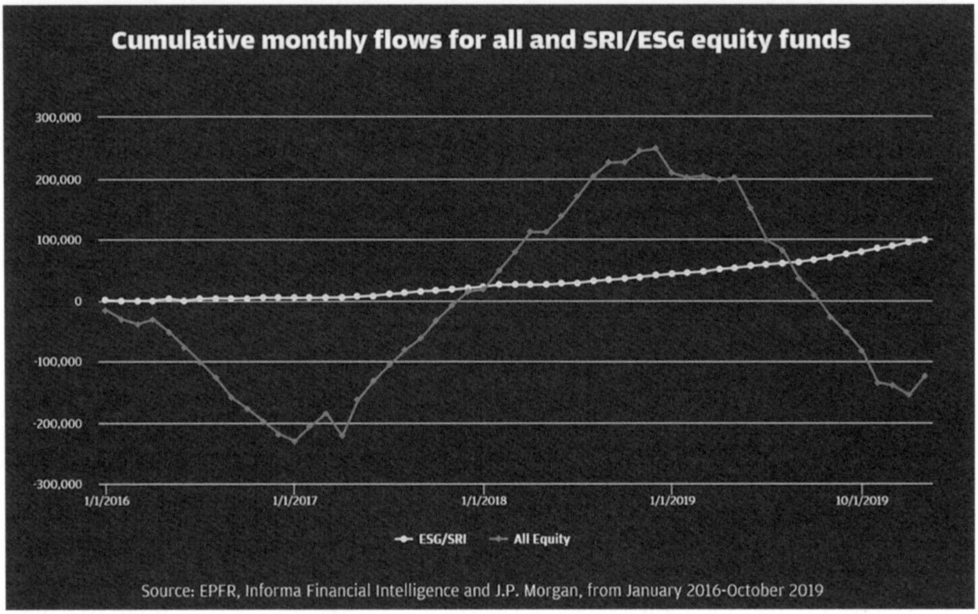

Abb III.10: Zuflüsse von ESG-Produkten [EPFR, Informa Financial Intelligence and J.P. Morgan, Jan 2016–Oct 2019]

6.3. Zukünftiges Ausmaß von ESG und Taxonomie auf Investitionen und Finanzierung

Das zukünftige Ausmaß von ESG und Taxonomie auf Investitionen und Finanzierung wurde beeindruckend mit der weltweit erstmaligen Platzierung eines von an die eigene Nachhaltigkeitsperformance gebundenen Schuldscheindarlehens eines Unternehmens, von Lenzing AG, praktiziert. Diese ESG-linked Schuldscheindarlehen über 500 Mio € haben eine Laufzeit über 5, 7 und 10 Jahren sowie eine ESG-linked Namensschuldverschreibung mit einer Laufzeit von 15 Jahren.

Bei dieser Form des Darlehens ist die Verzinsung an Lenzings Leistung im Bereich der Nachhaltigkeit gekoppelt und wird von einer unabhängigen Nachhaltigkeitsagentur jährlich geprüft und bewertet. Die Agentur MSCI, die im Falle Lenzings das Rating vornimmt, zeichnete das Unternehmen zuletzt mit einem A-Rating aus.

Der anfänglich mit 200 Mio € platzierte Schuldschein stieß auf Seiten von Investoren aus Europa und Asien auf so großes Interesse, dass man sich dazu entschloss, auf 500 Mio € zu erhöhen. Knapp 12 % davon (65 Mio USD) wurden in US-Dollar gezeichnet. Der durchschnittliche Mischzinssatz des Darlehens liegt bei knapp unter 1 %, wodurch sich die Lenzing Gruppe günstiger als bei vergangenen Schuldscheindarlehen finanziert. Wenn das MSCI-Rating höher als derzeitig „A“ ausfällt, erfolgt eine Anpassung des Zinssatzes um 2,5 Basispunkte nach unten, sollte es niedriger ausfallen, um 2,5 Basispunkte nach oben. Im Fall des verbesserten Ratings wird die entsprechende Zinseinsparung gespendet. Diese derzeit noch relativ geringen Vor- bzw Nachteile sind aber auch Anstoß von Kritik. Noch fällt es denn Investoren schwer, die Nachhaltigkeitsperformance der Unternehmen, sowohl positiv wie auch negativ, zu bewerten. Entsprechend vorsichtig sind die variablen Werte. Erfahrung zeigt jedoch, dass Unternehmungen auch gerne höhere Ausschläge akzeptieren würden.[12]

Am 18.8.2020 berichtet die Plattform Finance-magazin.de: „*Siemens Energy setzt auf milliardenschweren ESG-linked Loan*“.[13] Siemens Energy (Gas and Power) sichert sich kurz vor dem geplanten Spin-off vom Siemens-Konzern zusätzliche Liquidität. Die Energietechniksparte schließt einen syndizierten revolvierenden Kredit über 3 Mrd € ab. Das Darlehen kann in verschiedenen Währungen gezogen werden und enthält zudem die Möglichkeit, sehr kurzfristig Geld abzurufen. Dafür wurde eine Swingline-Option über 1 Mrd € vereinbart.

Der revolvierende Kredit hat eine Laufzeit von drei Jahren und kann zweimal um jeweils ein Jahr verlängert werden. Nach Angaben von Siemens Gas und Power war die Transaktion mit 4,5 Mrd € überzeichnet.

Wie auch im Falle von Lenzing sind die Finanzierungskosten ua an bestimmte Nachhaltigkeitskennzahlen gekoppelt. Konkret hat Siemens Energy dafür KPIs eingesetzt, die darauf abzielen, die Emission von Treibhausgasen (CO_2-Äquivalent) und die Unfallhäufigkeit (Lost Time Injury Frequency Rate) zu senken.

Weiters gibt die Plattform an: „*ESG-linked Loans haben sich im Jahr 2019 in der deutschen Corporate-Welt verbreitet*“. Der Konsumgüterhersteller Henkel war einer der Vorreiter beim Einsatz dieses Mechanismus. Im Gegensatz zu klassischen Green Bonds, deren Erlöse ausschließlich zur Finanzierung nachhaltiger Projekte eingesetzt werden können, dürfen ESG-linked Loans für alle Unternehmenszwecke genutzt werden. Sie ermöglichen es daher auch Unternehmen, die keine größeren Nachhaltigkeitsprojekte zu finanzieren haben, am Green-Finance-Markt aktiv zu werden.

12 *Lenzing*, Lenzing platziert erfolgreich nachhaltiges Schuldscheindarlehen über EUR 500 Mio., 27.11.2019, https://www.lenzing.com/de/newsroom/pressemitteilungen/pressemitteilung/lenzing-platziert-erfolgreich-nachhaltiges-schulds (16.6.2021).

13 *Kögler*, Siemens Energy setzt auf milliardenschweren ESG-linked Loan, 18.8.2020, https://www.finance-magazin.de/finanzierungen/kredite-anleihen/siemens-energy-setzt-auf-milliardenschweren-esg-linked-loan-2062961/ (16.6.2021).

Die größten Green-Finance-Deals 2019 in Deutschland

Continental	ESG-Linked Loan	4 Mrd €	Dez 19
E.on	ESG-Linked Loan	3,5 Mrd €	Okt 19
E.on	Green Bonds	1,5 Mrd €	Aug 19
EnBW	Green Hybrids	1 Mrd €	Jul 19
Lanxess	ESG-Linked Loan	1 Mrd €	Dez 19
Porsche	Green-Schuldschein	1 Mrd €	Aug 19

Tab III.2 [Finance-Recherche, Autoren-Research auf Unternehmenswebpräsentationen]

6.4. ESG-Finanzierungen in der Immobilienbranche

Die meisten der zuvor genannten Unternehmungen werden nicht zwingend mit Nachhaltigkeit identifiziert und doch sind sie Vorreiter einer äußerst dynamischen Entwicklung. Das ist va dem Umstand geschuldet, dass ESG-linked Loans individuell zugeschnitten werden können. Und genau darin verbergen sich bisher kaum bis nicht gehobene Opportunitäten für Entwickler wie auch für Bestandshalter der Immobilienbranche.

Eigentlich müsste sich jeder Marktteilnehmer in der Immobilienbranche, gleich ob Bestandshalter oder Entwickler, zwingend jetzt mit dem Thema ESG befassen: Denn mit der Vorgabe der Non-Financial Reporting Directive (NFRD) werden Unternehmen „von öffentlichem Interesse", deren Bilanzsumme über 20 Mio € liegt oder deren Umsatzerlöse über 40 Mio € liegen und die über 500 Mitarbeiter im Jahresdurchschnitt beschäftigen, eine Berichtspflicht iSd Non-Financial Reportings vorgeschrieben. Nun kann davon ausgegangen werden, dass die Mehrzahl von Finanzierungsgebern und Immobilieninvestoren diese Kriterien erfüllt.

6.5. Paradigmenwechsel auch bei den Immobilienentwicklern

Covid-19 hat einen Paradigmenwechsel und eine Kräfteverschiebung zwischen den Stakeholders herbeigeführt: War in den Jahren bis Covid-19 va die Verfügbarkeit von Grundstücken und Bauunternehmungen sowie die Kosten derer Thema, so sind Post-Covid-19-Aspekte wie Finanzierbarkeit und Exitwahrscheinlichkeit in den Fokus gerückt.

Sich diesem Paradigmenwechsel bewusst, verbunden mit den Anforderungen aus dem Non-Financial Reporting, „motivieren" die Kapitalmarktteilnehmer ihre Partner und Kunden, bei jeglicher Geschäftsanbahnung diesen Aspekten aus der EU-Taxonomy und ESG eine erhöhte Aufmerksamkeit zu widmen. Mit dem Fokus, einen positiven Beitrag zum Non-Financial Reporting zu leisten, wurden wesentliche Elemente der ESG-Auflagen und EU-Taxonomie in Due-Diligence-Listen zur Prüfung von Immobilienankäufen und Vergabe von Finanzierungen um genau jene Aspekte erweitert.

Somit ist es nicht verwunderlich, dass immer mehr Marktteilnehmer wie Banken, Finanzinvestoren, Versicherungen, institutionelle Asset-Manager oder Versorgungskassen diesen um ESG-erweiterten Due-Diligence-Prozess sowohl auf eigenen Webseiten wie auch auf diversen Social-Media-Plattformen wie LinkedIn, Facebook, Instagram, Twitter usw regelmäßig prominent in den Vordergrund stellen und als Leitbild deklarieren.

7. ESG-Immobilien for Future

„Never let a good crisis go to waste" – Bei dem Ausspruch handelt es sich um ein Zitat, das sehr oft *Winston Churchill* zugeordnet wird. Er sagte es – vielleicht – im Jahr 1940, aber das Zitat hat wahrscheinlich anderswo seinen Ursprung:

Im Film „Operation Petticoat" wird im Dezember 1941 ein amerikanischer U-Boot-Stützpunkt auf den Philippinen bombardiert. Die Besatzung eines U-Boots versucht, ihr Boot zu reparieren und auszusteigen, aber die Bürokratie behindert sie, selbst in verzweifelten Kriegszeiten. Während des Luftangriffs erklärt ein Offizier: *„In Verwirrung gibt es Gewinn"* und er beschaffe, was sie brauchen. In Zeiten von Krisen, Chaos oder anderen Herausforderungen gibt es Gelegenheit für Führungspersönlichkeiten, sich diesen außergewöhnlichen Situationen auf eine Weise zu stellen, die sie in Zeiten normaler Normalität nicht täten.

Diese Situation kann auch mit dem oft als unsichtbaren Feind bezeichneten Virus Covid-19 verglichen werden. Seit geraumer Zeit gibt es mit ESG Tools, die die empirischen Risken reduziert haben. Es bedarf nun determinierter Leadership, um diese Chance und Tools auch zu ergreifen. Mit den geopolitischen, politischen, gesundheitlichen und wirtschaftlichen Herausforderungen in diesem noch relativ jungen Jahrhundert haben wir jetzt nicht nur die Möglichkeit, sondern eine von Umständen getriebene einmalige Chance sowie Verpflichtung, diese von der Politik bereitgestellten Tools aufzugreifen und für uns und unsere Nachwelt, die über unsere Kinder und Enkelkinder hinausgeht, zu nutzen.

Laut World Health Organisation verbringen Europäer in der modernen Gesellschaft 90 % ihrer Zeit in Innenräumen (in ihren Häusern, am Arbeitsplatz, in Schulen und im öffentlichen Raum).[14] Indem sie die Gestaltung dieser Lebensräume definiert und kreiert, trägt die Immobilienbranche wie kaum eine andere Branche eine wirtschaftliche, gesellschaftliche und auch gesundheitsrelevante Verantwortung in der Umsetzung: In diesem Sinne müssen wir jetzt diese Verantwortung schultern und mit den zur Verfügung gestellten Tools der öffentlichen Hand, dem Kapitalmarkt wie auch der Erwartungshaltung der Gesellschaft gerecht werden und auf Basis der ESG-relevanten Aspekte die Immobilie der Zukunft, unsere Gesellschaft und mit ihr die Umwelt auf 2050 nachhaltig transformieren.

14 *WHO*, Combined or multiple exposure to health stressors in indoor built environments, Oktober 2013, https://www.euro.who.int/__data/assets/pdf_file/0020/248600/Combined-or-multiple-exposure-to-health-stressors-in-indoor-built-environments.pdf (16.6.2021).

IV. Österreich: Ein Land ohne Äcker – zukunftslos?

Kurt Weinberger

1. Einleitung

Die Identität Österreichs ist geprägt durch das Schöne. Sie ist geprägt durch die Kultur, die Landschaft samt ihren Äckern und Wiesen und durch die Produktion bester heimischer Lebensmittel. Eine Identität, für die Österreich auf der ganzen Welt geschätzt und geliebt wird, und eine Identität, die zunehmend in Gefahr gerät. Die Österreichische Hagelversicherung warnt bereits seit Jahren davor, dass unser schönes Land durch den unkontrollierten Bodenverbrauch und die Zubetonierung unserer Äcker und Wiesen unwiederbringlich unter Beton und Asphalt verschwindet. Doch der rasant zunehmende Bodenverbrauch gefährdet nicht nur Österreichs Identität, sondern ist auch ein sehr brisantes Umweltproblem und eine Bedrohung für die Ernährungssouveränität unseres Landes. Allein in den letzten zehn Jahren wurden im Durchschnitt 20 Hektar Äcker und Wiesen verbaut, was einer Größenordnung von 30 Fußballfeldern entspricht. Und das jeden Tag! Kein zweites Land in Europa geht so verantwortungslos mit seinen Böden um.

Abb IV.1: Ein Beispiel für den verschwenderischen Umgang mit unseren Böden [ÖHV]

Österreich ist also Europameister im negativen Sinn. Es wird hierzulande noch immer zu viel an Fläche neu verbaut. Der gegenwärtige tägliche Bodenverbrauch von 13 Hektar[1] oder umgerechnet rund 20 Fußballfeldern ist eines der größten Umweltprobleme unserer Zeit. Ein Bestandteil des aktuellen Regierungsübereinkommens ist ein Zielwert für den Bodenverbrauch mit 2,5 Hektar pro Tag.[2] Dieser Wert wurde schon in der Nachhaltigkeitsstrategie aus dem Jahr 2002 festgemacht und im Masterplan für den ländlichen Raum erneuert. Dennoch liegen wir immer noch das Fünffache über diesem Wert. Eine Entwicklung, die die Zukunft Österreichs massiv gefährdet. Eine Korrektur der Bodenpolitik, eine Reform der Raumordnung unter Einhaltung des Zielwerts in der Größenordnung von 2,5 Hektar pro Tag ist dringend erforderlich. Denn: Ein Land ohne Boden ist wie ein Mensch ohne Haut – nicht überlebensfähig! Was sind aber die Fakten, die Folgen und mögliche Lösungsansätze?

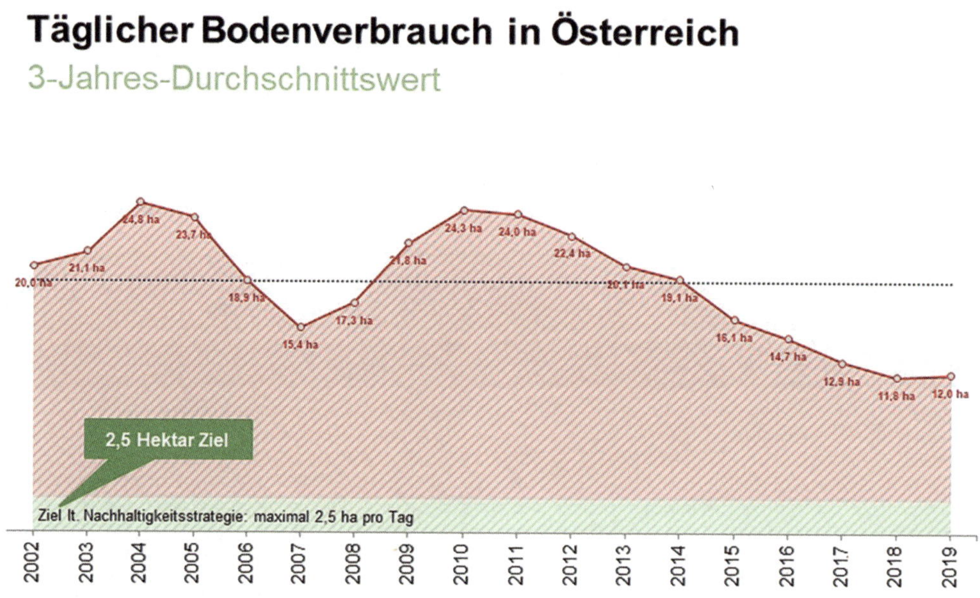

Abb IV.2: Täglicher Bodenverbrauch in Österreich [Umweltbundesamt]

2. Die Fakten – Österreich ist Europameister

Österreich hat europaweit mit 1,67 m² die höchste Supermarktfläche pro Kopf (Vergleich Deutschland 1 m²) und mit 15 m das dichteste Straßennetz pro Kopf (Vergleich Deutschland 8 m). Durch die fortschreitende Zubetonierung verlieren wir jährlich 0,5 % der Agrarflächen (Vergleich Deutschland 0,25 %).[3] In den letzten 25 Jahren wurden

1 *Umweltbundesamt GmbH*, Flächeninanspruchnahme, https://www.umweltbundesamt.at/umweltthemen/boden/flaecheninanspruchnahme (30.9.2020).

2 *BKA*, Regierungsprogramm 2020–2024, 147.

3 *Österreichische Hagelversicherung*, Fakten zum Bodenverbrauch, https://www.hagel.at/initiativen/bodenverbrauch/ (30.9.2020).

bereits 150.000 Hektar Felder und Wiesen verbaut – so viel wie die gesamte Agrarfläche des Burgenlands. Wenn wir also in dem Tempo weitermachen wie in den letzten zehn Jahren, dann gibt es in 200 Jahren in Österreich keine Wiesen und Äcker mehr. Gleichzeitig stehen auf der anderen Seite laut Umweltbundesamt Immobilien in einer Größenordnung von rund 40.000 Hektar leer.[4] Das entspricht der Größe der Stadt Wien. Landauf, landab werden aber laufend neue riesige Industriehallen und Gebäude sowohl in Städten aber auch auf dem Land errichtet – meist ohne jede vorhandene Infrastruktur, wie Kanalisation und Straßen. Die oft überdimensionierten Bauwerke zerstören die ländlich gewachsenen Strukturen und sind ein Schandfleck für die Landschaft.

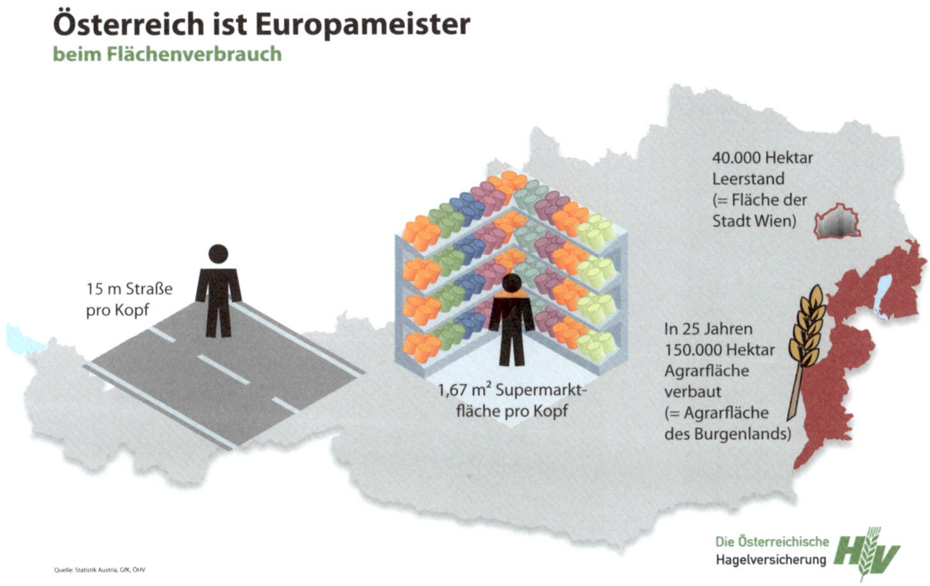

Abb IV.3: Österreich ist Europameister beim Bodenverbrauch [ÖHV]

3. Gefahren durch den zunehmenden Bodenverbrauch

Die Konsequenzen des fortschreitenden Bodenverbrauchs in Österreich sind weitreichend. Mit immer weniger Boden verlieren wir unsere Ernährungssouveränität, riskieren nachhaltige Arbeitsplätze, zerstören weiter Flora und Fauna und Naturkatastrophen nehmen zu.

3.1. Ernährungssouveränität gefährdet

Mit dem Verlust von wertvollen Böden verliert Österreich seine Ernährungssouveränität. Die Versorgung Österreichs mit heimischen regionalen Lebensmitteln wird mit dieser Fehlentwicklung massiv gefährdet und wir machen uns durch den hohen Flächenverbrauch immer mehr von ausländischen Lieferanten abhängig.

4 *Österreichische Hagelversicherung*, Fakten zum Bodenverbrauch, https://www.hagel.at/initiativen/bodenverbrauch/ (30.9.2020).

Im Jahr 1950 standen jedem Österreicher noch 2.400 m² Ackerfläche pro Kopf zur Verfügung. Heute sind es nur mehr 1.600 m² pro Kopf. Gleichzeitig braucht jeder Österreicher mittlerweile 3.000 m² Ackerfläche, um den Bedarf an Lebensmitteln abzudecken. Das bedeutet also, dass wir längst für fast die Hälfte unserer Lebensmittel Böden anderswo auf der Welt beanspruchen. Wir nehmen anderen schon jetzt im großen Stil die Lebensgrundlage Boden weg. Bei fortschreitendem Bevölkerungswachstum werden wir im Jahr 2050 lediglich 1.000 m² pro Kopf zur Verfügung haben, also ein Drittel des tatsächlich erforderlichen Bedarfs.[5]

Abb.IV.4: Bedarf an Ackerboden pro Kopf in Österreich [Lissmann/eigene Darstellung ÖHV]

Mit dem Bodenverbrauch wird der österreichischen systemrelevanten Landwirtschaft Tag für Tag ein Teil der Produktionsgrundlage verbaut. Dabei haben wir aufgrund der zunehmenden Verbauung beim Brotgetreide in Österreich mittlerweile nur mehr einen Selbstversorgungsgrad von 86 %, bei Kartoffeln sind es 80 % und bei Gemüse nicht einmal mehr 50 %.[6] Mit dieser Entwicklung macht sich das Land zunehmend vom Import von Lebensmitteln abhängig. Der Verlust der Ernährungssouveränität macht uns aber sehr verletzbar, das hat uns auch die Corona-Krise gezeigt.

5 *Lissmann*, Versiegelung von Agrarboden zerstört unsere Lebensgrundlage, https://www.lissmann.eu/ressourcenschutz/agrarboden/ (30.9.2020).

6 *Statistik Austria*, Versorgungsbilanzen, http://www.statistik.at/web_de/statistiken/wirtschaft/land_und_forst wirtschaft/preise_bilanzen/versorgungsbilanzen/index.html (30.9.2020).

Ein Beispiel: In den letzten drei Jahren verloren wir hierzulande durch Verbauung jährlich rund 4.000 Hektar Agrarflächen. Das entspricht beispielsweise einem Verlust von 24 Millionen kg Brotgetreide. Für den Brotkonsum werden rund 85 kg Getreide pro Kopf und Jahr benötigt. Somit verbauen wir in einem Jahr das Brotgetreide für fast 300.000 Österreicher. Diese Entwicklung ist fahrlässig! Von Beton kann man nicht abbeißen.

Laut der AGES-Studie „Bodenbedarf für die Ernährungssicherung in Österreich“[7] ist in Österreich im Extremfall mit einem durchschnittlichen Temperaturanstieg von bis zu 6 °C bis zum Jahr 2080 zu rechnen. Das führt naturgemäß auch zu einer Verschiebung der Regenmenge, worunter va der Osten Österreichs zu leiden haben wird. Die damit einhergehende Konsequenz wird eine teils deutliche Unterversorgung bei fast allen landwirtschaftlichen Kulturen sein. Das ist den österreichischen Konsumenten gar nicht bewusst, weil die Regale voll sind (und durch die weltweite Produktion und den Import bleiben werden), auch wenn immer weniger in Österreich produziert wird. Folgende Frage stellt sich: Ist durch die heimische Produktion eine ausreichende Versorgung mit landwirtschaftlichen Produkten auch in Zukunft gewährleistet? Die alarmierenden Ergebnisse der Studie besagen, dass aufgrund der Klimaänderung der Ertrag in der landwirtschaftlichen Produktion, insb im Osten und Südosten Österreichs, zum Teil dramatisch zurückgeht. Zusätzlich werden durch den Bodenverbrauch wertvolle Agrarflächen für immer aus der Produktion genommen. Es ist davon auszugehen, dass bei den meisten derzeit bedeutenden Feldfrüchten nach 2030 keine Autarkie mehr gewährleistet werden kann, selbst wenn alle derzeit verfügbaren Bodenressourcen in der Produktion verblieben. Daher müssen klimafitte Böden erkannt und geschützt werden. Denn Bodenschutz bedeutet Klimaschutz und Ernährungssicherung. Für Österreich ist mit einem Rückgang der Erträge um bis zu 19 % in den kommenden 40 Jahren auszugehen. Im aktuell trockenen, pannonischen Klimaraum wird es dabei die stärksten Ertragseinbußen geben. Im Marchfeld könnte sich die Ernte durch zunehmende Hitzetage und Trockenheit sogar um bis zu 50 % verringern, bis 2060 droht eine Unterversorgung zB bei Getreide, Mais oder Kartoffeln. Um die Versorgung Österreichs mit wertvollen Nahrungsmitteln zu sichern, müssen die besten Böden für die landwirtschaftliche Produktion bewahrt werden. Damit könnten 75 % der gesamten landwirtschaftlichen Produktionskapazität in Österreich künftig gesichert werden.

7 *AGES*, BEAT – Bodenbedarf für die Ernährungssicherung in Österreich, Juli 2018.

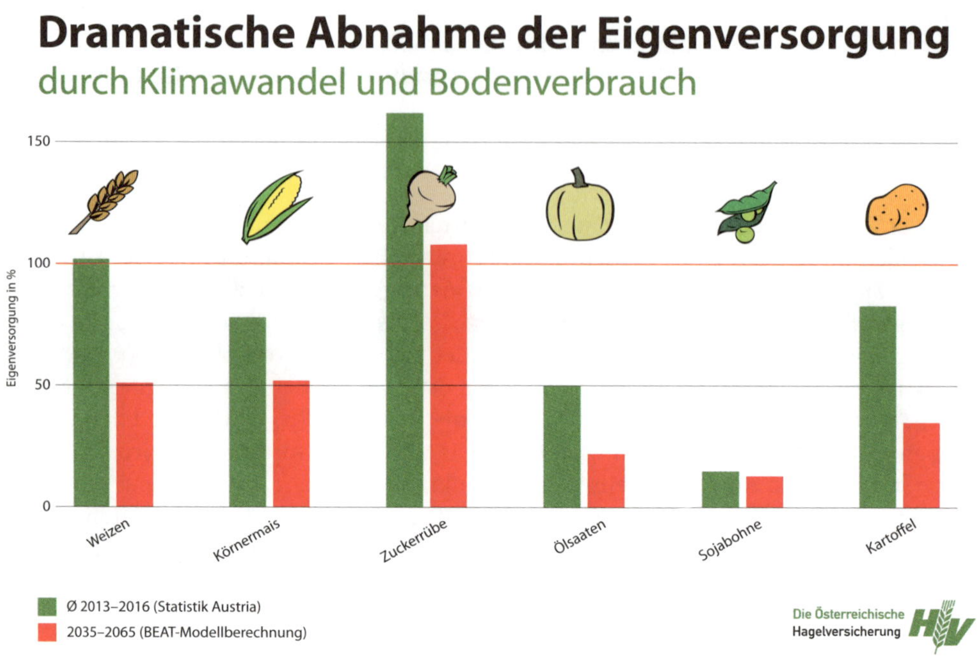

Abb IV.5: Dramatische Abnahme der Eigenversorgung durch Klimawandel und Bodenverbrauch [Statistik Austria, BEAT-Modellberechung; Darstellung ÖHV]

3.2. Mit immer weniger Boden riskieren wir nachhaltige Arbeitsplätze

Nicht minder wichtig ist an dieser Stelle der Hinweis, dass wir ohne Agrarsektor langfristig in Österreich rund 500.000 Arbeitsplätze gefährden,[8] denn so viele Beschäftigte sind aktuell im vor- und nachgelagerten Bereich tätig. Aber nicht nur in der Landwirtschaft kommt es für immer zu einem Verlust von Wertschöpfung und Beschäftigung. Denn durch die Verflechtung der Landwirtschaft mit anderen Wirtschaftssektoren wirken sich die Verluste auf die gesamte Wirtschaft aus. Als Tourismusland ist Österreichs Wirtschaft auch von den Touristen abhängig, die unser Land besuchen. Mit der zunehmenden Verschandelung des Landes durch Zubetonierung steigt das Risiko, dass weniger Touristen unser Land bereisen. In der Folge werden auch so nachhaltige Arbeitsplätze gefährdet. Laut einer Studie der Johannes-Kepler-Universität Linz[9] summieren sich in nur zehn Jahren die Verluste an Wertschöpfung auf 216 Mio €. Weiters gehen in diesem Zeitraum in Summe knapp 20.000 nachhaltige Arbeitsplätze für immer verloren. Davon verlieren allein in der Landwirtschaft rund 9.000 Personen ihren Arbeitsplatz.

8 *BMLRT*, Grüner Bericht 2020[61] (2020) 16 ff.

9 *JKU/GAW*, Studie „Flächeninanspruchnahme und Bodenversiegelung", Volkswirtschaftliche Effekte (Dezember 2018) 10.

3.3. Mit immer weniger Boden verlieren wir weiter die Schönheit der Natur

Noch eine Folge dieser ungeordneten Raumentwicklung ist, dass wir zunehmend unser Land verschandeln, was nicht nur für den Tourismus deutliche negative Auswirkungen haben wird. Das Ergebnis einer Market-Umfrage zeigt:[10] 84 % aller Befragten möchten keine rasant fortschreitende Verbauung des Landes. Vier von fünf Befragten sprechen sich für gesetzliche Beschränkungen aus und fordern in dem Zusammenhang einen Stopp des Bodenverbrauchs. Die Bevölkerung ist also schon sehr sensibilisiert.

3.4. Mit immer weniger Boden verlieren wir weiter Flora und Fauna

Durch den zunehmenden Straßenbau werden Landschaften zerschnitten, die Ausbreitung und Wanderung von Tieren unterbunden und die Lebensräume von Pflanzen stark beeinträchtigt. Die geänderten Habitat Bedingungen führen zum Verschwinden von Pflanzen und Tieren. So hat Österreich in den letzten Jahrzehnten bereits 70 % seiner Wirbeltierbestände eingebüßt. In einem Hektar Boden leben rund 1,5 Mio Regenwürmer. Pro Tag wird also die Lebensgrundlage von 20 Mio Regenwürmern zubetoniert.[11] Wir vergessen scheinbar eines: Die Natur braucht uns nicht, wir aber brauchen die Natur zum Leben.

3.5. Mit immer weniger Boden nehmen Naturkatstrophen zu

Die rasante Zubetonierung Österreichs hat für die Österreichische Hagelversicherung als Naturkatastrophenversicherer unmittelbare finanzielle Folgen. Denn zubetonierter Boden kann kein Wasser speichern. Die Folge: Überschwemmungsschäden nehmen zu. Dazu kommt auch der Aspekt, dass versiegelte Flächen kein CO_2 speichern – sehr zum Leidwesen der Landwirtschaft, denn Faktum ist, dass die Landwirtschaft mit ihrer Werkstatt unter freiem Himmel als erste und am stärksten vom Klimawandel betroffen ist. Für landwirtschaftliche Betriebe ohne eine umfassende Risikovorsorge können Wetterextreme wie Dürre oder Überschwemmungen existenzbedrohend sein. Die Zubetonierung unserer Böden hat außerdem zur Folge, dass die natürliche Kühlung durch Verdunstung nicht mehr möglich ist. Besonders im städtischen Bereich ist das massiv spürbar und als „urban heat island effect“ bekannt. Wir alle in Österreich spüren im Sommer die fehlenden Böden und Begrünungen insb in den Städten. Aber auch im ländlichen Raum, wo die Zersiedelung der Orte vorangetrieben wird und Ortskerne vergreisen, führen diese versiegelten Flächen nachweislich zu Temperaturerhöhungen. Dürreperioden nehmen weiter zu. All das ist ein nicht gehörter Hilfeschrei der Natur: Stoppt diese Zerstörung der Umwelt!

10 *Market Institut*, Studie zum Bodenverbrauch in Österreich (2017) 7.

11 *ÖHV*, Weltumwelttag: Tag für Tag gefährdet Österreich durch Verbauung sein Naturkapital, https://www.hagel.at/presseaussendungen/weltumwelttag-tag-fuer-tag-gefaehrdet-oesterreich-durch-verbauung-sein-naturkapital/ (30.9.2020).

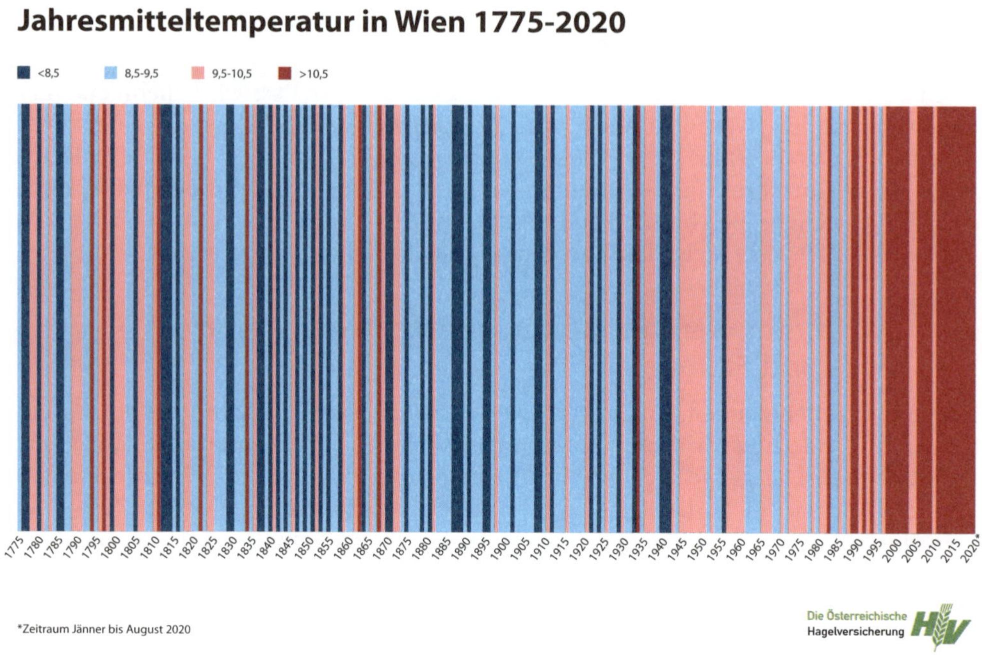

Abb IV.6: Temperaturerhöhungen sind va in den Städten zu spüren [ÖHV]

Abb IV.7: Gefahren durch den Bodenverbrauch [ÖHV]

4. Zunehmende Verbauung wird kritisch gesehen

Die zunehmende Verbauung wird auch von den Österreichern sehr kritisch gesehen. Laut einer Studie der Universität für Bodenkultur im Auftrag der Österreichischen Hagelversicherung[12] denken 86 % der Österreicher, dass der Bodenverbrauch das Landschaftsbild verschandelt. 84 % sind der Meinung, dass durch den Bodenverbrauch die Erholungsräume für den Menschen zerstört werden und Naturkatastrophen sich häufen. Aus der Studie geht außerdem hervor, dass 85 % der Meinung sind, dass ohne ausreichend Böden Lebewesen aussterben.

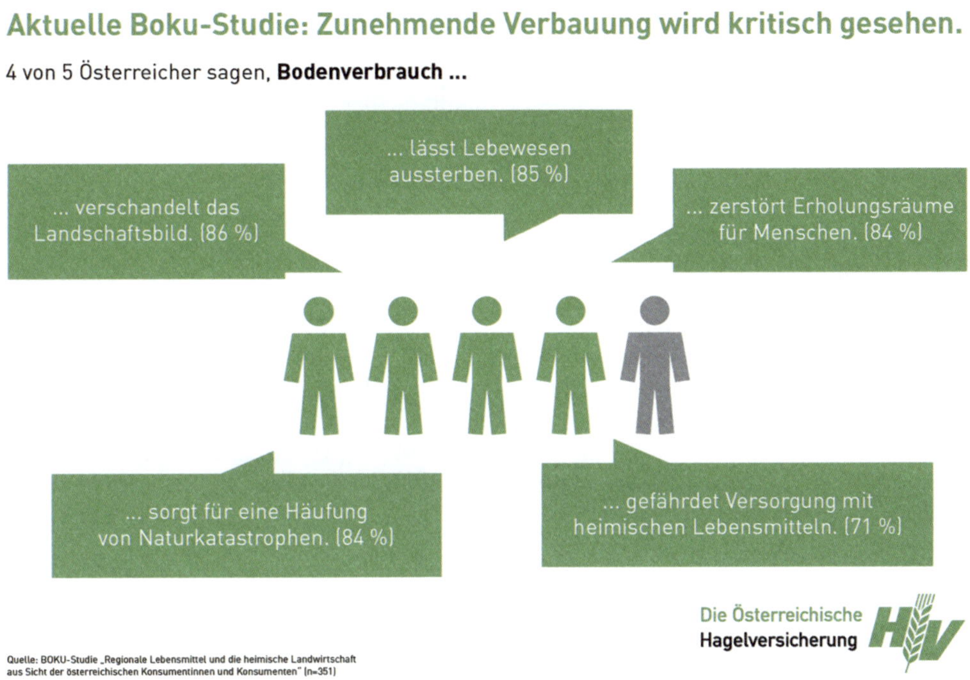

Abb IV.8: Verbauung wird kritisch gesehen [Universität für Bodenkultur, Regionale Lebensmittel und die heimische Landwirtschaft, Maßnahmenbündel für weniger Bodenverbrauch, 58 ff]

Im aktuellen Regierungsprogramm und im Masterplan für den ländlichen Raum wurde die Beschränkung des Bodenverbrauchs auf 2,5 Hektar pro Tag festgelegt. Um diesen Zielwert zu erreichen und den rasanten Bodenverbrauch einzudämmen, muss ein Bündel an Maßnahmen umgesetzt werden.

4.1. Leerstand nützen, Boden schützen

Für die Revitalisierung der leerstehenden Industrie-, Gewerbe- und Wohnimmobilien braucht es monetäre Anreizsysteme. Denn Fakt ist, dass es bisher günstiger ist, neu zu

12 *Universität für Bodenkultur,* Regionale Lebensmittel und die heimische Landwirtschaft, Bodenverbrauch aus Sicht der Österreicherinnen und Österreicher (2020) 58 ff.

bauen, als in Altsubstanzen zu investieren. Sind die Standortbedingungen für eine Revitalisierung von Brachflächen ungünstig, müssen Anreize gesetzt werden, um die Wiedernutzung zu forcieren. Eine Möglichkeit wären Förderprogramme, welche die Attraktivität der Wiedernutzung von Brachflächen steigern und Kostennachteile (zB Sanierung, Abbruchkosten) ausgleichen. Um die tatsächlichen Potentiale für eine Revitalisierungsoffensive zu erkennen, bedarf es einer Einrichtung einer österreichweiten Leerstands- und Flächenmanagement-Datenbank. Gemeinden können damit unterstützt werden, Baulücken und Leerstände in den Ortskernen zu erfassen und diese sinnvoll zu nutzen. Potential für die Revitalisierung von leerstehenden Gebäuden gibt es genug. In Österreich haben wir einen Leerstand in der Größenordnung der Stadt Wien, was einer Summe von mehr als 40.000 Hektar an leerstehenden Immobilien entspricht. Dennoch werden ständig neue riesige Industriehallen und Gebäude, meist ohne vorhandene Infrastruktur (Kanalisation, Straßen), sowohl in Städten, aber auch auf dem Land errichtet.

4.2. Innenentwicklung vor Außenentwicklung

Baulandausweisungen soll es nur noch dann geben, wenn die betreffende Gemeinde nachweisen kann, dass keine angemessenen Innenentwicklungspotentiale verfügbar sind. Um die Innenentwicklung in bereits verbautem Gebiet in Orten gezielt voranzutreiben und den Druck auf die Baulandumwidmung von Grün- und Ackerland am Ortsrand zu senken, soll in allen Gesetzen und Plänen der Raumordnung die Innenentwicklung gegenüber der Außenentwicklung den Vorrang erhalten. Als Vorbild dafür dient das deutsche Baugesetzbuch. Darin wurde festgelegt, dass die Beanspruchung von Flächen und die Versiegelung von Böden insb durch die Nutzung von Innenentwicklungspotentialen begrenzt werden soll. Ortskerne stehen oft leer, während an den Stadträndern wertvolle Äcker und Wiesen verbaut werden. Eine österreichweite Leerstands- und Flächenmanagement-Datenbank könnte die Gemeinden bei einer strukturierten Raumplanung unterstützen. Eine verstärkte Innenentwicklung würde auch dafür sorgen, dass nicht nur wertvoller Boden geschützt wird, sondern auch die Zersiedelung des Landes, die zu einer Verschandelung des Landschaftsbilds führt, gestoppt wird.

4.3. Schutz wertvoller Flächen

Eine weitere Maßnahme zur Erreichung des festgelegten 2,5-Hektar-Ziels ist die Festlegung von Obergrenzen für die Flächeninanspruchnahme und der Schutz besonders wertvoller landwirtschaftlicher Agrarflächen (landwirtschaftliche Vorrangflächen).

Im Zuge der Studie „Bodenbedarf für die Ernährungssicherung in Österreich“[13] wurden auf Grundlage der „regionalen Bodenklimazahl“ wertvollste Flächen für die landwirtschaftliche Produktion ermittelt. Es zeigt sich, dass im Vergleich der wertvollen landwirtschaftlichen Produktionsflächen mit den übrigen Flächen, die produktiven Ackerböden gleichzeitig resilienter gegenüber Klimaveränderungen sind. Der Schutz dieser Flächen ist daher für die Erhaltung der Produktivität der österreichischen Landwirtschaft von besonderer Bedeutung. Dennoch erfüllen auch weniger produktive Böden

13 *AGES*, BEAT – Bodenbedarf für die Ernährungssicherung in Österreich (Juli 2018).

wichtige Funktionen, die für das gesamte Ökosystem und den Menschen von großer Bedeutung sind.

Der Bodenverbrauch aber wächst schneller als Österreichs Bevölkerung. Gleichzeitig braucht jeder Österreicher mittlerweile 3.000 m^2 Ackerfläche, um den Lebensmittelbedarf abzudecken. Hinsichtlich der Sicherung der für die landwirtschaftliche Nutzung geeigneten Böden bedarf es einer Änderung des Bundesverfassungsgesetzes für Nachhaltigkeit. Durch diese Gesetzesänderung würde auch den nachfolgenden Generationen eine Lebensgrundlage ermöglicht und eine nachhaltige Landwirtschaft in Österreich gesichert.

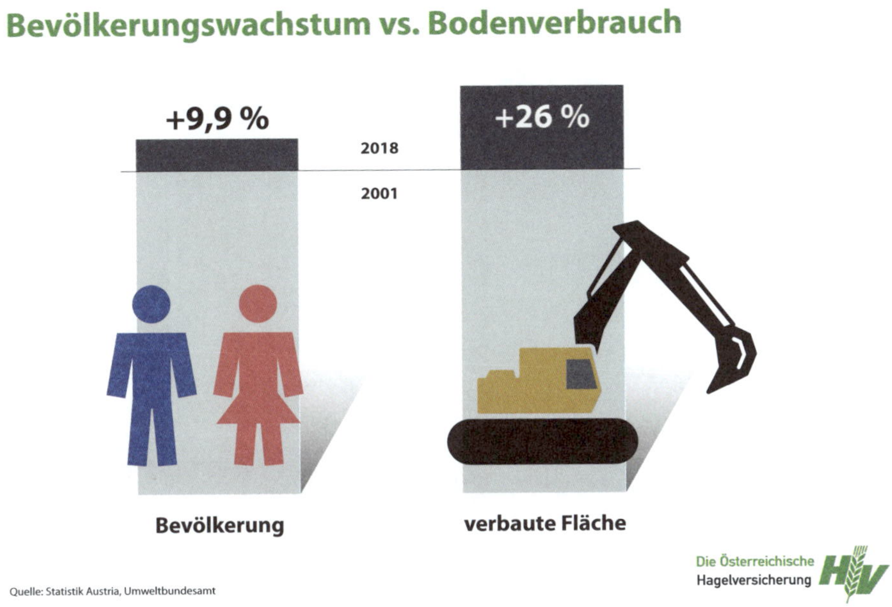

Abb IV.9: Bevölkerungswachstum vs Bodenverbrauch [Statistik Austria, Umweltbundesamt]

4.4. Vermehrt in die Höhe bzw in die Tiefe bauen

Zu den Maßnahmen, den rasanten Bodenverbrauch einzudämmen, gehört auch das vermehrte Bauen in die Höhe beziehungsweise in die Tiefe. Dadurch können Flächen effektiver genutzt werden. Denn mit jedem Supermarkt, jedem Einkaufzentrum und jeder Industriehalle, die gebaut wird, wird meist ein neuer Parkplatz errichtet. Dadurch gehen weitere wertvolle Flächen verloren. Ein vermehrtes Bauen in die Höhe bzw in die Tiefe nähme weniger Fläche in Anspruch und würde verhindern, dass das Landschaftsbild noch mehr verschandelt wird.

4.5. Ausbau des öffentlichen Verkehrs

Ein weiterer Lösungsansatz zum Stopp der Zubetonierung unseres Landes ist der Ausbau des öffentlichen Verkehrs. Österreich hat europaweit das dichteste Straßennetz pro Kopf und das, obwohl unsere Bahnstrecken einen sehr flächeneffizienten Verkehr ermöglichen. Bei gleicher Transportleistung braucht die Schiene im Vergleich zur Straße nur ein Drittel bis ein Sechstel der Fläche. Während man für eine zweigleisige elektrifizierte Hochleistungsbahnstrecke mit einer Breite von maximal 14 m auskommt, benötigt eine Autobahn mit derselben Kapazität drei Fahrspuren je Richtung und rund 37 m Breite. Ein weiteres Bekenntnis zum öffentlichen Verkehr wären Steuererleichterungen für die Nutzung von öffentlichen Verkehrsmitteln. Das nimmt nicht nur weniger Flächen in Anspruch, sondern schont auch unser Klima!

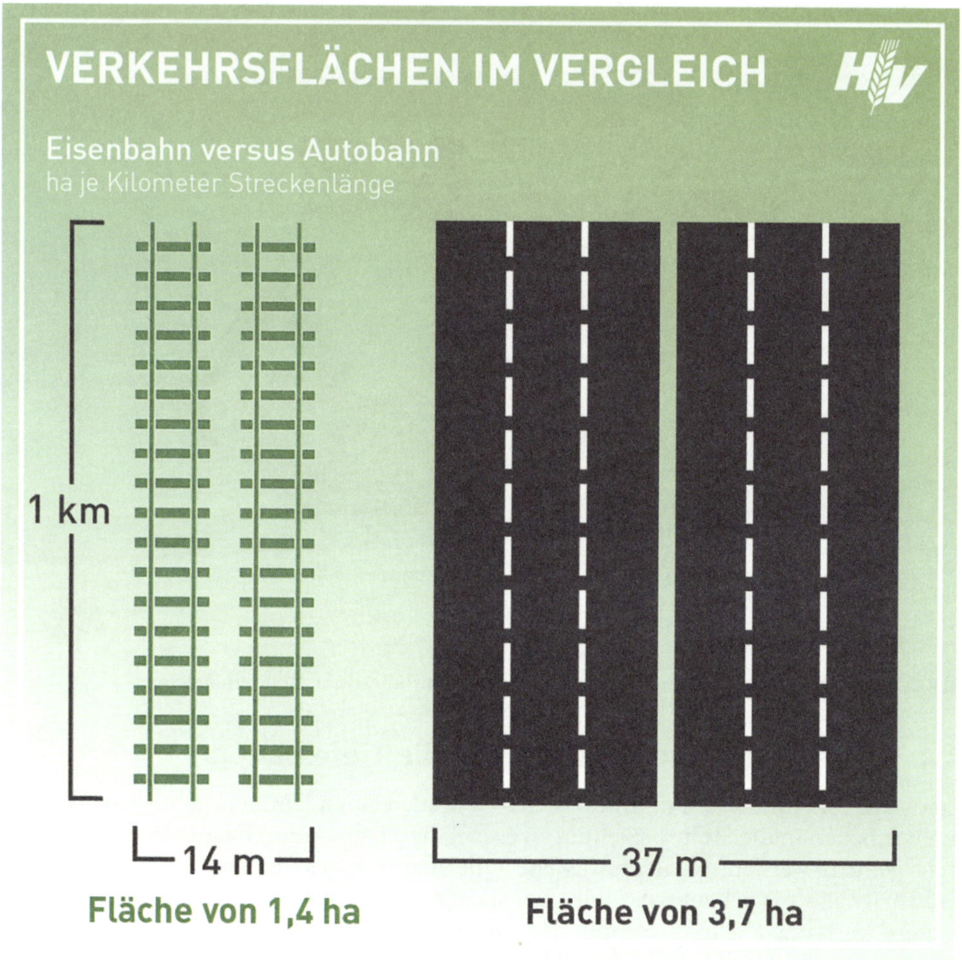

Abb IV.10: Verkehrsflächen im Vergleich [ÖHV]

4.6. Interkommunaler Finanzausgleich

Kommunalsteuer als Gemeindesteuer steuert falsch. Österreichs Bürgermeister sind in einem permanenten Interessenkonflikt. Im Moment verdienen Gemeinden mit hoher Flächenverbauung durch die Kommunalsteuer deutlich mehr Geld als jene, die unsere

Umwelt schonen und weniger Boden verbrauchen. Gemeinden mit hoher Flächenverbauung haben in der Regel auch mehr Gewerbebetriebe. Hier muss es einen Ausgleich geben und die Kommunalsteuer sollte in eine Bundessteuer umgewandelt werden, die auf die entsprechenden Gemeinden verteilt werden kann.

4.7. Obergrenzen zur Flächeninanspruchnahme in Gesetzen festschreiben

Die Verfügbarkeit von („billigem") Bauland und ein Überangebot an Neuerschließungen gelten als Hemmfaktor für Brachflächenrecycling. Die Wiedernutzung von Brachflächen bzw Gebäudeleerständen gewinnt an Attraktivität, wenn Bauaktivitäten auf nicht erschlossenen Standorten beschränkt werden. Während in den Raumordnungsgesetzen Österreichs die sparsame Verwendung des Bodens angestrebt wird, fehlen quantitative Zielwerte. Für die Inanspruchnahme von Flächen müssen diese Zielwerte in den Raumordnungs- und Raumplanungsgesetzen der Länder festgehalten werden.

5. Ein Blick nach Deutschland

Wie die Regulierung des Bodenverbrauchs funktionieren kann, zeigt ein Blick nach Deutschland. Besonders bei den Vorgaben zur Innenentwicklung dient Deutschland als Vorbild. So ist im deutschen Baugesetzbuch festgelegt, dass die Beanspruchung von Flächen und die Versiegelung von Böden insb durch die Nutzung von Innenentwicklungspotentialen begrenzt werden sollen. Durch Systeme zur aktuellen Information über Flächen kann das ermöglicht werden. In Deutschland zeigen zahlreiche Beispiele, dass diese Instrumente zur Erhebung von Brachflächen, Leerständen und Baulücken praxistauglich sind. Eine weitere Maßnahme, um die Bodenverbauung nachhaltig zu kontrollieren, ist der Handel mit Flächenzertifikaten,[14] deren Anzahl genau festgelegt ist. Dieses Modell wird durch unsere deutschen Nachbarn bereits erfolgreich angewendet.

6. Bodenverbrauchskampagne der Österreichischen Hagelversicherung

Bereits seit zehn Jahren macht die Österreichische Hagelversicherung auf den sorglosen Umgang mit Grund und Boden aufmerksam. Im Jahr 2017 machte das Unternehmen mit der Kampagne „Bodenlos macht arbeitslos, brotlos …" über City Lights, Print-, Online- und Social-Media-Maßnahmen schwerpunktmäßig auf den rasanten Bodenverbrauch in Österreich aufmerksam. Die Österreicher hatten auch die Möglichkeit, die Kampagne mit ihrer Unterschrift zu unterstützen und sich für den Erhalt unserer Böden einzusetzen. In Summe wurden mehr als 20.000 Unterschriften erreicht, darunter auch zahlreiche prominente Unterstützer aus Wirtschaft, Wissenschaft, Kirche und Kultur (ua *Tobias Moretti*, *Franz Welser-Möst*, *Markus Hengstschläger*, *Christa Kummer*). Stell-

14 *Umweltbundesamt*, Handel mit Flächenzertifikaten, https://www.umweltbundesamt.de/themen/boden-landwirtschaft/flaechensparen-boeden-landschaften-erhalten/handel-flaechenzertifikaten#modellprojekt-handel-mit-flachenzertifikaten (30.9.2020).

vertretend für diese über 20.000 Stimmen verfasste die Österreichische Hagelversicherung einen offenen Brief an die politisch Verantwortlichen.

- **Bodenlos macht brotlos:** Mit immer weniger Böden gefährden wir die Versorgung Österreichs mit heimischen, regionalen Lebensmitteln.
- **Bodenlos macht heimatlos:** Mit immer weniger Böden gefährden wir die Schönheit Österreichs durch Zersiedelung und werden unattraktiv für Touristen.
- **Bodenlos macht schutzlos:** Mit immer weniger Böden nehmen die Schäden durch Überschwemmung und Dürre zu, da asphaltierter und verbauter Boden kein Wasser aufnehmen kann.
- **Bodenlos macht zukunftslos:** Wenn wir so weitermachen wie bisher, stehen in Österreich in 200 Jahren keine Agrarflächen mehr zur Verfügung.

Abb IV.11: Bodenverbrauchskampagne der Österreichischen Hagelversicherung, 2017 [ÖHV]

Prominente Stimmen

Tobias Moretti,[15] Schauspieler und Jahrhundert-Jedermann, sieht durch den Bodenverbrauch va die Versorgung Österreichs mit regionalen Lebensmitteln gefährdet:

> Wir legen unsere Lebensmittelversorgung in Schutt und Asche und sägen damit am eigenen Ast. Besonders in Krisenzeiten legen die Österreicher zunehmend mehr Augenmerk auf den Konsum regionaler Lebensmittel. Wir jedoch machen uns durch den hohen Bodenverbrauch in Österreich immer mehr von ausländischen Lieferanten abhängig. Ganz abgesehen vom Wahnsinn, ständig unsere Grün- und Ackerflächen in Bau- und Industrieland umzuwidmen. Es gibt ja kein Zurück mehr! Braucht wirklich jedes Dorf sein eigenes Industrie- und Shoppingcenter? In und um Innsbruck gibt es mittlerweile vier bis fünf große Einkaufszentren, in einem Gebiet, das vielleicht 15 Kilometer umfasst. Man braucht nie mehr von Kultur zu reden, wenn man die Kultur des eigenen Lebens und Lebensraumes vernichtet.

15 *Moretti*, Allianz „Stoppt Bodenvernichtung" kämpft gegen das Zubetonieren unseres Landes, https://www.hagel.at/presseaussendungen/online-teilnahme-pressegespraech/ (30.9.2020).

Franz Welser-Möst,[16] Stardirigent, sieht in der Zerstörung unserer Böden durch Verbauung und der damit einhergehenden Verschandelung unserer Landschaft eine Gefährdung der Identität Österreichs:

> Die Kultur Österreichs – die Musik, die Salzburger Festspiele aber auch die wunderschöne Landschaft – wird in der ganzen Welt geschätzt und geliebt. Sie ist ein Teil Österreichs und somit ein Teil jeder Österreicherin und jedes Österreichers. Mit jedem Quadratmeter Boden, den wir unter Beton vergraben, stirbt auch ein Teil dieser Identität. Doch wir alle brauchen den Boden. Einerseits für unser tägliches Brot, andererseits für unsere Seele. Er ist ein Auffangbecken, nicht nur für Wasser, Pflanzen und Tiere. Der Boden nährt mit seiner grünen Natur auch unsere Seele.

Studien zeigen, dass Kinder, die in einer ungünstigen Umgebung iSv verbauter und zubetonierter Fläche aufwachsen, im späteren Leben auch vermehrt zu Aggressionen neigen. Deswegen sollten die Böden in Zukunft nicht nur nach ihrem Quadratmeterpreis oder ihrer Flächenwidmung beurteilt werden, sondern va nach ihrer Bedeutung für das Ökosystem und unser seelisches Wohlbefinden.

7. Die Lehren aus der Corona-Krise – Wirtschaftspolitik neu denken

Das Virus macht wie CO_2 nicht an den nationalen Grenzen halt. Wir erfahren gezwungenermaßen, auf wie viele Großveranstaltungen, Kreuzfahrten, Flugreisen, Pkw-Fahrten wir verzichten können. Bei einem Flugpreis von 38 € nach London und retour stimmt etwas im System nicht. Eine Besteuerung von Kerosin und die Beseitigung des Wettbewerbsnachteils der Schiene gegenüber der Straße sind unerlässlich.

Die Corona-Krise hat vielerorts zu leeren Regalen in den Supermärkten geführt. Es ist nicht selbstverständlich, Lebensmittel überall und sofort zu bekommen. Ohne unsere Landwirtschaft hätten wir alle nichts zu essen. Zunehmende Wetterextreme wie Frost, Hagel, Dürre, Überschwemmung und zusätzlich schwindende Agrarflächen durch Verbauung gefährden jedoch immer mehr die Ernährungssouveränität. Wir müssen selbst die Voraussetzungen für eine Ernährung der Bevölkerung im Krisenfall schaffen. Daher gilt es, weiterhin für den Erhalt der Böden als systemrelevante Infrastruktur zu kämpfen. Ein Land ohne Landwirtschaft ist, wie bereits erwähnt, wie ein Mensch ohne Haut – nicht überlebensfähig.

Wir brauchen eine neue, nachhaltigere Wirtschaftspolitik, in der auch die Kennzahl Naturkapital den Stellenwert erhält, den sie verdient. Andernfalls werden uns unsere Enkel und Urenkel später fragen: Warum habt ihr uns damals unsere Zukunft verbaut? Wir dürfen nicht zulassen, dass es in naher Zukunft in der Bundeshymne heißt: Österreich ein Land ohne Äcker – zukunftslos. Es liegt an uns!

16 *Welser-Möst*, Allianz „Stoppt Bodenvernichtung" kämpft gegen das Zubetonieren unseres Landes, https://www.hagel.at/presseaussendungen/online-teilnahme-pressegespraech/ (30.9.2020).

V. Immobilienbestand in Österreich – das materielle Potential eines Staats

Anna-Vera Deinhammer

1. Unser Lebensraum im 21. Jahrhundert

Seit Sesshaftwerdung der Menschheit bilden Immobilien den Rahmen für den menschlichen Lebensraum. Der Grad der Sesshaftigkeit wurde schon immer von der Verfügbarkeit von lebensnotwendigen Ressourcen an Ort und Stelle bestimmt. Wie wir an den gesellschaftlichen Diskussionen der letzten Jahrzehnte ablesen können, ist die aktuelle und zukünftige Verfügbarkeit von Ressourcen für ein gutes Leben das Thema, das die nachfolgenden Generationen weiterhin beschäftigen wird.

1.1. Zur Generationengerechtigkeit – der Brundtland-Report

„Weiterhin" deshalb, weil bereits 1987 die Weltkommission für Umwelt und Entwicklung der Vereinten Nationen einen Bericht mit dem Titel „Our Common Future" veröffentlichte, landläufig bekannt unter dem Namen Brundtland-Report. Die damalige norwegische Ministerpräsidentin *Gro Harlem Brundtland* hatte zur dieser Zeit den Vorsitz der Kommission inne, daher ging sie als Namensgeberin dieses ersten wichtigen Dokuments hinsichtlich Generationengerechtigkeit in die Geschichte ein.

Der Bericht veränderte nachhaltig den Diskurs über Entwicklungs- und Umweltpolitik, weil die Aspekte Umweltverschmutzung, Schuldenkrisen, demografische Entwicklung und Veränderung des natürlichen Lebensraums (zB Zersiedelung) integrativ behandelt wurden. Der Brundtland-Report markiert den Zeitpunkt, an dem erstmals die globale Staatengemeinschaft festhielt, dass sich der Konsum bzw Verbrauch von Rohstoffen und Gütern nicht über die planetaren Grenzen hinaus steigern ließe. Selbstverständlich kann man vortrefflich über die damals getroffene Annahme streiten, ob die Menschheit gemessen an den bisherigen Aktivitäten tatsächlich zu einer nachhaltigen Entwicklung fähig sei. Nichtsdestotrotz bilden zwei relevante Aspekte hinsichtlich der heutigen Siedlungsentwicklung und des zeitgenössischen Bauschaffens die thematischen und moralischen Grundlagen für unser heutiges Handeln.

Begriffsdefinitionen und Forderungen im Brundtland-Report

Definition „Generationengerechtigkeit", „intergenerative ökologische Gerechtigkeit"

Es wurden ua neue Ansätze für Umwelt und Entwicklung definiert. Die für diesen Artikel relevanten Paragrafen sind in den folgenden Absätzen auf Deutsch zusammengefasst nachzulesen:

- *„[...] § 49. Nachhaltige Entwicklung versucht, den Bedürfnissen und Bestrebungen der Gegenwart gerecht zu werden, ohne die Fähigkeit zu gefährden, denen der Zukunft gerecht zu werden. Weit davon entfernt, die Einstellung des Wirtschaftswachstums zu verlangen, erkennt sie an, dass die Probleme der Armut und Unterentwicklung nicht gelöst werden können, wenn wir nicht eine neue Ära des Wachstums einläuten [...].*
- *§ 50. Wirtschaftswachstum birgt immer das Risiko von Umweltschäden, da es den Druck auf die Umweltressourcen erhöht. Aber politische Entscheidungsträger, die sich vom Konzept der*

nachhaltigen Entwicklung leiten lassen, werden sich notwendigerweise dafür einsetzen, dass die wachsenden Volkswirtschaften fest an ihre ökologischen Wurzeln gebunden bleiben und dass diese Wurzeln geschützt und gepflegt werden, damit sie das Wachstum langfristig unterstützen können. Der Umweltschutz ist somit dem Konzept der nachhaltigen Entwicklung inhärent, ebenso wie die Konzentration auf die Ursachen von Umweltproblemen und nicht die Symptome.

- *§ 51. Es wird kein einheitlicher Entwurf für Nachhaltigkeit zu finden sein, da die wirtschaftlichen und sozialen Systeme und ökologischen Bedingungen in den einzelnen Ländern sehr unterschiedlich sind. Jede Nation wird ihre eigenen konkreten politischen Implikationen ausarbeiten müssen. Doch ungeachtet dieser Unterschiede sollte die nachhaltige Entwicklung als ein globales Ziel betrachtet werden.*
- *§ 52. Kein Land kann sich isoliert von anderen entwickeln. Daher erfordert das Streben nach nachhaltiger Entwicklung eine Neuorientierung in den internationalen Beziehungen. Langfristig nachhaltiges Wachstum erfordert weitreichende Veränderungen, um Handels-, Kapital- und Technologieströme zu erzeugen, die gerechter und besser auf die Erfordernisse der Umwelt abgestimmt sind. […]“*

Auf diesem Themenaufriss baut die Definition von generationenübergreifender, nachhaltiger Entwicklung auf:

„Nachhaltige Entwicklung ist eine Entwicklung, die die Bedürfnisse der Gegenwart befriedigt, ohne die Möglichkeiten künftiger Generationen zu gefährden, ihre eigenen Bedürfnisse zu erfüllen. Sie enthält darin zwei Schlüsselbegriffe:

- *das Konzept der ‚Bedürfnisse‘, insbesondere der grundlegenden Bedürfnisse der Armen der Welt, denen oberste Priorität eingeräumt werden sollte; und*
- *die Idee von ‚Grenzen‘, die der Fähigkeit der Umwelt, gegenwärtige und zukünftige Bedürfnisse zu befriedigen, durch den Stand der Technik und der gesellschaftlichen Organisation auferlegt werden. […]“*

Forderung nach ganzheitlicher Verhaltensänderung

„Im Wesentlichen ist nachhaltige Entwicklung ein Prozess des Wandels, bei dem die Ausbeutung von Ressourcen, die Steuerung der Investitionen, die Ausrichtung der technologischen Entwicklung und der institutionelle Wandel miteinander in Einklang stehen und sowohl das gegenwärtige als auch das künftige Potenzial zur Erfüllung der menschlichen Bedürfnisse und Bestrebungen stärken.“

1.2. Das Triumvirat unseres Lebensraums

Machen wir an dieser Stelle einen Sprung in das Jahr 2015, als die große Klimakonferenz in Paris stattfand. Die Industrie- und Schwellenländer erkannten nicht nur erstmals den Klimawandel an, sie beschlossen darüber hinaus, ihn nach Kräften zu begrenzen. Das Ziel kann nicht oft genug wiederholt werden, wollen wir den Anstieg der Erderwärmung immerhin auf 1,5–2 °C begrenzen. Darauf sind sämtliche danach formulierten Strategien der Staatengemeinschaft mit ihren dazugehörigen Aktionsplänen und Governance-Empfehlungen ausgerichtet.

Die Unterzeichnung des Pariser Abkommens fand während der Europäischen Kommissionspräsidentschaft von *Jean-Claude Juncker* statt. In dieser Periode bekannte sich die Europäische Union bereits zur Dekarbonisierung und Kreislauffähigkeit der Europäischen Wirtschaft. Darauf aufbauend und maximal verstärkt hat *Ursula von der Leyen* als *Junckers* Nachfolgerin den eingeschlagenen Weg mit ihrer Vorgabe, Europa zum ersten klimaneutralen Kontinent zu entwickeln. Zu diesem Zwecke wurde 2020 der Europäische

Grüne Deal formuliert, der mehrere Zielgebiete, die Immobilien- und Bauwirtschaft in Österreich betreffend, adressiert:

- Energie- und ressourcenschonendes Bauen und Renovieren
- Mobilisierung der Industrie für eine saubere und kreislauforientierte Wirtschaft
- Versorgung mit sauberer, erschwinglicher und sicherer Energie
- Ökosysteme und Biodiversität erhalten und wiederherstellen
- Raschere Umstellung auf eine nachhaltige und intelligente Mobilität

Von der Leyens Europäischer Grüner Deal

„Der europäische Grüne Deal ist unsere neue Wachstumsstrategie. Er wird es uns ermöglichen, die Emissionen zu senken und gleichzeitig Arbeitsplätze zu schaffen“.[1]

Klimawandel und Umweltzerstörung stellen existentielle Bedrohungen für Europa dar. Daraus ergibt sich eine Wachstumsstrategie, die den Übergang zu einer modernen, ressourceneffizienten und wettbewerbsfähigen Wirtschaft ermöglichen soll. Drei Ziele wurden formuliert:

- Klimaneutralität: Bis 2050 werden keine Netto-Treibhausgasemissionen mehr freigesetzt.
- Abkoppeln des Wirtschaftswachstums von der Ressourcennutzung.
- Kein Mensch und keine Region werden bei diesem Übergang im Stich gelassen.

Alle Wirtschaftssektoren müssen einen aktiven Beitrag leisten indem sie

- in neue, umweltfreundliche Technologien investieren,
- die Industrie bei Innovationen unterstützen,
- umweltfreundlichere, kostengünstigere und gesündere Formen des privaten und öffentlichen Verkehrs einführen,
- den Energiesektor dekarbonisieren,
- die Energieeffizienz von Gebäuden erhöhen (unter Beachtung grauer als auch aktiver Energie),
- die Zusammenarbeit mit internationalen Partnern hinsichtlich verbesserter globaler Umweltnormen fördern.

Im Wesentlichen müssen wir drei Komponenten gleichberechtigt in unsere Überlegungen als auch unser Tun integrieren. In Wien wurde diesbezüglich von der Autorin der Begriff des „*Triumvirats unseres Lebensraums im 21. Jahrhundert*“ geprägt.

Das Triumvirat vereint Klimaschutz, Klimawandelanpassung und Ressourcenschonung in einem Bündnis für ein zukunftsfähiges Habitat im ländlichen Bereich und in der Stadt. Ziel sollte die geringstmögliche Produktion von Zielkonflikten sein – nach dem Motto *„striving to be more good, not less bad“*.[2]

Zum Zusammenspiel von Klimaschutz, Klimawandelanpassung, Ressourcenschonung

Die globale Erderwärmung ist eine Folge fehlenden und gleichzeitig zu spät realisierten Klimaschutzes. Derzeit beginnen wir als Individuen den Klimawandel zu spüren. Wenn wir mit offenen Augen durch die Welt gehen, können wir selbstständig die Auswirkungen entdecken, vor denen die Wissenschaft seit vielen Jahren warnt. Es besteht mittlerweile kein Zweifel mehr daran, dass die Reduktion der Treibhausgasemissionen auf null das übergeordnete Ziel sein muss, wenn wir unseren Lebensraum erhalten wollen.

1 Vgl Rede von Kommunikationspräsidentin *Ursula von der Leyen* vor dem Europäischen Parlament am 11.12.2019.

2 Vgl *Braungart* (2013) Kap 1.2., Abs 30.

Parallel dazu müssen wir uns auf die noch kommenden Veränderungen einstellen. Einerseits bleibt uns nichts anderes übrig, als zunächst auf aktuelle Herausforderungen zu *reagieren* – man erinnere sich an das Jahrhundert-Hochwasser von 2002 –, andererseits möchten wir unseren Lebensraum resilient gestalten. Das bedeutet, dass wir uns die Möglichkeit erschaffen, aufgrund zukünftiger Klimaereignisse – zB Starkregen, längere Hitzeperioden, urbane Hitzeinseln – zu *agieren*. Das ist das Feld der Klimawandelanpassung, quasi das Themengebiet, das im Sinne der im zitierten Brundtland-Report erstmals festgeschriebenen Generationengerechtigkeit evident wurde.

Der Imperativ zur Ressourcenschonung entstand aus einer anderen Erkenntnis. Die Industriestaaten kamen ua aufgrund der weltweiten Ausbeutung natürlicher Ressourcen zu ihrem Wohlstand. Erfreulicherweise verbessert sich der Lebensstandard global, was zu immer größerem Ressourcenverbrauch führt, den die Erde nicht mehr alleine aus Primärressourcen decken kann.

Daher müssen va wir Industriestaaten unseren materiellen Fußabdruck radikal minimieren und gleichzeitig die bereits regional verwendeten Ressourcen im Kreislauf halten, anstatt immer neue Primärressourcen zu verbrauchen.

Hinsichtlich des Klimaschutzes gibt es bereits große Fortschritte, was Methoden und Maßnahmen am Immobiliensektor angeht. Natürlich ist der Autorin der Status der österreichischen Treibhausgas-Emissionen bewusst, gegenüber dem Jahr 2016 stiegen diese 2017 um 3,3 %.[3] Die Gründe dafür liegen im vermehrten fossilen Treibstoffeinsatz im Straßenverkehr sowie der erhöhten Stromerzeugung aus Erdgas und der höheren Stahlproduktion. Der Sektor Gebäude trug durch den vermehrten Einsatz von Heizöl und Erdgas zum Anstieg bei.[4] Dennoch sollte hervorgehoben werden, dass den stärksten Anstieg seit 1990 die Sektoren Verkehr, Energie und Industrie verzeichnen. Die Emissionen der Sektoren Gebäude, Abfallwirtschaft und Landwirtschaft sind insgesamt seit 1990 gesunken.[5]

Das spiegelt sich va im gesellschaftlichen Bewusstsein wider. Denken wir an die Selbstverständlichkeit, mit der mittlerweile Null- oder sogar Plus-Energie-Häuser nachgefragt werden. Erneuerbare Energien gelten inzwischen als das Sinnbild für modernes, innovatives Handeln. Die Fragen, wie viel Energie das Gebäude selbst erzeugt und welche Menge an Energie in das Netz eingespeist wird, sind längst keine akademischen mehr. Es ist höchst erbaulich, wenn ehemalige Bauherrenschaften der Autorin voller Freude von ihrer erneuerbaren energetischen Jahresausbeute berichten. Einen nicht zu unterschätzender Wandel im zivilgesellschaftlichen Diskurs diskutierte kürzlich die Akademia,[6] nämlich den Umstand, dass man Treibhausgase weder riechen noch sehen kann.

Auch die Klimawandelanpassung fand Eingang in das allgemeine Bewusstsein. 2016 gab das damalige Bundesministerium für Land- und Forstwirtschaft, Umwelt und Wasserwirtschaft den Leitfaden „Klimaschutz in Gemeinden“ heraus, in dem das Kapitel „Klima-

3 Vgl *Zechmeister* (2019) 56.
4 Vgl ebenda.
5 Vgl ebenda 58.
6 Vgl *Umweltbundesamt Deutschland* (2020).

wandelanpassung“ Platz fand. Demzufolge wurden 14 Aktivitätsfelder mit Handlungsempfehlungen identifiziert. Bauen und Wohnen, Stadt und urbane Freiräume, Raumordnung, soziale Aspekte und Energie betreffen den Immobilienbestand in Österreich.[7]

Ressourcenschonung bei Immobilien ist noch nicht so weit in das kollektive Bewusstsein eingedrungen. Es ist noch zu wenig konkretes, praktisches Wissen über das Werkzeug für nachhaltiges Bauen und die Kreislaufwirtschaft im Bauwesen in der Breite der Bauschaffenden vorhanden. Bis dato sind Gebäude eher Materialverbraucher als Materiallager und so werden sie auch gebaut. Wird nicht bereits in der Planung einer Sanierung oder eines Neubaus auf kreislauffähige Verwendung von Materialien und Bauprodukten geachtet, kann dies nicht nachgeholt werden. Ein Umrüsten bezüglich verbesserter Ressourceneffizienz ist nicht durchführbar. Ein klarer Nachteil gegenüber der Entkarbonisierung zB mittels Nachrüstens von Photovoltaik-Anlagen auf dem Dach und der Klimawandelanpassung, was bspw mithilfe von Gebäudebegrünungen oder außen liegendem Sonnenschutz bewerkstelligt werden kann.

Kreislaufwirtschaft im Bauwesen

Kreislaufwirtschaft ist ein Modell des Wirtschaftens, bei dem Ressourcen, zB Boden, Materialien, Produkte, so lange wie möglich geteilt, geleast, wiederverwendet, repariert, aufgearbeitet und recycelt werden. Oberstes Ziel ist eine eklatante Nutzungsverlängerung eingesetzter Ressourcen als Erzeugnisse, Produkte, oder Ähnliches, so wie sie sind.

Mittel dazu sind die Verlängerung des Lebenszyklus und die damit in Verbindung stehende Abfallreduktion auf ein absolutes Minimum. Für die Immobilienbranche heißt das Rückbau vor Abriss, Umnutzung bzw Sanierung vor Rückbau, Nutzung von bereits aufgeschlossenen Grundstücken vor Neuerschließung, Wiederverwendung vor Recycling und Einsatz von Sekundärmaterialien vor dem Verbrauch von Primärmaterialien.

Die Europäische Kommission fordert ihre Mitgliedstaaten in ihrem Bericht über das Thema „Ressourceneffizienz: Wege zu einer Kreislaufwirtschaft“[8] bezüglich nachhaltiger Gebäude zur vollständigen Umsetzung der Grundsätze der Kreislaufwirtschaft in den Bereichen Flächennutzung, Stadtplanung, Architektur, Statik/Tragwerksentwicklung, Bau, Instandhaltung, Anpassungsfähigkeit, Energieeffizienz, Renovierung/Sanierung, Wiederverwendung, Recycling auf.

Das beinhaltet auch die Indikatoren-Erstellung, mit der die Nachhaltigkeit von Gebäuden über den gesamten Lebenszyklus hinweg auf der Grundlage bereits bestehender Normen hinsichtlich ökologischer, ökonomischer und sozialer Bautätigkeit bewertbar ist.

Weiters wird in der Erstellung von materiellen Gebäudepässen ein großer Treiber für mehr Transparenz und Information für Instandhaltung, Reparatur, Renovierung und Wiederverwendung/Recycling erkannt. Der Bereich Renovierung findet in diesem Bericht besondere Beachtung, weil 90 % des im Jahr 2050 vorhandenen Gebäudebestands heute bereits gebaut sind.

Fünf Schlüsselkonzepte tragen zur Ressourceneffizienz bei und befördern gleichzeitig den Übergang weg von der aktuellen linearen Wirtschaft hin zur Kreislaufwirtschaft:

- **Kaskadennutzung von Ressourcen:** Nutzung von Rohstoffen in aufeinanderfolgenden Schritten. Mehrfache Verwertung eines Endprodukts, das durch die Umwandlung eines Rohstoffs entstand, entspricht einer mehrstufigen Kaskadennutzung.
- **Abfallhierarchie**: Bestehend aus fünf Stufen (Vermeidung, Vorbereitung zur Wiederverwertung, Recycling [stofflich], sonstige Verwertung, Beseitigung) trägt sie sowohl zur quantitativen als auch qualitativen Abfallvermeidung bei. Quantitative Vermeidung bein-

7 Vgl *Höller* (2016) 6.
8 Vgl *Pietikäninen* (2014) 6.

haltet alle Maßnahmen zur vollständigen/teilweisen Vermeidung von Abfall. Qualitative Vermeidung beinhaltet alle Maßnahmen zur Verbesserung der Abfallqualität.

- **Erweiterte Herstellerverantwortung**: Das Abfallpaket der Europäischen Union definiert die Mindestanforderungen an die Systeme der erweiterten Herstellerverantwortung. Demnach sind (Bau-)Produktherstellende dafür verantwortlich, dass gebrauchte Produkte gesammelt, in Sammelzentren für Re-Use-Betriebe zur Verfügung gestellt, gegebenenfalls sortiert und aufbereitet werden. Dies geschieht in der Regel mittels finanziellen Beitrags auf Grundlage der Aufbereitungskosten.
- **Industriesymbiose**: Darunter wird die innovative Zusammenarbeit verstanden, die Wege findet, die Abfälle des einen als Rohstoff des anderen zu verwerten. Vorbild ist die Natur, in der es gang und gäbe ist, dass die eine Spezies Energie, Materialien und Information mit einer anderen in für beide Seiten nutzbringender Art austauscht. Ein solcher geschlossener Kreislauf wird als Katalysator für ökologische Prosperität anerkannt.
- **Neue Geschäftsmodelle**: Mieten, Leasen, Nutzen statt Kaufen und Besitzen als Werkzeug für die Abkopplung der Wertschöpfung vom Verbrauch endlicher Ressourcen.

Kreislauffähiges Bauen und Sanieren ist ganz klar eine Design-Frage, die auch bei der Betrachtung von Klimaschutz und Klimawandelanpassung nicht außer Acht gelassen werden darf. So setzen seit den 1990er-Jahren Projektentwickelnde, Bauherren und Planende für Energieverwendung und Energieeffizienz immer mehr Rohstoffe ein; bei gleichzeitig immer kürzerer Lebensdauer der Gebäude, so wie sie ursprünglich gebaut wurden.

Eine systematische Analyse von mehr als 640 Gebäuden zu Treibhausgasemissionen über den gesamten Lebenszyklus hinweg bestätigt diese Beobachtung. Die Lebenszyklus-Treibhausgasemissionen von Gebäuden sinken aufgrund der Verbesserungen der Energieeffizienz. In der Zwischenzeit stiegen die im Gebäude gebundenen Treibhausgasemissionen an und dominieren nun den Lebenszyklus. Das bedeutet, dass die im Vorfeld verursachten Treibhausgasemissionen ein nicht zu unterschätzender Faktor für die Bekämpfung des Klimawandels sind.[9] Für das Erreichen der Netto-null-Lebenszyklusziele und das Vermeiden von Lock-in-Effekten ist die Anerkennung des Triumvirats Klimaschutz, Klimawandelanpassung und Ressourcenschonung unvermeidlich.

Drei Sorten Energieverbrauch einer Immobilie

Die Fachwelt wird sich immer bewusster, dass jedes Gebäude bereits Energie enthält, bevor es überhaupt eine verbraucht – die *graue Energie*. Graue Energie setzt sich wiederum aus drei Komponenten zusammen. Die Herstellung der Bauprodukte benötigt Energie, danach wird Energie in die Bautätigkeit investiert und wir konsumieren Energie für Transport und Logistik sowie für Rückbau und Beseitigung.[10]

Wie groß der mit grauer Energie gefüllte Rucksack eines Gebäudes sein kann, illustrieren folgende Zahlenspiele:

Zunächst vergegenwärtigen wir uns, dass 11 % der globalen Treibhausgasemissionen der Herstellung von Bauprodukten zuzurechnen sind.[11] Aus diesen Bauprodukten fügen

9 Vgl *Röck* (2020) 1.
10 Vgl *Deinhammer* (2020) 21.
11 Vgl *Röck* (2020) 3.

wir einen Standard-Neubau zusammen und stellen die enthaltene Energie – also die graue Energie – dem Energieverbrauch während des Betriebs gegenüber. Das Verhältnis 1 : 1 ist durchschnittlich nach zehn Jahren erreicht. Betrachten wir einen verbesserten Neubau – etwa Null-Energie-Gebäude –, dann ist das Verhältnis 1 : 1 nach 35 Jahren erreicht. Die eklatante Verlängerung des Zeitraums kommt einerseits wegen des (beinahe) nicht vorhandenen Energieverbrauchs und andererseits wegen des teilweise höheren Energieeinsatzes bei der Herstellung „modernerer" Bauprodukte zustande.[12]

Ressourcenschonung als Imperativ

Wenn wir die Energiewende bis 2050 erreichen – das bedeutet, in Österreich wird genügend Energie aus erneuerbaren Quellen bereitgestellt, sodass keine fossilen Energieträger mehr verbrannt werden müssen –, haben wir lediglich einen Teil des Wegs hin zu einem nachhaltigen und damit generationengerechten Lebensraum geschafft.

In Österreich schlug 2012 der nicht metallische Mineralstoffverbrauch mit 107 Mio Tonnen zu Buche, das sind 57 % des gesamten inländischen Materialverbrauchs. Mit 84 %, bzw 90 Mio Tonnen besetzten Rohstoffe für das Bauwesen den mit Abstand größten Anteil. Seit 1960 stieg der Verbrauch von Baurohstoffen um mehr als 50 % auf 110 Mio Tonnen.[13]

Man erkennt, dass der Immobiliensektor einerseits für den großen Teil des Rohstoffverbrauchs verantwortlich ist, was angesichts der real existierenden planetaren Grenzen in Verbindung mit der aufgrund aktueller gesellschaftlicher Veränderungen angestiegenen Bautätigkeit beachtenswert ist. Andererseits hat der Immobilen- und Bausektor wegen des beschriebenen Faktums Zugang zum größten Teil des anthropogenen Lagers. Neben natürlichen Lagerstätten (Abbaugebiete für Primärressourcen) spricht man von anthropogenen (vom Menschen geschaffenen) Lagerstätten, die Sekundärressourcen beinhalten. Ein eindrucksvolles Bild bezüglich natürlicher Lagerstätten und Landschaftsverbrauch ist folgendes: Bei der fünften Konferenz zu „Final Sinks – Recycling and its effects on product quality and final sink necessity" im Dezember 2019 an der Technischen Universität Wien wurde ein Bild von einer Kupfermine in Afrika gezeigt. Der Umfang des Minentrichters war nach wenigen Jahren der Bewirtschaftung genauso groß wie jener der Wiener Ringstraße.

Lange Rede, kurzer Sinn: Selbst wenn wir 2050 keine Treibhausgase mehr durch Energieerzeugung ausstoßen, gehen uns die Primärmaterialien trotzdem sukzessive aus.

Wären wir in der Lage, dem anthropogenen Lager in geeigneten Phasen des Lebenszyklus eines Gebäudes Ressourcen in gleichwertiger Qualität wieder zu entnehmen, um diese für andere Immobilien oder Güter zu verwenden, wäre das ein großer Beitrag zur Ressourcenschonung. Da auf diese Weise die graue Energie auf einen längeren Zeitraum eingesetzt wird, ist der Klimaschutz ebenfalls Nutznießer. Helfen die neu geschaffenen Immobilien oder Güter zusätzlich, mit den Folgen des Klimawandels umzugehen, ist das Triumvirat komplett.

12 Ebenda.
13 Vgl *Schaffartzik* (2015) 6 ff.

1.3. Immobilien sind räumliche Güter

Der Begriff *Immobilie* hat seinen Ursprung im lateinischen Wort *immobilia* und bedeutet *unbewegliches Gut*. Ein solches unbewegliches Gut kann Grundbesitz, aber auch Grundeigentum sein, inklusive sämtlicher nicht beweglicher Güter darauf. Bauwerke bzw Gebäude und deren Zubehör stellen mit Abstand die bekannteste Form solcher Güter dar. Je nach Nutzung spricht man von Gewerbeimmobilien, Neubauimmobilien, Wohnimmobilien oder Ähnlichem. Das Antonym dazu ist die *Mobilie*, das bewegliche Gut – also Wertgegenstände, die in ihrer Lage verändert werden können.

Die Eingangsdefinition soll auf die wichtigste Ressource hindeuten, die Immobilien jedenfalls verbrauchen, nämlich Raum, spezifischer ausgedrückt: Grund und Boden. Ebendieser steht va in Europa in sehr begrenztem Ausmaß zur Verfügung:

In der Europäischen Union leben auf einer Fläche von etwa 4 Mio km^2 450 Mio Menschen, das entspricht einer Bevölkerungsdichte von etwa 114 Einwohnern pro km^2.[14] Zum Vergleich teilen sich in den USA etwa 333 Mio Menschen eine Fläche von 9 Mio km^2, demzufolge beträgt die Bevölkerungsdichte 33,4 Einwohner pro km^2.[15]

Österreich beherbergt auf einer Fläche von etwa 84.000 km^2 rund 8,8 Mio Menschen. In Wien ist die Bevölkerungsdichte mit 4.574 Personen pro km^2 am höchsten und in Kärnten mit 58,8 Personen pro km^2 am geringsten.[16] Der Raum Linz-Wels, das Rheintal in Vorarlberg, die Beckenlandschaften am Alpenrand (Grazer Bucht, Klagenfurter Becken, Salzburger Flachgau) und die breiten Längstäler (Mur-Mürz-Furche, Inntal) sind nach dem Wiener Becken die am dichtesten besiedelten österreichischen Dauersiedlungsräume.[17] Erkennbar ist, dass die topografischen Eigenschaften Österreichs die Lage der Siedlungsräume größtenteils vorgeben und gleichzeitig den Möglichkeitsraum hinsichtlich raumgreifenden Wachstums für das unbewegliche Gut *Immobilie* geografisch klar beschränken.

Die bebaute Immobilie bestimmt den Wohn- und Lebensraum hinsichtlich gestalterischer Individualität, Möglichkeit für soziale Kontakte, Routinen im Alltagsgeschehen bis zu persönlichen und kollektiven Entfaltungsmöglichkeiten: *„Architekturproduktion als kleinste Zelle einer gebauten Umwelt trägt so eine hohe Verantwortung für diesen zu schaffenden kulturellen und künstlichen Lebensraum.“*[18] Die Bewertung des Potentials unserer Immobilien im Sinne einer nachhaltigen, also wirtschafts-, sozial- und umweltverträglichen Architektur verknüpft Parameter aus den Bereichen Umwelt, Wirtschaft und Gesellschaft[19] im Sinne des definierten Triumvirats Klimaschutz, Klimawandelanpassung und Ressourcenschonung.

Wir Beteiligte an der Immobilien- und Bauwirtschaft müssen daraus schließen, dass verbautes Land maximal zu nutzen ist, indem Neuverbauung von Böden vermieden wird. Auf

14 Vgl *Eurostat* (2020).
15 Vgl *Central Intelligence Agency* (2020).
16 Vgl *Bundesministerium für Arbeit, Soziales, Gesundheit und Konsumentenschutz* (2019).
17 Vgl *AEIOU* (2016).
18 *Berthold* (2010) 178.
19 Vgl ebenda.

diese Weise sollte ebenso die Kompensation der unvermeidbaren Bodenversiegelung für zB Infrastruktur infolge des mittlerweile mit freiem Auge beobachtbaren Klimawandels ermöglicht werden. Besonders in einem kleinen Land mit regional herausfordernder Topografie wie Österreich ist die Reduktion des jährlichen Bodenverbrauchs eine der größten Herausforderungen.

Die übergeordneten Ziele, nämlich eine kompakte Siedlungsentwicklung (das Fördern von Agglomerationen rund um bereits bestehende Ortskerne und deren Infrastrukturen) sowie der Schutz hochwertiger Böden und Naturräume vor Verbauung, bestärken sich gegenseitig. Gleichzeitig ist klar, dass die Verwertung von Liegenschaften in guten Lagen einen teilweise über Generationen aufgebauten Wirtschaftsfaktor darstellt, der so weit wie möglich durch neue Geschäftsmodelle ausgeglichen werden sollte.

Nicht zuletzt muss die Versorgung einer wachsenden Bevölkerung mit den lebens- und arbeitsnotwendigen Grundlagen wie Wohnraum, regionale Lebensmittel, sauberes Wasser, Gesundheitsversorgung, Bildung, Kommunikation (Internetausbau, Telekommunikation), Technologie, Mobilität uvm weiterhin auf höchstem Niveau sichergestellt sein.

Schwerpunkte möglicher Initiativen diesbezüglich sind laut einer Studie des Umweltbundesamts das langfristige Schützen hochwertiger Böden und Naturräume vor Verbauung sowie die Stärkung der Ortszentren. Maßnahmen wie die Weiterbildung von Fachleuten, Bildungsmaßnahmen an Schulen und eine Informationsoffensive für die Zivilgesellschaft leisten parallel dazu unerlässliche Bewusstseinsbildung.[20] Auf dieser Basis können nötige gesetzliche Regelwerke größtmögliche Wirkung durch breite Akzeptanz entfalten. Gestützt auf Aussagen diverser Meinungsforscher[21] ist das Thema Schutz unseres Lebensraums im Gleichklang mit den Bedürfnissen der Natur bereits fest in den Köpfen der Bürger verankert.

1.3.1. Bodenverbrauch in Österreich

Für den Schutz der bis dato sehr guten Lebensbedingungen in der Europäischen Union wurde 2011 von der Europäischen Kommission der Fahrplan für ein ressourcenschonendes Europa mit einer Mitteilung an das Europäische Parlament, den Rat, den Europäischen Wirtschafts- und Sozialausschuss und den Ausschuss der Regionen veröffentlicht. Demnach sollen alle Ressourcen nachhaltig bewirtschaftet werden, bis 2050 soll netto kein Land mehr verbraucht werden.[22] Bodenverbrauch durch Bautätigkeit wird als Überbauung bezeichnet. Ist eine Fläche überbaut, steht sie für die meisten anderen genannten Bodenfunktionen gar nicht mehr oder nur in stark verringertem Ausmaß zur Verfügung. Derzeit werden jedes Jahr mehr als 1000 km^2 Land für Wohngebäude, Industrie, Straßen bzw Freizeitzwecke überbaut, wobei etwa die Hälfte dieser Fläche versiegelt wird.[23] Bodenversiegelung bedeutet, dass der Boden sowohl luft- als auch wasserdicht abgedeckt ist. Das hat keine oder nur sehr erschwerte Regenwasserversickerung

20 Vgl *Prokop* (2019) 1.
21 Vgl *Fiala* (2010) 6 ff.
22 Vgl *Europäische Kommission* (2011) 19.
23 Vgl *Prokop* (2019) 14.

und gedrosselten Gasaustausch des Bodens mit der Atmosphäre zur Folge. In Österreich sind etwa 41 % durch Bau- und Verkehrsflächen versiegelt.[24]

Erfreulicherweise nimmt der Bodenverbrauch in Österreich ab. Während 2010 noch durchschnittlich 24,3 Hektar pro Tag bebaut wurden, reduzierte sich die Verbauung auf 11,8 Hektar pro Tag im Jahr 2018.[25] Es gelang, innerhalb von acht Jahren den Bodenverbrauch zu halbieren, was Mut macht hinsichtlich des Erreichens der auf europäischer Ebene geforderten netto Null ab 2050. Natürlich darf die Wirtschaftsentwicklung nicht außer Acht gelassen werden, die eventuell eine hohe Nachfrage an Wirtschaftsstandorten produzieren kann.

Kreislaufwirtschaft in der Raumplanung?

Vielleicht kann angesichts der veränderten gesellschaftlichen und politischen Rahmenbedingungen Kreislaufwirtschaft in die Raumplanung integriert werden. Es ist eine auf den ersten Blick simple Idee:

Bevor neuer Boden für Bautätigkeit verbraucht werden soll, wird geprüft, ob nicht ein geeigneter bereits überbauter Bereich dafür genutzt werden kann – im Idealfall durch Umnutzung oder Sanierung der sich bereits darauf befindlichen Immobilie. Ist dies aufgrund von Eigentumsverhältnissen, wirtschaftlichen Gesichtspunkten oÄ nicht möglich, soll eine andere Fläche im Interesse gegenwärtiger und zukünftiger Generationen zur Wahrnehmung der benötigten Bodenfunktionen rückgebaut werden. Dadurch würde die Neuversiegelung kompensiert. Doch hält diese Herangehensweise einer praktischen Überprüfung stand?

Neu ist sie keinesfalls, schließt sie doch nahtlos an die mehr als 300 Jahre zurückreichende Tradition der Forstwirtschaft an. Die Holzproduktion sorgt sich seit jeher um den respektvollen Umgang mit dem Bestand. Dieser muss für nachfolgende Generationen gesichert werden. Wenig überraschend, dass der Begriff Ressourcenmanagement in Verbindung mit Generationengerechtigkeit historisch stark in der Holzwirtschaft verankert ist.

Steigen wir in dieses Gedankenspiel ein, indem wir die Glieder der Kette von möglichen Methoden und Werkzeugen für eine Verringerung des Bodenverbrauchs in Österreich zunächst im Einzelnen und für ein Fazit in Kombination betrachten.

Bodenfunktionsbewertung

Boden als grundlegende Ressource für unseren Lebensraum vereint vielfältige Funktionen. Es werden darauf landwirtschaftliche Erzeugnisse hergestellt, Wasser zur Eindämmung von Hochwasserabflüssen gespeichert, Lebensraum für Pflanzen und Tiere bereitgestellt, chemische Stoffe für gute Trinkwasserqualität gefiltert und gepuffert, Kohlenstoff gespeichert und nicht zuletzt darauf Architektur inklusive benötigter Infrastruktur für Mobilität erschaffen.

Es ist sinnvoll, die Bodenfunktionen lokal zu bewerten. Das macht einerseits die Bedeutung von Grund und Boden abseits der Funktion als Bauland sichtbar und dient ande-

24 Vgl ebenda 14 ff.
25 Vgl ebenda.

rerseits als wertvolle Grundlage für transparente Entscheidungen bezüglich der Erhaltung oder Bebauung. Salzburg, Oberösterreich und Wien implementierten die Bodenfunktionsbewertung bereits in der Flächenwidmung.

Salzburg setzt die lokale Bodenfunktionsbewertung bei Änderungen des Flächenwidmungsplans um, sobald ein Gebiet größer als 5000 m^2 neu festgesetzt wird und/oder wenn eine Umweltprüfung durchgeführt werden muss. Die Parameter Lebensraumfunktion, Standortfunktion, natürliche Bodenfruchtbarkeit, Wasserabflussregulierung und Pufferfunktion werden im GIS-Kartenmaterial verzeichnet und sind frei verfügbar.[26]

Oberösterreich stellt die Parameter Bodenfruchtbarkeit, Abflussregulierung, sowie Standortpotential für natürliche Pflanzengesellschaften auf ebenfalls frei zugänglichem GIS-Kartenmaterial dar. Hervorzuheben ist, dass so die fruchtbarsten Böden im Bundesland und die Böden, die am meisten zur Abflussregulierung nach bspw Starkregenereignissen beitragen, schnell und einfach für jeden Bürger identifizierbar sind.[27] Die Karten werden als Grundlage für Umweltverträglichkeitsprüfungen und die Erstellung von lokalen Entwicklungskonzepten verwendet. Zusätzlich bietet die oberösterreichische Landesregierung fachliche Schulungen an und fördert mit biennal stattfindenden Vernetzungstreffen den Erfahrungsaustausch unter Planungspraktikern.[28]

Die Stadt Wien erstellte für die Sachverständigen in der Stadtverwaltung Bodeninformationskarten, die im internen GIS-System integriert werden sollen. Die Bodenfunktionen Standortpotential für natürliche Pflanzen, Funktion des Bodens bezüglich Wasserhaushalt, Abflussregulierung sowie Filter und Puffer für Schadstoffe sind auf den indikativen Karten abzulesen.[29]

Anhand der Darstellung der Funktionen auf GIS-Kartenmaterial wird die Bedeutung von Bodenfunktionen als Grundlage für die Versorgung der Bevölkerung mit lebensnotwendigen Grundlagen abseits von Wohnen, Konsumieren und Arbeiten sichtbar, damit wir uns an unserer funktionstüchtigen, gebauten Umwelt auch zukünftig erfreuen können. Damit ist prinzipiell die methodische Voraussetzung für die Identifikation möglicher Ausgleichsflächen bei Neuversiegelung gegeben.

Ortskernbelebung

Kompakte Siedlungsentwicklung ist die Forderung der nachhaltigen Raumplanung schlechthin. Voraussetzung sind lebendige Ortskerne, die ähnlich einem mit Marmelade gefüllten Krapfen[30] kommunale Aktivitäten in der ganzen Fülle des Lebens im Zentrum vereinen.

Innenentwicklung vor Außenentwicklung gelingt auf Basis regional identifizierter, auf die jeweilige Gemeinde zugeschnittener Maßnahmen. Die Erstellung eines solchen Ortsleitbilds gemeinsam mit der ansässigen Bevölkerung durch breit angelegte Beteiligungs-

26 Vgl ebenda 24
27 Vgl ebenda 24 ff.
28 Vgl ebenda.
29 Vgl ebenda.
30 Vgl *nonconform* (2019).

prozesse für ein tragfähiges Raumnutzungskonzept, mit dem sich die ganze Gemeinde identifizieren kann, ist der erste logische Schritt. Den Beteiligungsprozessen kommt aufgrund der Verflechtung individueller Werterhaltungsinteressen und kollektiver Erwartungen an die Siedlungsentwicklung besondere Bedeutung zu.

Basis eines Ortsleitbilds ist die Beurteilung des Gebäudebestands im Ort, dessen bestmögliche (Weiter-)Verwendung und die sich daraus ergebenden Potentiale. Dieser langwierige und für alle Beteiligten anspruchsvolle Prozess erfordert Zeit und Kosten, die möglicherweise eine Gemeinde nicht alleine tragen kann. Die Bundesländer Burgenland, Kärnten, Niederösterreich, Salzburg und Vorarlberg stellen Fördermittel dafür zur Verfügung und haben nach eigenen Angaben gute Erfahrungen damit gemacht.

Jedoch ist jede Strategie – als solche ist ein Ortsleitbild anzusehen – nur so viel wert, wie das Vermögen, die identifizierten Maßnahmen in *medias res* zu bringen. In diesem Fall ist das kollektive Wollen Dreh- und Angelpunkt, an dem gemessen werden kann, wie erfolgreich die Einbindung der Bürger stattgefunden hat. Gekoppelt mit Anreizförderungen, die das Burgenland, Kärnten, Niederösterreich und Salzburg anbieten, kann eine Katalysatorwirkung entfaltet werden. Mittel aus dem Budget der ländlichen Entwicklung gemeinsam mit der Wohnbauförderung für bspw Brachflächenrevitalisierung werden in Kärnten bereits erfolgreich eingesetzt.[31]

Bei Ortskernbelebung denkt man zunächst an Förderung von Immobilien, die Räume für die Versorgung der Bevölkerung mit Gütern des täglichen Bedarfs (Lebensmittel, Kleidung usw), Arbeitsplätzen oder sozialen Dienstleitungen (Gesundheitsversorgung, Bildungs- und Betreuungseinrichtungen usw) bereitstellen. Den Großteil der beanspruchten Fläche macht im Ortskern aber der Wohnbau aus. Das kann man auch an der Ausgestaltung der drei wichtigsten Instrumente für einen belebten, verdichteten Ort (Förderung für Bauten im Ortskern, für verdichtetes Bauen, Sanierung im Bestand) in Verbindung mit der Wohnbauförderung ablesen:[32]

Das Burgenland, Kärnten, Niederösterreich, Salzburg und die Steiermark schaffen bspw Anreize mit Bonuspunkten oder einem erhöhtem Darlehensbetrag bzw -zuschuss für verdichteten Wohnbau oder Sanierung in Zentrumslage. Attraktive Wohnmöglichkeiten sind Frequenzbringer für das wirtschaftliche Überleben der ansässigen Handels- und Dienstleistungsbetriebe. Weiters bringt die Ansiedlung außerhalb des meist gut an das öffentliche Verkehrsnetz angeschlossenen Zentrums eine nicht zu substituierende Kfz-Abhängigkeit mit sich.

Kompakte Siedlungen lassen sich effizienter mit Regionalbussen erschließen, ein nicht zu unterschätzender Vorteil für Kinder, Jugendliche, Senioren und alle anderen ohne Kfz. Sollten Online-Einkaufsservices zunehmen, ist der Weg zum örtlichen, zentralen Pick-up-Lager ebenfalls einfacher zu bewerkstelligen. Kompakte Siedlungen sind somit ein Beitrag zur Reduktion des motorisierten Individualverkehrs und zur zum Standard erhobenen Barrierefreiheit unserer gebauten Umwelt.

31 Vgl *Prokop* (2019) 30.
32 Vgl ebenda 52.

Beleben wir die Zentren, sind uU weniger Substitutionsflächen aufgrund von Neuverbauung notwendig. Es fände nicht weniger Bautätigkeit statt, Verdichtung und Sanierung werden ausdrücklich gefördert. Natürlich ist damit nicht die Herausforderung der Werteerhaltung von theoretisch als Bauland auszuweisenden Flächen aufgrund bislang nachgefragter Lagen gelöst. Wie bereits erwähnt, ist dies eine Variante der Generationengerechtigkeit, hat man sich bis jetzt auf Verwertungsoptionen zur Sicherstellung der wirtschaftlichen Absicherung der Nachkommen mancherorts verlassen. Hier bedarf es noch Kreativität, eine der Kernforderungen der Kreislaufwirtschaft – das Abkoppeln wirtschaftlicher Wertschöpfung vom Verbrauch endlicher Ressourcen – am Immobiliensektor umzusetzen.

Baulandmobilisierung

Bisher drehte sich die Argumentation um eine strengere Prüfung von Ausweisung neuen Baulands. Paradoxerweise besteht auf der anderen Seite des Spektrums ebenfalls Handlungsbedarf. Gewidmetes, jedoch nicht bebautes Bauland stellt die Reserve für zukünftige Bauvorhaben dar. Für raumplanerische Handlungsfähigkeit sind solche Reserven sinnvoll, etwa für einen Zeithorizont von 15 bis 20 Jahren. In manchen Regionen Österreichs reichen die Baulandreserven für die nächsten 200 Jahre.[33]

Die Auswertung von Baulandreserven aus dem Jahr 2017 in Österreich ergibt einen Anteil des nicht bebauten Baulands von 23,5 %.[34] Eine kleine Verbesserung von minus 1,4 % gegenüber 2014 in allen Bundesländern. Erwähnenswert sind die großen regionalen Unterschiede: Das Burgenland verzeichnet mit etwas mehr als 30 % die größte Baulandreserve, gefolgt von Kärnten, Niederösterreich, Vorarlberg und Oberösterreich mit etwa 25 %. Salzburg und Tirol pendeln sich bei ungefähr 17 % ein. Wien bildet das Schlusslicht mit etwa 7 %, was aufgrund des noch ungebrochenen Zuzugs wenig verwunderlich ist.

Wie kommt das Paradox zustande, dass bei relativ großen Baulandreserven trotzdem neue Baulandausweisungen am Siedlungsrand vorgenommen werden?

Hier kommen einander widerstrebende Individual- und Kollektivinteressen zum Tragen. Häufig ist Bauland nicht verfügbar, weil die Eigentümerschaft zum Zeitpunkt der notwendigen Mobilisierung kein Interesse an einer Verwertung hat. Oder die individuelle Lebenssituation lässt die Auseinandersetzung damit nicht zu. Man denke an ungelöste Erbschaftsstreitigkeiten, ungewisse Pläne der persönlichen Lebensentwicklung oder schlicht fehlende finanzielle Notwendigkeit. Das aktuell äußerst niedrige Zinsniveau für monetäres Kapital bei gleichzeitiger undurchsichtiger Weltwirtschaftslage für alternative Anlageformen dürfte auch seinen Anteil daran haben.

Die Steiermark und Salzburg reagierten auf die sog Baulandhortung mit verbindlichen Regeln zur Baulandbefristung. Die anderen Bundesländer überlassen diese Möglichkeit den Gemeinden. Mittels Vertragsraumordnung können Verträge zwischen Gemeinde und Grundstückseignern abgeschlossen werden. Diese setzen eine Frist, innerhalb derer

33 Vgl ebenda 36.
34 Vgl *Banko* (2019) 30.

das Grundstück bebaut werden muss, andernfalls verfällt die Widmung oder eine Sanktionsstrafe wird eingehoben.

Altes Bauland kann so selbstredend nicht mobilisiert werden, Eingriffe in bestehendes Bauland sind auch aufgrund von Rechtssicherheit und Fairness gegenüber den Eignern sehr sensibel. Oberösterreich führte Abgaben für die Infrastrukturerschließung (Leitungen für Wasser, Abwasser, Strom und Straßenanschluss) als erfolgreiche Maßnahme für unbebautes Bauland ein. Solcherart laufende Kosten belasten das Gemeindebudget und die Bereitschaft, diese Kosten die Gemeinschaft tragen zu lassen, sinkt zunehmend.

Manchmal sind bebaubare Grundstücke aufgrund ihres ungünstigen Zuschnitts unverwertbar. Sie sind bspw sehr schmal oder asymmetrisch, daher bleibt der Wert nur bei Nicht-Mobilisierung ähnlich einer Aktie theoretisch erhalten. Dem kann durch Baulandumlegung entgegengewirkt werden. In diesem Fall kommt wieder eine gut gepflegte Ortsgemeinschaft zum Tragen, die durch diverse Beteiligungsprozesse befördert wird. Mehrere Grundstückseigner müssen sich bei Anwendung der Baulandumlegung auf eine gemeinsame Lösung einigen, ein Prozess, der Solidarität und Verständnis für unterschiedliche Perspektiven voraussetzt.

Baulandmobilisierung ist ein Schlüssel zur Reduktion des Bodenverbrauchs und die mit kreislauwirtschaftlichen Prinzipien verknüpfte Idee Innenverdichtung vor Außenentwicklung gibt Auftrieb. Das Bewusstsein für unsere planetaren Grenzen beginnt beim Erkennen der räumlichen Grenzen der eigenen Gemeinde.

Leerstände

Unter Leerständen versteht man nicht genutzte Gebäude; sie sind sowohl in kleinen ländlichen als auch größeren, urbanen Siedlungen zu finden. Verlassen wirkende Objekte erschaffen ein unangenehmes Ambiente, da sie die materialisierte schlechte Nutzungseffizienz schlechthin veranschaulichen. Zusätzlich wirken sie wertmindernd auf benachbarte Immobilien, weil sie Stillstand symbolisieren und das Bauen auf der „grünen Wiese“ trotz noch nicht vorhandenen Anschlusses an die kommunale Infrastruktur als die vermeintlich bessere Option erscheinen lassen.

Streng genommen ist ein Leerstand ähnlich zu betrachten wie eine nicht konsumierte Baulandwidmung. Wenn aufgrund von künstlich produziertem Platzmangel neue Gebiete überbaut werden, kommt die Gemeinschaft für die Kosten auf, da Bodenfunktionen verloren gehen und das kommunale Infrastrukturnetz erweitert werden muss.

In Österreich stehen wir bei dieser Thematik noch am Anfang, derzeit wird der Status quo für eine gezielte Aktivierung erhoben. Kompliziert ist das Themenfeld aufgrund sehr diverser Eigentumsverhältnisse, teilweise nur begrenzter Möglichkeiten zur Nachnutzung und der sich daraus ergebenden Tatsache, dass nur bedingt allgemeingültige Handlungsempfehlungen ausgegeben werden können.

Fazit: Eigentum verpflichtet

Abschließend ist zu konstatieren, dass das Konzept Nutzung bestehender Strukturen und überbauter Böden vor Neuausweisung von Bauland schon unter den aktuellen Umständen durchgeführt werden kann und teilweise die Bundesländer mit ihren Maßnahmen in diese Kerbe schlagen. Das kann allerdings kein von „oben“ verordnetes Konzept sein. Eigentumsrechte, immerhin ein Grundrecht im Verfassungsrang, müssen gegenüber öffentlichem, generationenübergreifendem Interesse abgewogen werden.

In Deutschland heißt es im Grundgesetz in Art 4 Abs 2: „*Eigentum verpflichtet. Sein Gebrauch soll zugleich dem Wohl der Allgemeinheit dienen.*“ So weit geht das österreichische Recht nicht, dennoch werden wir als Gesellschaft nicht umhin kommen, nach Jahrzehnten des Individualismus à la Homo oeconomicus wieder jeden Menschen mit seinen Handlungen als Teil des großen Ganzen zu sehen. Unser Lebensraum ist zu komplex und zu eng, als dass die dem Homo oeconomicus zugrunde liegende These „Denkt jeder an sich selbst, ist an jeden gedacht“ tragfähig für die Zukunft wäre. *Aristoteles*, der große Begründer der Logik als Wissenschaft, hinterließ uns mit der Einführung der Kausalität den Hinweis, dass „das Ganze mehr ist als die Summe seiner Teile“.

1.3.2. Revitalisierung und Sanierung

Das Besinnen auf den persönlichen Anteil von jedem von uns am positiven Fortkommen unserer Gesellschaft erfordert die Auseinandersetzung mit dem Zustand der zur Immobilie gehörenden Baulichkeiten. Der in letzter Zeit in der Fachwelt oft beanspruchte Terminus technicus lautet *Sanierungsrate*, daher darf dieser Aspekt in diesem Artikel nicht fehlen.

Es ist bekannt, dass die Gebäude, die ab 2050 laut Europäischem Grünen Deal in ihrer Gesamtperformance (unter Berücksichtigung der grauen und aktiven Energie in gleichem Maße) sowie ihrer Kreislauffähigkeit zur Senkung des materiellen Fußabdrucks energieeffizienter werden müssen, zu 90 % heute bereits gebaut sind. Dieser Umstand stellt Revitalisierung, Umnutzung und va Sanierung ins Rampenlicht. Der Politik ist der dringende Handlungsbedarf seit längerem bewusst, beinhalten zahlreiche Regierungsdokumente Ziele für Sanierungsraten, leider bis zum Jahr 2018 ohne allgemeingültige Definition. Die #mission2030 legte erstmals fest, dass die Sanierungsrate nur jene Wohneinheiten beinhaltet, die einer *umfassenden Sanierung* unterzogen wurden. Was unter einer umfassenden Sanierung verstanden wird, was genau eine Wohneinheit ist und wie alle anderen Nutzungen, bspw Bürogebäude oder Bildungsbauten, Eingang in die Statistik finden werden, ist noch nicht anschließend geklärt.

Der Fokus auf den Wohnbau ist nachvollziehbar, benötigen wir mit Abstand das meiste Bauland für Wohngebäude und die dazugehörige Infrastruktur. Außerdem ist die Wohnbauförderung seit den späten 1960er-Jahren ein Mittel zur Wohnhaussanierung. Zunächst war das Ziel die Hebung des Wohnstandards durch bspw Ausstattung der Wohneinheiten mit fließendem Wasser und Toiletten. Die Erfahrungen aus der ersten und zweiten Ölpreiskrise 1973 bzw 1979/1980 brachte die Notwendigkeit energieeffizienter Wohngebäude mit sich, also kam die Förderung von thermischen Maßnahmen um 1980 in das Förder-Portfolio.

Betrachten wir den Sanierungsbedarf des österreichischen Wohnungsbestands. Dieser ist seit 1991 um etwa 40 % auf 4,8 Mio Einheiten angewachsen. Bis zu 1,9 Mio Einheiten haben einen thermisch gesehen unzureichenden Standard. Eigenheime, Wohnhäuser, die maximal zwei Wohnungen enthalten, machen mit 2,1 Mio beinahe die Hälfte des österreichischen Wohnungsbestands aus. Sie verzeichnen einen sehr viel höheren Energie- und Ressourcenbedarf als baugleiche Geschoßwohnbauten. Genau diese Lebensform hat den höchsten Sanierungsbedarf, danach reihen sich private und kommunale Mietwohnungen und sämtliche Einheiten, die nicht als Hauptwohnsitz genutzt werden, ein.[35]

Aus Sicht der Ressourcenschonung im Sinne des Triumvirats unseres Lebensraums ist die noch nicht endgültig geklärte Definition des Begriffs *umfassende Sanierung* kein Nachteil. Bis dato wurde dafür in erster Linie Energie- (aktive, ohne grauer Energie) oder CO_2-Einsparung als Parameter diskutiert. Der „Delta Energieausweis vor und nach der Sanierung" der Technischen Universität Wien aus dem Jahr 2017 und der „Nationale Energieeffizienzaktionsplan 2014" ziehen die Werte für den Heizwärmebedarf dafür heran. Die „Wärmestrategie" setzt auf Endenergieeinsparung und die „langfristige Renovierungsstrategie" stützt sich auf die Höhe der reduzierten CO_2-Emissionen als Fortschrittsindikator.[36]

Bis dato fehlt der Konnex zur Kreislauffähigkeit einer Sanierung, was eine Kombination aus Klimaschutz und Ressourcenschonung darstellen würde. Klimaschutz deshalb, weil mit dem Aufwerten eines Gebäudes mittels nachhaltigen Sanierungsentwurfs, der ua die Trennbarkeit der eingesetzten Materialien und Produkte berücksichtigt, die graue Energie Beachtung fände. Die im Vorfeld eingesetzte Energie, die bereits Emissionen verursachte, könnte über einen weit längeren Zeitraum bilanziert werden. Gewisse Bauweisen verbinden in den 30 Zentimetern der äußersten Hülle bis zu 40 verschiedene Materialien untrennbar miteinander. Eine solcherart ausgestaltete Hülle benötigt demnach einen sehr langen Lebenszyklus, damit der Einsatz als nachhaltig gelten kann.

Die Ressourcenschonung wird trotzdem seit Anbeginn unausgesprochen gefördert, indem das nachhaltigste Gebäude jenes ist, das aufgrund von Bestandsanierung nicht gebaut wird. Eine hervorragende Basis, die es mit viel Bewusstseinsbildung zu erweitern gilt. Anschlussfähig ist der Imperativ zum kreislauffähigen Bauen jedenfalls in jeder der drei Ausprägungen von Sanierung im Bestand: Aufstockung eines Hauses, Anbau an ein bestehendes Haus, Umbau (zB Veränderung des Grundrisses) eines Hauses bis hin zum Abriss des Altbestands und komplettem Neubau.

Aufstockung, Ausbau und Umbau/Umnutzung tragen zur Reduktion des Bodenverbrauchs bei. Zusätzlich bleibt der Großteil der bereits eingesetzten Ressourcen im selben Objekt gebunden, was eine eklatante Lebenszyklusverlängerung dieser nach sich sieht. Manchmal kommt nur ein Abriss in Frag. Wenn bei der Planung und Ausführung in den vorangegangen Lebenszyklusphasen bereits das Ende berücksichtigt wurde, fällt es leichter, den verwertungsorientierten Rückbau als Standardabbruchmethode anzuwenden.

Prinzipien für kreislauffähiges Planen, Bauen und Sanieren

Der nächste Schritt wird nun sein, uns alle auf die nötigen kommenden Maßnahmen einzustimmen, und zwar nach dem Motto *„Reduce to the Max"*: Wir erreichen ein Mehr an Lebensqualität, ein Mehr an Werterhaltung und damit verbunden auch ein Mehr

35 Vgl *Amann* (2020) 6 ff.
36 Vgl *Amann* (2020) 12.

an Respekt von unseren Nachkommen, wenn wir bereits geschaffene Werte ausbauen. Zugegeben, das Vorhaben, Wertschöpfung vom Verbrauch endlicher Ressourcen abzukoppeln, verlangt uns einiges an Kreativität und Innovationsleistung ab.

Das Umdenken hat bereits begonnen, nun liegt es an uns Mitgliedern der Immobilien- und Baubranche einige Prinzipien standardmäßig zu verinnerlichen. Sie werden jedem von uns helfen, im eigenen Wirkungsbereich die effektivsten Veränderungen anzustoßen. Das Ingenieurwesen ist in diesem Fall Impulsgeber, wenig verwunderlich ist die gebaute Umwelt das Produkt höchst praktischer Überlegungen, wie die Naturgesetze in den Griff zu bekommen sind:

- **Integraler Planungsprozess:** Darunter wird das interdisziplinäre und simultane Zusammenwirken aller am Planungsprozess Beteiligten (Architektur, Tragwerksplanung, Haustechnik, Elektro, AVA, Ausführung etc) verstanden. So gelingt die optimale Zielerreichung eines Bauvorhabens unter sozialen, wirtschaftlichen und technischen Gesichtspunkten. Lebenszyklus-Betrachtung erfordert integrale Planung und führt zu nachhaltiger Gebäudeplanung.
- **Minimaler ökologischer Aufwand eines Tragwerks:** Bedingt durch der Bauaufgabe angemessene Material- und Konstruktionswahl soll die stoffliche Vielfalt verringert werden. Bezüglich Materialwahl sollten Verbundmaterialien nur dann eingesetzt werden, wenn keine vergleichbare Lösung gefunden wird. Intelligente, meist digitale Planung bezüglich optimierter Bauteilgeometrie und Verschnittreduktion trägt zur Minimierung der eingesetzten Materialmenge bei. Geringere Transportwege und -aufwand durch Ausschöpfen der regionalen Verfügbarkeit von Sekundärbaustoffen machen einen (Tragwerks-)Entwurf nachhaltig.
- **Verlängerte Lebensdauer und langfristige Werterhaltung:** An dieser Stelle betrachten wir die Grundrissgestaltung, die in einem integralen Planungsprozess im Wechselspiel mit dem Tragwerkskonzept entsteht. Von allgemeiner Umnutzungsflexibilität über den konstruktiven Schutz von exponierten Flächen bis zu reparaturfreundlichem Konstruieren reicht das Anforderungsspektrum.
- **Sicherstellen der leichten Montage und Demontage:** Damit langlebige Strukturen von kurzlebigen (etwa hinsichtlich unterschiedlicher Verschleißgeschwindigkeiten) trennbar bleiben, sollen Schicksalsgemeinschaften inklusive deren Zugänglichkeit auf Bauteilebene definiert werden. Insb trennbaren Fügetechniken und Verbindungen wird zukünftig wieder größere Beachtung geschenkt. Klebeverbindungen haben in vielen Bereichen traditionellen Verbindungstechniken den Rang abgelaufen, sind jedoch meist nur mit Schädigung bis hin zur Zerstörung der Fügeteile lösbar.
- **Wiederverwendbarkeit und Recyclierbarkeit der Materialien und Bauelemente:** Manchmal kann ein Gebäude noch so flexibel und vorrausschauend geplant sein, Sachzwänge lassen nur einen Rückbau zu. Wurde bereits in der Planung ein Wartungs- und Rückbaukonzept erstellt und wurde dieses über den gesamten Lebenszyklus hinweg beachtet bzw nachgeführt, sind maximale Wiederverwendbarkeit und Recyclierbarkeit eingesetzter Ressourcen sichergestellt. Zugegeben, an dieser Stelle wird ein Paradoxon beschrieben, das jedoch auszuhalten ist: Wir planen, bauen und sanieren Objekte mit maximal verlängerter Lebensdauer, setzen uns gleichzeitig mit ihrem vorzeitigen Ende auseinander.

1.4. Baukultur im 21. Jahrhundert

Baukultur umfasst alle menschlichen Tätigkeiten, die unsere gebaute Umwelt entstehen lassen bzw verändern. Die architektonische, funktionale und konstruktive Gestaltung der Immobilie, die den Städte- und Siedlungsbau, die morphologische Veränderung von Landschaften, die Ausgestaltung der Infrastruktur, aber auch öffentliche Räume definiert, ist unter diesem Begriff zusammengefasst.

Architektur im Spannungsfeld Individualität – Gesellschaft – Ökologie

Architektur wohnt eine gesellschaftliche Dimension inne, es steht nicht nur die innere, funktionale Belegung zur Diskussion, sondern ebenso die Auswirkungen der von außen erlebbaren Struktur auf die Umgebung, den Lebensraum und den Menschen. Die Immobilen- und Baubranche muss den Spagat zwischen den Bedürfnissen der Allgemeinheit und den individuellen Anforderungen der Bauherren schaffen.[37] Das führt zu einer Renaissance des 1972 von der „Münchner Gruppe" um *Kurt Ackermann*, *Rolf Gutbrod* und *Hans-Busso von Busse* herausgegebenen Manifests für Architektur. Sie betonen, dass Baukunst nicht „beliebig oft, beliebig schnell, beliebig groß und beliebig billig" hergestellt werden kann:

> Architektur ist eine soziale Verpflichtung für jeden, der beauftragt, entwirft, herstellt oder nutzt und beurteilt; sie stellt unverzichtbare Ansprüche an jeden – sie kann nie alleine auf den Auftraggeber bezogen sein, denn wer für sich ein Innen baut, baut für die Allgemeinheit ein Außen.[38]

Besonders hervorzuheben ist der prozessuale Weg, der hin zu dieser Kulturleistung zurückgelegt wird. Die Immobilienbranche trägt mit ihren Mitgliedern, bestehend aus Projektentwicklern, Planenden, Bauherrenschaften, Eigentümern, Sachverständigen uvm, eine besonders große Verantwortung. Greifen wir alle zusammen mit unseren Überlegungen und Entscheidungen in die Lebensrealität aller Mitmenschen ein!

Neben ganzheitlichem Handeln, das ökologische Verträglichkeit, wirtschaftliche Machbarkeit und soziale Akzeptanz in sich vereint, plädiert die Autorin an dieser Stelle abschließend für ein Bekenntnis, das im Sinne der Europäischen Zusammenarbeit auf Englisch formuliert ist: [Di:TECt] to DISRUPT.

[Di:TECt] ist ein Akronym und bedeutet ***Do****i*ng and ***T****hinking* ***E****uropean* ***C****ircularit****y***. Es ist die Reaktion der Autorin auf die Forderungen des Europäischen Grünen Deals in Kombination mit der Erkenntnis des Brundtland-Reports, dass die Staaten das Pariser Klimaziel nur in wechselseitigem Austausch erreichen können. Va dem Austausch der bereits gemachten Erfahrungen ist ein größerer Stellenwert als bisher beizumessen.

DISRUPT ist ebenfalls ein Akronym, wurde dem Circularity Gap Report Austria[39] entnommen und bedeutet:

- **Design for the Future:** Nehmen wir während des Entwurfsprozesses eine systemische Perspektive ein, für die Verwendung der richtigen Materialien für eine angemessene Lebensdauer und einen längeren zukünftigen Gebrauch.

37 Vgl *Deinhammer* (2016) 55.
38 *Ackermann* (1973) 4, § 8.
39 Vgl *ARA* (2019) 27.

- **Incorporate digital technology:** Verfolgung und Optimierung der Ressourcennutzung und Stärkung der Verbindungen zwischen den Akteuren der Lieferkette durch digitale Online-Plattformen und -Technologien. Die Zuhilfenahme von einem mit BIM-Technologie erstellten virtuellen Gebäudemodell – ein digitales Abbild eines Gebäudes – kann die zukünftigen Betriebskosten für das Facility-Management verlässlicher schätzen. Gleichzeitig sollte dieses Abbild bei jeder baulichen Änderung nachgeführt werden. Dies brächte ua der Erkundung des Gebäudes am Ende seines Lebenszyklus nach Bauelementen und Materialen zur Wiederverwendung bzw -verwertung einen erheblichen Effizienzschub.
- **Sustain and preserve what's already there:** Die eingesetzten Ressourcen sollen erhalten, repariert und aufgewertet werden, um ihre Lebensdauer zu maximieren und ihnen gegebenenfalls durch Rücknahmestrategien ein zweites Leben zu ermöglichen.
- **Rethink the business model:** Seien wir kreativ in Bezug auf Geschäftsmodelle, die auf der Interaktion zwischen Produkten und Dienstleistungen aufbauen, für größere Wertschöpfung und innovative Anreize.
- **Use waste as a resource:** Nutzung von Abfallströmen als Quelle von Sekundärressourcen und Rückgewinnung von Abfällen zur Wiederverwendung bzw zum Recycling.
- **Prioritise regenerative resources:** Sicherstellen, dass erneuerbare, wiederverwendbare, ungiftige Ressourcen als Material und Energie auf effiziente Weise genutzt werden.
- **Team up to create joint value:** Förderung der Zusammenarbeit über den gesamten Lebenszyklus hinweg, jedenfalls gemeinsam mit den dazugehörigen Lieferketten, damit firmenintern sowie gemeinsam mit dem öffentlichen Sektor die Transparenz der Stoffströme erhöht wird, was wiederum gemeinsame Werte schafft.

Eine nachhaltige, zirkuläre Baukultur ist ein Querschnittsthema und muss transdisziplinär behandelt werden. Darüber hinaus wird darauf hingewiesen, dass dieser wirtschaftliche Paradigmenwechsel allein gestützt auf Einzelinitiativen nicht zu bewältigen ist. Nur durch eine aktive Partnerschaft zwischen Gesellschaft, Wissenschaft, Wirtschaft, Verwaltung und Gesetzgebung ist es möglich, die zahlreichen bestehenden Vorschläge mit Leben zu füllen. Internationaler Austausch zeigt uns, welche Hindernisse uns bisher daran gehindert haben, schneller voranzukommen. Im globalen Kontext ist eine europäische Perspektive gerade weit genug für einen bedeutenden Beitrag zur Akzeptanz der planetaren Grenzen.

Die Baukultur des 21. Jahrhunderts erhebt weder Nachhaltigkeit noch Kreislauffähigkeit zum Selbstzweck. Vielmehr erkennt die aktuell raumgreifende Lebenszyklusbetrachtung diese Aspekte als Beginn eines transdisziplinären Prozesses des Übergangs an. Was sehr wohl als neue Dimension eingeführt werden muss, ist die Betrachtung der Gebäude im Konglomerat, weg von der Einzelfallbeurteilung. Die Beurteilung, ob und auf welche Weise die Kreisläufe geschlossen wurden, funktioniert nur bei gleichzeitiger Würdigung der lokalen Voraussetzungen. Was trägt mein Projekt für die Ressourceneffizienz des Quartiers bei, wie kann die Nutzung des Gebäudebestands intensiviert werden, beteiligt es sich an den Angeboten für die tägliche Versorgung und den Austausch? Welche Wirkungen sollte mein Gebäude auf die Nachbarschaft entfalten (Stichwort Mikroklima,

Erlebnisqualität, Genius Loci), welche Bedürfnisse der Allgemeinheit sind bereits erfüllt und wie ist das in Einklang mit den Erwartungen der Nutzergemeinschaft zu bringen?

Wie in Fachkreisen bereits bekannt, ist radikale Ressourcenschonung der Schlüsselfaktor für eine zukunftsfähig gebaute Umwelt. Spätestens seit der Erkenntnis aus dem Jahr 1968 (als das NASA-Foto „Earthrise" publiziert wurde), dass die Menschheit gemeinsam im Raumschiff Erde im Orbit kreist, ist ein Faktum evident: Die natürlichen Ressourcen, die für menschliche Aktivitäten zur Verfügung stehen, sind limitiert. Die Geschwindigkeit, mit der wir dieser Erkenntnis Taten folgen lassen, könnte entscheidend für das Wettrennen um den Titel des ersten klimaneutralen Kontinents sein. Gelingt es uns als Experten, die Gesellschaft für Kreisläufe genauso zu begeistern wie für den Wettlauf zum Mond in den 1960er-Jahren, stehen die Chancen gut.

Österreich ist anerkannter Vorreiter beim Recycling, jede weitere Entwicklung hin zur Kreislauffähigkeit hätte das Potenzial, ein wirtschaftlicher und technischer Innovationserfolg zu werden. Zirkuläre Ökonomie als Terminus technicus in der Europäischen Immobilienbranche steckt noch in den Kinderschuhen, was für Innovationen „made in Austria" große Chancen bietet. Dieses Potential gilt es zu heben und sowohl vertikal als auch horizontal zu skalieren, also zu [Di:TECt] to DISRUPT.

1.5. Literaturverzeichnis

Ackermann, Kurt, et al: Für Architektur. Ein Manifest. Stuttgart: Bund Deutscher Architekten, 1973

AEIOU: Bevölkerungsdichte. In: Austria Forum, das Wissensnetz, 25.3.2016 https://austria-forum.org/af/AEIOU/Bevölkerungsdichte (10.10.2020)

Amann, Wolfgang, et al: Definition und Messung der thermisch-energetischen Sanierungsrate in Österreich. Wien: IIBW – Institut für Immobilien, Bauen und Wohnen GmbH, 2020

ARA et al: The Circularity Gap Report. Closing the Circularity Gap in Austria. Juni 2019. https://www.ara.at/fileadmin/user_upload/Downloads/Circularity_Gap_Report/CGR_Austria_Endversion.pdf (9.10.2020)

Banko, Gebhard/Weiß, Michael: Update gewidmetes, nicht bebautes Bauland. Auswertung von Baulandreserven 2014 und 2017 in Österreich. März 2019. https://www.oerok-atlas.at/documents/Report_Baulandreserven_2014-2017.pdf (9.10.2020)

Berthold, Manfred: Architektur kostet Raum. Architektonisches Entwerfen bei Ressourcenknappheit. Wien: Springer Verlag, 2010

Braungart, Michael/McDonough, William: The Upcycle: Beyond Sustainability. Designing for Abundance. New York: Farrar, Straus and Giroux, 2013

Bundesministerium für Arbeit, Soziales, Gesundheit und Konsumentenschutz et al: Geografie und Bevölkerung. 1.1.2019. https://www.migration.gv.at/de/leben-und-arbeiten-in-oesterreich/oesterreich-stellt-sich-vor/geografie-und-bevoelkerung/ (10.10.2020)

Central Intelligence Agency: The World Factbook. 2020, https://www.cia.gov/library/publications/the-world-factbook/geos/us.html (10.10.2020)

Deinhammer, Anna-Vera: Ganzheitliche Qualitätsermittlung von architektonischen Entwürfen. Das AQ-System – eine morphologische Bewertungsmethodik von Leichtbauentwürfen. Wien: Technische Universität Wien, 2016

Deinhammer, Anna-Vera: Circular City ist smart. In: OIB aktuell 2020/01, 20–23

Eurostat: Bevölkerung am 1. Januar 2020. Europäische Union (Hrsg), https://ec.europa.eu/eurostat/tgm/table.do?tab=table&init=1&plugin=1&language=de&pcode=tps00001 (10.10.2020)

Europäische Kommission: Mitteilung der Kommission an das Europäische Parlament, den Rat, den Europäischen Wirtschafts- und Sozialausschuss und den Ausschuss der Regionen. Fahrplan für ein ressourcenschonendes Europa. Brüssel, 2011

Höller, Hans: Klimawandelanpassung. In: Leitfaden Klimabündnis Österreich GmbH (Hrsg): Klimaschutz in Gemeinden. Wien, 2016. https://www.klimabuendnis.at/images/doku/11_kbu_lf_klimawandelanpassung.pdf (10.10.2020)

Fiala, Ingeborg et al: Wohlbefinden der österreichischen Bevölkerung. Wien: Bundesministerium für Land- und Forstwirtschaft, Umwelt und Wasserwirtschaft, 2010.

nonconform: Der Krapfeneffekt. Aus Donuts müssen Krapfen werden! 2019. https://www.nonconform.at/krapfeneffekt/ (9.10.2020)

Pietikäninen, Sirpa (Berichterstatterin): Bericht über das Thema Ressourceneffizienz: Wege zu einer Kreislaufwirtschaft (2014/2208[INI]). Brüssel: Ausschuss für Umweltfragen, öffentliche Gesundheit und Lebenssicherheit, 2014

Prokop, Gundula (Umweltbundesamt): Bodenverbrauch in Österreich. Status Quo Bericht zur Reduktion des Bodenverbrauchs in Österreich. Wien: Bundesministerium für Nachhaltigkeit und Tourismus, 2019

Röck, Martin, et al: Embodied GHG emissions of buildings – The hidden challenge for effective climate mitigation. In: Applied Energy 2020/January, Volume 258

Schaffartzik, Anke, et al: Ressourcennutzung in Österreich. Wien: Bundesministerium für Land- und Forstwirtschaft, Umwelt und Wasserwirtschaft, Bundesministerium für Wissenschaft, Forschung und Wirtschaft (Hrsg), 2015

Umweltbundesamt Deutschland: Die Treibhausgase. 1.10.2020. https://www.umweltbundesamt.de/themen/klima-energie/klimaschutz-energiepolitik-in-deutschland/treibhausgas-emissionen/die-treibhausgase (18.5.2021)

Zechmeister, Andreas, et al: Klimaschutzbericht 2019. Wien: Umweltbundesamt GmbH, 2019

VI. Innenraumqualität

Jürgen Obmauer/Harald Kreuter

1. Einleitung

Mittlerweile verbringt der Mensch durchschnittlich ca 90 % seiner Zeit in Innenräumen. Diese Tatsache sollte jeden dahingehend sensibilisieren, dass die Innenraumqualität im privaten und auch beruflichen Umfeld essentiell für unsere Gesundheit und psychische Verfassung ist. Für unser Behaglichkeitsempfinden in Innenräumen gibt es eine Vielzahl an Kriterien. Sicher kennen Sie Bestandswohnungen oder -immobilien, wo schon der subjektive Eindruck, dass es zu kalt oder zu warm ist oder die Luft als zu „trocken" empfunden wird, meist nicht täuscht. Um einen thematischen Überblick zu erhalten, werden nachfolgend die wichtigsten Kriterien der Innenraumqualität aufgegriffen und beschrieben.

2. Grundlagen der Innenraumqualität

Die Lufttemperatur, Luftgeschwindigkeit, Luftqualität, Luftfeuchte und die Oberflächentemperatur (= Temperatur der raumbegrenzenden Wände und Decken) bilden einen miteinander verwobenen Verbund, der unser Behaglichkeitsempfinden in Innenräumen wesentlich bestimmt. Schallschutz, Helligkeit und Sonneneinstrahlung sind weitere zentrale Behaglichkeitskriterien. Um die Behaglichkeit des Nutzers in Innenräumen auf ein Maximum zu erhöhen, ist bereits in der Planungsphase das nötige Augenmerk darauf zu legen. Um aus Bauherren- oder Betreibersicht diesen Nutzerkomfort sicherstellen zu können, bedarf es der meist State-of-the-art-Sensorik in zB Lüftungsanlagen. Luftverunreinigungen können zudem auch von diversen Baustoffen, Bauchemikalien wie Kleber oder Farben oder Einrichtungsgegenständen verursacht werden.

Der Komfort in Innenräumen wird über mehrere Parameter, wie zB die Raumlufttemperatur, die Raumluftfeuchte, die Lichtqualität oder den CO_2-Gehalt stellvertretend für die generelle Luftqualität, beeinflusst. Diese müssen in den richtigen Qualitäten vorliegen, um zu gewährleisten, dass das Wohlbefinden und die Gesundheit der Raumnutzer nicht beeinträchtigt werden.[1]

3. Behaglichkeit und Gesundheit

Die thermische Behaglichkeit und die Raumluftqualität sind wesentliche Voraussetzungen, damit Personen leistungsfähig sind und auf längere Sicht gesund bleiben. In geschlossenen, schlecht belüfteten Räumen nimmt die Luftqualität schnell ab, wenn sich Personen darin befinden oder Prozesse oder Einrichtungsgegenstände die Luft mit Schadstoffen belasten.

1 Vgl *ÖGNI*, Positionspapier – Benchmarks im Betrieb (2018) 6.

Da wir unser Leben zu einem großen Teil in geschlossenen Räumen verbringen und die Fenster aus energetischen Gründen oder aus Gründen der Behaglichkeit (Zugerscheinungen, Schallschutz) mehrheitlich geschlossen sein müssen, ist das kontrollierte Abführen von belasteter Raumluft und das gleichzeitige Zuführen von vorkonditionierter Außenluft hinsichtlich Gesundheit, Wohlbefinden und Energieeffizienz essenziell.

Die Konditionierung der Außenluft wird in modernen Gebäuden durch die sog RLT-Geräte (raumlufttechnische Geräte) übernommen. Die Behaglichkeit wird durch viele sehr subjektive Empfindungen bestimmt. Abb VI.1 zeigt die wichtigsten Einflussfaktoren für Behaglichkeit und Gesundheit auf. Ein wesentlicher Teil des Komforts hängt aber von der thermischen Behaglichkeit ab.

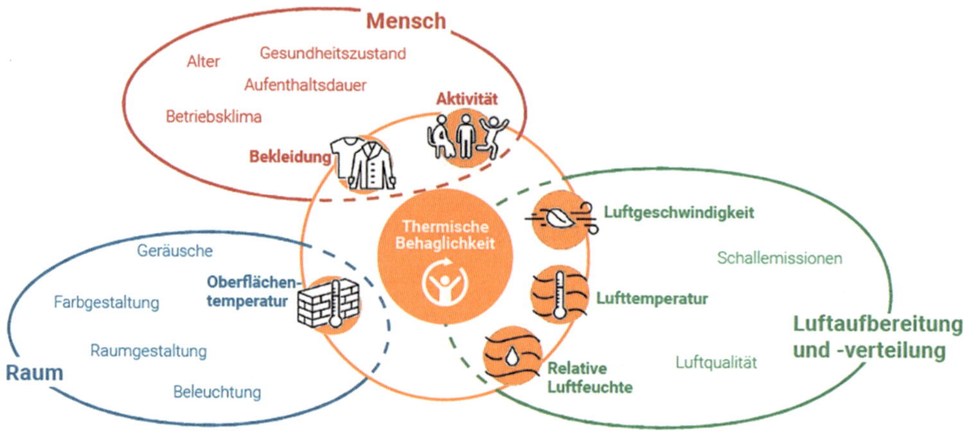

Abb VI.1: Einflussfaktoren für Behaglichkeit und Gesundheit [Belimo, Raumlufttechnische Geräte (2020) 5]

3.1. Thermische Behaglichkeit

Optimale thermische Behaglichkeit stellt sich ein, wenn die Wärmeabgabe des menschlichen Körpers im Gleichgewicht mit dessen Wärmeproduktion ist. Dabei spielen der menschliche Wärmehaushalt unter Einbezug seiner Aktivität (zB Schlafen, Laufen) und Kleidung sowie die folgenden Bestimmungsgrößen der thermischen Umgebung eine entscheidende Rolle:

- Raumlufttemperatur
- Raumluftfeuchte
- Luftströmung im Raum
- Oberflächentemperatur der Umgebungsflächen (Abstrahlung)

Die Behaglichkeit bzw die allgemeinen Raumbedingungen werden mittels PMV-Index (Predicted Mean Vote) beurteilt. Der PMV-Index (siehe Abb VI.2) ist ein Durchschnittswert einer Bewertung des Raumklimas durch eine große Personengruppe. In einer Nutzungsvereinbarung wird typischerweise festgelegt, auf welchen PMV-Wert das Raumklima geplant wird. Ein Raum kann nie für 100 % der anwesenden Personen als komfortabel angenommen werden. In der Praxis lassen sich kaum mehr als 85 % der Leute zufriedenstellen.

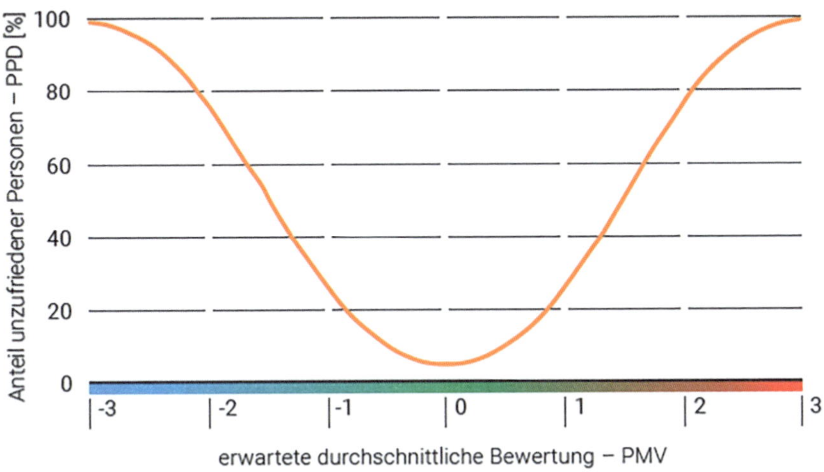

Abb VI.2: PMV-Index, Arno Dentel/Udo Dietrich [Belimo, Raumlufttechnische Geräte (2020) 6]

3.1.1. Menschlicher Wärmehaushalt

Der Mensch fühlt sich wohl bzw behaglich, wenn seine Körperkerntemperatur konstant auf ca 37 °C gehalten wird. Die Wärmeerzeugung ist stark von der Aktivität, jedoch auch von der Nahrungsaufnahme und der psychologischen Verfassung abhängig. Aus Tab VI.1 können Werte für verschiedene Aktivitäten entnommen werden. Als Einheit für die Aktivität wird „met" (von „metabolism") verwendet.

Tätigkeit	met	W*
schlafend	0.8	83
ruhig sitzend	1.0	104
leichte Arbeit im Sitzen	1.2	126
stehend	1.4	146
mittelschwere Tätigkeit	1.6	167
gehend, 5 km/h	3.0	313

*gültig für eine Person von 1.8 m^2 Körperoberfläche (z. B. Grösse 1.7 m, Gewicht 69 kg)

Tab VI.1: Wärmeabgabe bei verschiedenen Tätigkeiten [Belimo, Raumlufttechnische Geräte (2020) 6]

Die Wärmeabgabe kann durch Verengung und Erweiterung der Blutgefäße beeinflusst werden. Der größte Anteil macht jedoch die Bekleidung aus. Die Bekleidung ist ein thermischer Widerstand, wie eine Isolation, der auf der nackten Haut aufliegt. Aus Tab VI.2 können Werte für verschiedene Kleider entnommen werden. Als Einheit für den Dämmwert der Kleidung wird „clo" (von „clothing") verwendet.

Bekleidung	clo
nackt	0.0
kurze Hosen, T-shirt	0.3
Hosen, Kurzarmhemd (Sommer)	0.5
Hosen, Hemd, Pullover (Winter)	1.0

Tab VI.2: Wärmedämmwerte verschiedener Kleidung [Belimo, Raumlufttechnische Geräte (2020) 6]

In Abhängigkeit von Aktivität und Bekleidung kann nun die optimal empfundene Temperatur bestimmt werden. Wenn ein Mensch sehr aktiv ist und dicke Kleider trägt, empfindet er eine kühlere Temperatur als angenehm, und bei wenig Kleidern und wenig Aktivität braucht es höhere Temperaturen, damit er sich wohl fühlt. Abb VI.3 zeigt auf, welche Temperatur für die jeweilige Aktivität und Bekleidung die optimale empfundene ist. Sie geht jeweils von einem PMV-Wert von < 5 % (maximal 5 % Unzufriedene) aus.

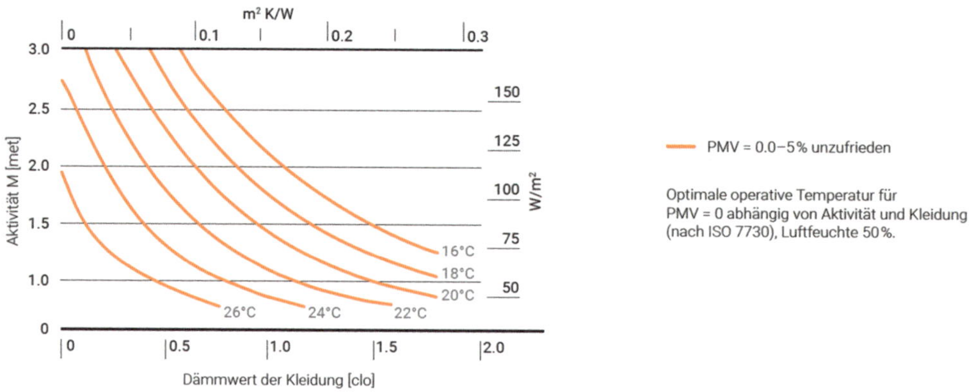

Abb VI.3: Optimale empfundene Temperatur in Abhängigkeit von Aktivität und Bekleidung, EN ISO 7730 [Belimo, Raumlufttechnische Geräte (2020) 7]

3.1.2. Empfundene Temperatur

Die empfundene Temperatur ist die zentrale Größe der thermischen Behaglichkeit. Sie berücksichtigt die Lufttemperatur und die Strahlungstemperatur am betrachteten Ort. Die empfundene Temperatur kann vereinfacht mit folgender Formel berechnet werden:

$$\text{Gefühlte Temperatur} = \frac{\text{Oberflächentemperatur} + \text{Raumtemperatur}}{2}$$

Der zulässige Bereich der empfundenen Raumtemperatur wird in den Normen in Abhängigkeit der Außenlufttemperatur bestimmt (siehe Abb VI.4). Die Gebäudetechnik muss das Einhalten dieses Temperaturbands garantieren.

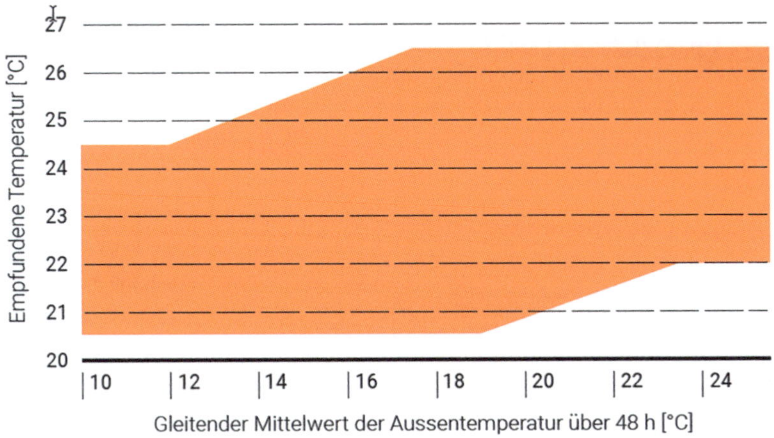

Abb VI.4: Zulässiger Bereich der empfundenen Temperatur in Wohn- und Büroräumen, SIA 382/1 [Belimo, Raumlufttechnische Geräte (2020) 7]

Bei steigender Außentemperatur wird offenbar eine höhere empfundene Raumtemperatur zugelassen. Dahinter steht ua die Annahme, dass sich die Personen im Raum im Sommer leichter kleiden (kleinerer Clo-Wert) als im Winter.

Das Temperaturband zwischen der minimalen und der maximalen empfundenen Temperatur zeigt die zulässigen Schwankungen, die zB durch Wärmeeinträge wie Sonnenstrahlung akzeptiert werden. Wichtige Gründe sowohl für den Anstieg als auch den Toleranzbereich der empfundenen Temperatur ist die Energieeffizienz. Die normativen Vorgaben, wie in Abb VI.4 dargestellt, sollen verhindern, dass unnötig gekühlt oder geheizt wird.

3.1.3. Oberflächentemperatur der Umgebungsflächen

Wie bei der empfundenen Temperatur aufgezeigt wurde, hat die Oberflächentemperatur der umschließenden Flächen einen gleich großen Einfluss wie die Raumlufttemperatur. Sie spielt also eine große Rolle für die thermische Behaglichkeit. Aus diesem Grund kann auch bei einer Bodenheizung eine tiefere Raumtemperatur als angenehm empfunden werden als bei einer Radiatorenheizung.

Wenn verschiedene Flächen verschiedene Oberflächentemperaturen haben, spricht man von Strahlungsasymmetrie. Dies kann zB in Gebäuden mit alten, schlecht wärmegedämmten Fenstern zu einer lokalen Komforteinbuße führen. Da heutzutage immer mehr Fenster mit geringen U-Werten (Wärmedurchgangskoeffizient/Maß für den Wärmedurchgang) eingebaut werden und sich darum die Oberflächentemperaturen in den Innenräumen nur noch geringfügig voneinander unterscheiden, kommen Strahlungsasymmetrien seltener vor. Strahlungsasymmetrien können auch unterschiedlich behaglich wahrgenommen werden. In einem kühlen Raum empfindet man einen heißen Kachelofen als angenehm, weil man der Wärmestrahlung bewusst ausweichen kann, indem man sich davon entfernt. In einem Büro jedoch gibt es uU keine Möglichkeit, auszuweichen, und der Ofen wird darum als unangenehm empfunden.

3.1.4. Luftfeuchte

Im Gegensatz zur Temperatur hat der Mensch kein Sinnesorgan, mit dem er die Luftfeuchte wahrnehmen kann. In Kombination mit der Temperatur hat die relative Luftfeuchte jedoch einen Einfluss auf die Behaglichkeit. Abb VI.5 zeigt den Einfluss der Beziehung zwischen Raumlufttemperatur und relativer Raumluftfeuchte auf die Behaglichkeit.

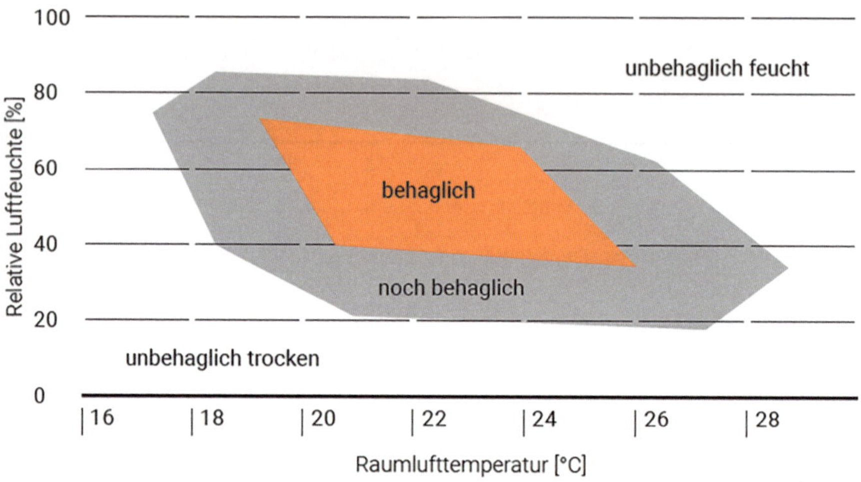

Abb VI.5: Behaglichkeitsfeld, Leusden und Freymark [Belimo, Raumlufttechnische Geräte (2020) 8]

Die ideale Luftfeuchte liegt zwischen 40 und 60 %. Abb VI.6 zeigt den Zusammenhang zwischen verschiedenen Stoffen in der Luft und der Luftfeuchte. Die Über- oder Unterschreitung von vorgeschriebenen oder empfohlenen Grenzwerten kann neben der Behaglichkeit auch einen Einfluss auf die Gesundheit haben. Ca ein Drittel der Menschen reagiert auf zu trockene Luft mit verminderter Atemleistung, trockenen Augen oder trockenen Schleimhäuten. Trockene Luft kann zudem Influenzaviren weiter verteilen und die Virenpartikel bleiben länger ansteckend als bei idealer Luftfeuchte. Zu hohe Luftfeuchte im Raum wird als unangenehm und schwül empfunden. Ebenso können sich Milben und Schimmel in feuchter Umgebung besser ausbreiten. Die hohe Luftfeuchte birgt außerdem eine höhere Gefahr, dass sich aufgrund von Kondensation an kälteren Flächen Schimmel bildet.

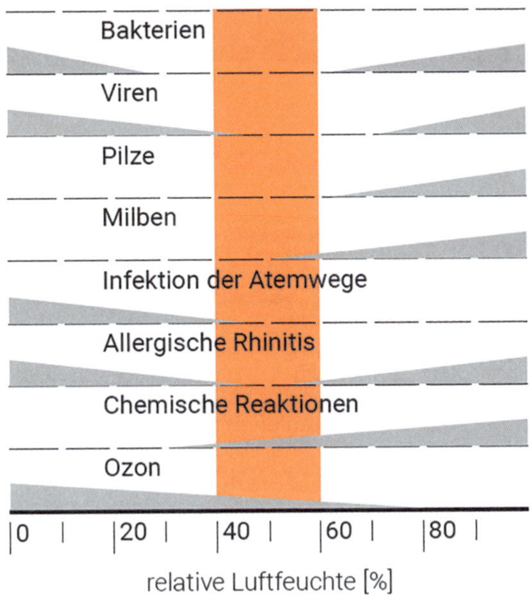

Abb VI.6: Scofield-Sterling-Diagramm 1985 [Belimo, Raumlufttechnische Geräte (2020) 8]

3.1.5. Luftgeschwindigkeit

Im Gegensatz zur Raumtemperatur ist es viel schwieriger, Luftbewegungen im Raum im Bereich der thermischen Behaglichkeit zu behalten. Va im Kühlfall ist eine zu hohe Luftgeschwindigkeit Grund für viele Beanstandungen der Nutzer. Hervorgerufen wird das Problem durch die Kühlwirkung der über die Haut strömenden Luft und die daraus resultierenden Zugserscheinungen. Aber auch im Winter gibt es Probleme, va in Gebäuden mit schlecht isolierten Fenstern mit hohen U-Werten, an denen sich die Raumluft abkühlen und als Kaltluftabfall unangenehme Zugserscheinungen auslösen kann. Um die Luftbewegungen auf ein Minimum zu reduzieren und dennoch eine angenehme Raumtemperatur zu schaffen, bietet sich der Einsatz von Heiz-Kühl-Decken oder der sog thermischen Bauteilaktivierung (= TBA) an. Bei Luftströmungen sind folgende Faktoren für Zugserscheinungen ausschlaggebend:

- Raumlufttemperatur
- mittlere Luftgeschwindigkeit
- Art der Luftströmung (laminar/turbulent)

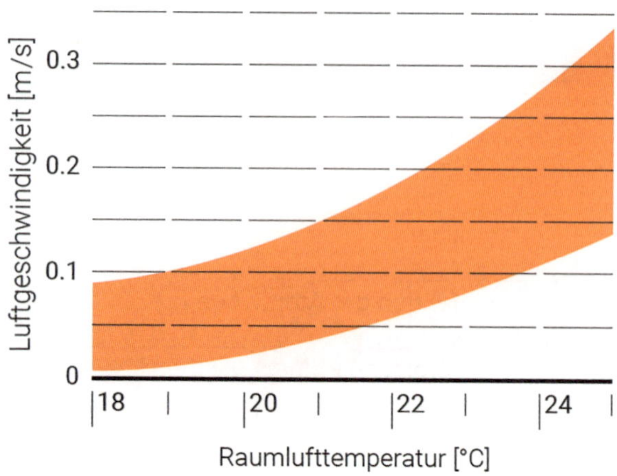

Abb VI.7: Zulässige Luftgeschwindigkeit in Abhängigkeit der Raumlufttemperatur [Belimo, Raumlufttechnische Geräte (2020) 9]

3.2. Luftqualität

Die Luftqualität ist normalerweise der Hauptgrund, wieso eine Lüftungsanlage geplant und verbaut wird. Durch das Austauschen verbrauchter Luft gegen Frischluft aus dem Freien kann eine kontinuierlich gute Luftqualität gewährleistet werden. In den meisten Fällen sind die anwesenden Personen die größte Quelle der Luftbelastung. In Industrieanlagen können aber auch andere, zum Teil gesundheitsschädliche und giftige Stoffe freigesetzt werden, die abgeführt werden müssen. Ebenso können Möbel oder Bauteile Stoffe freisetzen, die den Innenraum belasten. Dieses Buch konzentriert sich auf Gebäudenutzungen, bei denen die anwesenden Personen die Hauptquelle der Luftbelastung darstellen.

Für alle Stoffe existiert ein MAK-Wert (maximale Arbeitsplatzkonzentration), der angibt, welche Konzentration für welchen Stoff nicht überschritten werden darf. Die Luftvolumenströme des RLT-Geräts können dann entsprechend dimensioniert werden.

3.2.1. CO_2 und empfundene Raumluftqualität

In Räumen, in denen sich va Menschen aufhalten, stellt der Mensch die größte Quelle der Luftverunreinigung dar. Die CO_2-Konzentration, die in ppm (parts per million) angegeben wird, korreliert mit der Geruchsintensität von Menschen. Aus diesem Grund können die Luftqualität und Geruchsintensität gut über den CO_2-Gehalt in der Luft gemessen und geregelt werden. Ca 20 % der Personen, die einen Raum betreten, empfinden 1000 ppm als unbefriedigend. Grundsätzlich gibt es aber keine fixen Werte, die als unbefriedigend bezeichnet werden könnten, und der Wert liegt wahrscheinlich in einem Band zwischen 800 und 1400 ppm. Die Wahrnehmung der Luftqualität hängt auch von Temperatur, Feuchte, Aufenthaltsdauer und sozialen Aspekten ab.

Um die CO_2-Konzentration im Raum zu minimieren, wird dem Raum oft durch eine Lüftungsanlage Frischluft zugeführt. Zur Berechnung der benötigten Frischluftmenge kann eine Frischluftrate pro Person angenommen werden. Je größer die angenommene Frischluftrate, desto besser die Luftqualität und umso behaglicher fühlen sich die anwesenden Personen. Der Gewinn und die Sicherstellung der Raumluftqualität durch eine höhere Frischluftrate haben zur Konsequenz, dass die Investitions-, Betriebs- und Energiekosten für die notwendige Lüftungsanlage steigen.

In Abb VI.8 und Abb VI.9 ist zu sehen, wie die Luftqualität die Arbeitsleistung und die Zufriedenheit der anwesenden Personen beeinflusst. Mit einer größeren Außenluftrate kann mehr CO_2 abgeführt werden, was zu einer besseren Luftqualität führt.

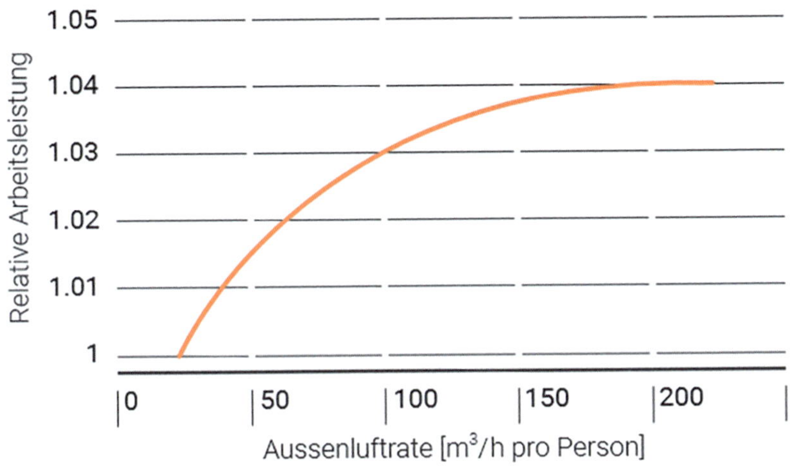

Abb VI.8: Zusammenhang von Lüftung und Arbeitsleistung bei Büroarbeit [Belimo, Raumlufttechnische Geräte (2020) 10]

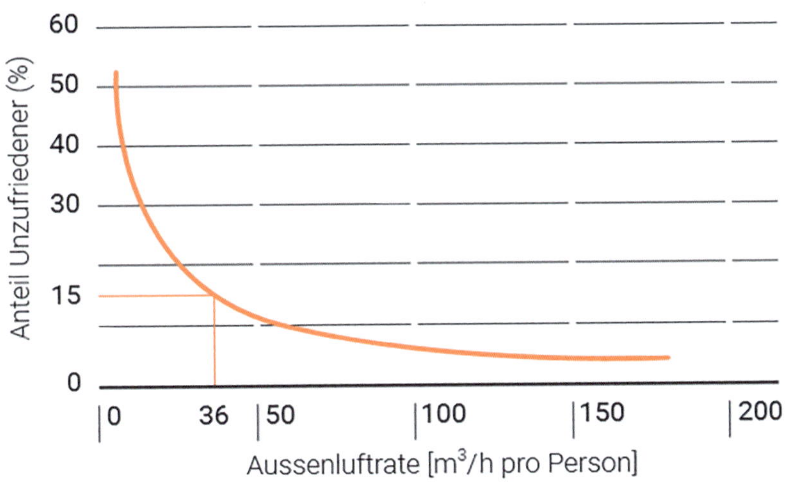

Abb VI.9: Anteil Unzufriedener in Abhängigkeit der Lüftungsrate [Belimo, Raumlufttechnische Geräte (2020) 10]

Klasse	Beschreibung	Arithmetischer Mittelwert der Momentanwerte für CO2 [ppm]
Klasse 1	Ziel für Innenräume für den dauerhaften Aufenthalt von Personen	$\leq$ 800
Klasse 2	Richtwert für Innenräume für den dauerhaften Aufenthalt von Personen, in denen geistige Tätigkeiten verrichtet werden bzw die zur Regeneration dienen	$\leq$ 1000
Klasse 3	Allgemeiner Richtwert für Innenräume für den dauerhaften Aufenthalt von Personen	$\leq$ 1400
Klasse 4	Richtwert für Innenräume mit geringer Nutzungsdauer durch Personen	$\leq$ 5000
Außerhalb der Klassen	Für die Nutzung durch Personen nicht akzeptabel	> 5000

Tab VI.3: Mindestanforderungen und Zielwerte für die Raumluftqualität, Konzentrationsangaben der CO_2-Konzentration absolut [BMLFUW, Richtlinie zur Bewertung der Innenraumluft (2017) 34.

Ziel ist, dass in Innenräumen, die zum dauerhaften Aufenthalt von Personen dienen, der arithmetische Mittelwert der Momentanwerte im jeweiligen Beurteilungszeitraum nicht über dem Wert von 800 ppm CO_2 absolut liegt. In Innenräumen, die für den dauerhaften Aufenthalt von Personen vorgesehen sind und in denen geistige Tätigkeiten verrichtet werden bzw die zur Regeneration dienen (bspw Schul- und Unterrichtsräume, Vortragsräume, Büros, Schlafräume, Hotelzimmer), sollte der arithmetische Mittelwert der Momentanwerte im jeweiligen Beurteilungszeitraum nicht über dem Wert von 1000 ppm CO_2 absolut liegen.[2]

3.2.2. VOC (Volatile Organic Compound)

VOC ist die Sammelbezeichnung für flüchtige organische Verbindungen, also für kohlenstoffhaltige Stoffe, die leicht verdampfen und schon bei Raumtemperatur gasförmig sind.

Quellen von VOC in der Raumluft können neben menschlichen Ausdünstungen ua auch Kunststoffe, Baustoffe, Möbel, Teppiche, Reinigungsmittel sowie Tabakrauch sein. Es kann auch sein, dass übel riechende Luft von außen durch das RLT-Gerät angesaugt wird (zB Emission aus Landwirtschaft oder Holzfeuerungen).

Die Auswirkungen von VOC-belasteter Raumluft auf die Gesundheit können sehr unterschiedlich sein. Auf der einen Seite kann die Luft einfach unangenehm riechen oder sich leistungsmindernd auswirken. Auf der anderen Seite der Skala können Stoffe in bestimmten Konzentrationen Allergien und Reizungen der Atemwege hervorrufen oder im schlimmsten Fall sogar das Krebsrisiko fördern.

2 Vgl *BMLFUW*, Richtlinie zur Bewertung der Innenraumluft (2017) 34.

3.2.3. Feinstaub PM2,5/PM10

Der Feinstaub wird heute im Wesentlichen für die Auswirkungen von Luftverschmutzungen auf die Gesundheit verantwortlich gemacht und va durch menschliches Handeln erzeugt. Die größten Quellen sind Emissionen von Kraftfahrzeugen (Verbrennungsprozess, Reifen- und Bremsabrieb), Heizungen, Industrie und Landwirtschaft.

Feinstaub wird anhand der Partikelgröße in „PM"-Kategorien eingeteilt, wobei „PM" für „Particulate Matter" steht und die nachfolgende Zahl den maximalen Durchmesser der Staubteilchen in µm angibt. Unter PM10 versteht man somit alle Staubteilchen mit einem Durchmesser kleiner als 10 µm.

Grundsätzlich kann man sagen: je kleiner die Staubteilchen, desto tiefer können sie in den Körper eindringen und desto schädlicher sind sie für unsere Gesundheit. Abb VI.10 zeigt die Partikelgrößen auf und wie weit sie in unseren Körper vordringen können.

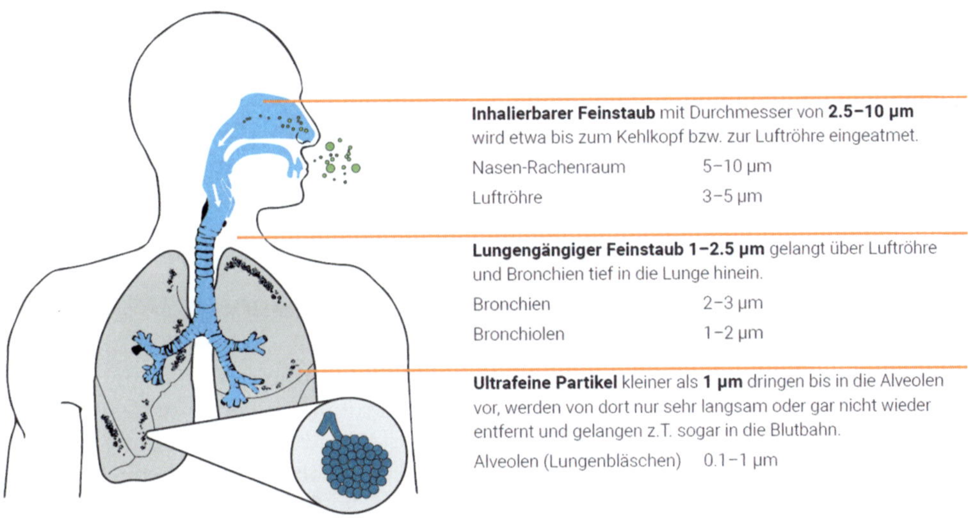

Abb VI.10: Größenvergleich Feinstaub [Belimo, Raumlufttechnische Geräte, 2020, Seite 11]

Eine erhöhte Belastung von Partikeln kleiner als 2.5 µm kann schwere Auswirkungen auf die Gesundheit haben. In der Lunge können entzündliche Reaktionen ausgelöst werden, die zu Folgeschäden an anderen Organen führen können.

Wie viel Feinstaub die Lunge belasten kann, bevor Symptome auftreten, ist von Person zu Person verschieden und hängt vom allgemeinen Gesundheitszustand ab. Va Krankheiten wie Asthma oder COPD (chronische obstruktive Lungenerkrankung) können durch Einatmen von Feinstaub verschlimmert werden.

Die Feinstaubwerte können regional verschieden sein und ändern sich spontan sehr häufig. Der „Wiener Luftgüteindex" in Tab VI.4 bewertet und kategorisiert die Luftqualität anhand der Feinstaub- wie auch der Ozon-, Stickstoffdioxid-, Schwefeldioxid- und Kohlenmonoxidkonzentration. Für Filteranwendungen ist jedoch nur die Bewertung des Feinstaubs relevant. Deshalb wird in der folgenden Tab nur die Feinstaubkonzentration aufgeführt.

Bewertung	Index	PM10, AQI 24 h-Mittel µg/m³	PM2.5 24 h-Mittel µg/m³	Bedeutung
sehr gut	1	0–20	< 25	Negative Auswirkungen auf Ökosysteme sind nach derzeitigem Wissensstand wenig wahrscheinlich.
gut	2	21–35		Alle Gesundheitsschutz-Grenzwerte sind eingehalten. Auswirkungen auf Ökosysteme sind nicht mehr auszuschliessen.
befriedigend	3	36–50		Die Gesundheitsschutz-Grenzwerte sind meist noch eingehalten. Auswirkungen auf Ökosysteme sind in zunehmendem Masse möglich.
unbefriedigend	4	51–100	25.1–35.4	Die Messwerte befinden sich auf dem Niveau von Gesundheitsschutz-Grenzwerten. Gesundheitliche Beeinträchtigungen empfindlicher Personen können vereinzelt auftreten.
schlecht	5	101–150	35.5–55.4	Die Gesundheitsschutz-Grenzwerte sind überschritten. Gesundheitliche Beeinträchtigungen empfindlicher Personen sind möglich. Die Bevölkerung wird verstärkt über die Schadstoffsituation informiert.
sehr schlecht	6	ab 151	ab 55.5	Die Messwerte befinden sich in der Höhe von Alarmschwellen. Die Gesundheitsschutz-Grenzwerte sind deutlich überschritten. Gesundheitliche Beeinträchtigungen aller Personen sind möglich.

Tab VI.4: Wiener Luftgüteindex – Stadt Wien, Abteilung Umweltschutz [Belimo, Raumlufttechnische Geräte (2020) 12]

4. Sanierung im Immobilienbestand

Immobilien sind für ungefähr ein Drittel des europäischen Gesamtenergieverbrauchs verantwortlich. Ein wesentliches Energieeinsparungspotential weist der Gebäudebestand auf. Nebst dem möglichen Einsparpotentialen bei Betriebskosten und gleichzeitiger Maximierung des Nutzerkomforts werden auch die Flexibilität einer Umnutzung (zB aus Büroräumlichkeiten werden Wohnungen) und der stets wachsende Kühlbedarf einer Immobilie immer wesentlicher in der Lebenszyklusbetrachtung. Ein erheblicher Anteil der Energieeffizienz von Gebäuden entfällt dabei auf die Gebäudeautomation und das Gebäudemanagement sowie auf die eingesetzte HLK-Technik (Heizung-, Lüftung- und Klimatechnik).

4.1. Gebäudeautomation

Die Gebäudeautomation dient der automatischen Steuerung, Regelung und Überwachung der gebäudetechnischen Anlagen, insb auch der RLT-Geräte und koordiniert die verschiedenen Funktionen und Aufgaben der technischen Gewerke (HLKSE) wie zB Lichtsteuerung, Beschattungssteuerung, Heizungs- und Temperaturregelung.

Ziel ist es, durch die Vernetzung der technischen Anlagen im Gebäude Funktionsabläufe gewerkeübergreifend automatisch nach vorgegebenen Parametern durchzuführen oder deren Bedienung bzw Überwachung zu vereinfachen. Sämtliche Gewerke werden dabei intelligent miteinander vernetzt, damit alle Funktionen zentral verwaltet werden können. Die Vernetzung der Gebäudesysteme und die Digitalisierung der Strukturen bieten die Möglichkeit, die Wartung von Gebäuden langfristig effizienter zu gestalten. Je nach Ausbaustufe kann die Gebäudeautomation das zuständige Facilitymanagement über Anomalien verständigen. Diese können so vorbeugend und somit mit weniger Aufwand für den Gebäudebetreiber behoben werden. Dieser Prozess wird als Predictive-Maintenance bezeichnet.[3]

Die Gebäudeautomation stellt zudem verschiedene Werkzeuge für die Bedienung und Visualisierung der Anlagen zur Verfügung (Web-Visualisierung, Display, Bedienelemente etc). Die Ausprägung eines Gebäudeautomationssystems kann sehr unterschiedlich sein.

4.1.1. Die Norm EN 15232-1

Das Ziel der Europäische Norm EN 15232-1 „Energieeffizienz von Gebäuden – Einfluss von Gebäudeautomation und Gebäudemanagement" liegt in der Unterstützung der Richtlinie über die Gesamtenergieeffizienz von Gebäuden (EBPD-RL) zur Verbesserung der Energieeffizienz in Gebäuden in den EU-Mitgliedsstaaten. Die Norm spezifiziert die Methoden zur Einschätzung von Auswirkungen von Gebäudeautomations-Systemen (GA-Systemen) und Technischen-Gebäude-Management-Funktionen (TGM-Funktionen) auf die Energieeffizienz von Gebäuden sowie eine Methode zur Festlegung der minimalen Anforderungen an diese Funktionen, umgesetzt in Gebäuden verschiedener Komplexität.

Die Gebäudeautomation (GA) bietet wirksame Regelungsfunktionen für jede Energieanlage eines Gebäudes, etwa für Heizung, Lüftung, Kühlung, Trinkwassererwärmung und Beleuchtung, die zu einer Verbesserung von Betriebsverhalten und Energieeffizienz führen. Komplexe und integrierte Energieeinsparfunktionen und -programme können in Abhängigkeit von den Nutzenbedingungen auf der Grundlage der tatsächlichen Nutzung eines Gebäudes erarbeitet werden, wodurch unnötiger Energieverbrauch und unnötige CO_2-Emissionen vermieden werden können.

Die Funktionen des technischen Gebäudemanagements (TGM) liefern als Teil des Gebäudemanagements (GM) Informationen zum Betrieb, zur Wartung, zu den Gewerken und zum Management von Gebäuden speziell im Hinblick auf das Energiemanagement (Fähigkeit zur Messung, Aufzeichnung, Angabe von Tendenzen und zur Warnung bei und Diagnose von unnötigem Energieverbrauch). Das Energiemanagement stellt Anforderungen an die Aufzeichnung, Regelung, Überwachung, Optimierung und Bestimmung der Energieeffizienz von Gebäuden sowie für die Verbesserung dieser Energieeffizienz unterstützende Korrektur- und Vorbeugungsmaßnahmen bereit. Die Norm EN 15232-1 kann genutzt werden, um den Beitrag dieser Gebäudemanagementfunktionen zur Energieeffizienz von Gebäuden zu bewerten. Die GA-Funktionen beruhen auf dem in Abb VI.11 dargestellten Modell des Energiebedarfs und der Energieversorgung eines Gebäudes.

3 Vgl *ÖGNI*, Positionspapier – Benchmarks im Betrieb (2018) 10.

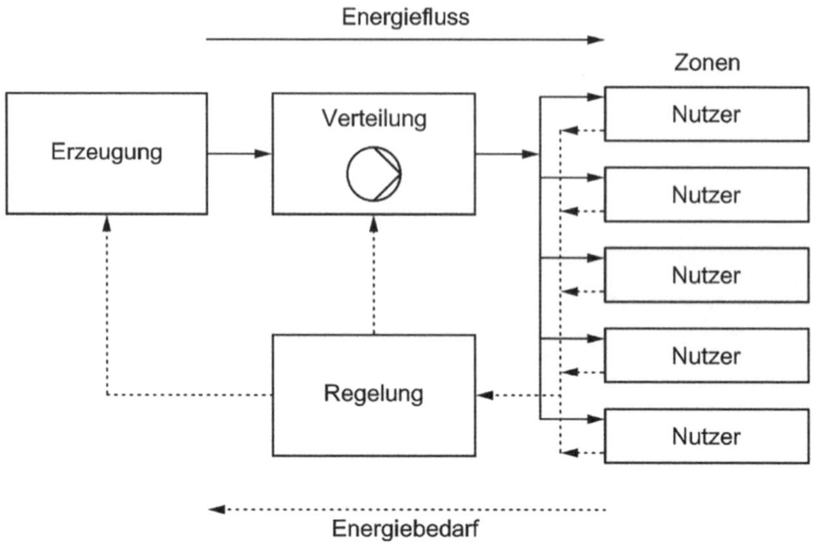

Abb VI.11: Modell des Energiebedarfs und der Energieversorgung [ÖNORM EN 15232-1 (2017) 15]

Räume stellen die Quelle des Energiebedarfs dar. Geeignete Ausrüstung sollte im Hinblick auf Temperatur, Feuchte, Luftqualität und Beleuchtung je nach Bedarf und unter Berücksichtigung von Mindest- und Höchstanforderungen örtlicher Vorschriften behagliche Bedingungen in den Räumen sicherstellen. Das Medium wird dem Verbraucher je nach Energiebedarf zugeführt, wobei durch die Verteilung und Erzeugung entstehende Verluste auf ein absolutes Minimum beschränkt werden.[4]

4.1.2. Digitalisierung

Das Internet der Dinge (IoT) verändert unsere Welt und verbindet verschiedenste Geräte miteinander, um unser Leben einfacher, sicherer und komfortabler zu gestalten. Der fortschreitende Digitalisierungsgrad von Gebäuden hat viele Gründe und bietet Investoren, Betreibern wie auch Nutzern nachhaltige Mehrwerte wie die Einfachheit von Komplettlösungen und die schnelle, einfache Inbetriebnahme und Fernüberwachung.

Der wohl bekannteste Grund für den Einsatz der Digitalisierung in Bezug auf die Immobilie ist die Maximierung der Energieeffizienz. Digitale Gebäudeinformationen von Aktoren und Sensoren sind auch für die nachfolgenden Themenfelder essentiell:

- BIM – Building Information Modeling
- Monitoring der technischen Gebäudeausstattung
- Datenanalyse
- Energiemanagement
- Raumkomfortoptimierung und -sicherstellung
- digitales/computerunterstütztes Facility-Management (vorbeugende Wartung etc)

4 Vgl ÖNORM EN 15232 (2017) 15.

4.1.3. Technisches Monitoring

Innovativ und energieeffizient geplante Gebäude kämpfen nach Fertigstellung im tatsächlichen Betrieb oft mit deutlichen Verfehlungen der Ziel- und Planungswerte. Die Folgen sind ein langer Projektnachlauf, unzufriedene Nutzer sowie hohe Betriebskosten und Energieverbräuche. Die Ursachen können in Planung, Errichtung und Inbetriebnahme liegen, sind oft vielfältig und schwer zu identifizieren. Technisches Monitoring, als Zusatz zum Inbetriebnahmemanagement, kann hier die Lösung sein. Das technische Monitoring ermöglicht eine bessere und schnellere Optimierung des Gebäudebetriebs von neu errichteten und sanierten Gebäuden und lokalisiert im Idealfall noch vor der Übergabe, aber spätestens in der Gewährleistungsphase alle versteckten Mängel einer Haustechnikanlage. Es wird ein Soll-Ist-Vergleich zwischen geplanter und erreichter Qualität dargestellt damit Mängel präzise und schnell lokalisiert werden können (zB defekte Fühler in Lüftungsanlage, für den Betrieb unpassende Regelungseinstellungen, häufiges Taktverhalten von Anlagen, fehlerhafte Dokumentation).[5]

4.2. HLK-Technik

Sanierungspotentiale im Zusammenhang mit der HLK-Technik sind ein erheblicher Teil der Gesamt-Energieeffizienz von Gebäuden.

4.2.1. RLT-Geräte

RLT-Anlagen tragen wesentlich zu behaglichen Räumen mit gesunder Luft bei. Zudem stellen sensible Prozesse und Produktionsstätten hohe Anforderungen an das Raumklima und die Raumluftqualität. RLT-Geräte bilden dabei das Herzstück dieser Anlagen. Sie stellen die Zuluft in der geforderten Qualität und Quantität zur Verfügung. Das Maß der Luftaufbereitung richtet sich nach den geforderten Raumkonditionen sowie dem Gebäudetechnikkonzept. So ist bspw neben der erforderlichen Zulufttemperatur auch die Art der Heiz- und Kühleinbringung in den Raum für die Temperatur im Raum verantwortlich.

Wie bei allen gebäudetechnischen Einrichtungen stehen auch bei der Luftaufbereitung die Behaglichkeit und Gesundheit der Personen im Fokus. Ein RLT-Gerät (umgangssprachlich „Lüftungsanlage") wird dazu verwendet, die in einem Raum oder Gebäude benötigte Luft bedarfsgerecht aufzubereiten. Aufbereiten bedeutet, dass die Luft entsprechend dem Bedarf gefiltert, temperiert, be- oder entfeuchtet und dem Raum und/oder Gebäude eingeblasen oder abgesaugt wird, und ist daher ein essentieller Faktor zur Vermeidung von Bauschäden wie zB Schimmel.

RLT-Geräte werden bedarfsorientiert oft 24 Stunden täglich betrieben und sind somit ein wesentlicher Bestandteil der technischen Gebäudeausstattung einer Immobilie. Wenn ein durchgängiger Betrieb (24/7) gefordert/gewünscht ist, ist die Anlagenverfügbarkeit auf ein Maximum zu erhöhen.

5 Vgl *ÖGNI*, Positionspapier – Benchmarks im Betrieb (2018) 10.

Die Funktion der Anlage wird grundsätzlich durch die Gebäudeautomation gewährleistet. Im Sinne der Digitalisierung lässt sich ein Abbild von der Funktion der Gesamtanlage heute auf nahezu jedem Endgerät (Mobiltelefon, Tablet etc) darstellen.

Ein erhöhter Digitalisierungsgrad der Lüftungsanlage kann eine Anlagenverfügbarkeit und die damit einhergehende Sicherstellung der Behaglichkeit für den Nutzer gewährleisten: Bspw könnten Klappenantriebe (Aktoren) vorzeitig, wenn die Klappe schwergängiger wird als bei der Erstinbetriebnahme, eine etwaig zukünftig zu erwartende Fehlfunktion melden. Dieses Monitoring bzw die Anlagenmeldung kann so dem Immobilienbetreiber zugesandt werden, der dann weitere Aktionen veranlassen kann.

Brandschutz in Lüftungssystemen

RLT-Geräte müssen in der Regel beim Ansprechen von Brandmelde- oder Löschanlagen, Kanalrauchmeldern sowie der thermischen Auslösevorrichtung von Brandschutzklappen ausgeschaltet werden. Lüftungs- und Brandschutzkonzept müssen aufeinander abgestimmt sein, damit sich im Brandfall Feuer und Rauch nicht über die Lüftungsleitungen ausbreiten können. Abweichende Konzepte sind länderspezifisch und nach Absprache mit den jeweiligen Behördenvertretern möglich. Das gewählte Konzept muss im Brandschutzkonzept des jeweiligen Gebäudes dokumentiert und durch die zuständigen Behörden genehmigt werden.

Bei der Brandabschaltung werden die Ventilatoren des RLT-Geräts ausgeschaltet. Des Weiteren erfolgt eine Schließung der Außenluft- und Fortluftklappen mit Motorantrieb oder Federrücklauf. Bei Umluftanlagen sind bei der Brandabschaltung auch die entsprechenden Umluftklappen zu schließen.

Um im Brandfall eine Einbringung bzw Verteilung von toxischen Rauchgasen im Gebäude zu verhindern, ist die Verwendung von Kanalrauchmeldern in RLT-Geräten vorgeschrieben. Diese können in der Abluft oder in der Zuluft der Anlage gefordert sein. Die Anordnung der Rauchauslöseeinrichtungen darf deren Wirksamkeit durch Verdünnungseffekte nicht beeinträchtigen (gilt va für Umluftanlagen). Bei Rauchdetektion wird das RLT-Gerät in der Regel sofort abgeschaltet. Regionale Vorschriften und Anforderungen sind auch hier zu beachten.

RLT-Geräte (Apparate, Ventilatoren und Leitungen) sind so zu reinigen und instand zu halten, dass die Betriebsbereitschaft stets gewährleistet ist und keine Brandgefahr entsteht.

4.2.2. Kühldecke und -segel

Durch den Klimawandel besteht schon jetzt – Tendenz steigend – ein erhöhter Bedarf an Kühlleistung zur Konditionierung von Innenräumen einer Immobilie. Ein probates Mittel in der Sanierung, ohne architektonische Abstriche machen zu müssen, ist die raumweise Nachrüstung von Kühldecken und -segeln.

Deckenkühlsysteme geben im Gegensatz zu RLT-Anlagen ihre Energie in Form von Strahlung ab. Diese Form der Energieabgabe hat viele Vorteile, zB absolute Zugfreiheit, Geräuschlosigkeit, als groß empfundene Behaglichkeit beim Nutzer, hohe Energieeffizienz im Vergleich zu RLT-Anlagen, Erfüllung der Hygieneansprüche im Raum (kein aufgewirbelter Staub) und niedrige Betriebskosten. Speziell Kühldecken und -segel sind nicht nur hinsichtlich des effizienten Betriebs und der Nutzerkomfortsteigerung in der Sanierung in der engeren Auswahl, sondern durch ihre Perforation lässt sich zudem auch die Raumakustik stark verbessern.

Um die diversen Deckensysteme energetisch/hydraulisch bestmöglich und energieeffizient zu versorgen, muss die Einregulierung des hydraulischen Anlagenteils sichergestellt sein. Um die hydraulische Balance in der Anlage zu jedem Betriebspunkt garantieren zu können, werden druckunabhängige Regelventile verwendet.

4.2.3. Be- und Entfeuchtung

Bei der Gebäudeklimatisierung ist die Luftbefeuchtung nicht wegzudenken. Hierbei gilt es aber, grundlegende mikrobiologische Zusammenhänge zu beachten. Die Qualität der Befeuchtungssysteme und die Hygiene des Befeuchtungsprozesses spielen eine wesentliche Rolle. Aktuelle Regelwerke, wie die VDI 6022, geben Hinweise zu Konstruktion, Planung, Herstellung und Anlagenbetrieb.

Konstante Luftfeuchtigkeit ist sowohl in der Hightech-Industrie als auch im konventionellen Gewerbe und im Privatbereich unersetzlich. Durch sie werden statische Aufladungen vermieden, wertvolle Güter in der Produktion geschützt und die optimale Grundlage für einen gesunden Organismus geschaffen.

Va Schleimhäute können ihrer Zweckbestimmung nicht mehr nachkommen, wenn sie einer zu trockenen Raumluft ausgesetzt sind. Sowohl die Ansteckungs- als auch die Infektionsgefahr steigen dramatisch an, wenn das Raumklima nicht 40–60 % relativer Luftfeuchtigkeit bietet, die Luftfeuchtigkeit sollte somit in dieser Bandbreite eingehalten und sichergestellt werden. Es gibt mittlerweile zahlreiche Untersuchungen, die zeigen, dass eine relative Luftfeuchtigkeit > 40 % positive Auswirkungen auf das Wohlbefinden von Personen in geschlossenen Räumen hat. Dadurch sinkt sogar die Krankheitsrate zB in Bürogebäuden.

Zur Nachrüstung von Befeuchtungslösungen in Lüftungsanlagen wird zwischen adiabaten und Dampf-Luftbefeuchtern unterschieden. Basierend auf Marktrückmeldungen werden in der Sanierung/Nachrüstung tendenziell eher Dampf-Luftbefeuchter (geringer Platzbedarf, einfache Installation) eingesetzt.[6]

Nicht nur trockene Luft kann zu Gesundheits- und Sachschäden führen, auch zu feuchte Luft kann zu Problemen führen. Das bekannteste Problem in diesem Zusammenhang ist sicherlich die Schimmelbildung, die ua die Gesundheit des Nutzers angreift. Aber nicht nur für den Menschen ist Schimmel gefährlich, sondern er schädigt auch die Bausubstanz von Immobilien. Schimmelbeseitigung in zB Wohnungen ist oft mit sehr hohen Kosten für den Vermieter verbunden.

Durch den Einsatz von Lüftungsanlagen und dem stetigen Luftwechsel in Innenräumen kann die Einhaltung von 40–60 % relativer Luftfeuchte sichergestellt und Mensch bzw Bauwerk am besten geschützt werden.

6 Vgl *Bösch*, Präsentation Befeuchtungssysteme (2020) 6.

4.3. Die PowerPack-Immobilie

Angesichts der schwankenden Verfügbarkeit von erneuerbaren Energien braucht es künftig intelligente Speichersysteme, die flexibel auf Energieangebot und -nachfrage reagieren können. Energiespeicher ermöglichen nicht nur eine zeitlich unabhängige Überbrückung, sondern auch die Transformation der Energieformen über die Sektorgrenzen von Strom, Wärme und Mobilität hinweg.

Eine vielversprechende Speichertechnologie ist dabei die Bauteilaktivierung zur Gebäudetemperierung (= Heizen und Kühlen), die durch die Nutzung von Beton als Energiespeicher eine Anpassung des Heizenergiebedarfs an das Angebot erneuerbarer Energien ermöglicht. Vereinfacht gesagt, können die Bauteile bei „günstigen" Strompreisen mittels Wärmepumpen vorgeheizt oder vorgekühlt werden, um die Wärme dann zu „teuren" Zeiten zu nutzen. Die Wärmepumpentechnologie gewinnt zunehmend an Bedeutung und kann für Warmwasserbereitung, Heizung und Kühlung eingesetzt werden (reversible Wärmepumpen). Je mehr Bauteilmasse aktiviert werden kann, desto größer der Speicher. Eine Betonkernaktivierung bietet daher mehr Potential als eine Fußbodenheizung. Dabei ist darauf zu achten, dass die hydraulischen Systeme gut geplant, automatisch hydraulisch abgeglichen und effizient betrieben werden. Wärmepumpen arbeiten umso effizienter, je geringer die Temperaturdifferenz im System ist.

Die Raumluft selbst kann auch als thermischer Speicher berücksichtigt werden. Dabei kann der Luft sowohl Energie über Änderung der Temperatur (sensible Wärme) als auch über Änderung der Feuchtigkeit (latente Wärme) zugeführt werden. Generell ist die Speicherfähigkeit von Luft aber deutlich geringer als die von Beton oder Wasser.

Zusätzlich ermöglichen die in Wohngebäuden üblichen Brauchwasserspeicher ebenfalls die Speicherung thermischer Energie. Im Vergleich zu bauteilintegrierten Speichermassen haben sie aufgrund ihrer Größe eine niedrigere Speicherkapazität, die aber mit größeren Temperaturdifferenzen beaufschlagt werden kann.

Auch Kühlhäuser lassen sich als Wärmespeicher flexibel betreiben. Dazu wird die sonst konstante Innentemperatur in begrenztem Maße um einige Kelvin gesenkt bzw erhöht. Bspw kann so in Zeiten geringer Strompreise die Temperatur abgesenkt und anschließend durch Abschalten der Kälteaggregate und folgende Erwärmung der Bezug zu Zeitpunkten mit teurerer Energie vermieden werden. Auf diese Art und Weise ist es auch möglich, den Photovoltaik-Eigenverbrauch zu erhöhen.

Batteriespeicher lassen sich nicht nur zur Erhöhung des Konsums von selbsterzeugter Energie durch Photovoltaik nutzen, sondern auch dafür, den Strom zu günstigen Zeiten einzukaufen, um ihn später zu verwenden oder die gespeicherte Energie zu Zeitpunkten mit hohen Preisen wieder zu verkaufen. Abhängig vom Anwendungsfall können sich große Einsparungen durch die Kappung der vom Netz bezogenen Leistungsspitzen ergeben.

Elektroautos können ähnliche Zwecke erfüllen, indem sie durch intelligente Steuerung zu günstigen Zeiten laden und/oder Leistungsspitzen vermeiden. Kombiniert mit stationären Batteriespeichern lässt sich dies sogar mit möglichst kurzen Ladezeiten vereinbaren. Wenn es den Fahrzeugen möglich ist, bidirektional zu be- und entladen, dann ist auch eine Rückspeisung von Energie ins Netz zu netzdienlichen Zwecken denkbar. Dieser Anwendungsfall befindet sich derzeit bei verschiedenen Unternehmen und Forschungsinstituten in Entwicklung.

Für die Ausnutzung von thermischen und elektrischen Speichern für Flexibilitätszwecke muss eine intelligente Gebäudeautomation in die PowerPack-Immobilie implementiert werden. Dies erfordert Kenntnis und Prognose sowohl von Strompreisen als auch von Wärme- bzw Strombedarf für die nächsten Stunden bis Tage. Mess- und Verbrauchsanalysen, gekoppelt an Monitoringsysteme tragen zu einer Verbesserung der Vorhersagen bei. Optimalerweise werden sie noch mit Wetterprognosen kombiniert.[7]

7 Vgl *FMA*, Leitfaden – PowerPack Immobilie (2019).

VII. Digitalisierung im Bestand

Christian Pillwein

1. Einleitung

Die Immobilienwirtschaft im Bestand steht heute vor vielen neuen Aufgaben. Sie steht dem Wandel im Finanzmarkt, der demographischen Entwicklung im Zusammenhang mit dem Bevölkerungswachstum, dem volkswirtschaftlichen Drang nach Urbanisierung, der Energiewende getrieben von der Rohstoffknappheit und der Digitalisierung gegenüber. Hier steigt die Branche in den Ring mit Veränderungen und Trends, die nicht mehr aufzuhalten sind. Diese Neuerungen haben disruptive Auswirkungen auf die größtenteils starren Abläufe und traditionellen Tätigkeiten. Der Spruch „Wenn der Wind der Veränderung weht, bauen die einen Mauern, die anderen Windmühlen" beschreibt auch den Umgang mit Innovation in der Branche am besten.

Die Digitalisierung gilt als einer der intensivsten Trends in der Immobilienwirtschaft. Neue Ansätze in der Planungs- und Bauphase, der Effizienzsteigerung im Gebäudebetrieb und der Interaktion mit der Gebäudeumgebung sowie neue Nutzerservices sind nur einige der möglichen Potentiale.

Bei den politischen Rahmenbedingungen für die Energiewende besteht ebenfalls Anpassungsbedarf im Zusammenhang mit Immobilien. Gesetzliche Vorgaben für energetische Richtlinien bei Neubau und Sanierung haben mit den heutigen Methoden, Gebäude zu bauen, steigende Investitionskosten zur Folge und treiben dadurch Preise für Immobilien in die Höhe. Weitere rechtliche Rahmenbedingungen, wie das Vergabegesetz oder die Honorarrichtlinie, die ihr Hauptaugenmerk auf die Investitionskosten legen, behindern aktuell die Umsetzung von Innovationen hinsichtlich ökonomischer, ökologischer und soziokultureller Qualitäten in der Bau- und Immobilienbranche.

Die Welt ist bereits gebaut – Bestandsimmobilien zu sanieren bzw zu revitalisieren birgt sehr großes Potential und wird nach wie vor viel zu selten genutzt. Hinsichtlich der Tatsache, dass in Bestandsimmobilien bereits wertvolle Rohstoffe verbaut sind, ist es sinnvoll, ein bestehendes Gebäude neu zu denken. Das Gebäude den aktuellen Anforderungen anzupassen ist in den meisten Fällen ein geringerer Aufwand, als man denkt. In diesem Zusammenhang hilft die ganzheitliche Betrachtungsweise bezogen auf Synergien von Bauphysik und Technik. Die Digitalisierung kann in diesem Zusammenhang eine wichtige Rolle übernehmen.

2. Das Potential von Digitalisierung im Bestand erkennen

Das Erkennen des Potentials der Digitalisierung durch die verantwortlichen Liegenschaftsbesitzer ist oft schwierig. Diese sind oft mit einem Gebäude konfrontiert, das zu hohe Kosten verursacht und wegen nicht ausreichender Funktionalität oder unzureichender Attraktivität nicht mehr den aktuellen Anforderungen entspricht. Die Kosten der Instandhaltung steigen, während die Nachfrage nach Flächen in revitalisierungsbedürftigen Immobilien sinkt. Das bewirkt eine massive Belastung der Bilanzen und fordert schnelle Entscheidungen der verantwortlichen Eigentümer und verantwortlichen Betreiber über die Zukunft der Liegenschaft. Viele Leitfäden zur wirtschaftlichen Beurteilung, ob ein Gebäude in welchem Ausmaß zu optimieren bzw zu revitalisieren ist, zeigen viel zu oft das Ergebnis „Abbruch und neu bauen".

Neue Werkzeuge, basierend auf neuen Technologien, erfordern auch neue Denkweisen und das Einführen neuer Prozesse in der Planung. Sie ermöglichen in den meisten Fällen eine wirtschaftlich sinnvolle Darstellung einer Bestandsrevitalisierung.

Für die Entscheidungsgrundlage fehlt in vielen Bestandsimmobilien oft die Dokumentation, die Anlass gibt, eine Revitalisierung nicht in Betracht zu ziehen. In diesen Fällen helfen oft 3-D-Scan-Methoden, um den Bestand zu digitalisieren und mittels der BIM-Methode weiter zu planen. Wenn das 3-D-Modell mit Beschreibung der einzelnen Objektparameter auch die Haustechnik in ihrer vollständigen Funktionalität beschreibt, ist die Grundlage für den Betrieb der revitalisierten Immobilie gebildet.

Grundsätzlich ist die Methode BIM (Building Information Modeling) in der Branche in aller Munde, jedoch das Potential wird unterschätzt. Die Methode ist die Basis für effizientere Prozesse in der Planungs-, Bau- und Betriebsphase und ermöglicht, Einsparungspotentiale und Effizienzsteigerung im Lebenszyklus zu nutzen, welche die Immobilien- und Bauwirtschaft nachhaltig verändern werden. Die Grundlage dafür ist die Digitalisierung, die das Ziel verfolgt, besseren Nutzerservice zu bieten, höhere Effizienz bei Gebäuden zu erzielen und die Interaktion mit der Gebäudeumgebung zu ermöglichen.

3. Grundlagen und Verständnis der Digitalisierung

Der Ursprung der Digitalisierung liegt im Erstellen digitaler Repräsentationen von physischen Objekten. Den Start der Transformation machte die Digitalisierung in der Licht- und Tontechnik. Ging es damals anfänglich um die Umstellung von der analogen zur digitalen Datenübertragung, geht es heute vielmehr um die Veränderung und Optimierung von Abläufen und Prozessen durch den Einsatz von digitalen Technologien.

Digitalisierung ist mittlerweile in jedem Segment der Immobilien- und Bauwirtschaft angekommen, jedoch wird das Potential bei weitem nicht ausgenutzt. Die Immobilienbranche assoziiert in vielen Fällen Digitalisierung mit 3D-Modellen, die den Verkaufsprozess unterstützen, oder die Planungsmethode BIM, die den Planungs- und Bauprozess effizienter gestalten soll.

Moderne Immobilien, die heutige Anforderungen optimal erfüllen, sind komplex und haben neben den Kriterien der Nachhaltigkeit auch die Symbiose von Bauphysik und Technik zu gewährleisten. Nachhaltiges Bauen setzt integrale Planungsprozesse voraus, die Energie-, Ressourceneffizienz und Dauerhaftigkeit optimieren. Um dieser Aufgabenstellung bestmöglich nachzukommen, müssen bauphysikalische Gesetzmäßigkeiten in Wechselwirkung mit der eingebauten Technik verstanden werden. Die Komplexität der

Anforderungen und die Interdisziplinarität der involvierten Professionen verlangen Methoden, die eine effektive Zusammenarbeit und ganzheitliche Lösungen ermöglichen, die eine optimale Funktionalität der Immobilie zum Ziel haben.

Zertifizierungssysteme, die Immobilien in ihrer Gesamtperformance und Qualität bewerten, unterstützen den holistischen Ansatz und fördern mit flexiblen Qualitätskriterien Innovationen. In Abb VII.1 ist ersichtlich, dass neben den drei Säulen der Nachhaltigkeit viele weitere Qualitätsparameter für eine Gesamtbeurteilung herangezogen werden.

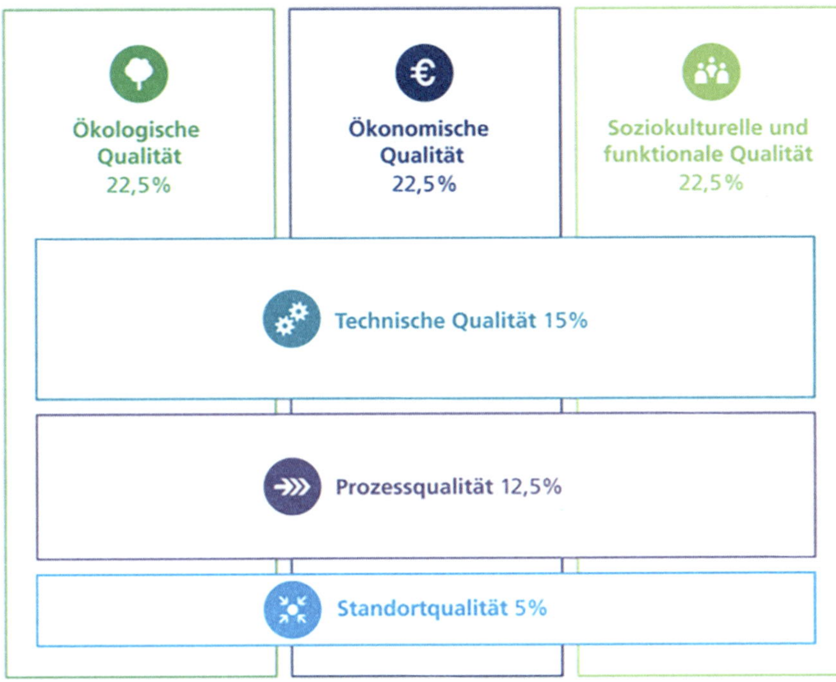

Abb VII.1: DGNB-System der ÖGNI – Bewertung der Gesamtperformance von Gebäuden und Quartieren [ÖGNI 2020]

Hinsichtlich der meist ungenau definierten oder fehlenden gemeinsamen Zielvorgabe, wie zB der Gesamtqualität einer Immobilie, ist jedes involvierte Unternehmen bemüht, seine sequenzielle Aufgabenstellung optimal zu erfüllen. Das führt in den meisten Fällen dazu, dass der Fokus auf die Gesamtqualität der Immobilie verloren geht. Jedes einzelne Unternehmen, das am Entstehungsprozess einer Immobilie beteiligt ist, denkt ausschließlich an sein eigenes aufgabenbezogenes Ziel und dessen Wertschöpfung. Synergien können durch diesen Ansatz nicht erkannt werden. Die einzelnen Geschäftsmodelle sind jetzt schon in sich selbst bis ins Detail digitalisiert, jedoch schwer in den Gesamtprozess des Neubaus oder der Revitalisierung einzugliedern. Diese Fokussierung auf die einzelnen Bereiche führt zwar zu einer enormen Effizienzsteigerung der Teilprozesse, berücksichtigt aber die Notwendigkeit der Eingliederung in den Gesamtprozess nicht. Es entstehen Schnittstellen, die nur mit großem Aufwand zusammengefügt werden können. Der interdisziplinäre Ansatz von der Idee über die Planung führt zur erfolgreichen Umsetzung einer Revitalisierung und später zu einem effizienten Betrieb einer Immobilie.

3.1. Das Verständnis für Digitalisierung

Wenn es darum geht, die Klimaziele zu erreichen und Energie effizienter einzusetzen, sind Gebäude wichtige Teilnehmer in den Strategien. Die Digitalisierung hilft, die Energieeffizienz zu steigern, indem sie das Zusammenwirken der einzelnen Technologien und Disziplinen fördert. Um aus den neuen Technologien den maximalen Nutzen zu ziehen, sind ua Fragestellungen zu der Interoperabilität und dem Datenschutz zu beantworten. Für die erfolgreiche Umsetzung von Digitalisierungsprojekten ist die interdisziplinäre Zusammenarbeit der einzelnen Gewerke und Disziplinen der wichtigste Faktor.

Die Digitalisierung hat die Art unserer Zusammenarbeit im Alltag verändert und steigert die Produktivität. Bei richtiger Anwendung verändert die Digitalisierung nicht die einzelnen Arbeitsschritte, sondern unterstützt diese. Es handelt sich dabei um technische Hilfsmittel, die hauptsächlich immer wiederkehrende Tätigkeiten automatisieren. Die technischen Hilfsmittel bestehen aus Hardware und Software, wie bspw das Handy, ein Computer oder Maschinen. Oft entscheidet man sich voreilig für ein Produkt, anstatt sich im Vorfeld über wichtige Abläufe und deren Optimierungsmöglichkeiten Gedanken zu machen, die digitale Werkzeuge unterstützen sollten. Am Beispiel der Einführung von ERP- oder CRM-Systemen wurden bereits viele Unternehmen eines Besseren belehrt.

Die Digitalisierung im Gebäude ist kein Produkt, sondern das Abbilden von realen Prozessen in einem digitalen Zwilling mit allen Objekteigenschaften. Zum einen ist das Ergebnis der bauphysikalischen Abbildung ein 3-D-Modell. Zum anderen sind Daten, die Komfortzustände, Verbräuche etc darstellen, die Datengrundlage für die Funktionalität im Gebäudebetrieb. In der Digitalisierung von Gebäuden geht es vordergründig um das Applizieren von Prozessen in eine technische Lösung, die alle notwendigen Funktionalitäten abbildet. Das bildet die Grundlage für den ganzheitlichen Gebäudeprozess, in dem alle technischen Gewerke miteinander interagieren. Informationsquellen, bestehend aus Sensoren, Aktoren und externen Informationen, speisen den Prozess. Grundsätzlich besteht die Digitalisierung aus den Bestandteilen Informationen, Schnittstellen und Darstellung dieser Informationen.

Um das Potential der Digitalisierung zu nutzen, bedarf es einer ganzheitlichen Betrachtung der gebäudetechnischen Funktionalität, die in Wechselwirkung mit den bauphysikalischen Eigenschaften steht. Das Verständnis dafür ist ein wichtiger Schritt im Digitalisierungsprozess. In Abb VII.2 wird ersichtlich, dass die Gebäudeautomation in diesem Zusammenhang eine wichtige Rolle als Datenproduzent und Enabler der Digitalisierung einnimmt.

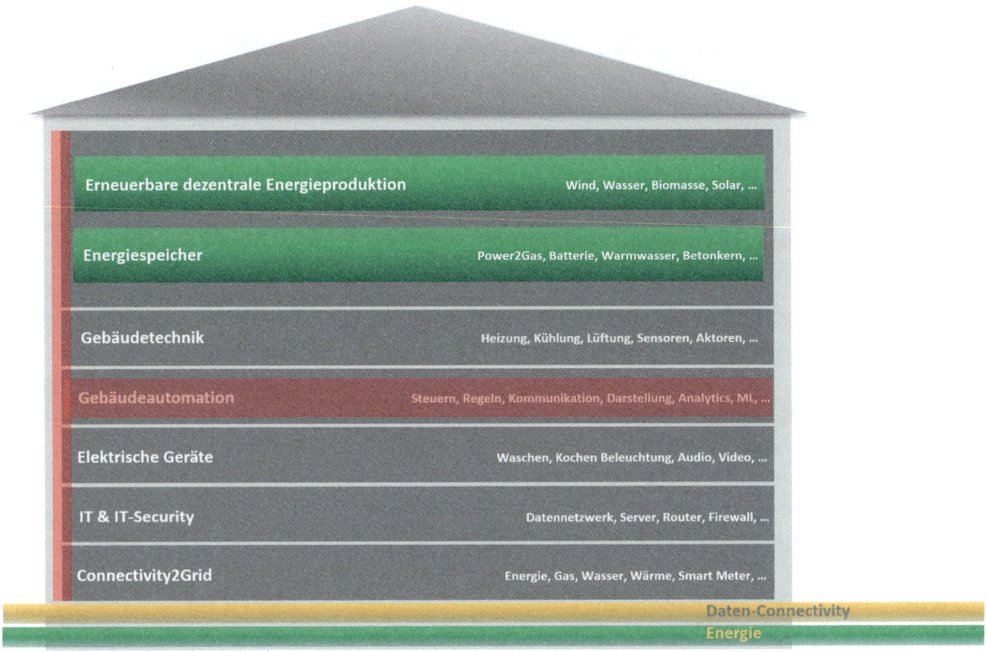

Abb VII.2: Die Automation als Dirigent der Haustechnik [eigene Darstellung]

3.1.1. Die Bestandteile der Digitalisierung

Im Gebäude dient die Digitalisierung zur Transformation reeller Werte in digitale Repräsentationen, die von den einzelnen Planungsdisziplinen erstellt werden und den Nutzern und Betreibern für die Interaktion mit der Gebäudefunktionalität zur Verfügung stehen. Die physischen Werte, Objekte oder Prozesse werden in einer Datenbank gespeichert und als digitaler Zwilling dargestellt. In der Datenbank können die Daten von den zuständigen Disziplinen verarbeitet und weiter transferiert werden. Die Erstellung, Speicherung, Verteilung und Verarbeitung der digitalen Daten erfolgten mittels Computern, Smartphones, Kommunikationsnetzwerken, Internetanwendungen und Datenbanken.

Die Bestandteile Daten, Kommunikation, Darstellung und Verarbeitung bilden die Grundelemente der Digitalisierung. Diese Grundelemente interagieren im digitalen Prozess und haben in einem Gebäude die Aufgabe, die Funktionalität aus Sicht des Nutzers und des Betreibers abzubilden.

Die Digitalisierung besteht aus den folgenden Teilbereichen:

- Daten: aus Daten werden durch Interpretation aussagekräftige Informationen
- Kommunikation: Transport von der Datenquelle über Schnittstellen zu einem Datenempfänger
- Darstellung: abbilden der Informationen und die Interaktion mit den Nutzern; Bedienbarkeit
- Datenverarbeitung: sammeln, analysieren, vergleichen, rechnen

3.1.1.1. Informationen – Daten

Daten sind im ersten Schritt kontextfreie Angaben zu physikalischen Eigenschaften und bestehen aus einer Aneinanderreihung von interpretierbaren Zeichen oder Signalen. Zu aussagekräftigen Informationen werden Daten erst dann, wenn sie in einem Kontext interpretiert werden und so zu einem Erkenntnisgewinn führen. Daten werden produziert und ausgewertet, um damit einen Prozess zu beschreiben oder zu analysieren. ZB ist ein gemessener Temperaturwert von 22 °C nur dann aussagekräftig, wenn er im Zusammenhang mit weiteren physikalischen Parametern, zB einem Komfortkriterium, zugeordnet werden kann.

Daten und daraus resultierende Informationen gelten als Treiber der Digitalisierung. Wer sie besitzt, kann daraus Mehrwert und neues Business generieren. Das haben die großen Vorreiter der Digitalisierung, wie Google, Microsoft, Facebook und Amazon, bereits gezeigt. Im Gebäude gibt es ebenfalls viele Chancen, Mehrwert aus den Daten zu generieren. Es bestehen unzählige Verwendungsmöglichkeiten für die Datennutzung. Einerseits kann man sich der Methode der stochastischen oder allgemein mathematischen Verfahren für das Sortieren, Kategorisieren oder für Optimierungsaufgaben bedienen. Andererseits können aussagekräftige Daten sofort verwendet bzw für Nutzer dargestellt werden. Die Kombination aus Menge und Vielfalt verschiedener Daten, die man in einen Zusammenhang bringen möchte, sind vom Menschen nicht erfassbar und fordern automatisierte Prozesse in der Datenverarbeitung. Die Technologien, die den Umgang mit großen Datenmengen beherrschen und genügend Rechenleistung aufweisen, sind schon lange verfügbar und auch wirtschaftlich darstellbar.

Für den optimalen Betrieb von Gebäuden sind beispielhaft folgende Daten relevant:

Daten für den Nutzerkomfort

- Temperatur [°C oder K]
- Luftqualität [ppm, VOC, CO_2, g/m^3, % …]
- Licht [Ra, K, %-Tageslicht …]
- Schall [dB …]
- Luftbewegung [m/s]
- Raumbelegung [Anzahl der Personen/Raum]

Daten für die Funktionalität

- Energie [W, kWh, kWp, Autarkiegrad-% …]
- Konnektivität [Mbit/s, s …]
- Multimedia [fps, Mbit/s …]
- Bedienbarkeit [s]

Die Daten werden in den verschiedensten Datenquellen generiert. Bei den Datenquellen handelt es sich um Informationen von Sensoren, Aktoren, Systemen oder externen Informationsquellen. Sensoren messen physikalische oder chemische Größen, wie Temperatur, Bewegung, Luftqualitäten, Helligkeit, Druck, und wandeln diese Information in ein elektrisches Signal um. Aktoren sind Bauelemente, die elektrische Signale in physikalische Größen, wie mechanische Bewegung, Helligkeit und Temperaturen, umwandeln. Aus externen Informationsquellen können zB aktuelle Wetterdaten oder Energiekosten abgerufen werden.

Um das Datenverständnis innerhalb eines Systems zu gewährleisten, ist darauf zu achten, dass die semantische Beschreibung der Daten bzw der Informationsinhalte gegeben ist. Interoperabilität beschreibt die Fähigkeit von Systemen, miteinander kommunizieren und interagieren zu können. Für eine aktive Datennutzung ist Interoperabilität eine wichtige Voraussetzung für eine herstellerübergreifende Verarbeitung der Daten und beschränkt sich nicht auf den Einsatz von Standards, sondern konkretisiert, welcher Standard in welcher Form zu verwenden ist. Dabei spielen die semantische Beschreibung der Daten (Bedeutung) und der Einsatz von Ontologien (Verknüpfungen zwischen Bedeutungen) eine wesentliche Rolle. Neben dieser datenzentrierten Sicht auf die Interoperabilität muss auch definiert werden, wie die Interaktion der Systeme gewährleistet werden kann. Hierzu sind Kommunikationsprotokolle und Systemverhalten vorzugeben.[1]

In einer digitalisierten Immobilie ist die eindeutige Definition der Datenqualität bereits in der Planungsphase zu definieren. Aus den Vorgaben für die

- semantische Beschreibung (Bedeutung der Daten),
- ontologische Beschreibung (Verknüpfungen zwischen den Bedeutungen),
- Nutzung von Terminologien (Übersetzung der Bedeutungen),
- Interaktion der Systeme (wie werden die Daten übermittelt? Wireless oder Kabel?),
- Zeitfaktoren (wann werden Daten in welchem Zeitraum übermittelt? Echtzeitfähigkeit)

können neben der Datenqualität auch die einzusetzenden Technologien der Datenübertragung abgeleitet werden.

Im Zusammenhang mit personenbezogenen Daten ist der Datenschutz zu beachten. Der Datenschutz ist heute sehr gut in der Datenschutz-Grundverordnung (DSGVO) abgebildet. Zählerdaten, Sensordaten wie CO_2, Bewegung, Lichtschalter etc können in modernen Automationssystemen mittels zufällig generierten IDs (Hash oder GUID) an Dritte anonymisiert weitergegeben werden. Hierbei spielt es keine Rolle, ob die Daten auf einer lokalen Datenbank innerhalb des Gebäudes oder in virtuellen Speichersystemen (Cloud) gespeichert werden. Privacy by Design, bezogen auf die Digitalisierung von Immobilien, beschreibt den Umgang mit Daten, aus denen Rückschlüsse auf die Gewohnheiten der Nutzer geschlossen werden können, und stellt sicher, dass die Daten nicht an externe Datenbanken weitergegeben werden können. Aber hier liegt es auch am Datenverantwortlichen, die Vorgaben in der Planungsphase im Detail zu definieren.

3.1.1.2. Kommunikation – Schnittstellen

Bei der Kommunikation geht es um den Transport der Daten vom Sensor in ein übergeordnetes und im optimalen Fall ganzheitliches Automationssystem. Die Aufgabenstellung, verschiedenste Sensoren und Aktoren sowie Informationsquellen von unterschiedlichen Herstellern in ein Automationssystem zu intergieren, ermöglicht standardisierte Schnittstellen.

---

1 Vgl *Bölting/Königsmann/Neitzel*, Digitalisierung der Immobilienwirtschaft (2016) 25 f.

Daten werden oft in verschiedenen Systemen generiert. Die Interoperabilität als wichtige Eigenschaft ermöglicht den Datenaustausch zwischen Systemen verschiedener Hersteller bzw verschiedener Gewerke. Hier geht es in erster Linie nicht um standardisierte Schnittstellen, sondern um die detaillierte Beschreibung des Datenaustauschs.

Da ein Datenaustausch auch immer öfter mit externen Teilnehmern stattfindet, ist die IT-Security professionell zu planen, um die Schnittstelle nach außen sicher zu gestalten. Speziell moderne Automationssysteme besitzen die Sicherheitsmechanismen, welche die aktuellen Sicherheitsstandards erfüllen. Die Art und Weise des sicheren Datenaustauschs sind jedenfalls in der Planungsphase zu berücksichtigen und in der Ausführung entsprechend umzusetzen.

3.1.1.3. Darstellung und Bedienung

Das Human-Machine-Interface ist eine wichtige Schnittstelle zwischen dem Nutzer oder Betreiber und dem Gebäude. Die Eigenschaften Individualität und Nutzerfreundlichkeit sind als höchste Priorität anzusehen. Zum einen geht es um die Darstellung der Informationen und zum anderen um die Bedienbarkeit einer Funktionalität.

- Wie werden Möglichkeiten für die Interaktion der Funktionalität dargestellt (Design, nutzergerecht, Usability …)?
- Womit kann mit der Funktionalität interagiert werden (Taster, Touch-Display, Device, Gestik, Mimik, Sprache, Gedanken …)?
- Wer interagiert mit der Funktionalität (Nutzer, Facility-Manager, Service- und Wartungspersonal …)?
- Wofür werden Daten dargestellt (zB wofür brauche ich GLT? Eingriff von Mensch, Interpretieren)?

Für den Nutzer einer Immobilie ist es in den meisten Fällen nur wichtig, dass er die Funktionalität, die er im Alltag benötigt, so einfach wie möglich nutzen kann. Für das Einschalten der Beleuchtung wird ein einfacher Lichtschalter zB eher akzeptiert als ein Touchdisplay mit mehreren Untermenüs. Für die Bedienung eines Besprechungsraums mit vielen Funktionen, wie Audio, Video, Beleuchtung und Beschattung, sind Konzepte gefragt, die für den Nutzer einfach und selbsterklärend sind.

Der Facility-Manager möchte über das Bedienen hinaus die Zustände der gebäudetechnischen Anlagen beobachten und muss die Möglichkeit haben, im Bedarfsfall in den Prozess einzugreifen. Er interagiert in den meisten Fällen über eine Visualisierung, die alle Anlagenzustände übersichtlich darstellt. Die Visualisierung stellt die Monitoring-Daten übersichtlich dar und lässt Anomalien erkennen. Ebenfalls können Optimierungsaufgaben aus den dargestellten Daten abgeleitet werden. Damit ungeschulte oder unautorisierte Nutzer nicht auf die Oberfläche der Visualisierung des Betreibers gelangen, muss diese über eine Benutzerkontensteuerung zugänglich gemacht werden.

3.1.1.4. Gebäudeautomation

Die Gebäudeautomation nimmt in digitalisierten Projekten eine maßgebliche Rolle ein. Mit dem Ziel, Gebäude effizienter betreiben zu können, hat die Automation vorrangig die Aufgabe, alle technischen Gewerke zu koordinieren und Daten zu generieren. Basierend auf den Daten werden optimale Komfortbedingungen für den Nutzer ermöglicht und der Betreiber behält die Übersicht und erhält Feedback über die Zustände im Gebäude bzw wird bei Fehlfunktionen alarmiert. Moderne Automationssysteme ermöglichen neben dem ganzheitlichen Ansatz „alle Daten in einem System" zusätzlich die Verarbeitung und die Analyse der Daten, um anschließend aus den Daten zu lernen. Die analysierten Daten bilden die Basis für viele Optimierungsaufgaben. Basierend auf den Ergebnissen der Datenaufzeichnung und Auswertung von Verbrauchsdaten kann man Verhaltens- oder Nutzungsänderungen ableiten oder mittels automatisierter Optimierungsaufgaben hohe Effizienzmaßnahmen ermöglichen. Ein Beispiel von vielen ist Predictive Maintenance, wo mittels Machine Learning Änderungen im Verhaltensmuster rechtzeitig erkannt und gemeldet werden.

Neue Anforderungen der Energiewirtschaft beeinflussen die ganzheitliche Funktionalität der Immobilie und erweitern diese mit der Interaktion mit dem Energiemanagement für die Energieerzeugung und Speicherung. Die Immobilie in der Rolle als aktiver Bestandteil im Smart Grid fordert ebenfalls einen Datenaustausch zwischen Netzbetreiber, Energieversorger oder weiteren Teilnehmern im Energienetz.

Alle Daten in einem System zu behandeln, ist die Grundvoraussetzung für ein erfolgreiches und auch wirtschaftlich darstellbares Digitalisierungsprojekt. Sobald mehrere unterschiedliche proprietäre Automationssysteme in einem Gebäude arbeiten, steigt der Aufwand, Daten zusammenzufassen. Die Aufgabe des Systemintegrations-Architekten ist es, die Anzahl der Schnittstellen so weit wie möglich zu minimieren und die Daten zu harmonisieren.

Die Aufgaben eines modernen Automationssystems sind:

- Steuerung der einzelnen Komponenten der Gebäudetechnik
- Regelung der einzelnen Komponenten der Gebäudetechnik
- Konnektivität (Bereitstellung aller notwendigen Software- und Hardwareschnittstellen)
- Integrierte Messtechnik für das Erfassen der notwendigen physikalischen/chemischen Daten
- Monitoring aller Daten
- Simulationsfunktionalität
- Analytics- und Machine-Learning-Funktionalität
- Individuelle Möglichkeiten der Darstellung der Daten und Bedienmöglichkeiten

In Abb VII.3 sind die einzelnen Aufgaben der Automatisierung dargestellt. Die Gebäudeautomation ist der Datenproduzent für den darauffolgenden Digitalisierungsprozess. Der Digitalisierungsprozess beginnt im ersten Schritt mit der Analyse der Daten und transformiert BigData in Smart Data. Das bedeutet, die richtigen Daten herauszufiltern und gegebenenfalls in Abhängigkeit zu weiteren Daten zu setzen.

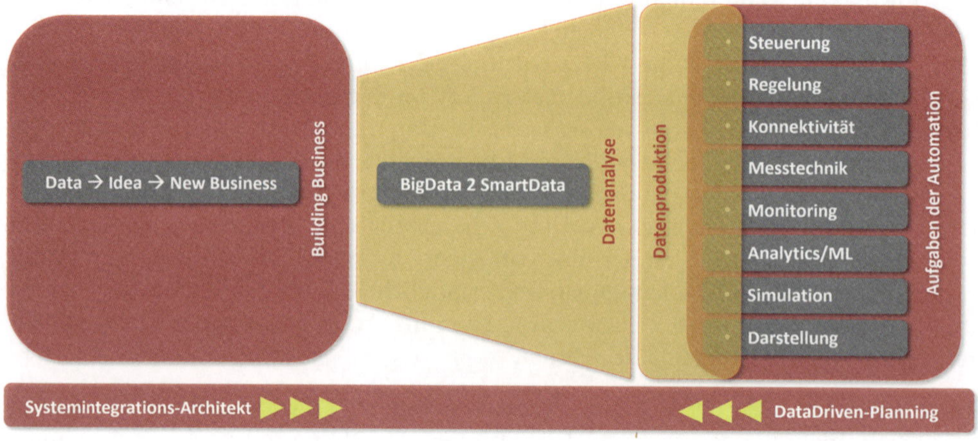

Abb VII.3: Die Aufgaben der Gebäudeautomation in digitalisierten Immobilien [eigene Darstellung]

3.1.2. Der Mehrwert der Digitalisierung

Der Mehrwert der Digitalisierung ist das Vereinfachen und Optimieren von Routinen und Aufgaben. Übersichtlich dargestellte aktuelle Daten erlauben kurze Reaktionszeiten und ermöglichen es, schnell und effektiv auf gewonnene Erkenntnisse zu reagieren.

Die Grundvoraussetzung dafür, das Potential der Digitalisierung zu heben, sind langfristiges Denken sowie die Offenheit gegenüber neuen Entwicklungen und Konzepten. Speziell in Unternehmen, die ihre Immobilien als Asset sehen, unterstützt die Digitalisierung das Kerngeschäft aktiv. Wurden in der Immobilienbranche bisher digitale Lösungen primär für die Optimierung interner Prozesse genutzt, um Kosten zu sparen, steht mittlerweile die Vernetzung der Akteure als wesentlichstes Element des digitalen Fortschritts im Vordergrund. Die interdisziplinäre Zusammenarbeit der Branche vermeidet Informationsasymmetrien und ermöglicht ein gemeinsames Agieren von etablierten Marktteilnehmern, das in Kombination mit innovativen Lösungen zum Erfolg führt.

Der Mehrwert liegt in den Daten, die generiert und interpretiert, über Schnittstellen transportiert, für Nutzer und Betreiber vereinfacht dargestellt und ausgewertet werden. In der folgenden Abb (VII.4) ist ersichtlich, dass bereits die generierte Datenbasis in Verbindung mit einer nutzergerechten Darstellung zu einem Mehrwert führen kann. In diesem Fall passt der Nutzer sein Verhalten aufgrund einer Rückmeldung an die vorgeschlagene Handlungsempfehlung an und generiert dadurch einen Mehrwert. Der Mehrwert kann zB eine Effizienzsteigerung sein.

Eine weitere Möglichkeit transferiert die ausgewerteten Daten in ein mathematisches Modell, das zB Anomalien oder Plausibilitäten prüft, um so auf die Veränderung von Verhaltensweisen zu reagieren. Auf diesem Weg stellt sich die Gebäudetechnik automatisiert auf den Nutzer und Betreiber ein und generiert den Mehrwert.

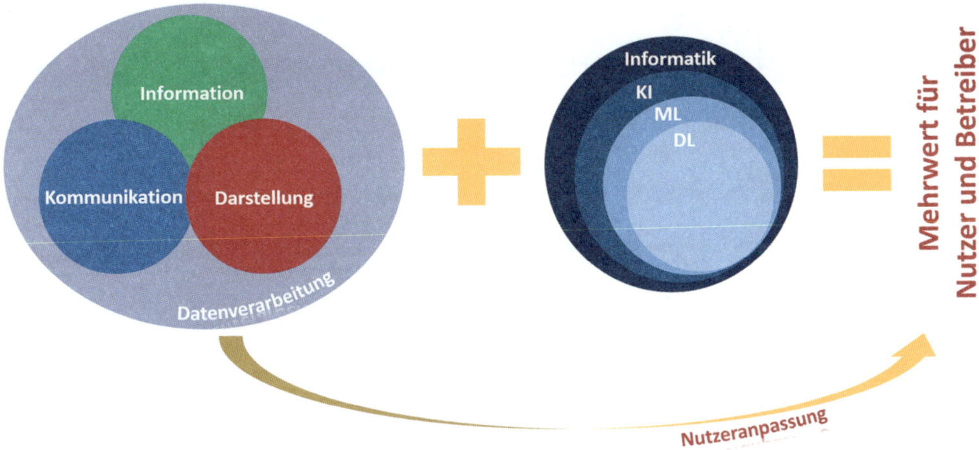

Abb VII.4: Digitalisierung generiert Mehrwert für Nutzer und Betreiber [eigene Darstellung]

3.2. Planung von Digitalisierung

Der herkömmliche Planungsansatz in der Gebäudetechnikplanung fokussiert einzelne Gewerke, wie Heizung-Lüftung-Klima-Sanität und Elektrotechnik. In den meisten Haustechnikplanungen werden die einzelnen technischen Bereiche nur in ihrer einzelnen technischen Funktionsweise und nicht in ihrer Gesamtfunktionalität beschrieben. Aus Sicht der Digitalisierung ist das Planungsdenken in Gewerken nicht ausreichend.

Um Gebäude in ihrer ganzheitlichen Funktionalität zu planen, sind neue Planungsinhalte erforderlich. Dazu gehört die Beschreibung von Prozessen und Daten mit ihren detaillierten Informationsinhalten. In diesem Kontext entwickelt sich die Gebäudeautomation als Datenproduzent und Verarbeiter zu einer Schlüsseldisziplin in der technischen Planung. Die Gebäudeautomation entwickelt sich somit zunehmend zu einer Leitdisziplin für die nachhaltige Bewirtschaftung von Gebäuden und Quartieren über den gesamten Lebenszyklus. Da die Voraussetzungen für eine effektive Bewirtschaftung grundsätzlich bereits in der Konzeptphase geschaffen werden, ist die Gebäudeautomation bereits im Gesamtplanungs- und Bauprozess zu berücksichtigen.[2]

In der folgenden Abb (VII.5) ist ersichtlich, dass der Architekt direkt mit dem Systemintegrations-Architekten zusammenarbeitet. Das Ergebnis sind Synergien, die sich im sinnvollen Einsatz von Technik im Gebäude widerspiegeln.

2 Vgl *Weixlbaum*, Integrationsplanung der TGA (2020) 4.

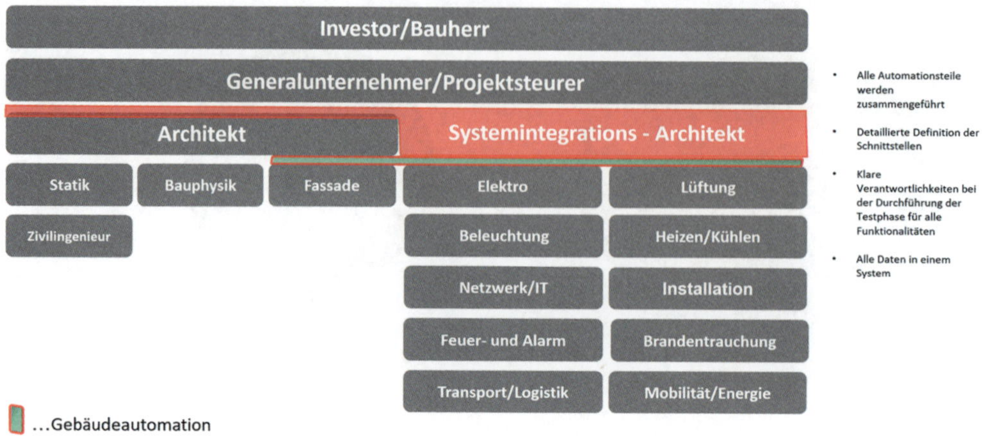

Abb VII.5: Interdisziplinäre integrale Planung [eigene Darstellung]

Die Erfahrungen aus der Praxis haben gezeigt, dass dieser Ansatz eine massive Reduzierung von Technik ermöglicht. Der Systemintegrations-Architekt ermittelt bereits in der Konzeptphase die Anforderungen an die Funktionalität des Auftraggebers und koordiniert die Planung der einzelnen Gewerke. Bezogen auf die Digitalisierung definiert er Schnittstellen zwischen den einzelnen Gewerken und sorgt für eine einheitliche Datenhomogenität.

4. Der Entstehungsprozess der digitalen Immobilie

Die Digitalisierung scheint momentan die Lösung für alle Problemstellungen zu sein – von der Planung über die Unterstützung in der Vermarktung bis zum effizienten Betrieb von Immobilien. Doch nur der sinnvolle Einsatz von Technologie und neuen Denkansätzen führt zu mehr Effizienz und Ressourcenschonung in Projekten. Technik so viel wie nötig – nicht wie möglich!

Um zur digitalen Immobilie zu kommen, die in ihrer Funktionalität unseren Alltag optimal unterstützt und dabei noch die Eigenschaften der Nachhaltigkeit erfüllt, ist grundlegendes Umdenken im kompletten Entstehungsprozess von Immobilien erforderlich. Das Denken in Prozessen und die Umwandlung des derzeitig sequenziellen Planungsprozesses in einzelne, miteinander vernetzte Planungsmodule vereinfacht die interdisziplinäre Zusammenarbeit der Professionisten und hilft somit, die realen Anforderungen in einen digitalen Zwilling zu transformieren. Dieser Ansatz ist auch die Grundlage für eine effiziente und erfolgreiche Zusammenarbeit nach der BIM-Methode.

Anstelle von Leistungsphasen des zeitlich gesteuerten Planungsfortschritts werden Prozesse parallel, voneinander unabhängig und je nach Informationsstand vorangetrieben. Störungen im Planungsprozess werden damit begrenzt und die Planungsphase wird verkürzt. Alle Module einer Planung sind mit eindeutigen Schnittstellen und Zuordnungen definiert und vernetzt.

In der folgenden Abb (VII.6) ist der Vergleich des sequenziellen und modularen Planungsansatzes ersichtlich. In dieser neuen Methodik werden Aufgabenbereiche neu sortiert und es entwickeln sich neue Dienstleistungen. Der Systemintegrations-Architekt koordiniert den Planungs- und Ausführungsprozess der technischen Gewerke und führt die Ergebnisse auf ein Informations- und Datenniveau zusammen.[3]

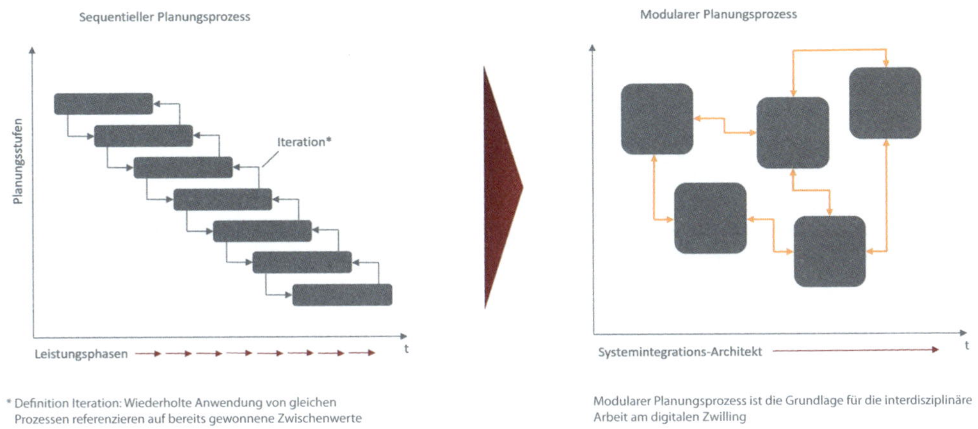

Abb VII.6: Vom sequentiellen zum modularen Planungsprozess [eigene Darstellung]

Am Beginn steht die Selbstreflexion, um für sich bzw für das Projektziel die richtigen Fragen zu stellen und diese zu beantworten. Erst danach wird das passende Digitalisierungswerkzeug definiert, das die Zielerreichung optimal unterstützt.

4.1. Ideenphase

In der Ideenphase werden bekannterweise die Weichen für den Projekterfolg von Gebäuden gestellt. Vorrangig geht es um die eindeutige Zieldefinition. Um Ziele eindeutig definieren zu können, stellt man sich im ersten Schritt der Herausforderung, ein Bewusstsein für seine aktuellen oder zukünftigen Prozesse seines eigenen Geschäftsmodells zu entwickeln. Im zweiten Schritt verschafft man sich einen Überblick über die Rahmenbedingungen und den Istzustand, die eine Bestandsimmobilie vorgibt. Hier gilt es auch zu evaluieren, welche technischen Infrastrukturen bereits vorhanden sind, auf denen man eventuell aufsetzen kann.

Basierend auf diesen Erkenntnissen könnten in Abhängigkeit von der Nutzungsart der Immobilie beispielhaft folgende Ziele definiert werden:

- Optimale Produktivität der Mitarbeiter – Ein Beispiel, das speziell für Bürogebäude anzustreben ist.
- Optimale Nutzerzufriedenheit – Ein Beispiel, das speziell für Tourismusimmobilien gilt, wo der zufriedene Gast im Vordergrund steht.
- Maximale Energieeffizienz – Ein Beispiel, das speziell für Produktionsgebäude anzustreben ist, die energieintensive Fertigungsprozesse haben.

3 Vgl *Carpus+Partner AG*, Industrieller Bauprozess: Wir denken und planen in Modulen (5.10.2016) 7.

- Maximale Verfügbarkeit – Ein Beispiel, das für Gebäude, die als kritische Infrastruktur gelten und für die Versorgungssicherheit Sorge tragen, anwendbar ist. Hier spielen Resilienz-Konzepte eine große Rolle.
- Maximale Flexibilität – Ein Beispiel für Veranstaltungszentren, wo Räumlichkeiten in kurzen Zeitabständen verschiedene Funktionen und Formen annehmen müssen.
- CO_2-Neutralität – Ein Beispiel, das grundsätzlich auf alle Nutzungsarten umgelegt werden kann und Synergien mehrerer Zieldefinitionen vereinen sollte.
- Maximale Netzdienlichkeit – Ein Beispiel für Immobilien mit großen Flächen für die Energieerzeugung und verschiedensten Möglichkeiten für Energiespeicherung.
- ...

Diese Beispiele der Zieldefinitionen beinhalten direkte Abhängigkeiten und beinhalten Synergien, aber auch Ambivalenzen. Ein prädestiniertes Beispiel für Ambivalenzen besteht zwischen Nutzerzufriedenheit und maximaler Energieeffizienz. Wenn man dem Nutzer das Öffnen der Fenster ermöglicht, steht das oft im Widerspruch zu Energieeffizienzkonzepten.

Um das Potential der Digitalisierung ausschöpfen zu können, ist das Verständnis für das Thema selbst ein guter Startpunkt. Es ist wichtig, zu verstehen, dass die Digitalisierung nicht bei der Gebäude- oder Anlagentechnik endet, sondern mit der Instandhaltung und dem Controlling eine Einheit bilden muss, um einen Mehrwert durch die technische Unterstützung der Digitalisierung zu lukrieren.

Die Bestellqualität beinhaltet die eindeutige Definition der Qualitätskriterien für Komfort und Funktionalität. Hierbei geht es nicht um die Definition einzelner Produkte, sondern um die eindeutige Definition von Kriterien, die eine optimale Nutzung ermöglichen. Bei diesen Definitionen handelt es sich um physikalische Größen, die mit Komfort- und Funktionalitätskriterien im Zusammenhang stehen.

4.2. Planungsphase

Für die erfolgreiche Umsetzung von Digitalisierungsprojekten bedarf es neuer Denkansätze, der Integration neuer Kompetenzen und neuer Vorgehensweisen.

Die Grundlage für eine digitalisierte Immobilie bildet die integrale Planung mit der ganzheitlich betrachteten Funktionalität. Dabei geht es nicht nur wie in der Vergangenheit um die Sicht auf die technischen Gewerke, sondern um die Gesamtfunktionalität der Immobilien und ihr Wirken auf das Umfeld.

In der folgenden Abb (VII.7) wird ersichtlich, dass die bekannten Phasen – Planung, Bau, Ausführung und Betrieb – von einem Systemintegrations-Architekten begleitet werden. Diese neue Kompetenz definiert gemeinsam mit dem Auftraggeber die Anforderungen an die Funktionalität der Immobilie, die Datenhomogenität und orchestriert alle Bestandteile der technischen Gewerke. Er schafft somit die Basis für die einheitliche Datenproduktion, die für die nachfolgenden datenbasierten Vergleichs- und Optimierungsaufgaben notwendig sind. Der immanente, interdisziplinäre Planungsbedarf macht die Einführung von systematischen und integralen Planungsprozessen notwendig. Diese Vorgehensweise wird durch Methoden wie BIM unterstützt und durch Simulationswerkzeuge ergänzt. Der daraus entstehende digitale Zwilling bildet die Basis für die effiziente Ausführung der technischen Gewerke und steht in der Betriebsphase als Soll-Ist-Vergleichsdatenbank für gelieferte aktuelle Messdaten zur Verfügung.

Der Prozess des Systemintegrations-Architekten läuft in Konvergenz zu dem DataDriven-Planning-Prozess. DataDriven-Planning ist ein lückenloser Prozess und beginnt mit den Definitionen von Mehrwert und Methode und beschreibt, wie dieser Mehrwert im Betrieb über den Lebenszyklus erreicht werden kann. Hier hilft in der Planungsphase va die Expertise der Facility-Manager, um Optimierungspotentiale für den Betrieb zu definieren. Dieses sog Domainwissen ist essenziell für die Optimierungsstrategien.

Abb VII.7: DataDriven-Planning-Prozess [eigene Darstellung]

Die Optimierungsstrategien behelfen sich mit mathematischen Algorithmen, die zB auf Plausibilitäten achten oder Asymmetrien einer Messgröße erkennen und darauf reagieren. Am Beispiel einer Lüftungsanlage kann das Wartungsintervall aufgrund einer untypischen Druckzunahme auf (1) einen verschmutzten Filter, (2) eine veränderte Stromaufnahme oder (3) auf einen Defekt des Lagers eines Motors hinweisen.

4.3. Verkaufs- und Vermarktungsphase

Informationen über Immobilien- oder Mietangebote über Web-Portale oder Social-Media-Plattformen an die richtigen Kunden zu transferieren, gehört mittlerweile nicht mehr zu den großen Innovationen, obwohl sie auf Digitalisierung basieren. Der Interessent erhält alle relevanten Informationen über die verschiedenen Informationsquellen und kann sich einen Termin vereinbaren. Viele Anbieter von Immobilien ermöglichen einen virtuellen Rundgang durch die Räumlichkeiten und können sogar die Ausstattungen online individualisieren.

Die Digitalisierung in der Planung unterstützt den Verkaufsprozess, indem die Planungsdaten (digitaler Zwilling) die Grundlage für die virtuelle Darstellung auf einem Webportal oder der Datensatz für virtuelle Brillen sind. Einige Immobilienmakler gehen nun einen Schritt weiter und setzen Roboter im Verkauf ein. Dabei übernimmt der Roboter Besichtigungstermine über ein Online-Portal und führt den virtuellen Besucher, der zuhause vor seinem Computer sitzt, live durch die Wohnung. Auch bei physischen Besuchen kann der Roboter den Kunden begleiten. Dokumente wie Pläne und Verträge können bei Bedarf eingeblendet werden. Somit ist der Vertriebsprozess – von der Terminvereinbarung bis zur Vertragsunterzeichnung – komplett digitalisiert.[4]

4.4. Ausführungsphase

Bei einem vollständig durchdigitalisierten Immobilienprojekt geht man oft davon aus, dass die Spezialisten der Gebäudeautomation – wie alle anderen Handwerker und Vertreter der Gebäudetechnik – physisch auf der Baustelle präsent sein müssen. Vorausgesetzt, das Projekt wurde durchgängig geplant und die Kabelinstallation ordnungsgemäß durchgeführt, ist die Ortsanwesenheit nicht unbedingt erforderlich.

Die effiziente Ausführungsphase profitiert von der detaillierten Planung, der eindeutigen Datenbasis und vordefinierten Schnittstellen und einem schon in einem frühen Planungsstadium involvierten Ausführungsteam. Der partnerschaftliche Umgang mit allen Projektbeteiligten schafft die Grundlage für eine konstruktive, offene und vertrauensvolle Zusammenarbeit. Durch die frühe Einbindung der relevanten ausführenden Disziplinen ist jeder mit dem Gesamt-Projektziel vertraut und motiviert, das Geplante zu erreichen.

Der Systemintegrations-Architekt koordiniert die einzelnen technischen Gewerke und definiert für jedes einzelne Gewerk spezifische Ziel- und Qualitätsvorgaben. Das betrifft zB die Datenqualität und Beschreibungen von Schnittstellen für die Datenübergabe an ein übergeordnetes System. Aus Sicht der Digitalisierung ist es das oberste Ziel, die Daten zentral administrieren zu können.

Basierend auf den generierten Daten, die im digitalen Zwilling oder aus der Simulation abgeleitet werden, können die Programmierer der ausführenden Firma den Programmcode automatisch generieren und für die Inbetriebnahme verwenden. Man spricht von automatischer Code-Generierung. In diesem Fall wird aus den Planungsdaten die technische Lösung für den Gebäudebetrieb automatisch generiert. Das ermöglicht, zB ein Büro oder eine Wohnung in wenigen Minuten in Betrieb zu nehmen. Ein modernes Engineering-Werkzeug zeichnet sich durch eine einfache Bedienbarkeit aus und ermöglicht auch „Nicht-Programmierern“, durch Parametrieren und Konfigurieren eine zeiteffiziente Inbetriebnahme. Die flexible Funktionalität lässt auch unvorhergesehene Anpassungen zu. Grundsätzlich muss die ausführende Firma der Automatisierung nicht auf der Baustelle physisch anwesend sein, sondern kann Remote auf dem Automationssystem arbeiten. Das setzt aber eingespielte Teams aus allen Gewerken voraus.

Bei der Erstellung des applikationsspezifischen Programmcodes wird das Projekt in seiner Funktionalität in der Software abgebildet. Über dem Programmcode sitzt der Konfigurator, der ein effizientes Engineering in der Ausführungsphase ermöglicht.

---

4 *Dm*, Wohnungsbesichtigung per Roboter, Presse-Online-Portal (30.9.2020), https://www.diepresse.com/5875005/wohnungsbesichtigung-per-roboter (4.12.2020).

- Zielsystem wählen: Das Zielsystem übernimmt die Funktionalität eines ganzen Gebäudes, Stockwerks, Raums oder eines technischen Gewerks und ist mit anderen Systemen, Sensoren und Aktoren vernetzt. Natürlich können auch externe Datenquellen integriert werden. Das Zielsystem stellt auch die Schnittstelle zu Datenbanken zur Verfügung, um Daten zB mit der Leittechnik, Hausverwaltungssoftware, Facility-Software oder Hotelbuchungssoftware auszutauschen.
- Bereiche definieren: In einem Zielsystem werden in diesem Schritt die örtlichen Zuordnungen getroffen und optimalerweise mit nachvollziehbaren, eindeutigen Raumnamen oder Bereichsnamen versehen.
- Funktionen wählen: In den einzelnen Bereichen werden die vorgesehenen Funktionen definiert.
- Hardware definieren: Bei der Definition der Hardware werden die Daten physischen Schnittstellen zugewiesen.
- Signalzuweisung: In diesem Schritt werden die Schnittstellen den Teilnehmern der Gebäudetechnik zugewiesen. Das kann zB eine Zuweisung zwischen Taster – Beleuchtung, Thermostat – Ventil, Zähler – Wohneinheit, Wallbox – Wohneinheit oder Taster – Beschattung sein.
- Programm laden: Das fertig konfigurierte Softwarepaket wird auf das zugeordnete Zielsystem geladen.
- Parametrierung: In dieser Phase werden die einzelnen Funktionalitäten feinjustiert und mit einem Funktionstest abgeschlossen.

Dieses Konzept vernetzt neben den typisch technischen Gewerken auch die Mobilität und bietet über Schnittstellen alle relevanten Daten für Abrechnungen der Hausverwaltung an. Dem Hausverwalter werden automatisiert Energie-Trends oder Alarme zur Verfügung gestellt. Die Visualisierung für die Bedienung per PC oder Handy wird bei der Parametrierung automatisch erstellt. Mit diesem Ansatz wird die Inbetriebnahmezeit von Gebäuden im Gegensatz zu herkömmlichen Konzepten um ein Vielfaches verkürzt. In der folgenden Abb (VII.8) ist der Ausführungsprozess der Installation bildlich dargestellt.

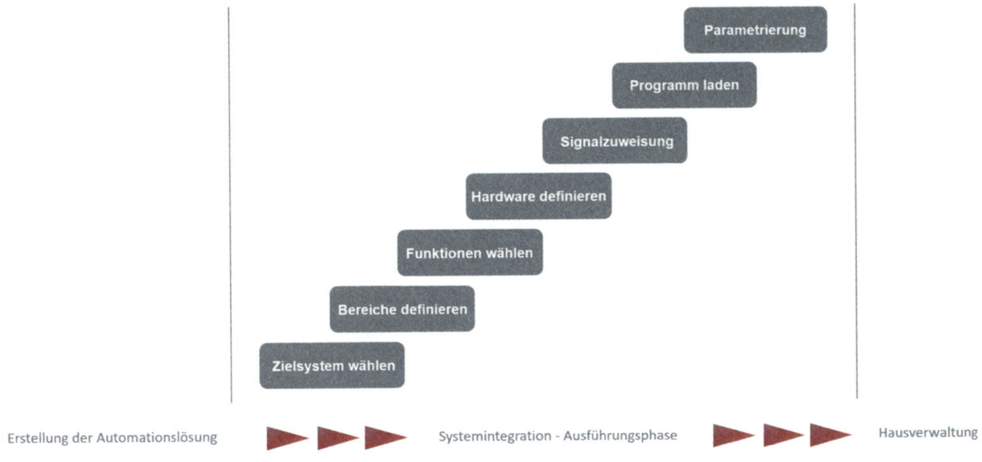

Abb VII.8: Ausführungsprozess der Funktionalität [vgl ecocoach AG (2019)]

4.5. Betriebsphase

Das digitalisierte Gebäude unterstützt das Kerngeschäft des Nutzers und wird von Professionisten betrieben, die technisches und betriebswirtschaftliches Wissen vereinen. Zusätzlich übernehmen sie Aufgaben in der Planung, der Bewirtschaftung, der Erhaltung, der Sanierung sowie der Umnutzung von Gebäuden. Sie tragen maßgeblich zur Gewährleistung von Komfort, Produktivität und Ressourcen- und Energieeffizienz bei.

Der Facility-Manager profitiert von sinnvoll eingesetzten Technologien und Konzepten va durch ihre einfache und übersichtliche Bedienbarkeit. Er arbeitet mit digitalisierten Werkzeugen, die seinen Alltag erleichtern und ihm ein effizienteres Arbeiten ermöglichen. Er hat immer die Gesamtfunktionalität der Immobilie im Blick und kann sich somit auf langfristige Planungen und Optimierungsaufgaben konzentrieren.

5. Anforderungen für die Umsetzung der Digitalisierung im Bestand

Verglichen mit dem Neubau gestalten sich Vorhaben, die Immobilien auf den neuesten Stand zu bringen, oft sehr kosten- und planungsintensiv. Um wirtschaftlich darstellbare Revitalisierungsprojekte zu erzeugen, kann die Digitalisierung einen wichtigen Beitrag zur effizienten Umsetzung solcher Projekte leisten. Die Integration von Digitalisierung in Immobilien bedarf eines grundsätzlichen Verständnisses für das Thema. Ein wichtiger Aspekt in diesem Zusammenhang ist die Erkenntnis, dass Digitalisierung weder als Produkt noch als Summe einzelner Teillösungen besteht. Digitalisierung ist als Prozess zu sehen, der bei der Idee beginnt und erst bei den erreichten definierten Zielen endet.

Der Prozess beginnt mit der Konzentration auf die vorhandenen Abläufe, die aktuell oder in Zukunft im Gebäude ablaufen sollen. Ausgehend davon gilt es, eindeutige Ziele des Revitalisierungsprojekts zu definieren. Die Ziele setzen sich aus Kriterien des Nutzerkomforts und der benötigten Funktionalitäten zusammen. Basierend auf der Zieldefinition überlegt man sich die Vorgehensweise zur Erreichung dieser Ziele.

Physische Bestandsdaten

Da in vielen Bestandsimmobilien wenig bis keine brauchbaren Dokumentationen existieren, gilt es, sich oft im zweiten Schritt einen Überblick über den bauphysikalischen und technischen Bestand zu verschafften. Einen sehr guten Überblick bringen verschiedenen Technologien für die Vermessung der Bestandsimmobilie und deren Anlagenteile. Heutzutage schon weit verbreitet ist, neben der Ingenieursvermessung, das Scannen mittels Drohnen oder Roboter. Die erzeugten Daten werden in verschiedenen Formaten für CAD, BIM-Modelle oder Punktwolken für die Darstellung oder Weiterverarbeitung zur Verfügung gestellt. Mit der Bereitstellung von Echtzeit-Visualisierung und 3-D-Datenabfrage erhalten die beteiligten Disziplinen einen unbegrenzten Zugang zu allen Daten mit voller Auflösung für schnellere und verbesserte Entscheidungsfindungen. Neue Innovationen der Datenmanagementtechniken, wie Semi-Global Matching (SGM) und Structure From Motion (SFM), ermöglichen hohe Datenzugriffsraten, schnelle Visualisierungen und kurze Manipulationszeiten, tragen zur Steigerung der Gesamt-Datenqualität bei und forcieren eine effizientere Projektumsetzung. Die reale Welt rückt der virtuellen Welt sehr nahe.[5]

Funktionale Bestandsdaten

Bei der Dokumentation über die technischen Anlagen und deren Daten besteht in Bestandsimmobilien oft Nachholbedarf. In den meisten Fällen gibt es bei den technischen Gewerken außer ein paar Daten vom Energiezähler, die manuell abgelesen werden müssen, wenig brauchbare Informationen. Ausgehend von den definierten Zielen ist nun der Bestand der technischen Infrastruktur zu erheben. Welche Übertragungsmedien für Energie und Daten, welche Schnittstellen stehen für die Datenkommunikation zur Verfügung und wo werden Daten gespeichert und verarbeitet?

Die Integration von technischen Bestandsanlagen in ein ganzheitliches Konzept gestaltet sich aufgrund der oft proprietären und in sich geschlossenen Systeme aufwändig.

Die Digitalisierung lebt vom Datenaustausch und die Möglichkeiten, Daten zu transportieren, sind vielfältig. Dort, wo nachträglich keine Verkabelung möglich ist, kann auf drahtlose Kommunikation gesetzt werden. Bei der Wireless-Kommunikation stehen Varianten wie WLAN, EnOcean, Zigbee, Bluetooth, LoRa etc zur Verfügung, wobei hier auf die jeweilige Aufgabenstellung, bezogen auf Übertragungsgeschwindigkeit und Security, zu achten ist. Erleichterung bei der Verkabelung bringt auch die Möglichkeit, Daten und Energie in einem Kabel zu transportieren. Bei dieser Variante stehen zwei Grundprinzipien zur Verfügung. In der einen Variante wird Energie mit einem Netzwerkkabel geführt, man spricht von der Powerline Communication, die mittlerweile als Power over Ethernet (POE) sehr verbreitet ist. In der zweiten Variante, bekannt als Powerline Communication (PLC), werden Daten auf einem herkömmlichen Stromkabel aufmoduliert.

6. Beispiele von Anwendungen in digitalisierten Projekten

In den folgenden Punkten werden beispielhaft Möglichkeiten genannt, wie die Digitalisierung in Bestandsimmobilien zu einer Qualitätssteigerung beitragen kann. Der Aufwand steht in Abhängigkeit von der Bestandsbasis, ist aber in den meisten Fällen ökologisch und ökonomisch besser darstellbar als Eingriffe in die Bauphysik.

6.1. Virtualisierung von Sensoren – Beispiel Helligkeitsfühler

Ein virtueller Sensor ist kein physischer Sensor, sondern das Ergebnis einer Verknüpfung von einem oder mehreren physischen Sensoren bzw deren Daten. Mittels eines mathematischen Algorithmus werden die Werte für einen virtuellen Sensor errechnet. Anstelle vieler in einzelnen Räumen verteilter, virtueller Sensoren können alle relevanten Daten mittels einer detaillierten Helligkeitsmessung mit einer Wetterstation am

5 Vgl *Meixner Vermessung ZT GmbH*, Geoverse Massive Data Manager White Paper (2020) 1–3.

Dach erfolgen. Ein mathematisches Modell wird mit Helligkeitsdaten von der Wetterstation gespeist, mit den Ergebnissen der Azimut-Berechnungen verschränkt und mit den Daten des Simulationsmodells verglichen. Mit der geographischen Zuordnung der Verortung, Oberflächen und Raumausrichtung bekommt man die raumspezifischen Helligkeitsinformationen. Die Informationen über die Helligkeit im Raum sind wichtige Parameter für die Licht-, Beschattungssteuerung, Heizung/Kühlung und Lüftung. Speziell bei großen Gebäuden bedeutet dieser Ansatz oft eine massive Reduktion von Sensoren, Installationsaufwand und Investition.

6.2. Reduktion von Haustechnik durch Digitalisierung

Im folgenden Beispiel zeigt das Potential der Digitalisierung die Eliminierung einer Lüftungsanlage und ermöglicht eine effektive, automatische natürliche Lüftung. In Bestandsgebäuden nachträglich eine mechanische Lüftungsanlage nachzurüsten, ist oft nicht möglich. Der Haupteingriff bei diesem Ansatz ist der Fenstertausch, setzt aber eine bestimmte Gebäudekubatur und Standortqualität voraus.

Bei diesem Beispiel handelt es sich um Fenster, die parallel nach innen eingestellt werden. Ein wichtiger Punkt, um den notwendigen Luftaustausch zu ermöglichen. Wenn man dem ausreichenden Luftwechsel Sorge getragen hat, geht es im nächsten Schritt darum, die Beherrschbarkeit der Luftqualität und der Luftfeuchtigkeit sicherzustellen. Eine interessante Synergie zwischen Digitalisierung und bauphysikalischen Eigenschaften entsteht. Mittels Monitoring werden die Daten, die für die Regelung der passenden Luftqualität notwendig sind, gesammelt, in ein Rechenmodell transferiert und steuern in Abhängigkeit von verschiedenen weiteren Faktoren die Fensteröffnung. Die Verwendung von Materialien in den Räumen regelt den Feuchtigkeitshaushalt. Weitere Informationen werden in dem Rechenmodell berücksichtigt und beeinflussen die Entscheidung der Fensteröffnung:

- am Dach gemessene Wetterdaten (Temperatur, Luftfeuchtigkeit, Helligkeit, Niederschlag) und Wettervorhersage,
- Daten der Beschattung,
- Präsenz von Personen im Raum,
- Zeitfenster (definiert durch Kalender- bzw Termindaten).

Durch den ganzheitlichen Digitalisierungsansatz kann man auch Synergien für eine effiziente Beleuchtungs- und Beschattungslösung generieren und mit der oben genannten Raumkonditionierung verknüpfen.

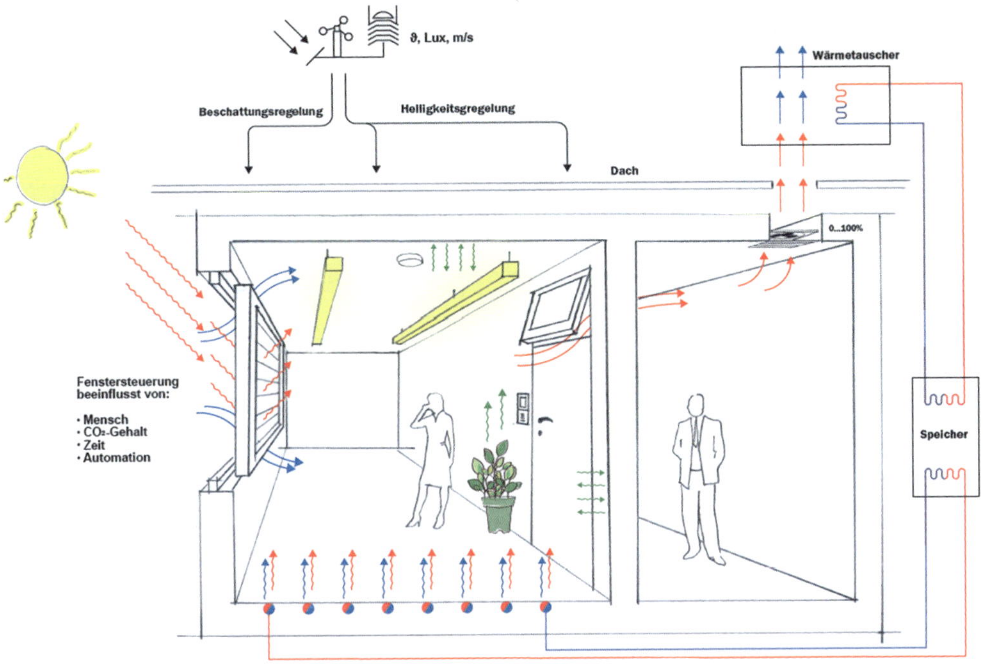

Abb VII.9: Gebäudedigitalisierung – Eliminierung der Lüftungsanlage [eigene Darstellung]

6.3. Predicive Maintenance am Beispiel einer Lüftungsanlage

Heutzutage gibt es bereits viele Anwendungen, in denen Algorithmen für vorausschauende Wartung zum Einsatz kommen. Diese Algorithmen sammeln Betriebsdaten von Maschinen und Anlagen und detektieren Zustandsänderungen, aus denen Handlungsempfehlungen abgeleitet werden können. Am Beispiel einer Lüftungsanlage wird dieser Ansatz demonstriert.

Lüftungsanlagen generieren die Komfortbedingungen, die wir benötigen, um produktiv zu sein. Sie versorgen uns mit frischer Luft und regeln den Feuchtigkeitshaushalt. Damit die Anlagen ihr Potential optimal ausschöpfen können, müssen hauptsächlich Filter und Motoren gewartet und serviciert werden. Entweder man hält die vorgegebenen Wartungs- und Serviceintervalle ein oder man setzt auf Predicive Maintenance. In einer Lüftungsanlage werden die verschiedenen Anlagen-Daten generiert, zB Druck, Stromaufnahme, Temperatur, Vibration etc. Der Aufwand, Sensoren in Anlagen nachzurüsten, ist meist gering. Basierend auf einer Druckänderung in Abhängigkeit von einer konstanten Motordrehzahl kann die Handlungsempfehlung, den Filter auszutauschen, abgeleitet werden. Wenn sich bei konstanter Motordrehzahl die Stromaufnahme untypisch ändert, kann man zB von einem Defekt eines Motors ausgehen. Bei unverhältnismäßiger Änderung der Vibration kann von einem Lagerschaden ausgegangen werden. Diese Zustandsänderungen können nun zB Facility-Managern angezeigt werden oder gehen direkt zu dem Hersteller der Anlage und es können präventiv Aktionen veranlasst werden.

Der Ablauf für Predictive Maintenance beginnt mit dem Training der Daten und dem Identifizieren von Verhaltensmustern, der Bandbreite, in der ein Normalbertrieb läuft, der Definition von Anomalitäten und der Definition von Handlungsempfehlungen. In der folgenden Abb (VII.10) wurde einer Predicive-Maintenance-Anwendung für eine Lüftungsanlage das Verhalten eines Lüfters angelernt. Mit gemessenen Daten zu Vibration und Luftdruck in Relation zur Rotor-Umdrehung werden bei diesem Beispiel Daten des intakten mit einem beschädigten Rotor verglichen. Die Daten werden im nächsten Schritt mittels Datenanalyse bewertet und mittels eines Trainingsmodells (Machine Learning, Deep Learning) klassifiziert und bewertet. Basierend auf den Ergebnissen können potenzielle Beschädigungen des Rotorblatts automatisiert erkannt und Handlungsempfehlungen abgeleitet werden.

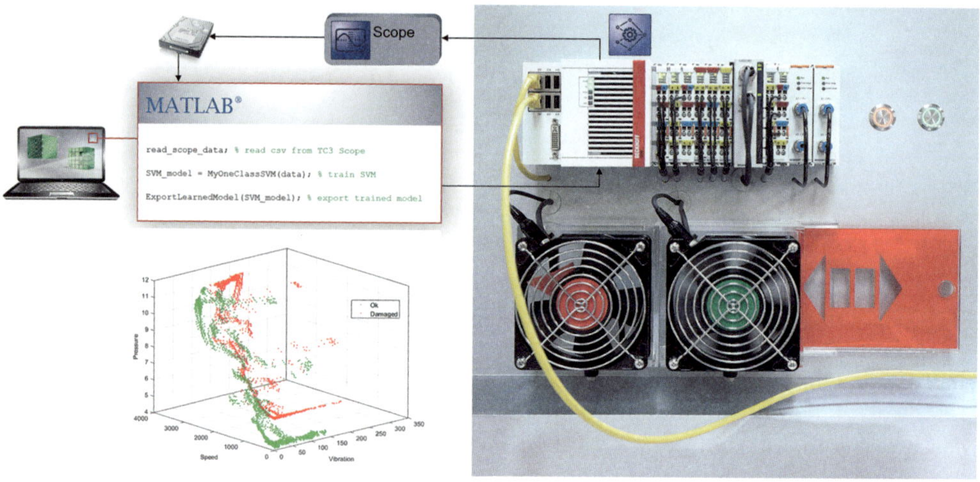

Abb VII.10: Anomalieerkennung eines Lüfters [Beckhoff Automation GmbH & Co KG, Präsentation TwinCAT 3 Machine Learning (2020)]

Die Vorteile von Predicive Maintenance sind:

- störungsfreier Betrieb aus Sicht des Nutzers,
- gezieltere Wartungen und Sevicierungen,
- höhere Verfügbarkeiten der Anlagen verbunden mit geringeren Ausfällen,
- geringere Kosten für Ersatzteillager und Ersatzteillieferungen,
- längere Lebenszeiten von Anlagen und Maschinen,
- Steigerung der Anlagensicherheit.

Predictive Maintenance kann auf gebäudetechnische Anlagenteile wie zB Aufzüge, Kälte- und Heizungsanlagen angewandt werden.

6.4. Erkennung von der Besetzung eines Arbeitsplatzes oder Raums über eine Zutrittskontrolle

Unregelmäßig genutzte Arbeitsplätze und Büros sind prädestiniert für ein Konzept, das automatisiert die Raumkonditionierung dort in den Komfortbereich bringt, wo es benötigt wird. Bei diesem Beispiel werden Daten eines Zutrittssystems für die gezielte Initiierung von Beleuchtung und Raumkonditionierung verwendet. Betritt ein Mitarbeiter das Bürogebäude, so wird sein Büro auf die definierten Raumbedingungen gebracht und wenn er möchte, startet sein Arbeitsplatzrechner. Leider ist es noch keine Selbstverständlichkeit, dass Zutrittssysteme eine Schnittstelle für die Vernetzung in ein ganzheitliches Automationssystem beinhalten, somit muss diese bei der Bestellung definiert werden.

Speziell in Zeiten, in denen Homeoffice immer mehr an Attraktivität gewinnt oder Außendienstmitarbeiter unregelmäßig ihr Büro nutzen, kann ein Bürogebäude sehr gezielt und effizient betrieben werden. Dieses Konzept wird ebenfalls in Hotels angewandt. In diesem Fall hilft die Digitalisierung, die Daten der Hotelbuchungssoftware mit der Gebäudetechnik zu verschränken. In diesem Fall ist es wichtig, die nötigen Schnittstellen in der Auftragsvergabe zu definieren.

6.5. Anwesenheitserkennung in Büroräumen (Beispiel Etechcenter/Linz)

Um arbeitsplatzgenaue Beleuchtung oder Raumkonditionierung in Räumen zu installieren, kann man natürlich Sensoren nachträglich installieren. Ein interessanter Ansatz ist aber, vorhandene Informationsgeber zu verwenden. In den meisten Büros steht pro Arbeitsplatz ein PC mit Tastatur und Maus zur Verfügung. Die Digitalisierung ermöglicht es, die Bewegungen mit der Maus oder die Anschläge auf der Tastatur in das Raumbedienungskonzept zu übernehmen. Bei modernen IT-basierenden Automationssystemen ist der Aufwand ein geringer, sämtliche Informationen von IP-Teilnehmern in ein Automationskonzept zu integrieren. Somit werden arbeitsplatzspezifisch die Beleuchtung und die Raumkonditionierung auf den jeweiligen besetzten Arbeitsplatz konzentriert. Speziell in Großraumbüros muss nun nicht mehr ein großer Raum konditioniert werden, sondern nur mehr der definierte genutzte Bereich. Der restliche Raum wird mit einer Grundbeleuchtung und einer Grundkonditionierung bespielt.

6.6. Digitalisierung unterstützt die Flexibilität im Gebäude

Für die langfristige Nutzung von Gebäuden sind Flexibilität und Anpassungsfähigkeit eine wichtige Eigenschaft, die bei keiner Immobilie fehlen darf. Prädestiniert sind beim bauphysikalischen Teil leicht erweiterbare oder rückbaubare Wandelemente, die je nach Bedarf verändert werden können. Die neue Raumaufteilung fordert eine Neuanpassung der Raumkonditionierung, Beschattung, Beleuchtung und der Bedienung. Bei einem digitalisierten Gebäude hilft der software- und datengetriebene Ansatz dem Facility-Manager, diesen Anforderungen sehr effizient nachzukommen.

Am Beispiel eines Bürogebäudes werden in die flexiblen Wandelemente Taster und Sensoren eingebaut, die über Funk mit der übergeordneten Raumautomation kommunizieren, und die technischen Raumachsen sind so ausgelegt, dass sie auf die kleinste Raumeinheit skaliert werden können. Der Facility-Manager hat somit die Möglichkeit, in seiner Visualisierung die Raumaufteilung per Maus mit Drag & Drop zu konfigurieren. Im Hintergrund arbeitet die Automatisierung und passt die Raumkonditionierung, Beleuchtung, Beschattung und Bedienung den neuen Gegebenheiten automatisch an.

In einem konkreten Beispiel kann ein Veranstaltungsaal in einem Kongresscenter in 20 verschiedene Raumvarianten aufgeteilt werden, die an der Decke geführten Wandelemente können entweder automatisch oder per Hand individuell zu neuen Raumeinheiten verschoben werden. In den Deckenschienen befinden sich Sensoren, die Raumkonstellationen erkennen und an die Automation weiterleiten. In der Visualisierung wird die jeweilige Raumaufteilung dargestellt und die Gebäudetechnik, wie Audio, Video, Beleuchtung, Belüftung und Bedienung, passt sich automatisch an.

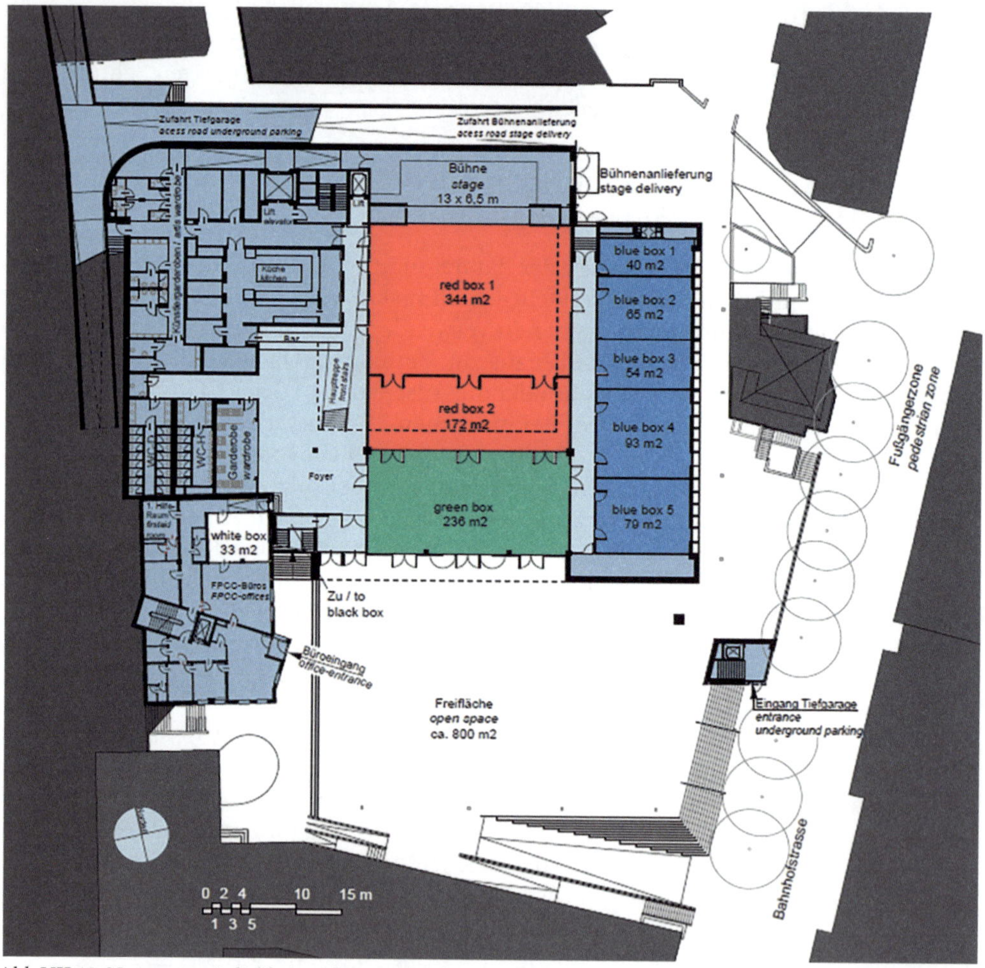

Abb VII.11: Nutzungsmöglichkeiten der verschiedenen Räume im Ferry Porsche Congress Center [Congress Center GmbH Zell am See, https://www.fpcc.at/de/facts-plaene/raumangebot/ (2020)]

Die Digitalisierung unterstützt in diesen Beispielen einen effizienten Betrieb und ermöglicht dem Facility-Manager sehr schnelle Umbauarbeiten. Innerhalb kürzester Zeit können verschiedene Raumkonstellationen realisiert und kann auf die neuen Raumanforderungen reagiert werden.

7. Resümee

Wenn zwei Branchen aufeinandertreffen, deren Heterogenität nicht ausgeprägter sein kann, ist Geduld gefragt. Die Branche der Digitalisierung wird von einer hohen Dynamik geprägt und findet in aktuellen Trends, wie der Energiewende, ihre Positionierung. Da auch die Immobilien- und Bauwirtschaft in diesem Zusammenhang wichtige Aufgaben zu erfüllen haben, ist das Synergiepotential fast unerschöpflich. Um das Potential gänzlich auszuschöpfen, ist das gegenseitige Verständnis der Schlüssel zum Erfolg.

Um das Potential der Digitalisierung zu nutzen, ist es notwendig, aus vorhandenen Denkmustern auszubrechen. Das Granulieren von Abläufen und Silodenken waren gestern. Ganzheitliche Denkansätze und das Definieren von Prozessen, die in direktem Zusammenhang stehen und interagieren, sind die Grundvoraussetzung für Projekte, in denen ein sinnvoller Einsatz der Digitalisierung ermöglicht wird. Der Prozess der Digitalisierung fängt bei der Idee an und zieht sich ohne Unterbruch bis zur optimalen Funktionalität der Immobilie im Betrieb.

Der Bauherr übernimmt in Digitalisierungsprojekten eine aktive Rolle und bestimmt am Beginn der Planungsphase die Funktionalitäten und Abläufe, die für den optimalen Betrieb seiner Immobilie notwendig sind. Gemeinsam mit seinem Planungsteam erhebt und bewertet er den vorhandenen Bestand mit seiner technischen Infrastruktur. Begleitet von seinem Systemintegrations-Architekten und dem Architekten detailliert er die Ziel-Kriterien, die einen effektiven und effizienten Betrieb seiner revitalisierten Immobilie ermöglichen sollen, und bestimmt die Zusammenarbeit im Projekt.

Die Grundsätze der Planung unterliegen der stärksten Veränderung. Hat man in der Vergangenheit noch mehrere voneinander unabhängige Teile des Gebäudes geplant, überwiegt schon heute ein ganzheitlicheres Vorgehen. Der DataDriven-Planning-Ansatz spiegelt die ganzheitliche Funktionalität des Gebäudes wider und speist die definierten Zielvorgaben am Beginn der Planung in das virtuelle Modell ein und ermöglicht ein interdisziplinäres Zusammenarbeiten von allen involvierten Disziplinen nach der BIM-Methode. Dirigiert von dem Systemintegrations-Architekten arbeiten alle Vertreter der technischen Gewerke an einem gemeinsamen Ziel – der Gesamtfunktionalität.

Die einzelnen Phasen Planung, Bau, Betrieb profitieren von dem ganzheitlichen Ansatz. So bildet zB die anfängliche 3-D-Planung die Basis für den Vertrieb, die Darstellung die Basis für die Visualisierung für den Betrieb und die Datengrundlage die Basis für die Dimensionierung der Gebäudetechnik. Ergänzt mit Informationen der Funktionalität ist die Grundlage für die Automatisierung geschaffen. Die Gesamtfunktionalität der Immobilie steht bei allen Schritten im Vordergrund.

Der Einsatz von Technologien in Bestandsimmobilien dient keinem Selbstzweck, sondern ermöglicht effiziente Nutzung von Ressourcen oder das Erschließen neuer Ressourcen. Die Investitionen in digitale Technologien müssen das Ziel haben, die eigenen

Abläufe zu verbessern oder neue Business-Modelle generieren zu können. Neue Business-Modelle, die schon heute auf Data-Driven-Business basieren, zeigen durch ihre Erfolge das große Potential. Vorhandene Basistechnologien, wie Cloud Computing, Cyber Security, Connectivity to Grid und Connectivity to Mobility, zeigen schon heute das Potential des Möglichen. Die größten Hemmnisse auf dem Weg zu digitalisierten Lösungen liegen in den meisten Fällen am mangelnden Verständnis, fehlenden Kompetenzen, zu geringen Ressourcen und letztendlich auch am fehlenden Willen, neue Wege zu gehen. Doch weitere Verbesserungen der Usability von Technologien, wie Machine Learning, künstliche Intelligenz und Blockchain, steigern die Akzeptanz und werden weiter Einzug in die Immobilienwirtschaft halten und Möglichkeiten eröffnen, Bestandsimmobilien noch attraktiver zu machen.

VIII. Bauliche Barrierefreiheit

Robert Öllinger

1. Einleitung

1.1. Ziel

18,4 % der österreichischen Bevölkerung haben laut Statistik Austria[1] eine Behinderung. Behinderung wird definiert als eine langfristige, körperliche, geistige, seelische oder Sinnesbeeinträchtigung, die eine Person daran hindert, aufgrund der Wechselwirkung verschiedener Barrieren voll und gleichberechtigt an der Gesellschaft teilzuhaben.[2] Um diese Teilnahme zu ermöglichen, ist es notwendig, dass sämtliche Barrieren in der Gesellschaft vermieden werden. Das bedeutet, dass Bauwerke, Produkte und Dienstleistungen für alle, somit auch für Menschen mit Behinderungen, ohne fremde Hilfe zugänglich und nutzbar sein müssen.

In Österreich wurde das ua in folgenden Gesetzen, Richtlinien und Normen umgesetzt:

- Diverse Bauordnungen und Bautechnikverordnungen der einzelnen Bundesländer
- OBI-Richtlinie 4 – Nutzungssicherheit und Barrierefreiheit
- ÖNORM B 1600 – Barrierefreies Bauen – Planungsgrundlagen
- ÖNORM B 1601 – Planungsgrundlagen für barrierefreie Gesundheitseinrichtungen, assistive Wohn- und Arbeitsstätten
- ÖNORM B 1602 – Barrierefreie Bildungseinrichtungen
- ÖNORM B 1603 – Planungsgrundlagen für barrierefreie Tourismus- und Freizeiteinrichtungen
- ÖNORM A 3011 – Graphische Symbole für die Öffentlichkeitsinformation
- ÖNORM A 3012 – Visuelle Leitsysteme für die Öffentlichkeitsinformation
- ÖNORM V 2102 – Taktile Bodeninformationen – Technische Hilfen für sehbehinderte und blinde Menschen
- ÖNORM EN 81-70 – Sicherheitsregeln für die Konstruktion und den Einbau von Aufzügen – Besondere Anwendungen für Personen- und Lastenaufzüge – Teil 70: Zugänglichkeit von Aufzügen für Personen einschließlich Personen mit Behinderungen
- OBI-Richtlinie 2 – Brandschutz
- ISO/FDIS 21542 – Building Construction – Accessibility and usability of the built environment
- Übereinkommen über die Rechte von Menschen mit Behinderungen, BGBl III 2016/105
- Bundes-Behindertengleichstellungsgesetz, BGBl I 2005/82

Im Rahmen dieses Beitrags soll ein praxisorientierter Überblick über die rechtlichen Grundlagen und die daraus resultierenden Handlungsanleitungen für deren Umsetzung gegeben werden. Ziel ist es, damit eine höchstmögliche Stufe der Barrierefreiheit und der allgemeinen Benutzerfreundlichkeit zu erlangen.

1 Vgl Statistik Austria 2015.

2 Vgl Art 1 S 2 UN Behindertenrechtskonvention.

1.2. Zahlen und Fakten zu Menschen mit Behinderungen in Österreich[3]

	Zielgruppe	Personen (in 1.000)	
	Rollstuhlnutzer	Leicht	219
		Mittel	500
		Schwer	351
	Menschen mit Mobilitätseinschränkung	davon Rollstuhlnutzer	50
	Menschen mit Höreinschränkungen	Leicht	36
		Mittel	102
		Schwer	62
		Gehörlos	10
	Menschen mit Seheinschränkungen	Leicht	68
		Mittel	146
		Schwer	101
		Blind	3
	Menschen mit Lernschwierigkeiten		85
	Nicht sichtbare Behinderungen (psychische Probleme, chronische Erkrankungen)	Psychische Probleme	205
		Chronische Erkrankungen	579

Tab VIII.1: Zahlen und Fakten zu Menschen mit Behinderungen in Österreich

3 Vgl Statistik Austria Mikrozensus 2007(2008).

1.3. Warum barrierefrei Bauen?

Oberstes Ziel beim barrierefreien Bauen ist die selbstständige und eigenständige Nutzung für Menschen mit Behinderungen.

Barrierefreie Gestaltung von Gebäuden wird oft als zu kompliziert und kostenaufwendig abgestempelt. Wenn man Barrierefreiheit aber schon in der Planungsphase mitberücksichtigt, hält sich der Mehraufwand in Grenzen. Wenn man ein Objekt erst im Nachhinein barrierefrei ausstattet, ist der Aufwand schon größer als bei einem Neubau. Dennoch müssen Menschen mit Behinderungen das Objekt ohne fremde Hilfe nutzen können. Rampen, Aufzüge, gute Beleuchtung, barrierefreie WCs etc sind für ca 10 % der Nutzer notwendig, für ca 40 % der Nutzer praktisch und für den Rest von Vorteil. Das bedeutet, dass Barrierefreiheit auch zur Zufriedenheit aller Nutzer des Objekts beiträgt.

Die oben dargestellten Normen verpflichten den Bauherren und Eigentümer, die Barrierefreiheit zu gewährleisten. Daher ist es wichtig, sich dem Thema anzunähern und schrittweise Maßnahmen zu setzen. Im Praxisteil werden die wichtigsten Bereiche hervorgehoben und Tipps gegeben, wie man vorgehen kann, um eine größtmögliche Barrierefreiheit zu erreichen. Damit soll auch die Scheu genommen werden, sich mit dem Thema auseinanderzusetzen und Schritte in Richtung Barrierefreiheit zu gehen. Absolut notwendige Maßnahmen, um potentielle Unfallgefahren zu reduzieren, werden ebenfalls hervorgehoben.

Betreffend den Grad der Anforderungen an Barrierefreiheit muss man zwischen öffentlich zugänglichen Objekten und dem Wohnbau unterscheiden. Im Wohnbau macht es keinen Sinn, jede Wohneinheit barrierefrei auszugestalten. Bei der Planung wäre aber mitzudenken, dass mit nur geringem Aufwand die Barrierefreiheit erreicht werden kann. Das plakative Beispiel ist der Sanitärbereich: durch Zusammenlegung, bspw von WC und Badezimmer bzw WC und Abstellraum, können die notwendigen Rangierflächen für einen Rollstuhl geschaffen werden. Um den Umbau einfach zu gestalten, sollten Wände, die potenziell abgetragen werden müssen, in Leichtbauweise und ohne Installationen ausgeführt sein. Für die allgemein zugänglichen Bereiche gelten dieselben Vorschriften wie für gewerbliche Objekte.

2. Praxisteil

2.1. Zugänglichkeit

Wie in den oben genannten Normen dargestellt ist, müssen Gebäude so beschaffen sein, dass ein Mensch mit Behinderungen dieses ohne fremde Hilfe und eigenständig nutzen kann. Grundsätzlich ist darauf zu achten, dass das Gebäude allenfalls durch eine Rampe stufenlos zugänglich ist, der Bodenbelag so beschaffen ist, dass er einfach mit einem Rollstuhl befahrbar und stark rutschhemmend ist. Darüber hinaus müssen Zugänge und Gefahrstellen mittels eines Leitsystems für blinde und sehbehinderte Personen markiert werden.

2.1.1. Rampe

Um die selbstständige und eigenständige Nutzbarkeit für Menschen mit Behinderungen zu gewährleisten, müssen Zugänge mittels Rampen so gestaltet sein, dass ein Rollstuhlfahrer selbstständig den Niveauunterschied überwinden kann.

> „Auf der Uni haben sie in einem Hörsaal als Rampe eine Holzplatte auf die Treppen gelegt, dadurch bekam die Rampe jedoch einen 45 Grad Winkel und ein selbstständiges hinunter oder hinaufkommen war unmöglich. Dadurch, dass das Holzbrett über die ganze Breite der Stiegen ging, kamen auch einige Studenten, die nicht im Rollstuhl saßen, ins Rutschen." (*Maximilian P.*, 27, Rollstuhlnutzer)

Prinzipiell muss eine Rampe eine Breite von mindestens 120 cm aufweisen und das Längsgefälle darf 6 % nicht überschreiten. Ein Quergefälle ist nicht zulässig. Die Rampe soll beidseitig mit Handläufen ausgestattet sein. Der Bodenbelag ist so zu wählen, dass dieser rutschfest, eben und ohne Rillen ausgestattet ist. Bei allfälligen Abflussrinnen muss das Gitter so gewählt werden, dass ein Rollstuhl dieses problemlos überfahren kann.

> „Sehr oft begegne ich nachträglich eingebauten Rampen, die so steil sind, dass ich sie als Rollstuhlfahrerin nicht gefahrenlos befahren kann. Manchmal ist es sicherer, mit dem Rollstuhl die Stufen zu bewältigen." (*Claudia M.*, 32, Rollstuhlnutzerin)

Weiters ist ein taktiles Bodenleitsystem für Menschen mit einer Sehbehinderung vorzusehen. Rampen in und außerhalb der Gebäude sind gemäß ÖNORM B 1600-1 auszuführen.

Bei der Ausführung von Rampen muss unbedingt beachtet werden, dass die Anfahrbereiche an beiden Enden ausreichend bemessen sind, damit eine Rangierfläche mit einem Durchmesser von mindestens 150 cm zu Verfügung steht.

> „Nicht immer können Rampen auch genutzt werden, da es immer wieder vorkommt, dass am Ende der Rampe ein Werbeschild, eine Lampe etc platziert ist oder dass der Podest am Ende nicht ausreichend groß gestaltet ist, sodass man die Rampe nicht nutzen kann." (*Claudia M.*, 32, Rollstuhlnutzerin)

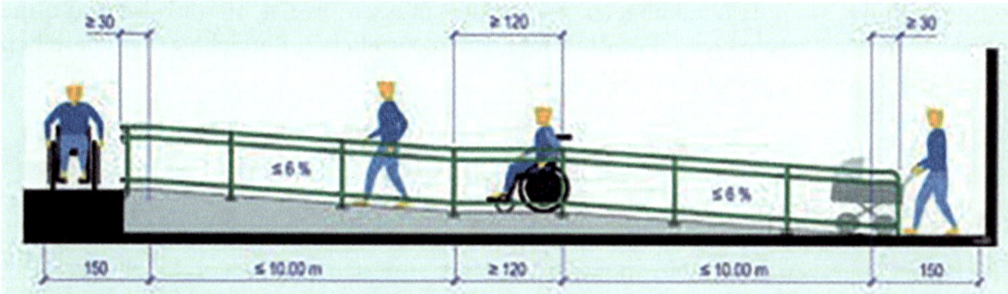

Abb VIII.1: Maße einer Rampe [ÖNORM B 1600]

2.1.2. Aufzug

> „Auch wenn in einem Gebäude ein Aufzug zur Verfügung steht, ist es durchaus möglich, dass ich diesen nicht nutzen kann. Zum einen kann die Kabine zu klein sein und zum anderen ist

manchmal der Aufzug nicht barrierefrei erreichbar. Immer wieder kommt es vor, dass der Aufzug erst nach der Bewältigung einiger Stufen erreichbar ist sowie Aufzüge im Altbau zwischen den Stockwerken halten." (*Dominik P.*, 29, Rollstuhlnutzer)

Bei Aufzügen muss die Zugänglichkeit für Rollstuhlnutzer gegeben und der dafür notwendige Platz vorhanden sein. Die Bewegungsfläche vor dem Personenaufzug muss mindestens 150 cm betragen. In der ÖNORM B 1600-1 (Kapitel 5.3.3) sind alle Bestimmungen für Aufzüge zu finden.

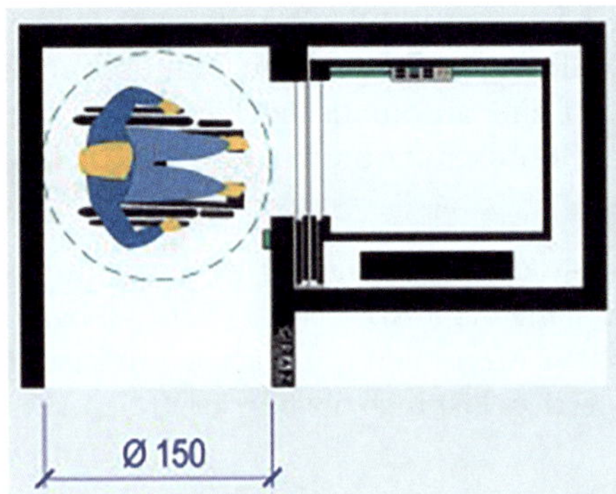

Abb VIII.2: Bewegungsfläche vor dem Personenaufzug (Maß in cm) [ÖNORM B 1600]

In der Kabine muss der Bodenbelag gut mit einem Rollstuhl befahrbar sein. Der Aufzug ist mit einem Handlauf auszustatten. Der Handlauf in der Kabine sollte in einer Höhe von 90 cm angebracht werden. Zur Kabinentorüberwachung soll ein Lichtvorhang gegeben sein. Weiters soll vis-à-vis der Türe ein Spiegel angebracht werden, damit die Person im Rollstuhl erkennen kann, ob sie ungehindert aus dem Lift fahren kann.

„Bei Aufzugsanlagen sind die oberen Tasten meist so hoch, dass sie aus- dem Rollstuhl nicht bedienbar sind. Rollstuhlnutzer können daher nicht in das oberste Stockwerk fahren." (*Maximilian P.*, 27, Rollstuhlnutzer)

Für die Bedienelemente bzw Befehlsgeber ist die ÖNORM EN 81-70 anzuwenden. Dort ist festgehalten, dass die Bedienelemente in einer Höhe zwischen 90 und 110 cm und einem seitlichen Abstand zur Ecke von 50 cm anzubringen sind, um die Erreichbarkeit aus sitzender Position zu gewährleisten. Für Menschen mit einer Sehbehinderung sind die Bedienelemente mit optischer Kontrastierung und tastbaren, mechanischen Druckknöpfen mit Relief- und Brailleschrift auszustatten.

Für Personen mit Seheinschränkung und blinde Personen sollte sowohl in der Kabine als auch bei den Zugangstüren die Option der akustischen Signale aktiviert werden. Eine Sprachansage in den Stockwerken (innerhalb und außerhalb des Lifts) über das Eintreffen der Liftkabine und die Fahrtrichtung (nach oben/nach unten) bietet eine zusätzliche Unterstützung.

Für Menschen mit einer Höreinschränkung sollte im Aufzug eine induktive Höranlage verbaut sein. Mithilfe der Höranlage wird die Sprache direkt an die Hörgeräte der Nutzer übertragen, wodurch die Verständlichkeit der Sprachansagen, gerade im Notfall, deutlich verbessert ist.

2.1.3. Türen/Schließkraft

> „Die meisten Eingangstüren und Brandschutztüren sind so schwer zu öffnen, dass ich als Rollstuhlnutzer diese nie selbstständig öffnen kann." (*Maximilian P.*, 27, Rollstuhlnutzer)

Türen mit und ohne Türschließer müssen im Regelbetrieb immer leicht bedienbar sein. Details zur Bedienbarkeit finden sich in ÖNORM B 1600-1. Das Zuggewicht darf keinesfalls 25N übersteigen. Sollte es sich hierbei um Brandschutztüren handeln, die eine höhere Zugkraft erfordern, ist eine automatische Türöffnung vorzusehen. Diese Norm ist durchgängig zu beachten. Brandschutztüren müssen ebenfalls dem Standard entsprechen.

Türdrücker sollten als bogen- oder u-förmige Griffe ausgeführt sein, da diese gut umfassbar und bedienbar sind (siehe dazu Abb VIII.3 [Beispiel barrierefreier Sperrriegel]). Dieser Sperrriegel ermöglicht es Menschen mit eingeschränkter Hand-/Fingermobilität, die Türe zu sperren. Ein Sperrriegel ist insb bei barrierefreien WC-Anlagen einzubauen.

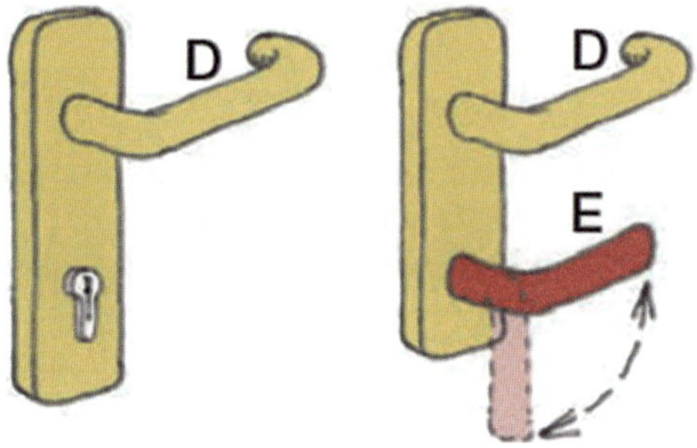

Abb VIII.3: Beispiel barrierefreier Sperrriegel [Technisches Informationsblatt Nr 8]

Die Türen auf Hauptwegen sollen mit einem automatischen Türantrieb ausgestattet sein. Sollte es derzeit keinen Bedarf für einen solchen Antrieb geben, sollte aber ein automatischer Drehtürantrieb vorbereitet werden, da über diese Türen in Zukunft (potenzielle) Nutzer mit Mobilitätseinschränkung Zutritt in den jeweiligen Bereich des Gebäudes haben. Damit kann bei Bedarf rasch und kostengünstig ein automatischer Drehtürantrieb eingebaut werden.

Die Öffnungsflächen von Drehflügeltüren und der Anfahrtsbereiche hat mindestens eine Länge von 200 cm und eine Breite von 150 cm.

Alle Türen haben eine Durchgangslichte von 90 cm. Der Niveauunterschied darf in der Regel nicht höher als 2 cm (bzw 3 cm bei erhöhten Anforderungen an Schall- und Wärmeschutz) sein, andernfalls ist die selbstständige Befahrbarkeit mit einem Rollstuhl nicht gegeben.

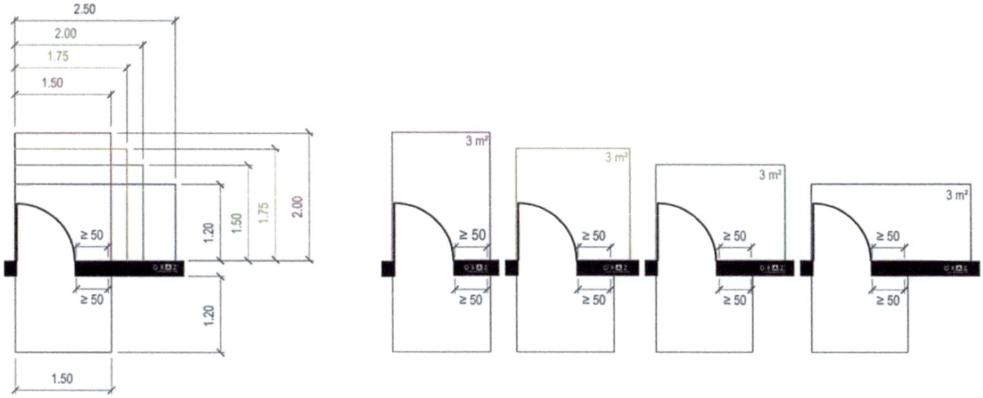

Abb VIII.4: Maße der Anfahrtsbereiche [ÖNORM B 1600]

Flucht- oder Notausgangstüren sind nach dem 2-Sinne-Prinzip, visuell und taktil, zu kennzeichnen. Die Panikstangen und Panikbeschläge sollen so ausgeführt werden, dass sie von einer sehbehinderten Person zu erkennen sind. Es empfiehlt sich, die Stange und Beschläge mit einer kontrastierenden Farbe (Kontraststufe II) zu lackieren. Weiters ist eine taktile bzw tastbare Schrift zur Kennzeichnung des Notausgangs anzubringen.

Abb VIII.5: Beispiel Panikstange [Technisches Informationsblatt Nr 8]

2.1.4. Treppen

> „In den meisten Fällen sind die Stufen nicht farblich markiert. Als Person mit hochgradiger Seheinschränkung muss ich mich in diesem Fall ganz vorsichtig an die Treppe herantasten. Die Sturz- und Verletzungsgefahr ist groß." (*Robert Ö.*, 53, hochgradig hör- und sehbehindert)

Menschen mit einer Sehbehinderung können sehr oft den Beginn von Treppen und die einzelnen Stufen nicht wahrnehmen, daher muss eine Kontrastierung gegeben sein, damit sich die Treppe von der Umgebung abhebt. Nach ÖNORM B 1600-1 (Kapitel 5.3.1.5) müssen deshalb die An- und die Austrittstufe eines Treppenlaufs in der ganzen Treppenbreite an der Vorderkante der Trittstufe mindestens 5 cm breit markiert werden. Diese Markierung hat dem Kontrast der Kontraststufe I zu entsprechen. Bei Treppenanlagen, die aus maximal 5 Stufen bestehen, muss jede Tritt- und Setzstufe markiert werden.

Abb VIII.6: Beispiel Markierung An- und Austrittsstufe [www.taktile-bodenleitsysteme.de]

Die Stufenhöhe sollte laut ÖNORM B 1600-1 16 cm nicht überschreiten und die Stufentiefe 30 cm nicht unterschreiten.

Zurückgesetzte Setzstufen sind nicht zulässig, aber es kann eine nach hinten geneigte Setzfläche mit einer maximalen Unterschneidung von 3 cm vorgesehen werden.

Die Treppenlaufbreite muss mindestens 120 cm betragen und beim Podest ist mindestens eine Bewegungsfläche von 150 cm Durchmesser vorzusehen. Damit ist auch der Transport mit einer Krankentrage möglich.

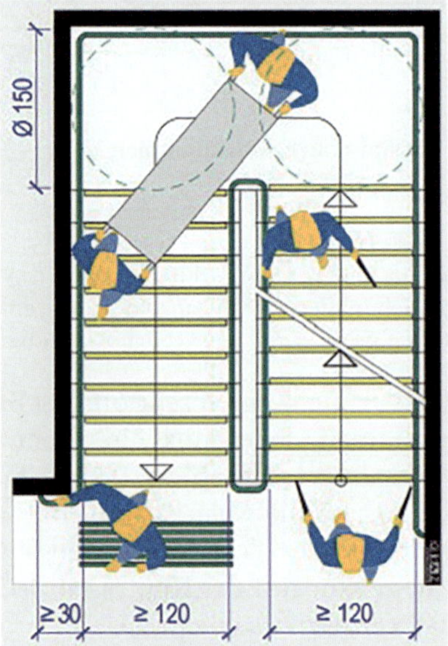

Abb VIII.7: Lichte Treppenbreite [ÖNORM B 1600]

„Als ich noch an der Hochschule studiert habe und den Rektor gefragt habe, ob man bei den zwei Stufen beim Eingang ein Geländer befestigen kann, meinte er, dass es einen barrierefreien Weg gibt. Der führte aber um die Hochschule herum, über ein sehr steiles Stück Weg zum Hintereingang. Er war dann aber sehr nett, als ich ihm erklärt habe, dass ein weiter Weg für mich mehr Barriere ist als zwei Stufen. Ich habe das Geländer bekommen." (*Tobias S.*, 28, Mobilitätseinschränkung)

Die beidseitigen Handläufe sind in einer Höhe von 85 bis 90 cm Oberkante anzubringen und beim An- und Austritt mindestens 30 cm über die Stufenkante weiterzuführen (mit einer Rundung nach unten oder seitlich).

Die Handläufe sollten über die Zwischenpodeste fortgeführt werden, damit diese eine kontinuierliche Abstützung und gleichzeitig eine durchgängige Leithilfe für Personen mit Seheinschränkung bieten.

Abb VIII.8: Beispiel taktile Handlaufbeschriftung [www.gravurtechnik.at]

Zur Kennzeichnung von Anfang und Ende eines Treppenlaufs, zur Stockwerkserkennung und Geh- und Fluchtrichtung sollten die Handläufe mit einer Beschriftung in taktiler und Brailleschrift und mit einer guten Kontrastierung ausgestattet sein.

2.2. 2-Sinne-Prinzip

„In meiner alten Arbeitsstätte habe ich konzentriert im Großraumbüro gearbeitet. Als ich aufblickte, war ich alleine im Raum. Nachträglich habe ich erfahren, dass die Sirene wegen eines Feueralarms heulte." (*Robert Ö.*, 53, hochgradig hör- und sehbehindert)

In der barrierefreien Gestaltung von Objekten ist das 2-Sinne-Prinzip zu berücksichtigen. Alle Beschriftungen bezüglich Orientierung, Hinweisen, Warnungen etc sind im 2-Sinne-Prinzip auszuführen, dh, alle Informationen sind mit zwei sich ergänzenden Sinnen zu erfassen und zu erkennen. Dadurch sollen alle Informationen und Alarme für sehbehinderte bzw blinde Personen sowie für gehörlose Personen zur Verfügung stehen. Das bedeutet, dass bspw ein Feueralarm sowohl über die Sirene als auch über ein Lichtsignal abgegeben wird.

Dieser Grundsatz des 2-Sinne-Prinzips gilt in allen Bereichen.

2.3. Orientierung

„Auf einem meiner ersten Dates als Teenager waren wir in einem Lokal, in dem ich zuvor noch nicht gewesen bin. Auf der Toilette waren alle Wände voll tapeziert mit kunstvollen, bunten Bildern, sodass ich Schwierigkeiten hatte, nach dem Toilettengang die Türe (es war eine

> Schiebetüre mit nur einem extrem kleinen Metallschiebegriff) zu finden. So verbrachte ich eine Weile auf der Toilette, bis ich den Weg nach draußen fand.“ (*Lisa L.*, 31, hochgradige Sehbehinderung)

Alle Beschriftungen bezüglich Orientierung, Hinweisen, Warnungen etc sind im 2-Sinne-Prinzip auszuführen, dh, alle Informationen sind mit zwei sich ergänzenden Sinnen zu erfassen und zu erkennen. Die Schrift ist in taktiler (erhabener und tastbarer) Schrift und zusätzlich in Brailleschrift auszuführen. Beschriftungen sind mit einer optimalen Kontrastierung (Kontraststufe IV) zu gestalten und grundsätzlich mit einer hellen Schrift auf dunklem Hintergrund auszuführen, zB Weiß auf Schwarz. Da bei Personen mit einer Sehbehinderung eine Rot-Grün-Schwäche sehr verbreitet ist und dadurch eine Erkennbarkeit nicht gegeben ist, sollen keine Rot-Grün-Kombinationen gewählt werden. Die Schriftgröße ist abhängig vom Standort der Betrachter und von der Höhe der vertikalen Montage des Informationsträgers abhängig, sollte jedoch zumindest so groß ausgeführt werden, dass die enthaltenen Informationen aus 1,5 bis 2 m Entfernung auch für Menschen mit Seheinschränkung lesbar sind.

Folgende Punkte müssen bei der Gestaltung von Information beachtet werden:

- Klar und prägnant
- Reduzieren auf die wichtigsten Informationen
- Keine spiegelnden Oberflächen
- Kontrast zwischen Schrift und Hintergrund
- Schrift: Standardschriften ohne Serifen
- Klein- und Großschreibung
- Schriftgröße in Abhängigkeit zur Leseentfernung
- Gut beleuchtet
- In Augenhöhe montiert (160 cm) – erleichtert auch das Ertasten
- In Braille geschrieben
- Erhaben ausgeführt, nicht graviert

Menschen mit einer Sehbehinderung können oft Türen, Schilder, Treppen etc nicht oder nur schwer von der Umgebung unterscheiden. Daher soll bei deren farblicher Gestaltung darauf geachtet werden, dass sie klar erkennbar sind und sich von der Umgebung gut abheben. Weiters ist darauf zu achten, dass die zugänglichen Bereiche gut ausgeleuchtet sind.

2.3.1. Markierung von Glasflächen und Glastüren

> „Neulich war ich mit meiner Partnerin in einem Bekleidungsgeschäft in einem Einkaufszentrum. Während sie Kleidung probierte, war ich im Geschäft unterwegs und habe mir eine Beule an einer nicht gekennzeichneten Glaswand geholt.“ (*Robert Ö.*, 53, hochgradig hör- und sehbehindert)

Blinde und hochgradig sehbehinderte Personen können Glasportale und Glasflächen nicht wahrnehmen. Diese müssen kontrastierend markiert werden, um Verletzungen von Menschen mit einer Sehbehinderung zu vermeiden. Diese Markierungen sind in hoher Kontraststufe II zum Hintergrund mit einem hellen und einem dunklen Anteil (90–100 cm und 150–160 cm) angebracht werden.

Es dürfen auch Symbole (zB geometrische Formen, Ziffern, Buchstaben) als kontrastierende Markierungen verwendet werden. In diesem Fall ist der Bereich zwischen 90–

130 cm zu gestalten. Die Markierung sollte in zwei Farben umgesetzt werden. Aufgrund der weitverbreiteten Rot-Grün-Schwäche ist diese Farbkombination oft nicht erkennbar und daher zu vermeiden.

Abb VIII.9: Beispiel einer kontrastreichen Schiebetürmarkierung [myAbility]

2.3.2. Leitsystem

Blinde und hochgradig seheingeschränkte Personen benötigen zur Orientierung taktile (Boden-)Informationen. Mittels Langstock wird der Bereich vor der Person in Gehrichtung gependelt, um so allfällige Hindernisse, Kanten, Stufen, Wände sowie die Wegführung zu ertasten.

Die OBI-Richtlinie 4 sieht vor, dass nach Maßgabe der Größe und des Verwendungszwecks des Gebäudes die Erschließungsflächen zusätzlich zu einem visuellen auch mit einem taktilen oder akustischen Leitsystem ausgestattet werden, um wesentliche Informationen und Orientierungshilfen für alle Nutzergruppen (Mitarbeiter, Kunden, Bewohner und Besucher) anzubieten.

> „Bei einem großen Wiener Museum gibt es ein taktiles Leitsystem im Zugang. Leider führt das Leitsystem nicht zur Türe, sondern zu einem Fenster im Nahbereich des Eingangs." (*Robert Ö.*, 53, hochgradig hör- und sehbehindert)

Das taktile Leitsystem soll es blinden oder sehbehinderten Personen ermöglichen, selbständig das Gebäude zu betreten und sich innerhalb des Gebäudes orientieren zu können. So ist der Zugang zum Gebäude, sei es von der Straße oder von der Garage/ Parkplatz, mit einem taktilen Leitsystem auszustatten. Dabei sind insb folgende Informationen relevant: Zugang, Eingänge /Ausgänge, Aufzüge, Treppen etc. Detaillierte Maßangaben zur Gestaltung der Leitlinien sind in der ÖNORM V 2102-1 Technische Hilfen für sehbehinderte und blinde Menschen, taktile Bodeninformationen enthalten.

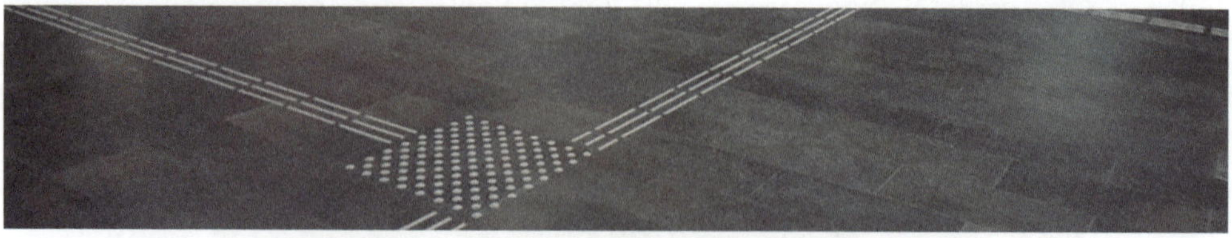

Abb VIII.10: Beispiel taktile Bodenindikatoren [www.profilius.de]

Ein Blindenleitsystem besteht aus Leitstreifen und Aufmerksamkeitsfeldern. Leitstreifen bieten Führung und Orientierung zu wichtigen Zielen, etwa Aus- und Eingängen, Treppen, Aufzügen und auf großen Flächen, zB Plätzen, oder helfen, Hindernisse zu umgehen. Zum einen kommen gefräste Linien zum Einsatz, zum anderen über das Umgebungsniveau hinausragende Rippen, die besser ertastbar sind als vertiefte Rillen. Mit dem Langstock bieten die hinausragenden Rippen eine gute Führung auch über längere Strecken.

Vor der abwärtsführenden Treppe muss in einem Abstand von 30–40 cm vor der ersten Stufe ein taktiles Aufmerksamkeitsfeld über die ganze Treppenbreite in einer Tiefe von mindestens 40 cm ausgeführt werden.

2.3.3. Beleuchtung und Lichtverhältnisse

Menschen mit einer Seheinschränkung benötigen, um ihren Sehrest optimal zu verwenden, eine gute Beleuchtung. Weiters sind Personen mit einer Hörbehinderung oft darauf angewiesen, das Lippenbild des Gegenübers abzulesen, um der Unterhaltung folgen zu können. Auch dafür ist eine gute Ausleuchtung des Raums notwendig.

Bei der Gestaltung der Beleuchtung ist auf eine gleichmäßige, helle und blendfreie Ausleuchtung des Raums zu achten. Als Mindestanforderung für die Beleuchtungsstärken gelten die Werte gemäß ÖNORM EN 12464-1 und -2. Diese gelten auch für vergleichbare Nutzungsbereiche. Für Sehbehinderten-Arbeitsplätze ist eine Zusatzbeleuchtung zur Verdopplung der in ÖNORM EN 12464-1 angegebenen Beleuchtungsstärken vorzusehen. Direktblendung und Reflexblendung sind zu vermeiden. Für Sehbehinderte müssen stark kontrastierende visuelle Informationen vorgesehen werden. Außerdem soll durch individuell steuerbare Sonnenblenden und/oder Jalousien bedarfsgerecht auf die Lichtverhältnisse von außen reagiert werden können.

Abb VIII.11: Beispiel blendfreie und indirekte Beleuchtung [myAbility]

2.3.4. Akustik

„Immer wieder erlebe ich, dass bei Meetings und Veranstaltungen derart viel Störlärm vorhanden ist, sodass ich dem Gesprochenen nicht folgen kann.“ (*Lydia K.*, 28, hochgradig schwerhörig)

Für Menschen mit einer Hörbehinderung ist die Hörsituation in Räumen mit einer schlechten Raumakustik bzw mit hohem Störlärm sehr schwierig. Daher ist bei der Gestaltung von Aufenthaltsräumen, Meetingräumen und der Lobby auf eine optimale Raumakustik zu achten, dh zB kurze Nachhallzeiten und Vermeidung von Störschall.

Um eine gute Verständlichkeit der Sprache zu gewährleisten, ist es notwendig, durch geeignete Maßnahmen, wie den Einsatz von Akustikdecken und Akustikelementen, den Raumhall so gering wie möglich zu halten.

Bei der induktiven Höranlage werden akustische Informationen von einem Spezialverstärker in ein magnetisches Feld umgewandelt, das von schwerhörigen Menschen mit dem eigenen Hörgerät empfangen wird, wenn sie dieses auf die Programmeinstellung T-Spule umschalten. Damit wird die Kommunikation für Menschen mit Höreinschränkungen wesentlich verbessert. Das Vorhandensein einer induktiven Höranlage soll durch ein Hinweisschild sichtbar beim Eingang gekennzeichnet werden.

2.3.5. Erreichbarkeit von Bedienelementen und Befehlsgeber

„Ich treffe regelmäßig auf Lichtschalter und andere Befehlsgeber, die derart hoch montiert sind, dass ich diese nicht erreiche. In vielen Museen sind auch die Ausstellungsvitrinen so hoch montiert, dass jemand, der davor sitzt den Inhalt gar nicht oder nur zur Hälfte sieht.“ (*Claudia M.*, 32, Rollstuhlnutzerin)

Für die Bedienelemente bzw Befehlsgeber ist die ÖNORM EN 81-70 anzuwenden. Dort ist festgehalten, dass die Bedienelemente in einer Höhe zwischen 80 und 110 cm auszuführen sind.

Die Informationen der Gegensprechanlage müssen akustisch und optisch eindeutig angezeigt werden. Die optischen Signale müssen mindestens 30 Sekunden lang leuchten. Bei Gegensprechanlagen sind Sprachimpulse und Türöffnerimpulse der jeweiligen Gegenstelle durch ein optisches Signal anzuzeigen. Darüber hinaus ist die Gegensprechanlage mit einer induktiven Höranlage und einer Bildübertragung auszustatten. Die Beschriftung der Bedienungselemente ist taktil und farblich kontrastierend zu gestalten.

2.3.6. Barrierefreies WC

Barrierefreie WC-Anlagen sind so zu gestalten, dass sie von Menschen mit Rollstühlen und Rollatoren sowie von blinden und sehbehinderten Menschen zweckentsprechend und selbstständig genutzt werden können.

Drehflügeltüren dürfen nicht in Sanitärräume schlagen. Nur so kann das Blockieren der Tür verhindert werden. Türen müssen von außen entriegelt werden können. Ausstattungselemente müssen sich visuell kontrastierend von ihrer Umgebung abheben und auch aus sitzender Position erreichbar sein. Einhebelarmaturen oder berührungslose Armaturen sind anzuwenden.

Am WC-Becken sind beidseitig zum Umsteigen 90 × 70 cm Bewegungsflächen vorzusehen. Der WC-Sitz muss die Höhe 46–48 cm und die Tiefe mindestens 65 cm haben. Die Anlehnfläche sollte über 65 cm tief sein, die Halte- und Stützgriffe müssen gemäß der ÖNORM B 1600 angebracht werden: Der Winkelgriff muss die Maße von 40 × 75 cm, Oberkante 150 cm haben. Der Stützklappgriff muss doppelt, mit den Maßen von 85 cm und einfach 75 cm vorhanden sein. Die Spültaste und die Notrufanlage müssen vom WC sitzend erreichbar sein, wobei die Notrufanlage eine maximale Höhe von 35 cm, vom Boden aus, haben muss.

> „Immer wieder beobachte ich, dass auf den Toiletten für Rollstuhlfahrer entweder keine Spiegel vorhanden sind oder sie zu hoch hängen, was zum Beispiel auf Konzerten eine unangenehme Situation ergibt, wenn man sich den Lippenstift nachziehen möchte.“ (*Claudia M.*, 32, Rollstuhlnutzerin)

Es sind Halterungen für Stöcke oder Krücken vorzusehen. Die Spender für Seife und Desinfektionsmittel sind idealerweise sensorgesteuert und müssen in einer Höhe von 85–100 cm angebracht sein.

Die barrierefreien WCs müssen einseitig anfahrbar sein, mit einer Breite von 205 cm und einer Tiefe von 215 cm. Universelle WCs haben die Breite von 240 cm und die Tiefe von 215 cm. Bewegungsflächen von 150 × 150 cm sind vor allen Objekten einzuhalten, sie dürfen sich überlagern. Die WC-Türen müssen sich nach außen öffnen lassen und eine lichte Breite von mindestens 80 cm aufweisen. Der Handtuchspender sollte die Montagehöhe von 85–100 cm aufweisen.

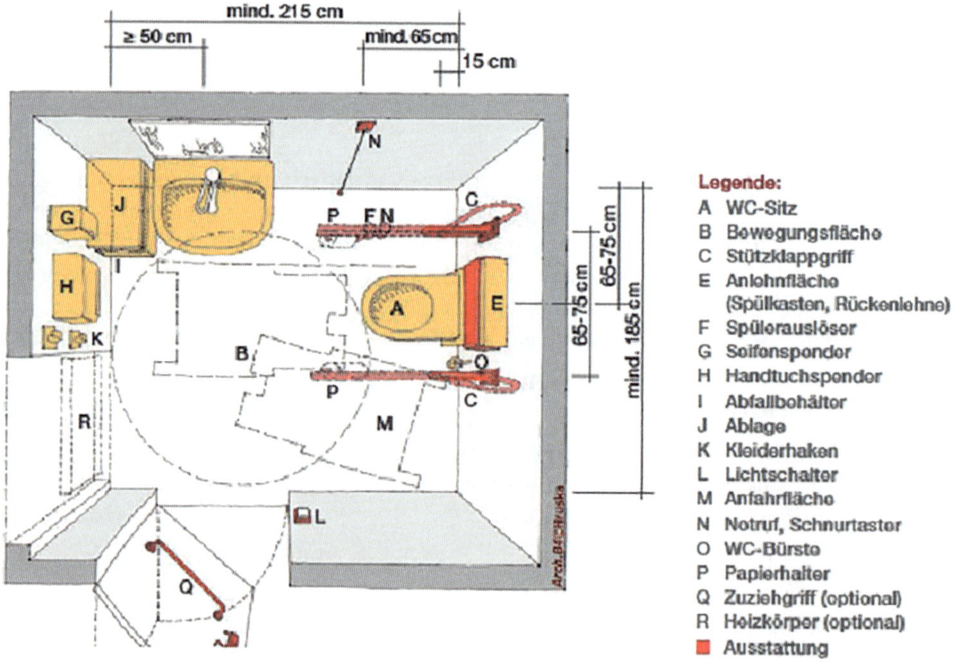

Abb VIII.12: Maße barrierefreies WC [WKO, Technisches Informationsblatt Barrierefreie WC-Anlagen]

„Oft sind die Wickeltische so hoch montiert, dass eine rollstuhlfahrende Mami nach dem Windel wechseln einen Chiropraktiker braucht, weil ihre Schultern so schmerzen." (*Claudia M.*, 32, Rollstuhlnutzerin)

Die Waschbecken müssen eine Höhe von maximal 80–85 cm sowie eine Tiefe von mindestens 35 cm haben und unterfahrbar sein. Ein Unterputz- oder Flachauf-Putz-Siphon wird daher empfohlen.

Abb VIII.13: Beispiel barrierefreies WC [myAbility]

3. Resümee

Menschen mit Behinderungen wünschen sich, wie alle, eigenständig und ohne auf Hilfe angewiesen zu sein zu leben. Sie sind die Experten, die am besten wissen, welche Hilfsmittel und Situationen sie im Alltag benötigen, um ihr Leben barrierefrei zu gestalten. Dafür bedarf es aber auch, dass ihr Umfeld ihnen mit Offenheit, Respekt und Wertschätzung begegnet. Ein wichtiger Aspekt dabei ist die Einhaltung der Vorschriften der Barrierefreiheit in allen Bereichen.

Im baulichen Bereich gibt es verschiedenste Vorschriften, die in diesem Beitrag angerissen wurden. Der Leser soll nun einen Überblick haben, um ein Gefühl zu bekommen, auf was er bei einem Neubau, Umbau oder einer Sanierung achten muss bzw was er nachrüsten sollte. Weiterführende Informationen erhält der Leser ua bei myAbility Social Enterprise GmbH, www.myability.org.

IX. Herausforderungen des Facility-Managements im Bestand

*Ina Pfneisz/Bianca Lang/Christina Nekola/Lisa Handl/
Harald Steinberger/Stefan Pfefferer/Andreas Kloiber*

1. SIMACEK Gruppe

Der Name SIMACEK steht international für Service, Sicherheit und Hygiene-Zufriedenheit von Menschen und Gebäuden. Die größte österreichische familiengeführte Facility-Unternehmensgruppe ist Komplettanbieter für Gebäude-Infrastruktur-Management und infrastrukturelle Facility-Services.

Die SIMACEK Gruppe wurde in Österreich gegründet, ist seit über 70 Jahren am Markt und ist heute einer der Leitbetriebe in der Facility-Management-Branche. In dritter Generation wird das Familienunternehmen von der Enkelin des Firmengründers *L.A. Simacek*, *Ursula Simacek*, geführt und ist mit über 8.000 Mitarbeitern aus über 40 Nationen in 42 Städten in sechs Ländern (A, G, CZ, RO, SK, BG) mit Analyse, Consulting, Services, Monitoring und Reporting für die umfassende Gebäudebewirtschaftung 7/365 für Kunden im Einsatz.

Es werden gebäudebezogene Beratungen und Dienstleistungen erbracht sowie Konzepte für Facility-Bereiche entwickelt, zB Reinigung (Wartung und Sonderreinigung), Desinfektion und Tiefenhygiene, Sicherheit, Schädlings- und Hygienemanagement, Verkehrsmittelreinigung, Catering, technische Dienstleistungen. Geschäftspartnern wird alles geboten, was für den Bewirtschaftungsbetrieb einer Immobilie oder eines Gebäudes benötigt wird. Die gesamten infrastrukturellen Services für die Immobilie kommen aus einer Hand.

2. Unsere Content-Partnerschaften

Zu Beginn der Einladung, diesen Artikel zu den Herausforderungen im Facility-Management (kurz: FM) von Bestandsobjekten zu schreiben, gab es rasch die grundsätzlichen Überlegungen, dass bei Auftragsvergabe eine Prozesskette in Gang gebracht wird und hier zahlreiche Aspekte berücksichtigt gehören. Die Kernkriterien der ausschreibenden Stellen zur Erbringung der Gebäudebewirtschaftungsservices geben die Rahmenbedingungen für das infrastrukturelle Facility-Service-Konzept vor und auch die Sicherheit der Gebäude, für die letztendlich die Immobilienbetreiber und die Eigentümer haften, gehören zu dieser Wertschöpfungskette in der Gebäudebewirtschaftung einfach dazu. Deshalb war es rasch klar, diesen Artikel gemeinsam mit diesen Stellen zu verfassen, um für die geschätzten Leser ein gesamtheitliches Bild darzustellen. Aus diesen Gründen hat SIMACEK Stakeholder wie Ausschreibungspartner und Gebäudezertifizierer gebeten, in diesem Artikel die Sichtweise der Experten und die Priorisierungen gemeinsam darzustellen. Zur großen Freude konnte von SIMACEK dafür die Firma immovement und der TÜV Austria gewonnen werden.[1] Diese innovativen Content-Partnerschaften sind Partnerschaften im Sinne der Nachhaltigkeit und bilden somit das dialogische Fundament dieses Artikels.

Wir beginnen mit der grafischen Darstellung des Themas Vernetzung in der Beschaffung und Implementierung von FM-Services.

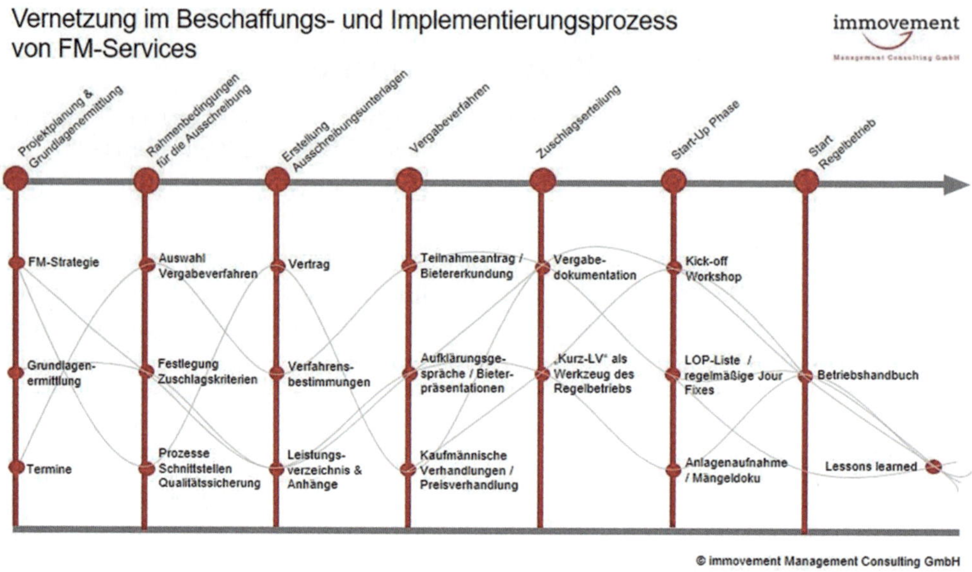

Abb IX.1

3. Projektplanung und Grundlagenermittlung

Aus der Unternehmensstrategie heraus und abgestimmt auf die Kernprozesse des Unternehmens geht idealerweise die FM-Strategie hervor und stellt die Basis für die Formulierungen der Anforderungen an das Outsourcing von externen Facility-Service-Leistungen dar.

Um eine nachhaltige Bewirtschaftung von Immobilien zu gewährleisten, ist zu Beginn eines Ausschreibungsprozesses die FM-Strategie des Auftraggebers (kurz: AG) zu klären.

In diesem Zusammenhang sind die Grundlagen und damit verbunden Antworten auf folgende Fragen zu finden:

- Welche vorrangigen Ziele werden durch den Gebäudebetrieb verfolgt?
- Welche Leistungen sollen extern erbracht werden? Gibt es Leistungen, die intern erbracht werden?

1 Herzlichen Dank an dieser Stelle an *C. Nekola, L. Handl* und *H. Steinberger* von immovement (das Unternehmen ist bereits jahrzehntelang mit Beratung und Ausschreibungen befasst) und an das Team von TÜV Austria *S. Pfefferer* und *A. Kloiber* (Experten, für Gebäudesicherheit), die mit uns an diesem Artikel mitgewirkt haben.

- Welches Nutzerbedarfsprofil liegt vor?
- Wie ist die AG im Bereich FM organisiert?
- Welche Rolle spielen Kosten, Qualität und Risiko? Welche Qualität der FM-Dienstleistung bedarf es, um eine optimale Unterstützung des Kerngeschäfts sicherzustellen?
- Welche besonderen Anforderungen (zB an die Verfügbarkeit) bestehen an den Gebäudebetrieb?
- Welche Erfahrungen gibt es mit einem bestehenden FM-Dienstleister?
- Welche budgetären Rahmenbedingungen sind zu berücksichtigen? Entsprechen die Ansprüche an die Objektbewirtschaftung den zur Verfügung stehenden Budgets bzw den Zielvorgaben aus dem Budget?

Voraussetzung für ein erfolgreiches Ausschreibungsverfahren ist eine klare und transparente Formulierung der konkreten Erwartungen und Anforderungen an einen externen FM-Partner und dessen Leistungserbringung. Der Umfang, die Qualität und die Service Levels der ausgeschriebenen Facility-Service-Leistungen sind unbedingt auf das Kerngeschäft des AG abzustimmen. Hierzu braucht es einen „intelligenten Besteller", um all diese Punkte abzudecken.

Neben der Klärung der Betriebsstrategie sowie der Rahmenbedingungen für die **terminlichen Vorgaben** ist die **Grundlagenermittlung** der zur Verfügung stehenden Informationen und Gebäudedaten für die Gebäudebewirtschaftung ein wesentlicher Bestandteil. Insb bei Bestandsimmobilien liegt die Herausforderung darin, aktuelle und korrekte Gebäudedaten als Basis für die Ausschreibung von Facility-Service-Leistungen zu Grunde zu legen. Die Praxis aus vielen Ausschreibungen zeigt, dass hier sehr große Unterschiede in Bezug auf das Vorhandensein von validen Informationen zum ausgeschriebenen Objekt bei den AG und Immobilieneigentümern bestehen.

4. Rahmenbedingungen für die Ausschreibung

4.1. Welche Art des Verfahrens eignet sich für die Beschaffung von Dienstleistungen im FM?

Sowohl im privatwirtschaftlichen als auch im öffentlichen Vergabeverfahren eignet sich das **Verhandlungsverfahren** am besten für die Vergabe von Facility-Service-Leistungen.

Das Verhandlungsverfahren erlaubt dem AG, das Leistungsbild im Rahmen des laufenden Verfahrens noch zu justieren und die eine oder andere Idee, die gemeinsam im Rahmen der **Aufklärungsgespräche** entstanden ist – immer unter Wahrung der Gleichbehandlung –, in das Leistungsverzeichnis aufzunehmen. Darüber hinaus kann die Leistungsbasis noch angepasst und bestimmte Vorgehensweisen können bei der Leistungserbringung als Teil des Vertrags festgelegt werden.

Das gemeinsame Ziel des AG und des Auftragnehmers (kurz: AN) ist viel mehr als nur ein abgeschlossener Dienstleistungsvertrag. Es soll eine **langjährige partnerschaftliche Zusammenarbeit** entstehen, deren Grundlage zuallererst das gegenseitige Kennenlernen ist. In daran anschließenden Schritten soll die Abklärung von unternehmerischen und persönlichen Eigenschaften sowie Kompetenzen folgen, die die Basis für eine erfolgreiche Zusammenarbeit bilden. Im Zuge des Verhandlungsverfahrens ist es dem FM-Dienstleister möglich, individuell auf den Kunden einzugehen und im Zuge der Bietergespräche bzw Angebotsphase mögliche Alternativangebote – soweit im Vergabeverfahren vorgesehen – zu legen. Der professionelle FM-Dienstleister fungiert nicht nur als Angebotsleger, sondern in gewisser Weise auch als kompetenter, beratender Experte.

4.2. Festlegung der Zuschlagskriterien

Auf zwei besonders wichtige Kriterien im Rahmen der Zuschlagsentscheidung soll hier das Augenmerk gelegt werden: zum einen das Schlüsselpersonal, dessen Auswahl in den sehr viel strengeren öffentlichen Vergabeverfahren an Priorität gewonnen hat, zum anderen die Konzepte des Bieters, in denen er seine Überlegungen zum Betrieb ausarbeitet und darstellt.

In erster Linie geht es immer um die **Person des Objektleiters**, die je nach Größe und technischer Komplexität des ausgeschriebenen Gebäudes ihren beruflichen Werdegang und die Erfahrung mit ausschreibungsgegenständlich ähnlichen Projekten vorstellt.

Die Erfahrung zeigt, dass dem AG oft Schlüsselpersonen versprochen werden, die dann tatsächlich nie zum Einsatz kommen oder bereits frühzeitig, eventuell nach Abschluss der Start-up-Phase oder zu einem frühen Zeitpunkt des Regelbetriebs, in ein anderes (neues, größeres) Objekt abberufen werden. Der AG wehrt sich – ebenfalls aus Erfahrung – dagegen nur sehr selten, weil oft genauso gut qualifizierter Ersatz versprochen wird. Es ist zu empfehlen, bereits in den Ausschreibungsunterlagen dazu Regelungen zu treffen, die eine Beteiligung des AG bei der Auswahl eines neuen Objektleiters sicherstellen.

Natürlich ist die Personalsuche auch für die Dienstleister ein schwieriges Unterfangen, da am Arbeitsmarkt gut ausgebildete und motivierte Fachkräfte nicht ausreichend vorhanden sind. Zum Zeitpunkt der Ausschreibung – viele Monate vor Beginn der Übernahme, je nach technischer Komplexität bzw auch der Größenordnung des ausgeschriebenen Objekts noch früher – sind diese oft noch bei anderen Kunden im Einsatz. Auch die „ehrliche Absicht“ des AG bzgl eines Dienstleisterwechsels spielt hier eine ausschlaggebende Rolle.

Zusammenfassend sind aus Erfahrung die wesentlichen Erfolgsfaktoren einer nachhaltigen Zuschlagsentscheidung das **Beziehungsmanagement**, die **Kompetenz** des Objektleiters sowie die Sicherstellung des Verbleibs des Objektleiters idealerweise über die gesamte Vertragslaufzeit. Das ist zum großen Teil von der Identifikation der jeweiligen Person mit dem ausschreibungsgegenständlichen Objekt abhängig.

Der andere Aspekt betrifft die **Qualität der Konzepte**, die sich ua aus nachfolgenden Teilbereichen zusammensetzen können: dem Start-up-Konzept, dem Betriebs- und Personalkonzept, dem Konzept zum Störungsmanagement, Energiemanagement und dem Umfang und Einsatz eines CAFM-Systems. In all diesen Konzepten soll der Bieter seine Planungen zum Betrieb, zur Aufbau- und Ablauforganisation und zu den geplanten Ressourcen des Personals präsentieren. In weiterer Folge werden die Abläufe des Störungsmanagements innerhalb und außerhalb der Anwesenheitszeiten des Betriebspersonals beschrieben und die Module des geplanten CAFM-Systems vorgestellt.

Um den zukünftigen Herausforderungen gerecht zu werden, muss sich zukünftig ein weiterer Aspekt in den Betriebskonzepten wiederfinden, und zwar die **Nachhaltigkeitsstrategie** des jeweiligen Anbieters. Dh, als Zuschlagskriterium könnten die Maßnahmen, die im Unternehmen in Bezug auf ein nachhaltiges FM getroffen und auch umgesetzt werden, herangezogen werden. Die Aspekte der Beschaffung, des Energie- und Ressourcenmanagements, des Werterhaltungsmanagements, der Reinigung und des Abfallmanagements können hier Bestandteile bilden, um nur einige zu nennen. Die nachhaltige Orientierung schafft einen marktkonformen Standard, der in anderen Ländern längst State of the Art ist.

4.3. Nachhaltige Kriterien

Welche nachhaltigen Kriterien und Key Performance Indicators (kurz: KPIs) könnten in Zukunft eine Rolle in der Vergabe von Facility-Services spielen? Nachhaltig orientierte Unternehmen, die Facility-Services bieten, zeichnen sich durch eine Gesamtperformance in Ökonomie, Ökologie und Sozialem aus. Das hat Auswirkungen auf die Mitarbeiterbindung und die Gesundheit, aber auch auf die Reduktion von CO_2-Emissionen, die notwendig ist, um der steigenden Erderwärmung entgegenzuwirken.

Die Unternehmensentwicklung prägt Führung, Gestaltung, Organisation, Mitarbeiter, Markt, Umwelt und die Gesellschaft. Die Ausrichtung liegt auch klar auf der Inklusion aller Diversitätsaspekte. SIMACEK geht hier freiwillig über die Anforderungen von bestehenden Gesetzen hinaus. Unter Nachhaltigkeit wird ein balanciertes Management verstanden, um den Ausgleich zwischen ökonomischen Zielen, ökologischen Ressourcen und Werten sicherzustellen. Das integrierte Nachhaltigkeits-Managementsystem ist zertifiziert nach der ÖNORM 192500, die auf Basis der internationalen Handlungsempfehlung ISO 26.000 entwickelt wurde. Berichtet wird auf Basis internationaler Standards und der Berichtsinhalt wird einer Überprüfung durch zertifizierte Nachhaltigkeitsexperten unterzogen, die Prüfbescheinigung ist Teil des Nachhaltigkeitsberichts. Generell gibt es bereits Berichtsstandards wie den GRI (Global Reporting Initiatives) und die Prinzipien des UN Global Compact. Seit 2015 gibt es auch die Sustainable Development Goals[2] (kurz: SDGs). Bei einem hochrangigen Gipfeltreffen der Vereinten Nationen (United Nations, kurz: UN) vom 25. bis 27.9.2015 wurde die „Agenda 2030 für nachhaltige Entwicklung“ unter dem Titel „Transformation unserer Welt: die Agenda 2030 für nachhaltige Entwicklung“ beschlossen. Alle 193 Mitgliedstaaten der UN verpflichten sich, auf die Umsetzung der Agenda 2030 mit ihren 17 nachhaltigen Entwicklungszielen (SDGs) auf nationaler, regionaler und internationaler Ebene bis zum Jahr 2030 hinzuarbeiten. Die Agenda 2030 ist der vorläufige Höhepunkt einer schon längeren Zeit währenden internationalen Debatte über nachhaltige wirtschaftliche, soziale und ökologische Entwicklung. Durch ihre universelle Gültigkeit und aufgrund des ganzheitlichen Entwicklungsansatzes, der die drei Dimensionen Wirtschaft, Soziales und Ökologie gleichrangig berücksichtigt und dabei auch die Wahrung der Menschenrechte, Rechtsstaatlichkeit, Good Governance, Frieden und Sicherheit einfordert, stellt die Agenda 2030 ein Novum dar.

2 *Bundeskanzleramt*, Abteilung IV/4, https://www.bundeskanzleramt.gv.at/themen/nachhaltige-entwicklung-agenda-2030.html/ (26.5.2021).

Mit dem Ministerratsbeschluss vom 12.1.2016 wurden alle Bundesministerien zur kohärenten Umsetzung der „Agenda 2030“ beauftragt. In der zugleich geschaffenen interministeriellen Arbeitsgruppe „Umsetzung der Agenda 2030 für nachhaltige Entwicklung“, in der alle Bundesministerien durch offizielle SDGs-Verantwortliche vertreten sind, wurde im März 2017 unter Vorsitz des Bundeskanzleramts und des Bundesministeriums für Europa, Integration und Äußeres eine erste Darstellung auf Basis beispielhaft angeführter Implementierungsmaßnahmen der Bundesministerien erarbeitet und veröffentlicht.

SIMACEK hat gemeinsam mit Stakeholdern mögliche KPIs erarbeitet, die bei einer Beurteilung der nachhaltigen Performance von Lieferanten unterstützen können. Der GRI-Standard-Bezug und der SDG-Bezug werden in folgenden Abbildungen dargestellt.

Ausschreibungskriterien Nachhaltigkeit

Governance/Unternehmensführung
(Vergabe von 1 Punkt bei Erfüllung von mind. 4 Bereichen)

©SIMACEK Facility Management Group

GRI Index (G4)	SDG Ziel(e)	Bereich/Ziele
G4-14, 18, 20, 24, 27, 56		a) **Sind die Prinzipien einer Verantwortungsvollen Unternehmensführung (Transparenz, ethisches Verhalten, Rechenschaftspflicht, Achtung der Menschenrechte, Achtung von Internationalen Verhaltensstandards, Achtung der Interessen der Anspruchsgruppen) in der Unternehmenspolitik/Unternehmensleitlinien verankert?** → **Falls JA:** Nachweis durch Übermittlung der Dokumente.
		b) **Sind die Kernthemen einer Verantwortungsvollen Unternehmensführung (z.B. Compliance und Governance, Menschenrechte, ArbeitnehmerInnenbelange, Umwelt, faire Betriebs- und Geschäftspraktiken, Konsumentenbelange, Gesellschaftliches Engagement) in der Unternehmenspolitik / Unternehmensleitlinien verankert?** → **Falls JA:** Nachweis durch Übermittlung der Dokumente.
		c) **Gibt es einen Ethik- und Verhaltenskodex?** → **Falls JA:** Angabe in Prozent der Anzahl der geschulten MitarbeiterInnen.
		d) **Gibt es ein systematisiertes Stakeholdermanagement?** → **Falls JA:** Auflistung von mind. 1 Maßnahme in denen die Stakeholderinteressen mittels Dialogen berücksichtig wurden.
		e) **Gibt es einen Nachhaltigkeits- bzw. CSR Bericht?** → **Falls JA:** Ist dieser durch einen unabhängigen Sachverständigen validiert?
		f) **Gibt es ein Integriertes Managementsystem (z.B. Qualität, Umwelt, Gesundheit und Sicherheit, Gesellschaftliche Verantwortung (CSR), ...)?** → **Falls JA:** Ist dieses durch einen unabhängigen Sachverständigen zertifiziert?

SIMACEK

Abb IX.2

Faire Betriebs- und Geschäftspraktiken

(Vergabe von 1 Punkt bei Erfüllung von mind. 3 Bereichen)

GRI Index (G4)	SDG Ziel(e)	Bereich/Ziele
G4-20, 21, 27, 34, 56, EN29, EN30, EN32, LA9, SO4, SO10	5, 8, 10, 12, 16	a) **Gibt es Maßnahmen zur Vermeidung von Korruption?** → **Falls JA:** Auflistung von mind. 1 Maßnahme. b) **Gibt es Maßnahmen zur Förderung von lokalen Lieferketten?** → **Falls JA:** Auflistung von mind. 1 Maßnahme. c) **Gibt es Maßnahmen zur Sicherstellung von fairer Werbung und Marktkommunikation?** → **Falls JA:** Auflistung von mind. 1 Maßnahme. d) **Wird CSR/Nachhaltigkeit innerhalb des Einflussbereiches der Lieferkette gefördert?** → **Falls JA:** Auflistung von mind. 1 Maßnahme. e) **Gibt es Maßnahmen zur Vermeidung von Preisabsprachen?**

SIMACEK

Abb IX.3

MitarbeiterInnen/Arbeitspraktiken

(Vergabe von 1 Punkt bei Erfüllung von mind. 3 Bereichen)

GRI Index (G4)	SDG Ziel(e)	Bereich/Ziele
G4-18, 20, 24, 27, 56, EC3, LA9, LA12	3, 4, 5, 8, 10	a) **Gibt es in der Personalentwicklung Maßnahmen zur Aus- und Weiterbildung?** → **Falls JA:** Angabe der Ausbildungstage pro MitarbeiterIn/Jahr. b) **Gibt es Maßnahmen zur Integration von Menschen mit besonderen Bedürfnissen (Menschen mit Behinderung)?** → **Falls JA:** Angabe des Prozentsatzes von Menschen mit Besonderen Bedürfnissen im Verhältnis zu den gesamten MitarbeiterInnen c) **Gibt es Maßnahmen zur Migration/Inklusion (Diversitätsmanagement)?** → **Falls JA:** Nachweis durch Angabe von mind. 1 Maßnahme. d) **Gibt es Lehrlinge im Unternehmen?** → **Falls JA:** Angabe des Prozentsatzes der Lehrlinge (Auszubildenden) im Verhältnis zu den gesamten MitarbeiterInnen. e) **Gibt es freiwillige betriebliche Sozialleistungen für die MitarbeiterInnen?** → **Falls JA:** Auflistung von mind. 1 Maßnahme.

SIMACEK

Abb IX.4

Abb IX.5

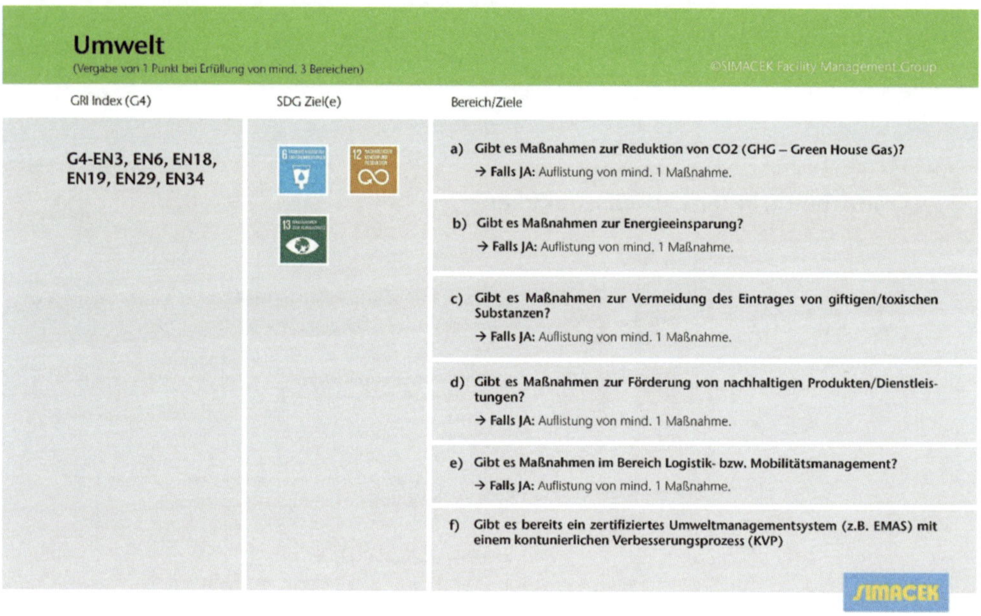

Abb IX.6

Konsumentenbelange

(Vergabe von 1 Punkt bei Erfüllung von mind. 3 Bereichen)

©SIMACEK Facility Management Group

GRI Index (G4)	SDG Ziel(e)	Bereich/Ziele
G4-15, 27, EC3, LA9	10, 12, 16	**a) Gibt es Maßnahmen zur Reduktion von negativen Auswirkungen der Produkte/ Dienstleistungen auf die Konsumenten?** → **Falls JA:** Auflistung von mind. 1 Maßnahme.
		b) Gibt es Maßnahmen im Bereich des Reklamationsmanagements? → **Falls JA:** Auflistung von mind. 1 Maßnahme.
		c) Gibt es Maßnahmen zur Berücksichtigung von Anliegen von Menschen mit besonderen Bedürfnisse? → **Falls JA:** Auflistung von mind. 1 Maßnahme.
		d) Werden Konsumenteninformation transparent und verständlich kommuniziert? → **Falls JA:** Auflistung von mind. 1 Maßnahme.
		d) Kann der Umgang mit sensiblen Daten sichergestellt werden? → **Falls JA:** Wie?

SIMACEK

Abb IX.7

Gesellschaftliches Engagement

(Vergabe von 1 Punkt bei Erfüllung von mind. 3 Bereichen)

©SIMACEK Facility Management Group

GRI Index (G4)	SDG Ziel(e)	Bereich/Ziele
G4-15, 27, EC3, LA9	1, 3, 5, 8, 9, 10	**a) Gibt es ein gesellschaftliches Engagement im Umfeld des Kernbereiches des Unternehmens?** → **Falls JA:** Auflistung von mind. 1 Maßnahme.
		b) Gibt es ein Engagement im Bildungsbereich (Schulen, Fachhochschulen, Universitäten, etc.)? → **Falls JA:** Auflistung von mind. 1 Maßnahme.
		c) Werden die gesellschaftlichen Entwicklungen/Veränderungen/Risiken erfasst?? → **Falls JA:** Wie?
		d) Gibt es eine verantwortungsvolle politische Mitwirkung? → **Falls JA:** Wie?
		e) Gibt es Maßnahmen zur Förderung Gesellschaftlicher Innovationen (Societal Innovations = gesellschaftl. Innovationen)? → **Falls JA:** Auflistung von mind. 1 Maßnahme.

SIMACEK

Abb IX.8 [download unter www.simacek.com]

Für Errichtungsprojekte sind im öffentlichen Vergaberecht die Lebenszykluskosten als „grünes“ Zuschlagskriterium bereits gesetzlich verankert. Umgelegt auf die Vergabe von FM-Dienstleistungen ist darüber nachzudenken, ob – gerade bei Gebäuden im Bestand mit ausreichender Betriebserfahrung – auch die **geplanten FM-Kosten pro Jahr** über die gesamte Vertragslaufzeit abgefragt und kostenwirksame Optimierungen aufgrund eines effizienteren und nachhaltigeren Betriebs bei der Vergabe bewertet werden. Das bedingt einerseits längere Vertragslaufzeiten, um mittelfristige Maßnahmen und Investitionen des Dienstleisters rentabel zu machen, und andererseits auch eine Analyse und Bewertung des Gebäudes und der gebäudetechnischen Einrichtungen, bereits in der Angebotsphase. Hier gilt es, die Immobilieneigentümer und AG von einem nachhaltigen Nutzen dieser Vorgehensweise nachvollziehbar zu überzeugen.

Bei der Planung einer Immobilie richten sich die ersten Gedanken nach Lage und architektonischem Aussehen des Objekts etc, dabei spielt das FM speziell in den ersten Phasen der Planung meist noch keine Rolle. Die Begleitung durch einen professionellen Facility-Manager kann sich jedoch va kostentechnisch positiv über den gesamten Lebenszyklus eines Gebäudes auswirken. Deshalb ist es wesentlich, dass die Experten aus dem Bereich FM bereits in der Phase der Ausschreibungskonzeption eingebunden werden. Mit diesem Schritt werden die Errichtungs- und Bewirtschaftungskosten in der Waage gehalten. Dieser Aspekt ist auch für langfristige Investoren und Betreiber, welche die Immobilie nicht umgehend veräußern möchten, attraktiv. Zu empfehlen ist eine intensivierte Auseinandersetzung während der Vorentwurfs- und Entwurfsphase, um eine effizientere Bewirtschaftung des Gebäudes möglich zu machen.

4.4. Ausprägung der Prozesse, Schnittstellen und Qualitätssicherung

Zur Klärung der grundlegenden Rahmenbedingungen für die Leistungserbringung stehen – aus einer langjährigen Projekterfahrung heraus – einerseits die Prozess- und Betriebsabläufe sowie die organisatorischen Schnittstellen und andererseits die Ausprägung der Qualitätssicherungsmaßnahmen für die ausgeschriebenen Dienstleistungen im Mittelpunkt.

Bereits bei der Definition wesentlicher Prozessabläufe (**Betriebsabläufe**), welche die Zuständigkeit und Verantwortung zwischen den handelnden Parteien regeln (Organisation – Schnittstellendefinition intern/extern), werden die Weichen für eine partnerschaftliche Zusammenarbeit und eine nachhaltige Gebäudebewirtschaftung gelegt.

Ziel ist es, die organisatorischen **Schnittstellen zwischen AG und AN** in Form einer groben Aufbau- und Ablauforganisation zu definieren, um Klarheit über die Kommunikationsstrukturen und die Prozesse der Leistungserbringung herzustellen, damit der Ablauf des Regelbetriebs so einfach wie möglich gestaltet werden kann. Einfache und wenige Kommunikations- und Leistungsschnittstellen sind zu definieren, um Transparenz in der Leistungserbringung zu gewährleisten.

Die Ausprägung der **Qualitätssicherung** auf Seiten der AG-Organisation hängt von mehreren Faktoren ab. Zum einen davon, ob der AG Personalressourcen hat, die Qualität der Leistungserbringung im Regelbetrieb auch tatsächlich zu prüfen. Darüber hinaus, wie hoch die Bereitschaft des AG ist, sich auf die genaue Definition der Qualität zum Zeitpunkt der Ausschreibungserstellung einzulassen und klare **KPIs** festzulegen, die messbar gemacht und somit prüfbar sind, wobei der AG dabei natürlich durch verschiedene Systeme und Tools unterstützt werden kann.

Weiters wird immer wieder auch über **Belohnungssysteme** nachgedacht, um den Dienstleister bei Einsparungspotentialen, die er vorschlägt und durchführt, anteilsmäßig zu beteiligen.

Das „Gegenstück" zum Belohnungssystem wären die **Vertragspönalen**, die der AG ziehen kann bzw der öffentliche AG auch ziehen muss, wenn der Dienstleister vertragsbrüchig wird. Hier sollen nur einige wenige, die der AG auch tatsächlich nachzuverfolgen gedenkt, aufgeführt werden, da oft die Hürde darin besteht, sie im laufenden Betrieb auch wirklich zu exekutieren.

Eine Vertragsstrafe von einer monatlichen Rechnung in Abzug zu bringen, bedeutet auch auf AG-Seite einen Mehraufwand. Die Erfahrung zeigt, dass viele AG letztendlich nicht zu dieser Maßnahme greifen.

Die optimale Dienstleistungserbringung hängt von vielen Faktoren ab. Es kommt am Markt auch vor, dass Leistungsverzeichnisse bzw Verträge nicht ausreichend ausformuliert sind und daher Raum für Interpretation lassen. Für eine partnerschaftliche Zusammenarbeit ist es unabdinglich, bereits im Vorfeld die notwendigen Parameter zu definieren. Als Dienstleister sieht man jedoch von einem strengen Vertragskonstrukt, das für jegliche mangelhafte Dienstleistungserbringung eine Pönale vorsieht, ab. Aber bevor Vertragspönalen festgelegt werden, sollte man Wert auf die Erfüllung der Qualitätskriterien des Dienstleisters legen. Im Zuge der Ausschreibungsphase ist es daher wichtig, den Fokus auf Zertifizierungen der einzelnen Bieter zu legen. Im Vordergrund soll eine partnerschaftliche, transparente Zusammenarbeit stehen, von welcher der AG sowie der AN und damit auch das bewirtschaftete Objekt profitieren. Nicht nur zertifizierte Neubauten profitieren von einer ökologisch und soziologisch ausgerichteten Gebäudebewirtschaftung und einem solchen Betrieb. Gerade Bestandsobjekte brauchen nachhaltige Zertifizierungen und nachhaltig ausgerichtete FM-Services und sind so „nachgerüstet" bestens für die Gegenwart und Zukunft aufgestellt. Die Erbringung der FM-Leistungen wirkt auf ein Gebäude im hohen Maße, egal ob es sich dabei um Instandhaltung, Energie- oder Reinigungskonzepte handelt. Die Umstellung bei Bestandsimmobilien lässt sich gut bewerkstelligen, denn es gibt eine Vielzahl von Zertifizierungen, die gerade die nachhaltigen Indikatoren gut integriert hat. Leider finden sich in den Leistungsverzeichnissen kaum bis gar keine nachhaltigkeitsorientierten Parameter. Somit wird aber die Nutzung stetig unattraktiver und es kann aufgrund von fehlenden Nachhaltigkeitskonzepten oft nicht jene Wertschöpfung erzielt werden, die möglich gewesen wäre. Hier gibt es einen großen planerischen Aufholbedarf, denn gerade das Leistungsverzeichnis ist ideal geeignet, den Wert durch klare Nachhaltigkeitskriterien zu steigern. Die Konsequenzen daraus sind ein transparentes Controlling aller Schritte.

5. Erstellung der Ausschreibungsunterlagen

Bei der Erstellung der Ausschreibungsunterlagen sind die von der IFMA/FMA Austria veröffentlichten Dokumente „Standard-Vertrag“ sowie „Standard-Leistungsverzeichnis“[3] überaus hilfreich. Sie stellen eine Handlungsanweisung für den Ersteller der Ausschreibungsunterlagen dar und beinhalten viele Kapitel und Themen, die bei einer FM-Ausschreibung auftreten können. Die Texte sind jedoch in jedem Fall im Hinblick auf die projektspezifischen Rahmenbedingungen, AG-seitigen Betriebskonzepte, das Objektprofil und den entsprechenden benötigten Leistungsbedarf zu adaptieren.

Darüber hinaus bilden diese Standard-Dokumente eine Grundlage für eine klare und in beiderseitigem Verständnis geprägte Partnerschaft zwischen den beiden Parteien, was den Umfang und die Qualität der Leistungserbringung betrifft.

Ergänzend zum Vertrag und dem Leistungsverzeichnis, die in ihren Inhalten unbedingt klar getrennt bleiben müssen, sind je nach Leistungsgegenstand Raumbücher, Listen über die gebäudetechnischen Anlagen, deren technische Spezifikationen und entsprechende Preisblätter als **Anhänge** zugrunde zu legen.

Übergeordnet werden in den **Verfahrensbestimmungen** alle Details zum Ausschreibungsverfahren selbst, wie Termine, Formalitäten und Kriterien, zusammengefasst.

6. Vergabeverfahren

Das bereits oben erwähnte Verhandlungsverfahren ist ein Vergabeverfahren in zwei Stufen, einer ersten Stufe der **Bietererkundung/Teilnahmeantrag** und einer zweiten Stufe der Vergabe selbst. Das Verfahren orientiert sich an der öffentlichen Vergabe nach BVergG, wird aber oft auch in privatwirtschaftlichen Verfahren angewandt. Es ermöglicht dem AG, aus einem breiten Anbietermarkt nach definierten Kriterien die für das Projekt geeigneten Anbieter herauszufiltern. Darüber hinaus schafft das Verhandlungsverfahren durch die Kommunikationsmöglichkeit mit den Bietern im Zuge des Vergabeprozesses noch mehr Transparenz und Klarheit in Bezug auf die ausgeschriebenen Leistungen und stellt eine gleichbehandelnde Informationsweitergabe an alle Bieter sicher.

Es stellt durch die daraus resultierende Dauer aber gleichzeitig einen hohen Aufwand – sowohl in Form von Personalressourcen als auch ggf Kosten durch eventuelle Berater – auf der Seite des AG dar. Nicht alle sind bereit, sich darauf einzulassen und das zu bezahlen, weil oft auch das Verständnis für die Vorteile einer fachmännischen Begleitung fehlt.

Dabei ist es oft sehr wichtig bzw ein unglaublicher Mehrwert – abseits der „starren“ Regeln und Abläufe –, einen solchen Berater im Boot zu haben, der neutral ist, ein Verständnis für beide Seiten hat und die Tücken und Herausforderungen einer solchen Partnerschaft im Regelbetrieb kennt, insb dann, wenn der AG mit der Beschaffung von FM-Services bisher wenig Erfahrung sammeln konnte. Die Stimmung in den **Aufklärungsgesprächen/Bieterpräsentationen**, die Art und Weise der Kommunikation zwi-

3 Siehe https://www.fma.or.at/news/news/beitrag/fma-setzt-meilenstein-mit-neuen-standards/ (16.5.2021).

schen den beiden Parteien und das Wertschätzen des Gegenübers selbst bzw seiner Ideen sind gute Indizien für eine mögliche Zusammenarbeit und spiegeln sich sehr oft in der Bewertung der Jury wider. In einer zweiten Runde werden die Angebote bzw **Preise** selbst, meist unterstützt oder auch federführend geleitet durch den Einkauf, in den **kaufmännischen Verhandlungsgesprächen** besprochen und verhandelt.

Im Zuge der Verhandlungsgespräche hat der FM-Dienstleister die Möglichkeit, sein Umsetzungskonzept zu präsentieren und das diesbezügliche Angebot zu begründen. Hierbei ist es wichtig, im Zuge des Aufklärungs- bzw Bietergesprächs die Bedürfnisse bzw den Qualitätsanspruch des Kunden zu eruieren und auf diese individuell einzugehen. Das wirkt sich natürlich auch auf die Preisbildung aus. Der Erfahrung nach unterliegt der FM-Markt in den letzten Jahren einem agressiven Wettbewerb. Die Bewertungs- und Zuschlagskriterien sind in der Gewichtung meist auf den Preis fokussiert. Der Billigstbieter stellt sich meist im Laufe der Betriebsphase nicht als Bestbieter heraus, umso wichtiger ist die Begleitung des Verhandlungsverfahrens durch eine professionelle ausschreibende Stelle. Nachhaltige Gebäudebewirtschaftung impliziert für alle Objekte und alle in der Wertschöpfungskette Beteiligten auch Stakeholder-Dialoge, um alle Anforderungen zu klären und so rasch in eine optimale Umsetzung zu kommen.

7. Zuschlagsentscheidung

Die Chancen einer erfolgreichen Dienstleistungsbeschaffung erhöhen sich signifikant, wenn auf der AG-Seite FM-Kenntnisse bestehen oder eine FM-Zuständigkeit gegeben und vorhanden ist.

In genau diesen Fällen wird sich bestätigen, dass eine Bestellqualität und die Wahrnehmung der notwendigen und festgelegten Aufgaben auf Seite des AG wesentliche Erfolgsfaktoren darstellen. Nur so ist eine strukturierte und somit bessere Kommunikation zum Dienstleister – ein Agieren auf Augenhöhe – möglich, was als starker Hebel für eine qualitativ hochwertige FM-Leistungserbringung gilt. Der FM-Dienstleister braucht eine Führungskraft auf AG-Seite, die sein Tagesgeschäft wertschätzt und die die laufende Berichterstattung ernst nimmt.

Als Commitment für den gelungenen Start einer langfristigen Partnerschaft für einen FM-Servicevertrag gilt die gemeinsame Durchführung einer **Start-up-Phase**, bei der die jeweiligen Aufgaben und Verantwortungen mit einer entsprechenden Terminplanung hinterlegt werden.

Die Start-up-Phase hat den Nutzen eines „gemeinsamen Hochfahrens des Vertragsverhältnisses" mit der Möglichkeit, noch detailliertere Festlegungen in der Zusammenarbeit zu vereinbaren und eine geführte Einweisung des zukünftigen Dienstleisters in die objekt- und organisationsspezifischen Besonderheiten beim AG bzw dem jeweiligen Objekt durchzuführen.

Die wesentlichen Punkte des Verfahrens, die Terminschiene, die beteiligten Unternehmen und insb alle Kriterien, die für oder gegen die Auswahl eines bestimmten Partners gesprochen haben, werden als Abschluss in einer **Vergabedokumentation** transparent festgehalten.

Als unterstützendes Werkzeug bei der Überführung des Wissens aus dem Ausschreibungsprozess in den Regelbetrieb ist ein stark gekürztes Leistungsverzeichnis („**Kurz-LV**“) – idealerweise auf einer Seite – mit den groben Eckpunkten ein hilfreiches Instrument für das tägliche Leben. Die Erfahrung zeigt, dass Beteiligte sowohl auf Seiten des AG als auch des AN, die nicht unmittelbar mit dem Tagesgeschäft betraut sind, dadurch einen Überblick über die tatsächlich geforderte Leistung und die vereinbarten Rahmenbedingungen erhalten und Missverständnisse ausgeräumt werden können.

Nach erfolgreichem Abschluss eines Vergabeverfahrens erachten es die aus dem Verfahren ausgeschiedenen Bieter als sehr hilfreich, wenn mit ihnen ein **Feedbackgespräch** zu ihren Unterlagen und Präsentationen geführt wird, damit sie die Chance haben, daraus für künftige Ausschreibungen zu lernen. Auch in dieser stakeholderorientierten Haltung liegt letztendlich der Impact der nachhaltigen Wertschöpfung, da man sich meistens wieder begegnet.

8. Start-up-Phase

8.1. Grundlagen und Voraussetzungen für eine Start-up-Phase

Der erste Schritt als Grundlage für eine erfolgreiche Start-up-Phase ist die Verankerung der festgelegten klar formulierten Aufgaben der Start-up-Phase im Rahmen der **Leistungsbeschreibung**. Diese Aufgaben stehen in unmittelbarem Bezug zu einer umfassenden Beschreibung von Anlagen oder Flächen, um dem zukünftigen AN eine klar formulierte Leistungsanforderung zum Umfang der zu erbringenden Leistungen zu geben.

Dazu gehören zumindest folgende Punkte:

- Beschreibung der Leistungen des AG und der Leistungen des AN
- Beschreibung der groben Termin- und Ressourcenplanung
- Beschreibung der Start-up-Organisation
- Beschreibung der Art und Weise der Betriebs- und Bestandsdokumentation (Anlagen-, Zustands- und Bestandsaufnahme, Prüfung der Dokumentation und Übernahme der Daten ins Tool für die Gebäudebewirtschaftung)

Danach folgt die strukturierte Durchführung der Start-up-Phase mit zumindest folgenden Schritten:

- Detaillierte Termin- und Ressourcenplanung auf Wochenebene
- Gemeinsames Durcharbeiten aller Aufgaben und Verantwortungen aus dem Vertrag und der Leistungsbeschreibung
- Gemeinsame Bewertung der Start-up-Leistungen
- Gemeinsamer (offizieller) Abschluss und Abnahme der Start-up-Phase

8.2. Erfolgsfaktoren für die Start-up-Phase

Das Aufsetzen eines übergeordneten, für beide Seiten funktionierenden **Projektmanagements** gehört genauso dazu wie eine Verteilung der Aufgaben und Verantwortlichkeiten auf die beteiligten Personen sowie ein Herstellen der **„gleichen Sprache“**.

Den Startschuss, die Initialzündung selbst, stellt immer ein sog **Kick-off-Workshop** dar, in dem die Projektstruktur, die Beteiligten und die Vorgehensweise in der Start-up-Phase gemeinsam definiert und festgeschrieben werden. Schon mit dem Kick-off zu Beginn des Auftrags wird die Basis für die zukünftige Partnerschaft gelegt und die Grundlagen sind gemeinsam zu erarbeiten.

Die **Aufnahme aller gebäudetechnischen Anlagen**, eine Gegenüberstellung der ausgeschriebenen Anlagen mit den tatsächlich verorteten und die **Aufnahme der Mängel** an diesen Anlagen sind meistens die ersten Punkte, um die sich der „neue" Dienstleister – im eigenen Interesse sowie im Interesse des AG – parallel zu allen anderen definierten Aufgaben kümmert.

Zur Sicherstellung der Erledigung der definierten Arbeitspakete und Aufgaben auf beiden Seiten der Vertragspartner und des Ergebnisfortschritts wird idealerweise als regelmäßiger Check (wöchentlich bis zweiwöchentlich) ein **Start-up-Jour-fixe** durchgeführt. Als Protokoll wird eine **LOP-Liste** (Liste offener Punkte) geführt, in der diese Phase durchgängig dokumentiert wird und Aufgaben, Termine und Verantwortlichkeiten und die Ergebnisdokumentation aufgeführt werden.

Als eines der wichtigen Ergebnisse aus der Start-up-Phase gilt das **Betriebshandbuch**, das durch den AN erstellt wird. Darin werden alle relevanten Betriebsprozesse, Notfallprozesse, alle relevanten Leistungen und Aufgaben, die Organisationsstrukturen mit den Verantwortlichkeiten und Schnittstellen uÄ zusammengefasst dargestellt. Dh, das Betriebshandbuch hat zum Ziel, die Zusammenarbeit zwischen AG und AN transparent abzubilden, den vereinbarten Leistungsumfang klar und eindeutig darzustellen und legt somit die Grundlage für eine partnerschaftliche Zusammenarbeit fest. Es muss im Betrieb laufend gepflegt und fortgeschrieben werden, um Veränderungen nachvollziehbar zu dokumentieren und für alle Beteiligten immer auf dem aktuellen Stand zu sein.

Für die Sicherstellung einer laufenden nachhaltigen Bewirtschaftung ist ein kontinuierlicher Verbesserungsprozess (KVP) einzuleiten und zu etablieren. Neben Energieoptimierungsmaßnahmen sowie Optimierungen an den technischen Anlagen und daraus resultierenden Kostenoptimierungen ist der Schwerpunkt auf eine Effizienzsteigerung in der Leistungserbringung und Optimierung der Betriebsabläufe zu legen (**„lessons learned"** der Organisation).

Im Sinne eines gemeinsamen KVP soll eine standardisierte Qualitätsbeurteilung – sowohl durch den AN intern als auch durch diverse Qualitätssicherungsmaßnahmen des AG – laufend gemeinsam weiterentwickelt und verbessert werden.

8.3. Unsere Erfahrungen mit Begleitungen von Start-up-Phasen

Oft ist es dem AG wichtig, dass eine externe Begleitung der Start-up-Phase stattfindet. Die neutrale Sichtweise einer dritten Partei ist hilfreich beim gemeinsamen Aufsetzen einer neuen Partnerschaft.

Ein Berater mit einem breiten Erfahrungsspektrum in ähnlich gelagerten Projekten kann dem AG mit Rat und Tat zur Seite stehen und eine Vielzahl an unterschiedlichen

Lösungen, aber auch möglichen Stolpersteinen, die es zu beachten gibt, erkennen und rechtzeitig darauf hinweisen. Das gilt sowohl für die Erstellung der Ausschreibung selbst als auch für die Durchführung einer gelungenen Start-up-Phase.

9. Welche Herausforderungen bestehen bei der Dienstleistungsbeschaffung?

Oft ist der Auslöser für ein Vergabeverfahren die Absicht, die Kosten des jeweiligen FM-Service zu reduzieren, verursachen sie doch einen Großteil der Betriebskosten in einem Gebäude. Dabei wäre es viel wichtiger, dass die Haltung und Einstellung des AG in Bezug auf die Beschaffung von FM-Dienstleistungen sowie eine detaillierte **Ziel- und Ergebnisdefinition** als elementare Grundlage für die Klarheit im laufenden Betrieb in die Erstellung der Ausschreibungsunterlagen einfließen.

Eine reine preisorientierte Billigstbieter-Ausschreibung bringt im laufenden Regelbetrieb meist viele Probleme mit sich. Der Aufwand in Form von Zeit und Kosten, die Abweichungen von Versprechen und Wirklichkeit auszumerzen, steigt oft sehr rasch an und bedeutet viel Zeit und in weiterer Folge Kosten für AG und AN.

Wenn darüber hinaus die **Durchführung des Vergabeverfahrens** ausschließlich durch die Einkaufsabteilung wahrgenommen wird, begegnen sich der AG und der zukünftige AN nicht auf Augenhöhe. Das Ziel der beiden Parteien ist schlichtweg zu unterschiedlich und der Wert einer qualitativ hochwertigen Dienstleistung wird selten erkannt (ua, weil die Einkaufsabteilung im Regelbetrieb mit der operativen Leistungserbringung nichts mehr zu tun hat – außer vielleicht die Reinigungsleistung auf der Fläche der Abteilung war nicht ausreichend). Ausnahmen bestätigen jedoch die Regel und „gebrannte Kinder" erkennen den Mehrwert sehr schnell.

In weiterer Folge hat der AG oft keine aufrichtige Absicht, die **Qualität der Leistungserbringung** in die finale Zuschlagsentscheidung einzubeziehen. Es handelt sich nämlich um einen Trugschluss, zu glauben, dass durch die Beschreibung der Leistungen und der Qualität im Leistungsverzeichnis die qualitative Leistungserbringung sowieso gewährleistet sei.

Ein weiteres Thema, das oft als Herausforderung gilt, ist ein durchaus hoher Zeitdruck zur Durchführung des Verfahrens. Dabei sind aber öffentliche Verfahren sowieso an ein gewisses zeitliches Korsett gebunden. Aus der Erfahrung sind bestimmte Zeiträume – aufgrund von Ferien- und Urlaubszeiten – besser geeignet für Vergabeverfahren.

Die Zusammensetzung und fachliche Eignung der Jurymitglieder bei der Steuerung und Beurteilung der Vorschläge, die die Bieter im Rahmen ihrer Präsentationen darlegen, müssen ebenfalls im Auge behalten werden. Oft gibt es hier auf AG-Seite nicht die notwendige fachliche Ausbildung bzw Kompetenz oder auch Zeit.

10. Rechtssicherheit von Bestandsobjekten

Eine wesentliche Säule der nachhaltigen Gebäudebewirtschaftung liegt in der Gebäudesicherheit. Durch die rechtskonformen Überprüfungen und die Maßnahmenpläne wird das Objekt justiert und in der Umsetzung der Maßnahmen sozusagen in Stand gesetzt. Die Evaluierung eines Gebäudes gliedert sich in folgende Fachbereiche: Technische Objektsicherheit, Brandschutz, Gesundheit- und Umweltschutz sowie Einbruch und Schutz der Außengefahren.

Die Rechtssicherheit von Gebäuden ist in der Regel dem AG zuzurechnen.

Für den rechtssicheren Gebäudebetrieb gibt es Standards wie die ÖNORM B1300 bzw B1301.

Die Objektsicherheitsbegehungen werden von Experten mit Know-how in den Teilbereichen BAU/HKLS/E gemäß ÖNORM B1300, B1301 durchgeführt. Festgestellte Mängel werden durch eine Protokollierung nachvollziehbar dokumentiert und in Evidenz gehalten. Der umfangreiche Begehungsbericht hilft, rechtzeitig auf mögliche Mängel, Risiken und Gefahren reagieren zu können und diese präventiv zu behandeln. Dieser Bericht umfasst die Erstellung und Anbringung der Warnhinweise und stellt darüber hinaus sicher, dass gesetzlich vorgeschriebene Prüfplichten erfüllt werden.

Die Checklisten reichen von bautechnischen Aspekten, der Allgemeinbeleuchtung über Rauchgasanlagen bis hin zum Warmwasserverteilnetz. Durch die regelmäßige Routineprüfung ist eine frühzeitige Erkennung von Schäden und Mängeln möglich, sie dient langfristig der ordnungsgemäßen Erhaltung und Betreibung des Gebäudes.

Die Nutzer setzen voraus, dass seitens des Eigentümers, Betreibers bzw Gebäudeverantwortlichen ein rechtssicherer Betrieb gewährleistet wird. Denn sie sind für die sichere Nutzung von Gebäuden und Objekten verantwortlich und haften bei Vorfällen bzw im Unglücksfall.

Unter Objekt, Gebäude bzw Bauwerk versteht man eine Anlage, die mit dem Boden in Verbindung steht und zu deren fachgerechter Herstellung bautechnische Kenntnisse erforderlich sind (vgl OIB-330-001/19 – Begriffsbestimmungen).

Rechtssicherheit ist eine durch die Rechtsordnung gewährleistete Sicherheit.

Unter dem Begriff Objektsicherheit versteht man den Teil der Rechtssicherheit, die basierend auf der ÖNORMEN-Reihe B 130x (ÖNORM B1300 bezieht sich auf Wohngebäude, ÖNORM B1301 auf Nicht-Wohngebäude, dazu zählen etwa Bürogebäude, Kindergärten, Schulen, Hotels oder auch Amtsgebäude) dokumentiert werden kann.

Die Grundlage einer derartigen Dokumentation bildet eine strukturelle sicherheitstechnische Organisation, die vom Eigentümer bzw Betreiber aufzubauen ist. Dabei ist es möglich, Haftungen zu übertragen, etwa an den Facility-Manager, Standortleiter bzw Objektbetreuer. Eine gänzliche Haftungsübertragung ist jedoch nicht möglich. Die Letztverantwortung liegt somit in jedem Fall beim Eigentümer/Betreiber.

Eine lückenlose, professionelle Dokumentation getroffener Maßnahmen in Bezug auf Betrieb und Instandhaltung eines Objekts ist in jedem Fall eine geeignete Maßnahme zur zivil- bzw strafrechtlichen Risikominimierung.

Den ÖNORMEN kommt zwar keine Rechtsverbindlichkeit zu, im Streitfall werden sie jedoch von den Gerichten bei der Beurteilung der Erfüllung von Verkehrssicherungspflichten und Sorgfaltsmaßstäben herangezogen. Alles in allem sind sie somit ein gutes Werkzeug in der Sicherheitsevaluierung von Objekten auf den jeweiligen Liegenschaften.

Besonderes Augenmerk ist neben privaten Objekten, etwa Bürogebäuden, Anlagen oder Kraftwerken, insb auf öffentlich zugängliche Objekte, wie Schulen, Kindergärten, Versammlungsstätten oder Amtsgebäude, zu legen. Hier sind neben Mitarbeitern auch Dritte, die derartige Objekte betreten bzw nutzen, in die Sicherheitsbetrachtung einzubeziehen.

10.1. Definition der Schutzziele und des Risikos

Nutzer von Gebäuden setzen voraus, dass der Schutz der persönlichen Rechtsgüter, also körperliche Unversehrtheit, Gesundheit, Leben, Freiheit und Eigentum, gewährleistet ist. Darüber hinaus wird die Gewährleistung des Schutzes der Umwelt durch den Betrieb des Gebäudes vorausgesetzt.

Eine genaue Definition des zu erreichenden Schutzziels ist daher bei allen Überlegungen zur Objektsicherheit relevant. Eine ausschließliche Erfüllung eines konsensgemäßen Zustands bedeutet noch nicht, dass der rechtssichere Gebäudebetrieb zur Gänze hergestellt ist. Der Betrieb kann erst dann als rechtssicher angesehen werden, wenn alle notwendigen rechtlichen Prüfpflichten sowie die Verkehrssicherungspflicht in allen Bereichen, etwa Bautechnik, Anlagentechnik udgl, eingehalten werden.

Aus den Schutzzielen lassen sich objektspezifische Risiken, zB im Bereich Brandschutz, Barrierefreiheit oder Hygiene, ableiten, die sich für den letztverantwortlichen Eigentümer/Betreiber ergeben.

Vorhandene Mängel bei einem Objekt und daraus resultierende Risiken zu erkennen, zu dokumentieren, zu kategorisieren und zur Bearbeitung einzuteilen, gehört ebenfalls zu den Aufgaben des Eigentümers/Betreibers, um das eigene Risiko zu minimieren.

Die Abschätzung vorhandener Risiken wird oft unterschätzt. Eigentümer/Betreiber sind daher gut beraten, Experten zuzuziehen, die Schutzziele und Risiken analysieren und bewerten.

10.2. Wesentliche Pflichten des Betreibers – Betreiberverantwortung

Die Betreiberverantwortung ist die Verantwortung für die Einhaltung aller relevanten gesetzlichen Vorschriften und vertraglich vereinbarten Verpflichtungen im Rahmen des FM. Der Gesetzgeber gibt weder konkrete Handlungsweisen vor noch Aufzählungen von Pflichtmaßnahmen, sondern beschränkt sich im Wesentlichen auf Verbote, Normen und Richtlinien. Somit ist jeder Betreiber gefordert, geeignete Maßnahmen zur Erfüllung der Sorgfaltspflicht zu ergreifen.

Definition aus der aktuellen Richtlinie GEFMA 190 Österreich

Die Betreiberverantwortung ist die Verantwortung über die sorgfältige Steuerung und Durchführung aller Maßnahmen, die für die Sicherstellung der Rechtskonformität (der legal compliance) für den Betrieb und die Nutzung von Gebäuden und Anlagen erforderlich ist. Diese Richtlinie will grundlegende Informationen über die Betreiberverantwortung im Facility Management vermitteln und damit einen Beitrag zur Rechtssicherheit leisten.[4]

Aufgrund der Betreiberverantwortung hat jeder Betreiber sieben wesentliche Pflichten zu erfüllen:

- Sicherheit
- Organisation
- Auswahl
- Unterweisung
- Kontrollen
- Disziplinarmaßnahmen
- Dokumentation

Dies bedeutet, dass zur Gewährleistung der Sicherheit des Gebäudes eine dafür geeignete Struktur im Unternehmen aufzubauen ist. Zur professionellen Erbringung von Leistungen bedarf es einer geeigneten Auswahl von Subunternehmen und einer entsprechenden Unterweisung vor Arbeitsbeginn. Die Ausführungen dieser Arbeiten sind vom Betreiber mittels regelmäßiger Kontrollen zu begleiten. Als Steuerungsmittel können Disziplinarmaßnahmen – intern bzw vertraglich fixiert auch extern – zur Anwendung kommen. Bei externen Partnern ist eine Disziplinarmaßnahme bspw eine Pönalisierung. Selbstverständlich ist der gesamte Prozess der Gebäudewartung und Instandhaltung zu dokumentieren.

Die nachstehende Abb zeigt auszugsweise die konkreten Pflichten in den Bereichen GEFMA-Richtlinie 190 – Betreiberverantwortung im FM, Sicherheit, Allgemein und Organisationsverschulden sowie Kosten. Darin wird ersichtlich, dass neben Rechtsmaterien auch normative Themen in die Betreiberverantwortung hineinspielen.

4 https://www.fma.or.at/fileadmin/uploads/FMA/dokumente/fachliteratur/Leitfaden/Betreiberverantwortung_web.pdf 3 (26.5.2021).

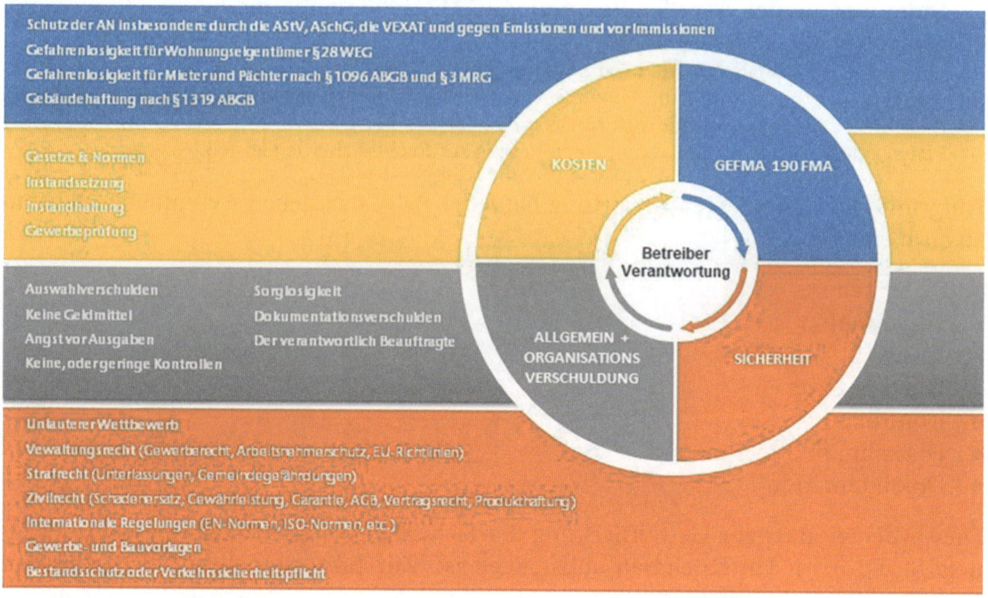

Inhalt: TÜV AUSTRIA
Grafische Ausarbeitung: SIMACEK

Abb IX.9

Die nachstehenden für den jeweiligen Betreiber spezifischen Rechtsbereiche verdeutlichen mögliche Gefährdungen bzw Gefahrenbereiche:

- Arbeits- und Gesundheitsrecht
- Lebensmittelecht
- Gewerberecht
- Transportrecht
- Luftreinhalterecht
- Abfallrecht
- Forstrecht
- Wasserrecht
- Strahlenschutzrecht
- Eisenbahnrecht
- Baurecht
- Chemikalienrecht
- ...

Wie oben erwähnt, ist die Vermeidung von Mängeln und Risiken für einen rechtssicheren Gebäudebetrieb unerlässlich. Je nach Gefahrenpotenzial eines Mangels ist zu entscheiden, wie zeitnah eine Behebung erfolgen muss. Bei „Gefahr in Verzug" müssen in jedem Fall Sofortmaßnahmen vor Ort eingeleitet werden.

Achtung: Gefahr in Verzug bedeutet, dass von einer Baulichkeit in einem nicht gesetzeskonformen Zustand eine wahrscheinliche Gefahr für das Leben oder die Gesundheit von

Menschen ausgeht. In diesem Fall bleibt keine Zeit, betroffene Eigentümer/Betreiber anzuhören, durch einen Bescheid einen Auftrag zu erteilen und diesen unter Einhaltung der Verfahrensvorschriften zu vollstrecken. Gefahr in Verzug bedeutet, sofort persönlich abzusperren und die Gefahr umgehend zu bannen.

Beispiele für Gefahrensituationen sind etwa eine schadhafte Fassade und der drohende Absturz von Fassadenteilen, akuter Wassereintritt durch beschädigte oder fehlende Dächer, einsturzgefährdete Gebäude oder auch unzureichend abgesicherte Baubereiche.

10.3. Gefahrenstellen in Objekten

In Gebäuden/Objekten können diverse Gefährdungen in technischen, aber auch in rechtlichen und normativen Bereichen vorliegen. Im Besonderen betrifft das die Bereiche

- Brandschutz
- Bautechnik
- Standsicherheit
- Verkehrssicherheit
- Vorbeugender Unfallschutz
- Haustechnik (HKLS)
- Elektrotechnik (E)

Behebungen von Gefährdungen sind auf Basis der gesetzlich notwendigen Prüf- und Wartungspflichten, aber auch in Bezug auf die Verkehrssicherungspflicht erforderlich.

Die Rechtsquellen hinsichtlich der Prüf- und Wartungspflichten technischer Einrichtungen von Gebäuden/Objekten sind umfangreich. Dementsprechend sind diese Pflichten an jedes Objekt einzeln anzupassen. Auch hier gilt wieder: Die Dokumentation der Erfassung und Behebung von Gefahrenstellen (auch bildlich) ist für den Eigentümer/Betreiber ein unverzichtbares Werkzeug zur nachvollziehbaren Darstellung des gesamten Prozesses – von der Feststellung eines Mangels bis zur abschließenden Mängelfreimeldung. Die Mängelfreimeldung an den Eigentümer/Betreiber hat unbedingt zu erfolgen, die geleistete Tätigkeit ist zudem vom Eigentümer/Betreiber abzunehmen.

Das Mängelmanagement ist so aufzubauen und zu organisieren, dass damit das Risiko der Betreiberhaftung durch Übersehen einer erheblichen Gefährdung auf ein Minimum reduziert wird. Eine erhebliche Gefährdung kann im Übrigen auch bereits dann vorliegen, wenn ein gesetzlich vorgeschriebener Überprüfungstermin noch nicht wahrgenommen wurde oder sogar übersehen wird.

10.4. Gesetzliche Überprüfungen und Objektsicherheit

Eine Vielzahl technischer Anlagen in einem Gebäude bedeuten auch ein Plus an Betriebs-, Wartungs- und Instandhaltungsaufwand – Aufwände, die durch Schaffung konkreter Strukturen stets übersichtlich gehalten werden können. Neben messbaren Parametern, etwa Energiebedarf oder Schadstoffemission, und durch MSR-Technik (Mess-, Steuerungs- und Regelungstechnik) erfasste Kenngrößen, können Anlagen und Anlagenbereiche online überprüft und Mängel detektiert werden.

Aus den Detailkenntnissen über die jeweiligen Anlagen und den jeweilig anzuwendenden Rechtsquellen lassen sich erforderliche gesetzliche Überprüfungen bzw Wartungs- und sonstige Prüfpflichten ableiten.

Neben rechtlich notwendigen Prüfpflichten von Anlagen (Wartung und Instandhaltung) gilt es auch die Objektsicherheit im Allgemeinen, also die technische Sicherheit des Gebäudes, zu berücksichtigen. Zur Objektsicherheit im Allgemeinen zählen die Einhaltung der baulichen Sicherheit, Gesundheits- und Umweltschutz, Brandschutz und Einbruchschutz in Bezug auf den Konsens der Errichtung.

Basis und Werkzeug für Überprüfungen bilden die bereits angeführten ÖNORMEN B1300 und B1301. Diese ÖNORM-Reihe bietet auch eine Grundlage zur Mängel-Dokumentation in Form von Auflistungen.

Im Allgemeinen Bürgerlichen Gesetzbuch (AGBG) sind die Verpflichtungen für Eigentümer/Betreiber, nämlich, dass von deren Eigentum keine Gefahr gegenüber Dritten ausgeht, verankert. Abgesehen von einer konsensgemäßen Ausführung von Objekten muss hier auch unbedingt die Verkehrssicherungspflicht berücksichtigt werden.

Sicherheitsrelevante Bereiche, die bei einem Objekt zu beachten und zu überprüfen sind, müssen immer objektsspezifisch definiert werden. Eine Begehung vor Ort stellt eine Dokumentation des Zustands als Momentaufnahme dar.

Eckpfeiler bei einer Begehung im baulichen Bereich bilden bspw Fassaden (hier können Abplatzungen Personen gefährden), Dächer (Dichtheit, Absturzsicherung, Blitzschutz), Keller (Feuchtigkeit), Stiegenhäuser sowie die vorhandene technische Gebäudeausstattung (TGA = HKLS + E). Im Bereich Brandschutz sind Brandabschottungen zu beachten, beim Gesundheits- und Umweltschutz ist ua die Legionellenprüfung (schädliche Bakterien im Trinkwasser) einzubeziehen.

10.5. Fazit

Die Vielzahl an Rechtsquellen zum Thema Objektsicherheit und die notwendige objektspezifische Betrachtung erfordern umfassendes Know-how aller Verantwortlichen. Um sämtlichen, durchaus auch komplexen Anforderungen gerecht zu werden, empfiehlt sich die Beiziehung von Experten, die Eigentümer/Betreiber mit entsprechenden Dienstleistungen und ganzheitlichem Ansatz rund um eine Immobilie beraten und begleiten und dazu beitragen, dass ein rechtssicherer Gebäudebetrieb gewährleistet ist und damit Risiken für Gebäudeverantwortliche auf ein Minimum reduziert sind.

Abb IX.10

11. Blick in die Zukunft

Wir sind davon überzeugt, dass Corona eine Sensibilisierung der Wertigkeit von (systemerhaltenden) Dienstleistungen mit sich gebracht hat. Das steigende Bewusstsein zu nachhaltigem Handeln und die Verankerung in der unternehmerischen Strategie lassen ebenso den Schluss zu, dass die ökonomische Fokussierung auf „Geiz ist geil" in Zukunft eine nicht mehr so vorrangige Rolle spielen können wird.

Ebenso werden die vom Zukunftsinstitut publizierten Trends direkte Auswirkungen auf den Arbeitsmarkt haben.

> Der Wert der Arbeit konkurriert mit solchen wie Freizeit und Familie, die heute sogar oft einen höheren Stellenwert einnehmen. Eine entsprechende Vereinbarkeit der Arbeit mit anderen Aspekten des Lebens wird als zunehmend erwartet.[5]

5 *Hofstätter/Muntschick*, Workbook „Human Resource Management" (2020).

Das bedeutet, dass es immer mehr um „sinnstiftende Arbeit“ geht, die der Antrieb für motiviertes Arbeiten ist und somit auch mehr Lebensqualität mit sich bringt.

Ausgelöst durch den akuten Fachkräftemangel, als systemisches Problem am Arbeitsmarkt, sind Unternehmen gezwungen, immer mehr auf die veränderten Bedürfnisse der arbeitenden Menschen zu reagieren.

Erfüllen sich diese Szenarien in naher Zukunft, wird der Weg für Partnerschaftsmodelle zur „Dienstleistungserbringung“ zwischen AG und AN auf Augenhöhe als „neue Art der Dienstleistungserbringung“ sehr viel wahrscheinlicher.

Diese neue Art der „Dienstleistungserbringung“ impliziert eine beidseitige Bereitschaft und das Commitment, gemeinsam für die Qualität der erbrachten Dienstleistung die Verantwortung zu übernehmen, was im Umkehrschluss bedeutet, dass gerade durch den technologischen Fortschritt und die Digitalisierung der betrieblichen Prozesse ein verstärktes Augenmerk auf die Qualität des Austauschs und der Kommunikation zwischen AG und AN zu legen sein wird.

Gelingt diese verlässliche und vertrauensvolle Kommunikation der beiden Vertragspartner, dann werden folgende nützliche Effekte eintreten:

- Verbesserung der Effektivität im FM-Prozess
- Schaffung von Transparenz in der Leistungserbringung
- Laufende Verbesserung der Qualität in der Leistungserbringung
- Stärkung der Arbeitsmethoden und -systeme
- Standardisierung eines Prozesses für qualitätsorientiertes FM
- Flexibilität seitens der Dienstleister
- Entgegenwirken von unfairen Arbeitsbedingungen
- Anteil der Verbesserung von sozialen und ökologischen Bedingungen

Zu guter Letzt sollen folgende Punkte erwähnt werden:

- Eine gute und solide **Partnerschaft** bedingt eine transparente und langfristige Leistungserbringung. Wenn man gemeinsam an der Optimierung von gewissen Prozessen und Abläufen arbeitet, wird somit auch die Nachhaltigkeit unterstützt.
- Sollte es mit einem Dienstleister in einer Partnerschaft kriseln und die Partnerschaft nicht einwandfrei funktionieren, ist eine **Neuausschreibung** nur bedingt und ganz sicher nicht die einzige Lösung. UU kann der eine oder andere begleitete Workshop „unter neutralen Augen“ hier ebenfalls eine Klärung des Auftragsverhältnisses und eine Neuauflage einer Partnerschaft herbeiführen.

X. Steuerliche Aspekte aus Betrieb und Sanierung

Karin Fuhrmann/Sebastian Gstaltner

1. Allgemeines zu Einkünften aus der Bewirtschaftung von Immobilien

Bei Einkünften aus der Bewirtschaftung von Immobilien – sowohl Wohn- als auch Gewerbeimmobilien – ist zwischen außerbetrieblichen und betrieblichen Einkünften zu unterscheiden:

Unter der **außerbetrieblichen** Vermietung und Verpachtung wird nach Definition der EStR die entgeltliche Überlassung eines Wirtschaftsguts zum Gebrauch oder zur Nutzung verstanden. Dies ist nur möglich, wenn das Mietobjekt nicht zu einem Betriebsvermögen gehört. Weiters **darf ausschließlich Vermögensverwaltung und keine gewerbliche Vermietung und somit betriebliche Einkunftsart vorliegen**. Von Seiten des Vermieters dürfen keine wesentlichen, über die bloße Nutzungsüberlassung hinausgehenden Nebenleistungen erbracht werden.[1]

Die **Abgrenzung zwischen Vermögensverwaltung** und **gewerblicher Vermietung** beruht auf verschiedenen Kriterien und bedarf zumeist einer Einzelfallprüfung. **Vermögensverwaltung** im Sinne der steuerlichen Vorschriften ist nach Definition der EStR eine **auf Fruchtziehung** aus zu erhaltendem **Substanzwert gerichtete Tätigkeit**. Im Gegensatz dazu ist eine im Vermögen begründete **betriebliche Tätigkeit** durch **Ausnutzung substanzieller Vermögenswerte** mittels **Umschichtung** oder **durch zusätzliche** über die **Aufgaben** einer Verwaltung hinausgehende Tätigkeit und Leistungen (VwGH 22.6.1983, 81/13/0157) gekennzeichnet.[2]

In der Praxis ist somit darauf zu achten, ob die zusätzlichen Aufwendungen einen **über** die bloße **Vermögensverwaltung hinausgehenden Ertrag** und/oder **Nutzen erwarten lassen**. Tätigkeiten wie die Bestellung eines Hausbesorgers, Schneeräumung, Müllabfuhr, Zurverfügungstellung von Gemeinschaftsräumen oder einer Waschküche, Bereitstellung von Heizwärme und Warmwasser, Adaptierungs- und Ausbauarbeiten, Lüften des Hauses oder gelegentliche Überwachungstätigkeiten sind jedoch unbedenklich und gehen nicht über Vermögensverwaltung hinaus.[3]

Durch die **ausschließliche Betrachtung** der **Rechtsform** kann die **Abgrenzung** zwischen **außerbetrieblicher** Vermögensverwaltung und gewerblicher/**betrieblicher Tätigkeit** hingegen **nicht getroffen werden**. Auch im Rahmen einer Personengesellschaft/eines Einzelunternehmens können außerbetriebliche Einkünfte erzielt werden.[4]

1 Rz 6401 ff EStR.
2 Rz 5419 EStR.
3 Rz 5437 EStR.
4 Vgl *Kirchmayr/Bodis/Hammerl* in *Doralt/Ruppe*, Grundriss des österreichischen Steuerrechts I[12] (2019) Kapitel 2, Rz 558.

Im Fall der Bewirtschaftung einer Immobilie in einer Kapitalgesellschaft (bspw Gesellschaft mit begrenzter Haftung) kann aufgrund der Einkünftetransformation des § 7 Abs 3 KStG in der Regel von betrieblichen Einkünften ausgegangen werden. Das bedeutet jedoch nicht zwingend, dass tatsächlich ein Betrieb im steuerlichen Sinne vorliegt (siehe Ausführungen zur Liebhaberei in Kapitel 5.).

Sollte – gemessen an den genannten Kriterien – keine Vermögensverwaltung vorliegen, kommt es zur Anwendung der gesetzlichen Normen für **gewerbliche/betriebliche Einkünfte**. Die **Unterschiede zwischen diesen beiden Sphären betreffen** va die **laufende Einkünfteermittlung, Möglichkeiten des Verlustvortrags, Veräußerungsgewinne sowie die Umgründungsfähigkeit**.[5]

Der folgende Beitrag soll einen Überblick über die **ertragsteuerlichen Aspekte** der **außerbetrieblichen** und **betrieblichen Bewirtschaftung** von Immobilien vermitteln. Er bezieht sich, abgesehen von der angesprochenen **(außerbetrieblichen und betrieblichen) Gebäude-Vermietung**, **auch** auf **andere Formen der betrieblichen Bewirtschaftung von Immobilien** (bspw die Nutzung einer Gewerbeimmobilie im Rahmen des eigenen Geschäftsbetriebs).

Ausgeklammert werden in diesem Beitrag die steuerliche Behandlung des An- und Verkaufs von Immobilien, Themen des gewerblichen Grundstückshandels sowie umsatzsteuerliche Aspekte.

2. Ergebnisermittlung

2.1. Außerbetriebliche Ergebnisermittlung

Bei vermieteten Immobilien im Privatvermögen wird das ertragsteuerliche Ergebnis in Form einer „Einnahmen-Werbungskosten-Überschussrechnung" (ähnlich der betrieblichen Einnahmen-Ausgaben-Rechnung) ermittelt. Einnahmen gelten als in jenem Kalenderjahr bezogen, in dem sie zufließen, Ausgaben sind für das Kalenderjahr anzusetzen, in dem sie geleistet worden sind.[6] Der so entstandene Überschuss der Einnahmen über die Werbungskosten (Gewinn) oder Überschuss der Werbungskosten über die Einnahmen (Verlust) wird im Rahmen der Einkünfte aus Vermietung und Verpachtung der Besteuerung unterzogen.[7] Ein so entstandener „Gewinn" wird dem Tarifsteuersatz unterworfen. „Verluste" sind bei Einkünften aus Vermietung und Verpachtung zwar mit anderen Einkünften ausgleichsfähig, aber gemäß § 18 Abs 6 EStG nicht vortragsfähig.

Beispiel

Neben Einkünften aus unselbstständiger Tätigkeit iHv 30.000 € und selbstständiger Tätigkeit iHv 8.000 € verfügt eine Steuerpflichtige auch über Verluste aus Vermietung und Verpachtung (V&V) aus einer Wohnung iHv –4.500 €. Im Rahmen der jährlichen Steuererklärung können die Verluste aus V&V (sofern keine Liebhaberei vorliegt) geltend gemacht werden, wodurch sich die steuerpflichtigen Tarifeinkünfte verringern. Sollte der Verlust aus V&V hingegen die

5 Vgl *Kumer/Behrendt-Krüglstein* in *Haunold/Kovar/Schuch/Wahrlich*, Immobilienbesteuerung[5] (2021) Kapitel 3, 1.
6 Vgl § 4 Abs 3 EStG.
7 Vgl Rz 4001 ff EStR.

Einkünfte aus unselbständiger und selbstständiger Tätigkeit übersteigen, ist der nach unterjähriger Verrechnung verbleibende Betrag **nicht vortragsfähig und in Folgejahren nicht verwertbar**.

2.1.1. Einnahmen

Beispiele für Einnahmen aus Vermietung und Verpachtung sind:[8]

- Mietentgelt,
- Mietvorauszahlungen,
- Investitionen des Mieters (der Zeitpunkt des Zufließens der Einnahme ist jedoch abhängig davon, ob eine vertragliche Verpflichtung des Mieters zur Vornahme der Investition besteht),
- Abstandszahlungen, die der Hauseigentümer aus Anlass der Begründung, Änderung oder Auflösung eines Mietverhältnisses erhält,
- das Entgelt für die Einräumung einer Dienstbarkeit.

Entgelte zählen zu den **Einnahmen aus V&V**, wenn sie **konkrete Gegenleistungen für** die dem **Mieter eingeräumten Rechte** sind bzw mit dem **Mietverhältnis** in untrennbarem **Zusammenhang** stehen.[9]

Mietzinsvorauszahlungen sind beim Vermieter (Einkünfte aus Vermietung und Verpachtung) grundsätzlich im Zuflusszeitpunkt als Einnahmen anzusetzen, Rückzahlungen stellen Werbungskosten dar. Hat die Vorauszahlung jedoch Darlehenscharakter, erfolgt ein anteiliger Zufluss.[10]

Nicht als Einnahmen aus Vermietung und Verpachtung gelten hingegen die **Veräußerung** eines **Mietobjekts**, **Ablösen** für einzelne Einrichtungsgegenstände oder der **Verfall** von **Mietkautionen** als Schadenersatz für Vermögensschäden.[11]

2.1.2. Werbungskosten

Werbungskosten sind Aufwendungen, die der Erwerbung, Sicherung und Erhaltung der Einnahmen dienen. Bei Einkünften aus Vermietung und Verpachtung ist dieser Begriff weit zu fassen, er nähert sich dem Begriff der Betriebsausgaben an.[12] Als Werbungskosten gelten:[13]

- die Absetzung für Abnutzung des Gebäudes (siehe dazu Kapitel 3.),
- Erhaltungs- und Herstellungsaufwand (siehe dazu Kapitel 4.),
- Aufwandsersatz gemäß § 10 MRG,
- Finanzierungkosten,
- Rechts- und Beratungsaufwand,
- Kosten der Leerstehung,
- Hauseigentümeraufwendungen (Telefon, Servicekosten, nicht an Mieter weiterverrechnete Aufwendungen).

---

8 Rz 6401 ff EStR.
9 Vgl *Laudacher* in *Jakom*, EStG[13] (2020) § 28 Rz 55.
10 Rz 6411 EStR.
11 Rz 6402 ff EStR.
12 *Laudacher* in *Jakom*, EStG[13] (2020) § 28 Rz 57.
13 Rz 6418 ff EStR.

Nicht als Werbungskosten gelten Wertminderungen von Wirtschaftsgütern, ausgenommen Absetzungen für außergewöhnliche technische oder wirtschaftliche Abnutzung.[14] Zu beachten ist, dass Vorauszahlungen von Beratungs-, Bürgschafts-, Fremdmittel-, Garantie-, Miet-, Treuhand-, Vermittlungs- und Verwaltungskosten auf den Zeitraum der Vorauszahlung verteilt werden müssen, außer sie betreffen lediglich das laufende und das folgende Jahr.[15]

Beispiel

Im Jahr 2016 werden Kosten einer Vermietungsgarantie für die Dauer von zehn Jahren ab der Fertigstellung und Vermietbarkeit im Jahr 2018 sowie für die Vermittlung von künftigen Mietern vorausbezahlt. Die Vorauszahlung ist auf den Zeitraum 2018 bis 2027 zu verteilen.

Bei den Einkünften aus Vermietung und Verpachtung können (Wahlrecht) bei mietengeschützten Objekten, die der Verrechnungspflicht nach § 21 MRG unterliegen, die Betriebskosten auf der Einnahmen- und Ausgabenseite außer Ansatz gelassen werden (Behandlung als Durchlaufposten).[16]

Veranlasst der Hauseigentümer einen Mieter, gegen Zahlung einer Entschädigung auf sein Mietrecht zu verzichten, können diese Kosten der Freimachung nicht als Sofortaufwand geltend gemacht werden, sondern sind als zusätzliche Anschaffungskosten zu aktivieren und im Wege der Gebäude-AfA zu berücksichtigen.[17] Dabei gilt es zu unterscheiden, was der Grund der Freimachung ist. Wird eine Wohnung freigemacht, damit ein Gebäude saniert werden kann, können die Freimachungskosten wie steuerlich begünstigte Herstellungs- oder Instandsetzungsaufwendungen behandelt werden. Liegt hingegen Freimachung zur Weitervermietung vor, sind die Kosten zu aktivieren.[18] Freimachungskosten zur besseren Veräußerung sind laut EStR bei der Ermittlung der Einkünfte aus privater Grundstücksveräußerung als nachträgliche Anschaffungskosten abzugsfähig.

Werbungskosten vor bzw nach der Vermietungstätigkeit

Werbungskosten können **bereits vor Einnahmenerzielung** anfallen (bspw Suchkosten, Beratungskosten). Es muss in diesem Fall **ausdrücklich** nach außen **in Erscheinung** treten, dass die **Absicht** zur **späteren Einnahmenerzielung** auch **tatsächlich vorliegt** (bindende Vereinbarung, sonstige Umstände, die über eine bloße Absichtserklärung hinausgehen). Dabei genügt es nicht, wenn die Vermietung eines Gebäudes als eine von mehreren Verwertungsmöglichkeiten bloß ins Auge gefasst und hierbei sondiert wird, ob sich dieses günstiger durch Verkauf oder Vermietung verwerten lässt.[19] Die AfA von Gebäuden kommt bereits ab Fertigstellung (Bereitstellung zur Vermietung), somit uU vor Erzielung der Mieteinnahmen, in Betracht. Die Anerkennung der AfA als vorweggenommene Werbungskosten setzt ebenfalls voraus, dass die Absicht zur künftigen Vermietung deutlich nach außen in Erscheinung tritt.[20]

---

14 Vgl Rz 6418 EStR.
15 § 19 Abs 1 EStG.
16 Rz 6412 EStR.
17 Rz 6414 EStR.
18 Vgl *Kohler/Wakounig/Berger*, Steuerleitfaden zur Vermietung[9] (2011) A.8.7.
19 Rz 6420 ff EStR.
20 Rz 6422 ff EStR.

Nach Beendigung der Vermietung entstandene **(nachträgliche) Werbungskosten** können dann abgezogen werden, wenn diese in Zusammenhang mit der früheren Einnahmenerzielung stehen (nachträgliche Zinsen, Betriebskosten, Instandsetzungs- und Instandhaltungsaufwendungen im Falle der Fünfzehntelung). Es muss jedenfalls ein nach außen erkennbarer Veranlassungszusammenhang mit den früheren Mieteinnahmen gegeben sein.[21]

Vergebliche Werbungskosten

Wenn eine eindeutig nachweisbare Vermietungsabsicht vorliegt und ein objektiver Zusammenhang mit einer auf Erzielung von Einnahmen ausgerichteten Betätigung besteht, sind vergebliche Werbungskosten (Fehlinvestitionen) abzugsfähig. Dies umfasst auch Aufwendungen, die der Lösung einer vertraglichen Bindung dienen und somit den Schaden minimieren sollen.[22]

Leerstehungen

Sollte eine Wohnung bzw ein Gebäude zunächst viele Jahre vermietet sein und im Anschluss daran – trotz laufender Vermietungsbemühungen des Vermieters – leer stehen, liegen weiterhin Einkünfte aus Vermietung und Verpachtung vor. Daraus ergibt sich, dass weiterhin abzugsfähige Werbungskosten (bspw Betriebs- oder Verwaltungskosten) geltend gemacht werden können.[23]

2.2. Ergebnisermittlung im betrieblichen Bereich

2.2.1. Betriebseinnahmen und Betriebsausgaben

Im Unterschied zur außerbetrieblichen Vermietung und Verpachtung existieren keine speziellen Regelungen für die Ermittlung der Einkünfte aus der betrieblichen Bewirtschaftung von Immobilien. Während die EStR im Fall der außerbetrieblichen Einkünfte aus Vermietung und Verpachtung eine taxative Aufzählung der möglichen Einnahmen und Werbungskosten (siehe Kapitel 2.1.) enthalten, wird im betrieblichen Bereich lediglich auf das Vorliegen von Betriebseinnahmen bzw -ausgaben abgestellt. Es gilt, dass alle im Rahmen des Betriebs anfallenden Zugänge und Abgänge in Geld oder geldwerten Vorteilen als Betriebseinnahmen bzw -ausgaben einzuordnen sind.[24]

Als Gegenstück zur außerbetrieblichen Überschussermittlung ist für **betriebliche** Einkünfte die **Gewinnermittlung** anzuwenden. Diese umfasst sowohl ein positives als auch ein negatives Jahresergebnis.[25] Liegen betriebliche Einkünfte durch bspw gewerbliche Vermietung vor, sind die Einkünfte entweder nach § 5 EStG, § 4 Abs 1 EStG oder § 4 Abs 3 EStG zu ermitteln.

Die Einnahmen-Ausgaben-Rechnung gemäß **§ 4 Abs 3 EStG**, die sich an der außerbetrieblichen Überschussrechnung orientiert, ist eine vereinfachte Art der Gewinnermittlung ohne Betriebsvermögensvergleich. Die Betriebseinnahmen und Betriebsausgaben

21 Rz 4036 EStR.
22 Vgl *Laudacher* in *Jakom*, EStG[13] (2020) § 28 Rz 60.
23 Vgl Rz 6402a EStR.
24 Vgl Rz 1001 ff EStR.
25 Vgl Rz 401 EStR.

werden nicht im Zeitpunkt des Entstehens, sondern im Zeitpunkt ihrer Vereinnahmung bzw Verausgabung erfasst.[26] Weiters ist es möglich, gemäß § 17 EStG vereinfachend pauschale Betriebsausgaben anstelle der tatsächlichen Ausgaben anzusetzen.

Da bei einer Gewinnermittlung gemäß **§ 4 Abs 3 EStG keine Bilanz** erstellt wird, ist **ersatzweise** eine **Anlagenkartei** zu führen. Somit ist die Evidenthaltung der Anschaffungskosten von angeschafftem bzw eingelegtem Grund und Boden gesichert.[27]

Die Gewinnermittlung gemäß **§ 4 Abs 1 EStG** betrifft lediglich Einkünfte aus Land- und Forstwirtschaft bei Überschreiten der Umsatzgrenzen des § 125 BAO sowie jene Steuerpflichtigen, die freiwillig einen Betriebsvermögensvergleich bzw eine „doppelte Buchführung" anwenden.[28]

Für alle Steuerpflichtigen, die gemäß § 189 Abs 1 UGB rechnungslegungspflichtig sind, gilt verpflichtend die Gewinnermittlung **gemäß § 5 Abs 1 EStG**. Dies betrifft Kapitalgesellschaften, Personengesellschaften ohne eine natürliche Person als unbeschränkt haftendem Gesellschafter (in erster Linie GmbH & Co KG) sowie alle Unternehmer, die Einnahmen von mehr als 700.000 € pro Jahr erzielen. Eine Ausnahme hiervon besteht für Angehörige der freien Berufe, Einkünfte aus Land- und Forstwirtschaft und in gewissen Konstellationen für eingetragene Personengesellschaften.[29] Für Unternehmen, die (aus unterschiedlichen Gründen) aus der §-5-Abs-1-EStG-Ermittlung herausfallen würden, diese aber beibehalten wollen, existiert eine in § 5 Abs 2 EStG verankerte Option.

Die Wahl der Gewinnermittlung kann bei Beginn einer Tätigkeit auch nach Ablauf des ersten Jahres getroffen werden, bei Wechsel der Gewinnermittlung eines bestehenden Betriebs ist die Rechtsprechung jedoch strenger. Sollte aufgrund des Überschreitens der Größenklassen ein Wechsel der Gewinnermittlungsart notwendig sein (bspw Wechsel von § 4 Abs 3 auf § 5 Abs 1 EStG), ist nach § 4 Abs 10 EStG vorzugehen.[30] Dabei ist insb zu beachten, dass bei einem Wechsel der Gewinnermittlungsart eine Entnahme von gewillkürtem Betriebsvermögen (bspw nicht betriebsnotwendigem Grundstück) erfolgt.

Abhängig davon, ob es sich um eine Kapitalgesellschaft oder eine Personengesellschaft bzw ein Einzelunternehmen handelt, werden die ermittelten Einkünfte entweder zur Körperschaftsteuer oder zur Einkommensteuer veranlagt.

2.2.2. Verlustberücksichtigung im betrieblichen Bereich

Im Gegensatz zur außerbetrieblichen Bewirtschaftung von Immobilien besteht nicht nur die Möglichkeit des **steuerlichen Verlustabzugs**, sondern auch des Vortrags nicht verbrauchter laufender Verluste. Angefallene und nicht im laufenden Jahr verrechenbare Verluste gehen am Jahresende somit nicht unter, sondern mindern in Folgejahren mit positivem steuerlichem Ergebnis die Steuer-Bemessungsgrundlage und somit auch die Steuerzahlung.[31]

26 Vgl *Marschner* in *Jakom*, EStG[13] (2020) § 4 Rz 236 ff.
27 Vgl *Sulz/Oberkleiner* in *Bovenkamp et al*, Immobilienbesteuerung Neu[5] (2019) Kapitel VI, Rz 438.
28 Vgl §§ 124 und 125 BAO.
29 Vgl und Details zu Ausnahmen siehe § 189 UGB.
30 Vgl *Marschner* in *Jakom*, EStG[13] (2020) § 4 Abs 10 Rz 386 ff.
31 Vgl Rz 4502 ff EStR.

Zusätzlich zu den bestehenden Möglichkeiten hat die österreichische Bundesregierung im Rahmen des Konjunkturstärkungsgesetzes (KonStG) 2020 per Verordnung anlassbezogene **Erleichterungen** der **Berücksichtigung** eines (durch COVID-19 verursachten) **Verlusts implementiert**. Diese Maßnahme soll dazu beitragen, die Verluste möglichst rasch verwerten und den Unternehmen Liquiditätsvorteile durch verminderte Steuerzahlungen verschaffen zu können:

Es wurde die Möglichkeit der Bildung einer **steuerfreien Rücklage** für einen steuerlichen Gewinn des Jahres 2019 geschaffen. **Voraussetzung** hierfür ist ein **steuerlicher Gewinn** des Jahres **2019** sowie ein **voraussichtlicher Verlust** im Jahr **2020**. **Betriebliche Verluste aus 2020** können somit bereits bei der Veranlagung des Jahres 2019 von der steuerlichen Bemessungsgrundlage **einkünftemindernd angesetzt** werden. **30 %** des positiven Gesamtbetrags der Einkünfte aus 2019 können jedenfalls (ohne Nachweis eines Verlusts im Jahr 2020) als COVID-19-**Rücklage** angesetzt werden, wenn die Vorauszahlungen aufgrund der COVID-19-Pandemie für 2020 auf 0 oder auf die Höhe der Mindestkörperschaftsteuer gesetzt wurden. Unter Glaubhaftmachung eines negativen steuerlichen Ergebnisses für 2020 ist sogar die Bildung einer **Rücklage iHv 60 %** möglich. Der Höchstbetrag der Rücklage beträgt 5 Mio €. Wurde das Jahr 2019 bereits rechtskräftig betreffend Einkommensteuer bzw Körperschaftsteuer veranlagt, gilt der Antrag zur Bildung einer COVID-19-Rücklage als rückwirkendes Ereignis iSd § 295a BAO, sodass eine neuerliche Veranlagung 2019 vorgenommen werden kann.[32]

Sind die Voraussetzungen für die Berücksichtigung einer COVID-19-Rücklage im Rahmen der Veranlagung 2019 gegeben, kann vor Abgabe der Steuererklärung für 2019 beantragt werden, die **Vorauszahlungen** an Einkommen- bzw Körperschaftsteuer für das Jahr 2019 **nachträglich herabzusetzen**. Die Steuer ist mit dem Betrag festzusetzen, der sich als voraussichtliche Steuer des Jahres 2019 auf Grundlage einer Veranlagung unter Berücksichtigung einer COVID-19-Rücklage ergibt.[33]

Die nach Hinzurechnung der COVID-19-Rücklage verbleibenden Verluste des Jahres 2020 können im Rahmen des neu implementierten **Verlustrücktrags** verwertet werden. Dieser stellt ein Novum im österreichischen Steuerrecht dar und ermöglicht es, betrieblich entstandene Verluste des Jahres 2020 in das Jahr 2019 bzw sogar 2018 rückzutragen. Somit kann ein (möglicherweise durch die Auswirkungen von COVID-19 entstandener) steuerlicher Verlust des Jahres 2020 mit positiven Einkünften aus 2019 oder 2018 verrechnet und eine Steuergutschrift erwirkt werden. Dabei spielt es keine Rolle, ob das Jahr 2019 bereits veranlagt wurde. Ein Zusammenhang zwischen den negativen Einkünften des Jahres 2020 und der COVID-19-Pandemie muss nicht nachgewiesen werden. Für den Verlustrücktrag gilt eine **Obergrenze** von **2 Mio €**.[34]

Für den Fall eines abweichenden Wirtschaftsjahrs des Steuerpflichtigen und sich damit ergebende Sonderfragen wurde im Rahmen der Verordnung ebenfalls vorgesorgt.

32 Vgl § 1 COVID-19-Verlustberücksichtigungsverordnung.
33 § 5 COVID-19-Verlustberücksichtigungsverordnung.
34 Vgl §§ 6 ff COVID-19-Verlustberücksichtigungsverordnung.

3. Absetzung für Abnutzung (AfA)

Für die Anschaffungskosten eines Gebäudes inkl Anschaffungsnebenkosten (zB Grunderwerbsteuer, Eintragungsgebühr, Gerichtskosten, Makler- und Anwaltskosten) sind gesetzlich bestimmte Abschreibungssätze vorgesehen. Die Geltendmachung der AfA setzt voraus, dass die Person/das Unternehmen, welche(s) die Einkünfte aus der Bewirtschaftung der Immobilie bezieht, auch deren wirtschaftlicher Eigentümer ist.

3.1. AfA-Bemessungsgrundlage

Je nach Zuordnung zur außerbetrieblichen bzw betrieblichen Sphäre ergeben sich verschiedene Varianten bzw Formen der Ermittlung der Bemessungsgrundlage für eine AfA. An dieser Stelle ist hervorzuheben, dass die AfA lediglich Anwendung auf **Gebäude** findet. Der Grundanteil unterliegt keiner Abnutzung und daher keiner jährlichen Abschreibung.

3.1.1. AfA-Bemessungsgrundlage im außerbetrieblichen Bereich

Im Zuge der Steuerreform 2015/2016 kam es zu einer gesetzlichen Bestimmung eines pauschalen Aufteilungsverhältnisses zwischen Grund und Boden und Gebäude. Von den Anschaffungskosten der Liegenschaft ist grundsätzlich ein **Grundanteil von 40 % auszuscheiden** (dieser ist **nicht abschreibbar**). Sofern der Grundanteil von 40 % augenscheinlich den tatsächlichen Verhältnissen widerspricht, kann **auch** ein **abweichender Grundanteil** (Nachweis bspw mittels Gutachten eines Immobiliensachverständigen) festgelegt werden.

Zusätzlich enthält das Gesetz eine Verordnungsermächtigung, aufgrund derer der Bundesminister für Finanzen anhand geeigneter Kriterien (bspw Lage, Bebauung) von dieser gesetzlichen Regelung abweichende Aufteilungsverhältnisse für Grund und Boden und Gebäude festlegen kann. Die **Grundanteilsverordnung** sieht eine von der gesetzlichen Regelung abweichende pauschale Ermittlung des Anteils der Anschaffungskosten für Grund und Boden vor, wenn kein Nachweis eines anderen Aufteilungsverhältnisses erfolgt. Laut der Grundanteilsverordnung ist der **Anteil von Grund und Boden** wie **folgt zu ermitteln und auszuscheiden**:[35]

- In Gemeinden mit weniger als 100.000 Einwohnern sind als **Anteil von Grund und Boden 20 % auszuscheiden**, wenn der durchschnittliche Quadratmeterpreis für als Bauland gewidmete und voll aufgeschlossene unbebaute Grundstücke (baureifes Land) weniger als 400 € beträgt.
- In Gemeinden mit mindestens 100.000 Einwohnern und in Gemeinden, in denen der durchschnittliche Quadratmeterpreis für als Bauland gewidmete und voll aufgeschlossene unbebaute Grundstücke (baureifes Land) mindestens 400 € beträgt, sind als Anteil von Grund und Boden:
  - 30 % auszuscheiden, wenn das Gebäude mehr als 10 Wohn- oder Geschäftseinheiten umfasst,
  - 40 % auszuscheiden, wenn das Gebäude bis zu 10 Wohn- oder Geschäftseinheiten umfasst.

35 § 2 Grundanteilsverordnung 2016.

Wenn die tatsächlichen **Verhältnisse** offenkundig **erheblich abweichen**, ist der Anteil von Grund und Boden **nicht pauschal auszuscheiden**.[36]

Steuerpflichtige können jederzeit ein anderes Aufteilungsverhältnis nachweisen, wobei ein vorgelegtes Gutachten der freien Beweiswürdigung der Behörde unterliegt. Die Anteile des Grund und Bodens und des Gebäudes können aber auch entsprechend dem **Verhältnis** von **Grundwert** zum **Gebäudewert** gemäß **Grundstückswertverordnung (GrWV) glaubhaft gemacht** werden, sofern eine solche Glaubhaftmachung aufgrund der Erfahrungen aus der Praxis plausibel erscheint.[37] Ein auf diese Weise ermittelter Anteil des Grund und Bodens von weniger als 20 % des Gesamtkaufpreises erscheint laut Meinung der Finanzverwaltung nicht plausibel, sollte jedoch grundsätzlich möglich sein.[38] Zur Frage der Ermittlung des Preises/m^2 für Bauland sind inzwischen verschiedene Entscheidungen des BFG[39] ergangen. Als angemessene Quelle für den Grundstückswert wird von der Finanzverwaltung und Judikatur die jeweilige Ausgabe des Monats Mai der Zeitschrift „Gewinn" genannt.

Die **AfA-Bemessungsgrundlage variiert je nachdem**, **ob** der **Erwerb entgeltlich** oder **unentgeltlich** erfolgt:[40]

- **Grundsätzlich** sind die **tatsächlichen Anschaffungs**- oder **Herstellungskosten** zugrunde zu legen.
- Wird ein früher angeschafftes oder hergestelltes Gebäude erstmalig zur Erzielung von Einkünften verwendet, sind die fiktiven Anschaffungskosten nur unter bestimmten Voraussetzungen als Bemessungsgrundlage heranzuziehen (wobei in den Fällen, in denen das Gebäude bereits einmal vom Steuerpflichtigen selbst zur Erzielung von Einkünften aus Vermietung und Verpachtung genutzt wurde, die AfA fortzusetzen ist – der auf die „Nichtvermietung" entfallende Zeitraum verkürzt die Restnutzungsdauer nicht). Bei früher angeschafften oder hergestellten Gebäuden (Wohnungen), die erstmalig ab dem 1.1.2013 zur Erzielung von Einkünften genutzt werden, sind die **fiktiven Anschaffungskosten** nur mehr für Gebäude des **Altvermögens** (Gebäude, die zum 1.4.2012/31.3.2012 nicht steuerverfangen waren) mit Ausnahme von Grund und Boden anzusetzen. Für Gebäude des Neuvermögens (Spekulationsfrist nach der alten Rechtslage vor dem 1. StabG 2012 noch nicht abgelaufen bzw Erwerb nach dem 31.3.2012) gelten in diesem Fall die historischen Anschaffungs- oder Herstellungskosten als AfA-Bemessungsgrundlage.[41]
- Wird ein Gebäude unentgeltlich erworben und die Vermietung fortgesetzt („durchgehende Vermietung"), ist die vom Rechtsvorgänger geltend gemachte AfA fortzuführen.
- Bei unentgeltlichem Erwerb eines Gebäudes (Wohnung), das zwar nicht durchgehend vermietet, aber vom Rechtsvorgänger bereits einmal vermietet wurde, ist ebenfalls die vom Rechtsvorgänger geltend gemachte AfA fortzuführen, wobei bei

36 § 3 Grundanteilsverordnung 2016.
37 Rz 6447 EStR.
38 Vgl *Fuhrmann/Lang* in *Bovenkamp et al*, Immobilienbesteuerung Neu[5] (2019) Kapitel I, Rz 39.
39 BFG 2.3.2020, RV/2100676/2019.
40 Rz 6422 ff EStR.
41 Erläuterungen zur Regierungsvorlage des AbgÄG 2012.

der Ermittlung der noch verbleibenden Nutzungsdauer die Zeit der „Nichtvermietung" unberücksichtigt bleibt. Bei Gebäuden des Altvermögens dürfen für die AfA-Bemessung die fiktiven Anschaffungskosten herangezogen werden, wenn bei einem unentgeltlichen Erwerb zwischen der Beendigung der Vermietung durch den Rechtsvorgänger und dem neuerlichen Beginn der Vermietung durch den Steuerpflichtigen ein Zeitraum von mehr als 10 Jahren liegt.

Die fiktiven Anschaffungskosten sind aus der Sicht des Erwerbers nach dem Grundsatz zu ermitteln, was für diesen Erwerb als tatsächlicher Kaufpreis angefallen wäre. Sie können nur im Schätzungsweg auf Grundlage einer Liegenschaftsbewertung ermittelt werden. Die mit der Liegenschaftsschätzung verbundenen Kosten stellen sofort abzugsfähige Werbungskosten dar.[42] Zusätzlich sind bei der Schätzung die Anschaffungsnebenkosten zu berücksichtigen.

3.1.2. AfA-Bemessungsgrundlage im betrieblichen Bereich

Anders als bei der pauschalen Aufteilung in Grund/Boden und Gebäude im außerbetrieblichen Bereich ist bei der **Aufteilung** der Anschaffungskosten in der **betrieblichen Sphäre** auf die **tatsächlichen Gegebenheiten** abzustellen. Der bebaute Grund und Boden ist in der Bilanz – sofern eine Bilanz erstellt wird – getrennt vom Gebäude anzusetzen.[43]

Die **Aufteilung** hat nach streng objektiven Maßstäben entweder nach der **Verhältnis- oder der Differenzmethode** zu erfolgen. Bei der Verhältnismethode wird jeweils der Verkehrswert des bloßen Grund und Bodens einerseits und des Gebäudes andererseits ermittelt und der Kaufpreis für die gesamte Liegenschaft im Verhältnis der Verkehrswerte aufgeteilt. Bei der Differenzmethode wird hingegen zuerst der Wert von Grund und Boden festgestellt, sodass sich der Gebäudewert als „Restgröße" ergibt. Diese Methode ist nur dann zulässig, wenn einerseits der Wert von Grund und Boden unter Berücksichtigung des wertbeeinflussenden Umstands der Bebauung unbedenklich festgestellt werden kann und andererseits die Summe aus Boden- und Gebäudewert genau den Gesamtkaufpreis ergibt.[44]

3.2. Höhe der Absetzung für Abnutzung des Gebäudes (AfA)

Im **außerbetrieblichen Bereich** ist für die AfA von Vermietungsobjekten (sowohl Wohn- als auch Gewerbeimmobilien) ohne Nachweis der Nutzungsdauer ein Satz von **1,5 %** vorgesehen, 2 % bei Gebäuden, die vor 1915 errichtet wurden, und ein höherer AfA-Satz nur, wenn durch Vorlage eines Gutachtens eine kürzere Nutzungsdauer nachgewiesen wird (wobei auch dieses der freien Beweiswürdigung der Behörde unterliegt).[45]

Für die **betriebliche Vermietung zu Wohnzwecken** gilt ebenfalls ein AfA-Satz von **1,5 %**. Eine Vermietung zu Wohnzwecken liegt nach Ansicht der Finanzverwaltung jedenfalls

42 Rz 6441 EStR.
43 Vgl Rz 2610 und Rz 2611 EStR.
44 Rz 2612 ff.
45 Rz 6443 ff EStR und § 16 Abs 1 Z 8 lit d EStG.

bei langfristiger Überlassung von Wohnraum über einen Zeitraum von zumindest drei Monaten vor.[46] In allen anderen Fällen – bspw bei Vermietung von Gewerbeimmobilien oder der Verwendung der Gewerbeimmobilie im Rahmen des eigenen Betriebs – können jährlich **2,5 %** des Gebäudeanteils der Anschaffungskosten als Betriebsausgaben geltend gemacht werden.[47]

Generell gilt das **Prinzip** der **Halbjahres-AfA**: Wird das Wirtschaftsgut neu angeschafft und im Anschaffungsjahr höchstens 6 Monate genutzt, ist die jährliche Abschreibung für Abnutzung steuerlich zu halbieren. Dabei ist auf den **Zeitpunkt** der **Inbetriebnahme des Wirtschaftsguts** abzustellen.[48] Ausnahmen von der Halbjahres-Regelung bestehen aufgrund des KonStG 2020 für Gebäude, die nach dem 30.6.2020 angeschafft wurden und beschleunigt abgeschrieben werden (siehe Kapitel 3.3.1.). Zudem findet die Halbjahresabschreibung bei einer beschleunigten Abschreibung über 15 Jahre (siehe Kapitel 4.1.) keine Anwendung.

3.3. Attraktivierung der AfA durch das KonStG 2020

Gemeinsam mit anderen Maßnahmen – bspw der erwähnten Verordnung zur Verlustberücksichtigung – zur Abfederung der Auswirkungen von COVID-19 auf den Wirtschaftsstandort Österreich wurden die **degressive AfA** und die **beschleunigte Gebäude-AfA eingeführt**. Diese sollen einen zusätzlichen Anreiz zur Investition darstellen und sind sowohl bei **außerbetrieblicher als auch bei betrieblicher Bewirtschaftung von Immobilien** von Relevanz. Da eine vorgezogene höhere Abschreibung die steuerpflichtige Bemessungsgrundlage verringert, können sich durch diese Maßnahme **Liquiditätsgewinne für Steuerpflichtige ergeben**.

3.3.1. Beschleunigte Gebäude-AfA

Als erste der beiden konjunkturfördernden Maßnahmen ist für Gebäude eine **beschleunigte Gebäudeabschreibung** im neuen § 8 Abs 1a EStG bzw § 16 Abs 1 Z 8 EStG vorgesehen. Diese findet Anwendung auf **nach dem 30.6.2020 angeschaffte oder hergestellte Gebäude**. Für die Beurteilung des Herstellungszeitpunkts ist der Zeitpunkt der Fertigstellung maßgeblich.[49] Ebenfalls umfasst sind Gebäude, wenn diese nach dem 30.6.2020 im Privatvermögen angeschafft wurden und zu einem späteren Zeitpunkt ins Betriebsvermögen eingelegt werden.[50]

Im Jahr der erstmaligen Berücksichtigung der Abschreibung beträgt diese höchstens das **Dreifache** und im darauffolgenden Jahr höchstens das **Zweifache** des **regulären Abschreibungssatzes** (gemäß § 7 Abs 1 EStG bzw § 16 Abs 1 Z 8 lit d EStG); dh, ab dem dritten Jahr kommen die regulären Abschreibungssätze zur Anwendung.[51] Somit beträgt

---

46 Vgl *Sulz/Oberkleiner* in *Bovenkamp et al*, Immobilienbesteuerung Neu[5] (2019) Kapitel VI, Rz 464.

47 Vgl § 8 Abs 1 EStG.

48 Vgl Rz 3129 EStR.

49 *Plott/Vaishor*, Die degressive Absetzung für Abnutzung und die beschleunigte Gebäudeabschreibung, 2020, SWK, Heft 23/24, 1141.

50 Vgl Erläuterungen zur Regierungsvorlage, KonStG 2020, Allgemeiner Teil, 2.

51 *Plott/Vaishor*, Die degressive Absetzung für Abnutzung und die beschleunigte Gebäudeabschreibung, 2020, SWK, Heft 23/24, 1141.

die AfA im Jahr, in dem die AfA erstmalig zu berücksichtigen ist, höchstens 7,5 % (3 × 2,5 %) bei Betriebsgebäuden bzw 4,5 % (3 × 1,5 %) bei Wohngebäuden, im darauffolgenden Jahr dann höchstens 5 % (2 × 2,5 %) bzw 3 % (2 × 1,5 %). Die genannten Werte sind jedoch als Höchstgrenze zu verstehen. Eine höhere Abschreibungsquote – bspw bei denkmalgeschützten oder vor 1915 errichteten Gebäuden – kann durch die Vervielfachung der regulär bereits höheren Abschreibungssätze nicht erreicht werden.[52]

Die in Kapitel 3.2. erwähnte Halbjahres-Abschreibung gemäß § 7 Abs 2 EStG ist zudem nicht anzuwenden. Dadurch ist auch bei Anschaffung, Herstellung oder Einlage im zweiten Halbjahr der volle Jahres-AfA-Betrag aufwandswirksam.[53] Die beschleunigte AfA ist ausdrücklich nicht als Wahlrecht ausgestaltet, aufgrund der Verwendung des Wortes „höchstens" ist jedoch weiterhin die einfache AfA zulässig.[54]

3.3.2. Degressive AfA

Während die degressive AfA in der betriebswirtschaftlichen Theorie zum Standardrepertoire gehört und nach UGB/IFRS möglich ist, war diese steuerlich in der jüngeren Vergangenheit nicht anerkannt. Das hat sich mit 1.7.2020 geändert. Die Anwendung der degressiven Abschreibung, die der Methodik der geometrisch degressiven Abschreibung folgt, stellt ein **Wahlrecht** dar.[55] Auch wenn die gesetzlichen Normen des § 7 Abs 1a EStG eine **degressive AfA auf Gebäude ausschließen**,[56] gibt es mit Blick auf (sowohl betriebliche als auch außerbetriebliche) **Immobilienbewirtschaftung** durchaus **Anwendungsmöglichkeiten**. Das betrifft selbstständige Wirtschaftsgüter, die nicht Gebäudebestandteil und folglich auch nicht von der degressiven AfA ausgeschlossen sind. Beispiele hierfür sind **Photovoltaik-Anlagen** oder auch **E-Ladestationen**.

In den EStR werden weitere Beispiele für selbstständige Wirtschaftsgüter, die nicht Gebäudebestandteil sind, genannt:[57]

- Einbaumöbel, Holzdecken und Wandverkleidungen, die der Raumeinrichtung dienen,
- Einbauküchen,
- außerhalb des Verputzes verlegte Elektroinstallationen,
- in Leichtbauweise errichtete Trennwände, die entfernbar und wieder einsetzbar sind.

Generell kann bei der Frage des **Vorliegens** von **selbstständigen Wirtschaftsgütern** auf den seit 2017 geltenden **Grundstücksbegriff** zurückgegriffen werden: Abgestellt wird laut diesem darauf, ob das Wirtschaftsgut ohne Verletzung der Substanz vom Gebäude getrennt und an einen anderen Ort versetzt werden kann (somit ein eigenständiges

52 Vgl *Prodinger*, Beschleunigte Abschreibung von Gebäuden, 2020, SWK, Heft 25, 1212.
53 Vgl Erläuterungen zur Regierungsvorlage, KonStG 2020, Allgemeiner Teil, 2.
54 Vgl *Aumayr/Schlager*, Beschleunigte Gebäude-AfA: Fragestellungen zum Anwendungsbereich, 2020 SWK, Heft 27, 1288.
55 *Moser*, Ein Novum im österreichischen Steuerrecht – die degressive Abschreibung kommt!, BFG-Journal September 2020, 347 ff.
56 Anm: Ausschluss von Wirtschaftsgütern, für die in § 8 EStG oder § 16 EStG eine Sonderform der AfA vorgesehen ist.
57 EStR Rz 3170.

Wirtschaftsgut darstellt).[58] Die Einkommensteuerrichtlinien gehen jedoch davon aus, dass Gebäudeeinbauten selbst bei loser Verbindung zum Gebäude gehören.[59]

Sollte ein Wirtschaftsgut gemessen an diesen Kriterien als **eigenständiges Wirtschaftsgut** einzuordnen sein, ist eine **degressive AfA** uE möglich. Der Vollständigkeit halber sei auch erwähnt, dass gebrauchte Wirtschaftsgüter sowie sämtliche Anlagen, die Berührungspunkte mit fossilen Energieträgern haben, nicht degressiv abgeschrieben werden können.[60]

Der Gesetzgeber hat sich für eine **geometrisch-degressive Abschreibung mit einem fixen Prozentsatz (von maximal 30 %)** entschieden. Dabei wird der (fixe) Abschreibungssatz auf den jeweiligen Restbuchwert angewendet. Wird vom Steuerpflichtigen mit der Abschreibung nach der degressiven Abschreibungsmethode begonnen, ist er in den Folgejahren daran gebunden; dennoch ist ein Wechsel zur linearen Abschreibungsmethode mit Beginn eines Wirtschaftsjahres zulässig. Nicht zulässig ist hingegen der umgekehrte Wechsel von der linearen zur degressiven Abschreibung.[61] Die Halbjahresabschreibung gemäß § 7 Abs 2 EStG ist davon nicht betroffen und gilt wie gehabt.

Bei einer jährlichen AfA iHv 30 % des Restbuchwerts ergibt sich logischerweise niemals ein Restbuchwert von 0. Der Gesetzgeber geht daher in den Erläuternden Bemerkungen davon aus, dass der Steuerpflichtige **nach** einigen Jahren der **degressiven Abschreibung zur linearen Abschreibung optiert**. Ab diesem Zeitpunkt wird der Restbuchwert durch die Zahl der auf Basis der tatsächlichen Nutzungsdauer des Wirtschaftsguts noch verbleibenden Restnutzungsdauer dividiert. Daraus resultieren gleichbleibende und lineare Abschreibungsbeträge.[62] Alternativ wäre es theoretisch auch möglich, statt eines Wechsels zur linearen Abschreibung eine Teilwertabschreibung in Höhe des allfälligen Restbuchwerts am Ende der (angenommenen) Nutzungsdauer vorzunehmen. Ob die Finanzverwaltung das akzeptiert, ist jedoch zu bezweifeln.[63]

Der Umstieg von der degressiven Abschreibung zur linearen Abschreibung ist prinzipiell ab dem Zeitpunkt vorteilhaft, ab dem die lineare Abschreibung auf den Restbuchwert höher ist als die degressive Abschreibung auf den Restbuchwert. Ausgehend von der degressiven Abschreibung mit einem Prozentsatz von 30 % ist dies somit stets in den letzten drei Jahren der Nutzungsdauer der Fall, da ein linearer Abschreibungssatz von 33 % (Restbuchwert dividiert durch 3 Jahre Restnutzungsdauer) rechnerisch höher ist als die degressive Abschreibung (30 % des Restbuchwerts). Zusätzlich wird anhand dieser Überlegungen klar, dass eine degressive Abschreibung erst ab einer Nutzungsdauer von 4 Jahren Sinn ergibt.[64]

---

58 Vgl *Reinold*, Die Immobilienertragsteuer[3] (2017) 2.3 in Kombination mit bspw VwGH 11.6.1965, 316/65.
59 Vgl Rz 3169 EStR.
60 Vgl § 7 Abs 1a Z 1 lit c EStG.
61 Vgl Erläuterungen zur Regierungsvorlage, KonStG 2020, Allgemeiner Teil, 2.
62 Vgl Erläuterungen zur Regierungsvorlage, KonStG 2020, Allgemeiner Teil, 2.
63 Vgl *Plott/Vaishor*, Die degressive Absetzung für Abnutzung und die beschleunigte Gebäudeabschreibung, 2020, SWK, Heft 23/24, 1140.
64 Vgl *Plott/Vaishor*, Die degressive Absetzung für Abnutzung und die beschleunigte Gebäudeabschreibung, 2020, SWK, Heft 23/24, 1140.

Beispiel[65]

Anschaffungskosten: 100.000, Nutzungsdauer 8 Jahre, degressive AfA bis 2025

Jahr	Betrag der degressiven AfA	Restbuchwert
2021	100.000 × 30 % = 30.000	70.000
2022	70.000 × 30 % = 21.000	49.000
2023	49.000 × 30 % = 14.700	34.300
2024	34.300 × 30 % = 10.290	24.010
2025	24.010 × 30 % = 7.203	16.807

Von 2026 bis 2028 wird eine lineare AfA iHv 16.807 / 3 = 5.602 vorgenommen. Da die degressive AfA im Jahr 2026 nur 16.807 × 30 % = 5.042,10 betragen hätte, wurde (wie dargestellt) aus Gründen der Optimierung der Abschreibung zur linearen AfA optiert.

Da § 7 Abs 1a EStG keinen Ausschluss der Anwendung von § 7 Abs 2 EStG vorsieht, gilt auch im Falle der degressiven Abschreibung die Halbjahresregelung.[66]

4. Herstellungs- und Erhaltungsaufwand

Werden Immobilien saniert oder umgebaut, muss zwischen Erhaltungsaufwand und Herstellungsaufwand unterschieden werden, da diese im Steuerrecht unterschiedlich behandelt werden.[67]

4.1. Außerbetrieblicher Bereich

4.1.1. Herstellungsaufwand

Herstellungsaufwand liegt im Steuerrecht vor, wenn **bauliche Maßnahmen** getroffen werden, welche die **Wesensart** des **Gebäudes wesentlich verändern**. Eine Wesensänderung verlangt nicht, dass das Gebäude zur Gänze eine neue Funktion erhält, es reicht aus, wenn einzelne Teile anders genutzt werden können, sofern diese von nicht untergeordneter Bedeutung sind.[68]

Herstellungsaufwand ist **grundsätzlich aktivierungspflichtig** und über die Nutzungsdauer des Gebäudes zu verteilen. Folgende Beispiele für Herstellungsaufwand finden sich in den Einkommensteuerrichtlinien:[69]

- Vornahme eines Anbaus, eines Umbaus größeren Ausmaßes oder einer Gebäudeaufstockung,
- Ersetzung eines Flachdachs durch ein Steildach, sodass neue Räume geschaffen werden (kommt einer Gebäudeaufstockung gleich),

65 Erläuterungen zur Regierungsvorlage, KonStG 2020, Allgemeiner Teil, 2.
66 *Plott/Vaishor*, Die degressive Absetzung für Abnutzung und die beschleunigte Gebäudeabschreibung, 2020, SWK, Heft 23/24, 1136.
67 Vgl Rz 6450 ff EStR.
68 *Laudacher* in *Jakom*, EStG[13] (2020) § 28 Abs 3 Rz 120.
69 Rz 6476 EStR.

- Zusammenlegung von Wohnungen,
- erstmaliger Einbau von Zentralheizungen, Aufzugsanlagen usw,
- Vornahme einer Generalüberholung,
- Versetzung von Zwischenwänden,
- Einbau von Badezimmern und WC (Kategorieanhebung),
- Einbau von Gebäudeteilen an anderen Stellen (Versetzen von Türen und Fernstern).

Darüber hinaus liefern Judikate des VwGH weitere Bespiele für Herstellungsaufwand:

- Anbindung einer einzelnen Parzelle an das Trinkwassernetz einer Gemeinde,[70]
- Austausch von sämtlichen Gebäudeteilen durch eine einheitliche Baumaßnahme,[71]
- Austausch von Wasserleitungsrohren, wenn eine Kapazitätserhöhung vorliegt.[72]

Bei Gebäuden, die der Erzielung von Einkünften aus Vermietung dienen, können Herstellungskosten in den folgenden Fällen auf Antrag **begünstigt über 15 Jahre verteilt abgeschrieben** werden (§ 28 Abs 3 EStG):[73]

- nützliche Verbesserungsaufwendungen im Sinne der §§ 3–5 MRG (zB Aufzugseinbau; zentrale Waschküche),
- öffentlich geförderte Sanierungsmaßnahmen nach dem Wohnhaussanierungsgesetz, dem Startwohnungsgesetz oder nach landesgesetzlichen Wohnhaussanierungsvorschriften,
- Investitionen in denkmalgeschützte Gebäude (Bescheinigung des Bundesdenkmalamts).

Unterliegt das Mietgebäude den Bestimmungen des MRG über die Verwendung der Hauptmietzinse (Vollanwendungsbereich), sind nahezu alle Herstellungsaufwendungen infolge Verteilungsmöglichkeit der Aufwendungen nach den §§ 3–5 MRG über Antrag auf 10–15 Jahre zu verteilen. Eine Verteilung ist nur soweit vorzunehmen, als bei den in den §§ 3–5 MRG genannten Aufwendungen Herstellungsaufwand vorliegt. Dabei liegt Herstellungsaufwand bei Erhaltungsaufwendungen gemäß § 3 MRG ausnahmsweise (durch Herstellungsaufwand bedingter Erhaltungsaufwand), bei Verbesserungsaufwendungen gemäß § 4 MRG regelmäßig und bei § 5 MRG (Wohnungszusammenlegung) immer vor. Unterliegt das Mietgebäude dem bloßen Teilanwendungsbereich des MRG (wesentlich für die Verteilungsmöglichkeit ist die Verrechnungspflicht der Mietzinse nach § 20 MRG), ist eine Verteilung der Herstellungsaufwendungen auf 10 bzw 15 Jahre nicht zulässig.[74] Aufwendungen für einen Dachbodenausbau sind jedoch keine Aufwendungen iSd §§ 3–5 MRG. Laut Rechtsprechung des VwGH stellt ein erstmaliger Dachbodenausbau keine bauliche Umgestaltung eines Mietgegenstandes iSd § 4 Abs 2 Z 5 MRG dar, sondern die Errichtung einer neuen Wohneinheit. Somit kommt eine beschleunigte Abschreibung auf 15 Jahre nicht in Betracht.[75] Die beschleunigte Absetzung ist jedoch bei geförderten Sanierungsmaßnahmen iSd § 28 Abs 3 Z 2 EStG möglich, dazu weiter unten.

70 Vgl VwGH 25.11.1999, 99/15/0169.
71 Vgl VwGH 17.11.2004, 2002/14/0042.
72 Vgl VwGH 21.11.2013, 2011/15/0114.
73 Vgl Rz 6478 EStR.
74 Rz 6480 EStR.
75 VwGH 22.9.2005, 2001/14/0041; 25.2.2009, 2006/13/0170.

Im Falle der Finanzierung mit gesetzlich vorgesehenen Mieterhöhungen können die oa Aufwendungen auch auf die Laufzeit der erhöhten Mieten, mindestens aber gleichmäßig auf 10 Jahre verteilt werden.[76]

Sanierungsmaßnahmen nach dem Wohnhaussanierungsgesetz, dem Startwohnungsgesetz oder nach landesgesetzlichen Wohnhaussanierungsvorschriften können, wie oben erwähnt, über Antrag **auf 15 Jahre** verteilt werden. In Fällen, in denen eine Förderzusage nur für einen Teil eines Gebäudes erteilt wird, kann der gesamte darauf entfallende Herstellungsaufwand, insoweit er Maßnahmen betrifft, die einer Förderung nach den genannten Gesetzen zugänglich sind, gleichmäßig auf 15 Jahre abgesetzt werden (auch Dachbodenausbau). Die Sanierungsmaßnahmen müssen dem Grunde nach begünstigungsfähig sein, dh, sie **müssen Wohnraum betreffen**. Erfolgt bei einem Gebäude ohne Vornahme von Sanierungsmaßnahmen die Errichtung eines Dachbodenausbaus, ist die Neuerrichtung des Dachbodenausbaus nicht begünstigt.[77]

Finden im Rahmen einer Baumaßnahme sowohl Erhaltungs- als auch Herstellungsaufwendungen statt, so ist grundsätzlich eine **Trennung** der **Aufwendungen** vorzunehmen. Ist der Erhaltungsaufwand jedoch durch den Herstellungsaufwand bedingt, liegt insgesamt Herstellungsaufwand vor. Ist der Erhaltungsaufwand auch ohne den Herstellungsaufwand notwendig, muss eine Trennung vorgenommen werden.

Beispiel reiner Herstellungsaufwand (Rz 6452 EStR)

Nachträglich wird das Badezimmer saniert und es werden neue Sanitäreinrichtungen eingebaut. Im Zuge dessen müssen auch die Wände neu ausgemalt werden. Hier ist keine Trennung zwischen Herstellung (Einbau Sanitäreinrichtungen) und Erhaltung (Ausmalen der Wände) vorzunehmen, es liegt insgesamt Herstellungsaufwand vor.

Beispiel Trennung Erhaltungs- und Herstellungsaufwand (Rz 3179 EStR)

Anlässlich der notwendigen gänzlichen Erneuerung der Dachkonstruktion eines schadhaften Dachs wird auch ein Ausbau des Dachgeschosses vorgenommen. Während die Dacherneuerung als solche ihren Reparaturcharakter nicht verliert, stellt der Ausbau des Dachgeschosses Herstellungsaufwand dar.

Mit Blick auf Kapitel 3.2. ist hinzuzufügen, dass die Halbjahresregel bei der beschleunigten Abschreibung über 15 Jahre nicht zum Tragen kommt. Somit ist auch bei Anschaffung und Inbetriebnahme im 2. Halbjahr ein komplettes 1/15 bzw 1/10 geltend zu machen.[78]

4.1.2. Erhaltungsaufwand

Durch den **Erhaltungsaufwand** wird eine **Wohnung** oder ein **Gebäude** in **ordnungsgemäßem Zustand erhalten**. Unter den Erhaltungsaufwand fallen Aufwendungen, die dazu dienen, in gewissen Zeitabständen wiederkehrende notwendige Ausbesserungen vorzunehmen, durch welche die Wesensart des Gebäudes nicht verändert wird. **Erhaltungsaufwand ist zunächst in laufende Instandhaltung und Instandsetzung** zu **trennen**.[79]

---

76 § 28 Abs 3 EStG.

77 Rz 6481 EStR.

78 Vgl *Wilplinger* in *Haunold/Kovar/Schuch/Wahrlich*, Immobilienbesteuerung[5] (2021) Kapitel 2, 4.4.

79 Vgl *Laudacher* in *Jakom*, EStG[13] (2020) § 28 Abs 2 Rz 96 ff.

Sowohl Instandsetzungs- als auch Instandhaltungsaufwand können im Steuerrecht im betrieblichen Bereich grundsätzlich sofort als Betriebsausgabe geltend gemacht werden (siehe Kapitel 4.2.), jedoch bestehen im **außerbetrieblichen Bereich** der **Vermietung und Verpachtung Ausnahmen**, auf welche wir in den Kapiteln 4.1.2.1. und 4.1.2.2. eingehen werden.

4.1.2.1. Instandhaltung

Instandhaltungsaufwendungen können grundsätzlich **sofort abgesetzt** werden. Fällt der Instandhaltungsaufwand nicht jährlich und daher unregelmäßig an, kann dieser auch **wahlweise** auf **15 Jahre** verteilt abgesetzt werden.[80] Bei Instandhaltungsaufwendungen handelt es sich um Reparaturarbeiten, die nicht zum Austausch von wesentlichen Teilen des Gebäudes führen und die Nutzungsdauer des Gebäudes nicht wesentlich verlängern.

Beispiele für Instandhaltungsaufwand sind:[81]

- laufende Wartungsarbeiten,
- Reparaturen, auch wenn diese nicht jährlich anfallen (Großreparaturen wie zB Reparatur des Dachs),
- Ausmalen des Stiegenhauses und der Räume,
- Anstreichen von Fenstern sowie Austausch von einzelnen Fensterflügeln,
- Austausch von nicht wesentlichen Gebäudeteilen (einzelner Fenster und Türen aber weniger als 25 % des Gesamtbestands des Gebäudes),
- Anfärbeln der Fassade ohne Erneuerung des Außenputzes,
- Ausbesserung des Verputzes,
- Erneuerung von Gebäudeteilen infolge höherer Gewalt (Sturm oder Hagelschäden),
- Abbruchkosten und der Restbuchwert eines Gebäudes (bei Abbruch eines noch verwendbaren Gebäudes; unabhängig davon, ob das Gebäude in Abbruchabsicht erworben wurde oder ob der Abbruch in der Absicht einer Neuerrichtung eines Gebäudes oder zur Herstellung eines unbebauten Grundstücks dient),[82]
- Ersatz von Gaseinzelofenheizungen durch Gasetagenheizungen innerhalb einzelner Wohnungen.[83]

Bei höherer Gewalt ist die Schadensbeseitigung Instandhaltung (zB Dacherneuerung des vor dem Sturm intakten Dachstuhls), dagegen liegt Instandsetzungsaufwand vor, wenn instandsetzungsbedürftige Gebäudeteile zerstört wurden und erneuerungsbedürftig sind.[84]

Beispiel[85]

Infolge eines Sturmschadens ist eine Dacherneuerung samt Neukonstruktion des vor dem Schadensfall intakten Dachstuhls erforderlich. Die Kosten der Dacherneuerung sind als Instandhaltungsaufwand abzugsfähig. Wird die Erneuerung des ohnehin bereits instandsetzungsbedürftigen Dachs aufgrund eines Sturmschadens sofort notwendig, so liegt kein Instandhaltungsaufwand vor.

80 § 28 Abs. 2 EStG.
81 Rz 6467 EStR.
82 Rz 6418a EStR.
83 VwGH 23.10.2013, 2010/13/0147.
84 Rz 6468 EStR.
85 Rz 6468 EStR.

Die **25-%-Grenze ist grundsätzlich jahresbezogen** zu verstehen. Eine mehrjährige Betrachtung hat nur in den Fällen zu erfolgen, in denen vor Beginn der Sanierungsmaßnahme das gesamte Ausmaß der geplanten Sanierung bereits feststeht (einheitliches Sanierungskonzept).[86] Eine willkürliche Verteilung eines einheitlichen Auftrags zum Austausch von mehr als 25 % der Objekte wird nicht anerkannt.[87] Einschränkend ist jedoch hinzuzufügen, dass die 25-%-Grenze in der Judikatur des VwGH nicht ausdrücklich bestätigt wird. Auch bei Erreichen der Grenze ist eine Erhöhung des Nutzungswerts nachzuweisen.

Beispiel

In einem Wohnhaus sollen nach einem erteilen Auftrag 70 % der Fenster innerhalb von 2 Jahren ausgetauscht werden. Unabhängig davon, wie viele Fenster in den einzelnen Jahren tatsächlich gewechselt werden bzw welches Verhältnis sich daraus ergibt, liegt in dem jeweiligen Jahr Instandsetzungsaufwand und somit kein Instandhaltungsaufwand vor.

Beispiel

In einem Gebäude werden 20 % der Fenster und 20 % der Elektroinstallationen ausgetauscht. Da bei keiner der in Rz 6469 angeführten Maßnahmenkategorien die 25-%-Grenze überschritten wird, liegt kein Instandsetzungsaufwand vor.

4.1.2.2. Instandsetzung

Unter den Instandsetzungsaufwand fallen Aufwendungen, die nicht zu den **Anschaffungs- oder Herstellungskosten** gehören, aber allein oder zusammen mit dem Herstellungsaufwand den **Nutzwert** des **Gebäudes** wesentlich (über 25 %) **erhöhen** oder die **Nutzungsdauer wesentlich** (über 25 %) **verlängern**. Der Nutzwert des Gebäudes wird durch die durchgeführten Investitionen dann erhöht, wenn das Gebäude bspw durch die Möglichkeit zur Erzielung höherer Einnahmen, durch den Austausch bzw die Modernisierung wesentlicher Teile oder kürzere Leerstehungen besser nutzbar ist.[88] Die Abgrenzung zum Herstellungsaufwand basiert in erster Linie darauf, dass es zu keiner Veränderung der Wesensart des Gebäudes kommt.[89] Der Umstand, dass im Zuge der Erhaltung besseres Material oder eine modernere Ausführung gewählt wird, führt noch nicht zu Herstellungsaufwand, solange nicht die Wesensart des Wirtschaftsguts verändert wird.[90]

Instandsetzungsaufwendungen sind bei Einkünften aus Vermietung und Verpachtung von Gebäuden, die Wohnzwecken dienen, zwingend auf 15 Jahre zu verteilen. Werden Subventionen gewährt, sind diese mit den Aufwendungen vor der Verteilung auf 15 Jahre zu saldieren.[91]

Beispiel

Beim Austausch von 40 % aller Fenster eines Wohnhauses liegt Instandsetzungsaufwand vor. Die Investition iHv 40.000 € wird (bspw vom jeweiligen. Bundesland) mit einer Prämie von

86 Rz 6463 EStR.
87 Vgl *Fuhrmann/Lang* in *Bovenkamp et al*, Immobilienbesteuerung Neu[5] (2019) Kapitel I, Rz 47.
88 Vgl *Laudacher* in *Jakom*, EStG[13] (2020) § 28 Rz 104 iZm Rz 6462 EStR.
89 Vgl Rz 3176 EStR.
90 Vgl VwGH 10.6.1987, 86/13/0167.
91 Vgl § 28 Abs 2 EStG.

2.500 € subventioniert. Vor Ermittlung der jährlichen 15tel-Absetzung ist die gewährte Subvention in Abzug zu bringen. Somit beträgt die jährliche AfA (40.000 – 2.500) / 15 = 2.500 €.

Aufwendungen, die in einem nahen zeitlichen Zusammenhang von bis zu 3 Jahren mit dem Erwerb der Liegenschaft stehen (**anschaffungsnaher „nachgeholter" Erhaltungsaufwand), werden** ebenfalls **als Instandsetzungsaufwand qualifiziert**. Ein naher zeitlicher Zusammenhang zwischen Anschaffung eines **betriebsbereiten Gebäudes** und nachgeholtem Erhaltungsaufwand reicht nach Meinung des VwGH[92] nicht für eine Aktivierungspflicht aus. Sollte es sich jedoch um ein bei **Anschaffung nicht betriebsbereites Gebäude** handeln, ist der **Erhaltungsaufwand zu aktivieren**.[93]

Beispiele für Instandsetzungsaufwendungen sind:[94]

- **Austausch von wesentlichen Gebäudeteilen (zu mehr als 25 %):**
  - Fenstern und Türen
  - Dach und Dachstuhl
  - Stiegen
  - Zwischenwänden und Zwischendecken
  - Unterböden
  - Aufzugs- und Heizungsanlagen
  - Elektro-, Gas-, Wasser- und Heizungsinstallationen
  - Sanitärinstallationen (auch mit Erneuerung der Bodenbeläge und Fliesen)
- **Komplette Dachsanierung**
- **Sonstige Maßnahmen:**
  - Trockenlegung von Mauern usw
  - Erneuerung des Außenverputzes mit Wärmedämmung
  - Kanalanschluss bei bestehenden Gebäuden
  - Nachträglicher Einbau von Wärmepumpen und Solaranlagen (Photovoltaik-Anlagen sind hiervon nicht umfasst, Details zu diesen siehe Kapitel 6.)
  - Maßnahmen zur Erhöhung des Wärmeschutzes, zur Verminderung des Energieverlusts oder Energieverbrauchs von Zentralheizungs- oder Gebrauchswarmwasseranlagen und zur Umstellung auf Fernwärme
  - Austausch einer schadhaften Gewölbeunterfangung im Keller, wenn diese sanierungsbedürftig war und komplett ausgetauscht wurde

Darüber hinaus liefern Judikate des VwGH bzw UFS weitere Bespiele für Herstellungsaufwand:

- Umstellung der Beheizungsart von Zentralheizungsanlagen (bspw von Koks auf Ölfeuerung)[95]
- Renovierung der gesamten Fassade eines Wohnhauses[96]

92 VwGH 30.6.10, 2005/13/0076.
93 Vgl *Laudacher* in *Jakom*, EStG[13] (2020) § 28 Rz 111 ff.
94 Vgl und Gliederung übernommen von *Laudacher* in *Jakom*, EStG[13] (2020) § 28 Rz 105 ff, entspricht im Wesentlichen den Darstellungen in Rz 6469 EStR.
95 Vgl VwGH 12.2.1975, 881/74.
96 Vgl UFSW 20.1.2011, RV/2876-W/09.

4.1.3. Außerordentliche Wertverluste

Die Regelungen des § 28 Abs 2 TS 2 und 3 EStG orientieren sich an der bestehenden Regelung für den Instandhaltungsaufwand und sehen eine optionale Verteilung auf 15 Jahre vor. Hintergrund dieser Norm ist, dass ein sofortiges Absetzen der betreffenden Aufwendungen in einem hohen Verlust aus Vermietung und Verpachtung resultieren würde. Mangels der Möglichkeit der Bildung eines Verlustvortrags im außerbetrieblichen Bereich könnte dieser Verlust voraussichtlich – es ist nur ein jährlicher Ausgleich mit anderen Einkunftsarten möglich – nicht in voller Höhe verwertet werden und ginge daher verloren. Eine Verteilung der Aufwendungen auf 15 Jahre ermöglicht hingegen eine für den Steuerpflichtigen vorteilhaftere Verlustverwertung.

Das betrifft laut EStR folgende Posten:[97]

- Absetzungen für außergewöhnliche technische oder wirtschaftliche Abnutzung und damit zusammenhängende Aufwendungen (bspw Abbruchkosten oder auch Kosten eines Gutachtens bei einem Gebäudeabriss[98])
- außergewöhnliche Aufwendungen, die keine Instandhaltungs-, Instandsetzungs- oder Herstellungsaufwendungen sind
  - Schadenersatzleistungen, die als Werbungskosten zu berücksichtigen sind
  - Kosten der Aufräumung nach einem Katastrophenschaden
  - Rechtskosten iZm der Freimachung von Mietobjekten

4.1.4. Sonderfälle iZm der beschleunigten Absetzung

4.1.4.1. Behandlung der beschleunigten Absetzung bei Übertragung des Gebäudes

Wird ein Gebäude **entgeltlich übertragen**, **gehen** die beschleunigt verteilten Absetzungen für **Instandhaltungs-, Instandsetzungs- und Herstellungsaufwendungen nicht über**. Auch der bisherige Eigentümer darf ab dem der Übertragung folgenden Kalenderjahr keine restlichen Absetzungen mehr geltend machen. Im Jahr der Übertragung steht dem Übertragenden noch der volle Jahresbetrag zu.[99] Einzig offene Instandhaltungsfünfzehntel sind in den folgenden Kalenderjahren als nachträgliche Werbungskosten bei den Einkünften aus Vermietung und Verpachtung des Veräußerers geltend zu machen.[100]

Nur bei **unentgeltlicher Übertragung** der Einkunftsquelle (Schenkung, Tod) kann der Rechtsnachfolger (bspw Erbe) die Fünfzehntelabsetzung weiter geltend machen.[101]

Seit dem Abgabenänderungsgesetz 2012 entfällt die Nachversteuerung von noch offenem und begünstigt abgeschriebenem Herstellungsaufwand, da dieser im Rahmen der Ermittlung des Veräußerungsgewinns automatisch gewinnerhöhend wirkt. Lediglich im Fall von Altvermögen und der damit verbundenen pauschalen Gewinnermittlung gemäß § 30 Abs 4 EStG kommt es noch zur Nachversteuerung.[102]

97 Rz 6488a EStR.
98 Vgl *Laudacher* in *Jakom*, EStG[13] (2020) § 28 Rz 114.
99 Rz 6484 EStR.
100 Rz 6848a EStR.
101 Vgl *Fuhrmann/Lang* in *Bovenkamp et al*, Immobilienbesteuerung Neu[5] (2019) Kapitel I, Rz 71.
102 Vgl *Fuhrmann/Lang* in *Bovenkamp et al*, Immobilienbesteuerung Neu[5] (2019) Kapitel I, Rz 69.

4.1.4.2. Behandlung der beschleunigten Absetzung bei Beendigung der Vermietung

Die noch offenen Fünfzehntel von Instandsetzungs- und Instandhaltungsaufwendungen können im Fall der Beendigung der Vermietung als nachträgliche Werbungskosten geltend gemacht werden. Herstellungsaufwendungen können in diesem Fall hingegen nicht als nachträgliche Werbungskosten geltend gemacht werden.[103] Ein Übergang auf Privatnutzung ist hierbei gleichbedeutend mit der Beendigung der Vermietung.

Dieselben Rechtsfolgen ergeben sich bei **Einlage des Gebäudes in ein Betriebsvermögen.** Die Fünfzehntelbeträge für Instandhaltung- und Instandsetzungskosten können ab diesem Zeitpunkt als Betriebsausgabe geltend gemacht werden.[104]

4.2. Herstellungs- und Erhaltungsaufwand im betrieblichen Bereich

Für die Bewirtschaftung von Immobilien im betrieblichen Bereich kennt das Steuerrecht deutlich weniger Regelungen zur beschleunigten Verteilung bestimmter Aufwendungen:

Herstellungsaufwand ist ebenfalls zu aktivieren und über die gewöhnliche Nutzungsdauer (siehe Ausführungen in Kapitel 3.2.) abzuschreiben.

Anschaffungs- oder Herstellkosten (abzüglich Förderungen), die für **denkmalgeschützte Betriebsgebäude oder Teilgebäude** im Interesse des Denkmalschutzes getätigt werden, **können** gleichmäßig **auf 10 Jahre verteilt** werden. Es gilt jedoch zu berücksichtigen, dass die Anschaffung des Gebäudes selbst (also der Erwerb vor der Denkmalschutzmaßnahme) nicht der besonderen Abschreibung unterliegt und demnach hierfür der reguläre AfA-Satz von 1,5 % bzw 2,5 % pa (zur vorübergehenden Erhöhung der AfA-Sätze durch das KonStG 2020 siehe Kapitel 3.3.1.) zur Anwendung kommt. Die Abschreibungsbegünstigung kann auch der Mieter in Anspruch nehmen, wenn dieser die Investition tätigt. Voraussetzung ist jedenfalls das Vorliegen einer Bescheinigung des Bundesdenkmalamts darüber, dass die Aufwendungen im Interesse der Denkmalpflege getätigt wurden. Diese muss im Zeitpunkt der Geltendmachung noch nicht vorliegen.[105] Im Fall der Inanspruchnahme dieser beschleunigten Absetzung entfällt die Möglichkeit einer Teilwertabschreibung bzw Abschreibung für außergewöhnliche Abnutzung.[106]

Grundsätzlich gilt, dass **Instandhaltungsaufwand** (Aufwand, der dazu dient, das Wirtschaftsgut in einem ordnungsgemäßen Zustand zu erhalten) sofort gewinnmindernd zu berücksichtigen ist.[107] Anders als im außerbetrieblichen Bereich ist eine **Verteilung über 15 Jahre nicht möglich**. Des Weiteren wird auch keine Unterscheidung zwischen regelmäßig oder unregelmäßig anfallendem Instandhaltungsaufwand getroffen.

Anschaffungsnahe (nachgeholte) **Erhaltungsaufwendungen** sind Aufwendungen, die in einem nahen **zeitlichen Zusammenhang von bis zu 3 Jahren** (in speziellen Fällen bis zu 5 Jahren) **mit dem Erwerb der Liegenschaft** stehen. Diese sind grundsätzlich als

---

103 Vgl *Fuhrmann/Lang* in *Bovenkamp et al*, Immobilienbesteuerung Neu[5] (2019) Kapitel I, Rz 63.
104 Vgl Rz 6487 EStR.
105 Vgl Rz 3180 ff. EStR.
106 Vgl *Doralt* in *Doralt/Kirchmayr/Mayr/Zorn*, EStG, 21. Lieferung (2020) § 8 Rz 33/1.
107 Vgl Rz 773 EStR.

Instandsetzungsaufwendungen zu behandeln und sofort abzugsfähig. **Nach Meinung des VwGH**[108] ist der **bloße zeitliche Zusammenhang** mit einer **Anschaffung eines betriebsbereiten Gebäudes keinesfalls ausreichend für eine Klassifizierung als Anschaffungskosten und damit eine Aktivierung**. Lediglich in Zusammenhang mit der Anschaffung eines in schlechtem Zustand befindlichen (und daher nicht betriebsbereiten) Gebäudes sind anschaffungsnahe Erhaltungsaufwendungen als Anschaffungskosten zu klassifizieren und demnach zu aktivieren.[109]

Die in Kapitel 4.1.2.2. aufgeführten Instandsetzungsaufwendungen, die den Nutzwert des Gebäudes wesentlich erhöhen bzw die Nutzungsdauer wesentlich verlängern, sind abhängig von der Nutzung (siehe folgender Absatz) ebenfalls sofort als Aufwand geltend zu machen.

Für **Gebäude**, die zum **Anlagevermögen** gehören und **Personen entgeltlich** für **Wohnzwecke** überlassen werden, existiert eine **Verteilungsregel**. Dieser zufolge sind nicht durch Subventionen gedeckte Instandsetzungsaufwendungen über 15 Jahre verteilt abzusetzen.[110] Nicht umfasst von dieser 1/15tel-Regelung sind Gebäude, die den Wohnzwecken betriebszugehöriger Arbeitnehmer dienen. Weiters ausgeschlossen sind Hotels oder vergleichbare Gebäude zur kurzfristigen Beherbergung.[111] Wird ein solches Gebäude veräußert, bevor alle Instandsetzungsfünfzehntel steuerlich geltend gemacht wurden, sind noch offene Fünfzehntel vom Veräußerungsgewinn in Abzug zu bringen bzw erhöhen einen allfälligen Veräußerungsverlust (sowohl bei Regelbesteuerung als auch bei Anwendung des 30%igen Sondersatzes[112]).[113]

Während im außerbetrieblichen Bereich **außerordentliche Wertverluste** beschleunigt auf 15 Jahre verteilt abgeschrieben werden können (siehe Kapitel 4.1.3.), besteht im betrieblichen Bereich keine derartige Norm. Dieser Umstand ist damit zu begründen, dass im betrieblichen Bereich die Möglichkeit eines Verlustvortrags besteht und daher keine Sonderregelung notwendig ist. Stattdessen kommen die generellen Regelungen des EStG bzw UGB zum Tragen. Im Falle einer Gewinnermittlung gemäß § 5 Abs 1 EStG ist eine Abwertung zwingend durchzuführen, wohingegen für Gewinnermittler nach § 4 Abs 1 EStG lediglich eine Option zur außerplanmäßigen Abschreibung besteht.[114] §-4-Abs-3-Ermittler können ebenfalls eine Absetzung für außergewöhnliche technische oder wirtschaftliche Abnutzung geltend machen.[115]

5. Liebhaberei

5.1. Allgemeines

Besonders im Bereich der Immobilienbewirtschaftung spielen Überlegungen zur Liebhaberei eine wichtige Rolle. Weil die seit 1993 in Kraft befindliche Liebhaberei-Verord-

108 VwGH 30.6.10, 2005/13/0076.
109 Vgl Rz 2620 EStR und taxlex-SRa 2010/112.
110 Vgl Rz 1400 EStR.
111 Vgl Rz 1401 EStR.
112 Vgl Rz 1406 EStR.
113 Rz 773 EStR.
114 Vgl Rz 2276 EStR.
115 Vgl § 8 Abs 4 EStG.

nung inkl des kürzlich veröffentlichten Wartungserlasses der dazugehörigen Richtlinien[116] **keine Unterscheidung** zwischen **außerbetrieblichen** und **betrieblichen Einkünften** trifft, **gilt die Liebhaberei-Verordnung für beide Fälle**. Ebenso wenig wird zwischen unterschiedlichen Unternehmensrechtsformen differenziert.

Die Begriffe „Einkünfte" und „Einkommen" setzen eine Tätigkeit voraus, die von der Absicht des Steuerpflichtigen getragen ist, insgesamt eine wirtschaftliche Vermögensvermehrung zu erreichen. Die Sphäre der Einkommenserzielung soll von jener der Einkommensverwendung durch die Liebhabereibeurteilung abgegrenzt werden.[117]

Werden bei den **Einkünften aus Vermietung und Verpachtung keine Überschüsse der Einnahmen über die Werbungskosten in einem absehbaren Zeitraum** erzielt, besteht die **Möglichkeit**, dass **Liebhaberei** vorliegt. Besteht nach Art der Bewirtschaftung auf die Dauer gesehen keine Aussicht, Überschüsse zu erwirtschaften, scheidet der Vermietungsgegenstand als Objekt der Einnahmenerzielung aus. Liegt tatsächlich Liebhaberei vor, bilden die damit in Zusammenhang stehenden Aufwendungen keine Werbungskosten und die erzielten Verluste sind weder ausgleichs- noch vortragsfähig.

5.2. Liebhaberei bei entgeltlicher Gebäudevermietung

Explizit erwähnt werden Immobilien lediglich in § 1 Abs 2 Z 3 der Liebhabereiverordnung. Demnach ist Liebhaberei bei einer Betätigung anzunehmen, wenn Verluste aus der Bewirtschaftung von Eigenheimen, Eigentumswohnungen und Mietwohnungen mit qualifizierten Nutzungsrechten errechnet werden.[118] Anders als bei „normaler Tätigkeit" iSd § 1 Abs 1 LVO (bspw Handels- oder Dienstleistungsbetriebe) gibt es **keinen 3-jährigen Anlaufzeitraum** für Verluste.[119]

Die Formulierungen der Liebhabereiverordnung unterscheiden im Zusammenhang mit entgeltlicher Gebäudevermietung die folgenden **zwei Tatbestände**:

Bei der entgeltlichen Gebäudeüberlassung (**große Vermietung** – meist fremdvermietete Zinshäuser, Büro- und Gewerbeimmobilien) wird von Beginn der Tätigkeit an überprüft, ob innerhalb eines absehbaren Zeitraums ein Gesamtgewinn bzw Gesamtüberschuss zu erwarten ist. Als absehbarer Zeitraum gilt ein Zeitraum von 25 Jahren ab Beginn der Vermietung, höchstens 28 Jahren ab dem erstmaligen Anfallen von Aufwendungen (Bau- bzw Sanierungszeit). Der erwähnte **zusätzliche Zeitraum von maximal 3 Jahren** findet Anwendung, wenn die Immobilie erst errichtet oder saniert werden muss, und reicht dann vom erstmaligen Anfallen von Werbungskosten bis zum Vermietungsbeginn.[120]

Bei der Bewirtschaftung von Eigenheimen, Eigentumswohnungen und Mietwohngrundstücken mit qualifizierten Nutzungsrechten (**kleine Vermietung**) liegt Liebhaberei dann

116 Verweis auf Liebhabereiverordnung, BGBl 1993/33 idF BGBl II 1997/358 iVm Wartungserlass der LRL 2012 vom 2.3.2021.
117 Rz 102 EStR.
118 § 1 Abs 2 Z 3 LVO.
119 Verweis auf Formulierungen in § 2 Abs 2 LVO bzw § 2 Abs 3 und 4 LVO.
120 Vgl *Fuhrmann/Lang* in *Bovenkamp et al*, Immobilienbesteuerung Neu[5] (2019) Kapitel I, Rz 59 ff (bezieht sich auf § 1 Abs 1 iVm § 2 Abs 3 LVO).

nicht vor, wenn die Art der Bewirtschaftung oder der Tätigkeit in einem absehbaren Zeitraum einen Gesamtüberschuss der Einnahmen über die Werbungskosten erwarten lässt. Hier gilt als absehbarer Zeitraum ein Zeitraum von 20 Jahren ab Beginn der entgeltlichen Überlassung, höchstens 23 Jahren ab dem erstmaligen Anfallen von Aufwendungen.[121]

Die **Abgrenzung** zwischen **großer** und **kleiner Vermietung** kann mitunter Schwierigkeiten bereiten. Laut VwGH[122] ist ab der Vermietung von fünf bis sechs abgeschlossenen Wohnungen das Maß der kleinen Vermietung überstiegen, wohingegen die Liebhaberei-Richtlinien[123] auch bei zehn Eigentumswohnungen im gleichen Haus noch von kleiner Vermietung ausgehen. Angesichts dieser uneinheitlichen Vorgaben ist im Zweifelsfall eine Einzelfallbetrachtung daher alternativlos.

Sowohl bei der **„großen" als auch** bei der **„kleinen"** Vermietung ist mittels einer **Prognoserechnung** zu dokumentieren, dass **innerhalb des absehbaren Zeitraums** eine **Einkunftsquelle** vorliegt. Ergibt sich aus der Prognose, dass der Gesamtüberschusszeitraum in einem Missverhältnis zum absehbaren Zeitraum steht, spricht dies von vornherein für Liebhaberei. Bei der Prognoserechnung dürfen Teilabsetzbeträge für Herstellungsaufwendungen auf eine Normalabschreibung umgestellt werden (Anm: bspw Umstellung von Fünfzehntelabsetzung auf reguläre Abschreibung iHv 1,5 %). Weiters dürfen bei Zwangsmieten (MRG, Förderung) fiktive freie Marktmieten in die Prognoserechnung eingestellt werden. Durch diese Maßnahmen wird das Erzielen eines Gesamtüberschusses erleichtert.[124] Die Auswirkungen der Festlegung eines Grundanteils (siehe dazu Ausführungen in Kapitel 3.1.1.) auf die Abschreibung bzw in weiterer Folge auf die Prognoserechnung dürfen an dieser Stelle ebenfalls nicht übersehen werden.

Nicht bei der **Prognoserechnung zu berücksichtigen** sind nach der ständigen Rechtsprechung des VwGH und der Rechtsansicht der LRL 2012 **Erlöse** aus der **Veräußerung** der **Einkunftsquelle** (des Mietobjekts). Die Finanzverwaltung vertritt in dieser Thematik die Meinung, dass es für Zwecke der Liebhabereibeurteilung zu keiner einkunftsartenübergreifenden Betrachtung (Einkünfte aus Vermietung vs Einkünfte aus Veräußerung) kommen dürfe.[125]

Eine einmal als Liebhaberei qualifizierte Tätigkeit muss nicht auch zukünftig immer als Liebhaberei qualifiziert werden. Ebenfalls kann sich auch eine Einkunftsquelle zur Liebhaberei umwandeln, weil der Liebhabereibetrachtung jeweils nur Zeiträume gleicher Wirtschaftsführung zugrunde zu legen sind. Tritt bei Betätigungen, bei denen von Beginn an die Liebhabereivermutung gilt, eine Änderung der Bewirtschaftungsart ein, ist anhand der geänderten Verhältnisse neu zu beurteilen, ob für den neuen Zeitraum Liebhaberei vorliegt. Mit einer Änderung der Wirtschaftsführung beginnt somit ein neuer Beurteilungszeitraum zu laufen.[126]

---

121 Vgl *Fuhrmann/Lang* in *Bovenkamp et al*, Immobilienbesteuerung Neu[5] (2019) Kapitel I, Rz 59 ff (bezieht sich auf § 1 Abs 2 iVm § 2 Abs 4 LVO).
122 VwGH 16.2.2006, VwGH 2004/14/0082.
123 Rz 77 LRL.
124 Vgl Rz 62 ff LRL.
125 *Möstl/Trummer* in *Haunold/Kovar/Schuch/Wahrlich*, Immobilienbesteuerung[5] (2021) Kapitel 5, 2.4.1.2.
126 Rz 93 LRL.

Jedoch ist Tatbestandvoraussetzung für das Vorliegen von Einkünften nicht ein tatsächlich erwirtschafteter **Gesamtüberschuss**, sondern die **objektive Eignung** der **Tätigkeit** zur **Erwirtschaftung** eines solchen. Treten unerwartete und unvorhergesehene Aufwendungen oder Einnahmenausfälle auf, die ein Ausbleiben des Gesamterfolgs bewirken, kann dennoch die Qualifizierung der Betätigung als Einkunftsquelle vorliegen (zB Zahlungsunfähigkeit des Mieters, Erkrankung des Vermieters, unvorhergesehene Investitionen).[127]

5.3. Rechtsfolgen bei Liebhaberei

Ist eine **kleine oder große Vermietung** als **Liebhaberei** zu beurteilen, sind die realisierten Verluste, aber auch die erzielten „Zufallsgewinne" **ertragsteuerlich** ab Aufnahme der Vermietungstätigkeit bis zu deren Beendigung oder bis zur Änderung der Bewirtschaftung unbeachtlich. Aus der Gesamtbetrachtung ergibt sich in der Folge, dass keine Möglichkeit eines Verlustausgleichs- oder -vortrags besteht und auch keine nachträglichen Werbungskosten möglich sind.[128]

Umsatzsteuerlich ergeben sich jedoch sehr wohl unterschiedliche Rechtsfolgen zwischen kleiner und großer Vermietung: Während Liebhaberei bei der kleinen Vermietung gleichbedeutend mit einem Verlust des kompletten Vorsteuerabzugs ist, bleiben die Unternehmereigenschaft und die Vorsteuerabzugsberechtigung bei der großen Vermietung erhalten.[129]

6. Photovoltaik-Anlagen

Photovoltaik-Anlagen haben in den letzten Jahren stark an Bedeutung gewonnen und waren darüber hinaus bis zum Erneuerbaren-Ausbau-Gesetz (EAG) 2020[130] die einzige ökologisch-nachhaltige, vom Gesetzgeber speziell ausgestaltete Investitionsmöglichkeit mit Bezug zu Gebäuden. Diesbezügliche Regelungen fanden sich bisher lediglich im **Photovoltaik-Erlass**. Mit dem EAG 2020 (siehe Kapitel 6.2.) kommen zahlreiche Begünstigungen für die Errichtung und den Betrieb von Photovoltaikanlagen hinzu (ebenfalls gefördert: Windkraft, Biomasse und Wasserkraft). Überdies wird durch die **Schaffung von Energiegemeinschaften im EAG 2020**[131] auch eine bessere Nutzung von Überschussenergie ermöglicht.

Für alle anderen Gebäude-Investitionen mit ökologisch-nachhaltigem Schwerpunkt (bspw Gebäudedämmung oder thermische Sanierung) gelten lediglich die grundlegenden gesetzlichen Vorgaben (Anm: zB § 28 Abs 2 EStG).

Der Grund für die wachsende Beliebtheit von Photovoltaik-Anlagen liegt im relativ geringen Aufwand der Errichtung und des Betriebs sowie in der Möglichkeit der Erzielung

127 Vgl Rz 16 LRL.
128 Vgl *Möstl/Trummer* in *Haunold/Kovar/Schuch/Wahrlich*, Immobilienbesteuerung[5] (2021) Kapitel 5, 2.5.
129 Vgl *Laudacher* in *Jakom*, EStG[13], (2020) LVO Rz 264 iZm § 6 LVO.
130 Verweis auf Ministerratsvortrag zum EAG 2020 vom 17.3.2021, 58/ME 27. GP
131 Verweis auf Ministerratsvortrag zum EAG 2020 vom 17.3.2021, 58/ME 27. GP, §§ 74 ff.

von zusätzlichen Einkünften durch **Einspeisung in das Ortsnetz**. Aus steuerlicher Sicht sind einige Regelungen (und Begünstigungen) zu beachten, denen wir ein eigenes Kapitel widmen. Die Behandlung von Photovoltaik-Anlagen in der hoheitlichen Sphäre (Körperschaften öffentlichen Rechts bzw Betriebe gewerblicher Art) wird in diesem Beitrag ausgeklammert.

6.1. Photovoltaik-Erlass 2014

Im Rahmen des **Photovoltaik-Erlasses** hat das BMF 2014 für steuerliche Rechtssicherheit bei Errichtung und Betrieb von Photovoltaik-Anlagen gesorgt. Derartige Anlagen können je nach Ausgestaltung auch gewerblich sein.[132] Andererseits ist auch Liebhaberei iSd § 1 Abs 1 LVO möglich, wir verweisen an dieser Stelle auf die Ausführungen in Kapitel 5.

Grundsätzlich muss zwischen drei verschiedenen Nutzungstypen unterschieden werden:[133]

- **Volleinspeiser:** Die gesamte erzeugte Energie wird direkt in das Ortsnetz eingespeist und verkauft. Der für den Eigenbedarf benötigte Strom wird zur Gänze aus dem Ortsnetz bezogen.
- **Überschusseinspeiser**: Die erzeugte Energie wird für den Eigenbedarf verwendet und der überschüssige erzeugte Strom wird in das Ortsnetz eingespeist.
- **Inselbetrieb**: Hier ist lediglich die Eigenbedarfsdeckung bzw die Speicherung des Überschusses in Batterien vorgesehen.

Soweit die Anlage dem Zweck der Einkünfte-Erzielung dient, sind die Anschaffungskosten der Photovoltaik-Anlage nach allfälliger Kürzung um steuerfreie Investitionszuschüsse gemäß § 7 EStG 1988 auf die betriebsgewöhnliche Nutzungsdauer verteilt abzuschreiben. Die Dauer bezieht sich dabei auf die normale technische und wirtschaftliche Nutzbarkeit. Dabei wird auf die objektive Möglichkeit der Nutzung abgestellt.[134] Nach der AfA-Tabelle des deutschen Finanzministeriums,[135] die auch in Österreich regelmäßig für Vergleichswerte herangezogen wird, liegt die (steuerliche) Nutzungsdauer bei 20 Jahren.

Zudem ist die Photovoltaik-Anlage als selbstständiges Wirtschaftsgut uE ein Anwendungsfall für die in Kapitel 3.3.2. beschriebene **degressive Abschreibung**. Dadurch könnte bereits im **Jahr** der **Anschaffung** eine **Abschreibung iHv 30 %** der **Anschaffungskosten** (inkl aller Anschaffungsnebenkosten und -minderungen) geltend gemacht werden.

Zusätzliche Attraktivität gewinnt die Anschaffung einer Photovoltaik-Anlage durch spezielle Förderungen für ökologische Investitionen. Als Beispiel hierfür wäre die im Zuge der COVID-19-Maßnahmen beschlossene Investitionsprämie (iHv 14 % der Anschaffungskosten) zu nennen. Näheres zur Investitionsprämie siehe Kapitel 7.3.1.

---

132 *Kauba* in *Doralt/Kirchmayr/Mayr/Zorn*, EStG, 21. Lieferung (2020) § 23 Rz 138.
133 Photovoltaik-Erlass, 1.1.
134 Photovoltaik-Erlass, 1.2.
135 https://www.bundesfinanzministerium.de/Content/DE/Standardartikel/Themen/Steuern/Weitere_Steuerthemen/Betriebspruefung/AfA-Tabellen/Ergaenzende-AfA-Tabellen/AfA-Tabelle_AV.html (letzter Zugriff am 21.10.2020).

6.1.1. Volleinspeisung

Nach Maßgabe des Photovoltaik-Erlasses stellt die Photovoltaik-Anlage bei Volleinspeisung eine **eigene gewerbliche Einkunftsquelle** – und somit Einkünfte aus Gewerbebetrieb iSd § 23 EStG – dar. Das gilt auch, wenn der Steuerpflichtige daneben eine weitere betriebliche Tätigkeit wie bspw Land- und Forstwirtschaft ausübt. Analog zu anderen betrieblichen/gewerblichen Einkünften sind sämtliche Einnahmen aus der Einspeisung in das Ortsnetz als **Betriebseinnahmen** zu erfassen. Auf der anderen Seite gelten Aufwendungen aus dem Betrieb der Anlage als **Betriebsausgaben**.

Die Stromlieferungen des Volleinspeisers in das öffentliche Netz unterliegen nicht der Elektrizitätsabgabe. Der Verbrauch von aus dem öffentlichen Stromnetz bezogenem Strom unterliegt hingegen normal der Elektrizitätsabgabe und wird beim Elektrizitätsunternehmen als Steuerschuldner eingehoben.[136]

Beispiel

Eine Photovoltaik-Anlage mit Anschaffungskosten iHv 30.000 € + Aufstellungskosten iHv 2.000 € wird unter Inanspruchnahme eines 10%igen Investitionszuschusses angeschafft. Die voraussichtliche Nutzungsdauer beträgt 20 Jahre.

Kaufpreis	30.000
Investitionszuschuss (10 %)	– 3.000
Kosten Herstellung Betriebsbereitschaft	2.000
Steuerliche Anschaffungskosten	**29.000**

Jährliche Strom-Einspeisung (Strommenge × Einspeisetarif)	5.000
Jährliche AfA	– 1.450
Einkünfte aus Gewerbebetrieb	**3.550**

6.1.2. Überschusseinspeisung

Bei Überschusseinspeisung stellt die Photovoltaik-Anlage **insoweit eine eigene gewerbliche Einkunftsquelle** (§ 23 EStG) dar, **als Strom in das öffentliche Netz eingespeist** und an ein Energieversorgungsunternehmen (die OeMAG) verkauft wird. Bei Vorliegen eines land- und forstwirtschaftlichen Betriebs ist die Überschusseinspeisung dem land- und forstwirtschaftlichen Betrieb zuzuordnen, wenn die Stromproduktion für den Verkauf an ein Energieversorgungsunternehmen als land- und forstwirtschaftlicher Nebenbetrieb (Substanzbetrieb) anzusehen ist.[137] Der produzierte Strom ist dabei **zwischen Privatsphäre (Eigennutzung) und Betriebssphäre** (in das öffentliche Netz eingespeister Strom) aufzuteilen. Laut Erlass kann dies gegebenenfalls im Rahmen einer **Schätzung** erfolgen.[138] Im Unterschied zur Volleinspeisung ist (bei Nichtvorliegen einer Liebhaberei) **bei sämtlichen Betriebsausgaben inkl AfA** ein **Privatanteil auszuscheiden**.

136 Photovoltaik-Erlass 2.1.
137 Photovoltaik-Erlass 2.2.
138 Vgl Photovoltaik-Erlass 2.2.

Der Verbrauch von selbst erzeugtem Strom ist seit kurzem von der Elektrizitätsabgabe befreit (Begleitmaßnahme zum EAG 2020).[139]

Beispiel

Eine Photovoltaik-Anlage mit Anschaffungskosten iHv 30.000 € + Aufstellungskosten iHv 2.000 € wird unter Inanspruchnahme eines 10%igen Investitionszuschusses angeschafft. Die voraussichtliche Nutzungsdauer beträgt 20 Jahre. (Privatanteil 30 %).

Kaufpreis	30.000
Investitionszuschuss (10 %)	- 3.000
Kosten Herstellung Betriebsbereitschaft	2.000
Steuerliche Anschaffungskosten	**29.000**

Jährliche Strom-Einspeisung (Strommenge × Einspeisetarif)	5.000
Jährliche AfA (vermindert um Privatanteil 30 %)	- 1.015
Einkünfte aus Gewerbebetrieb	**3.985**

6.1.3. Inselbetrieb

Obwohl kein erzeugter Strom in das öffentliche Netz eingespeist wird, muss dennoch eine Sphärenzuordnung vorgenommen werden:

Wenn der mit der Anlage **produzierte Strom** von natürlichen Personen oder Körperschaften **im Rahmen** einer **steuerrelevanten Tätigkeit verwendet** wird, ist die **Anlage dieser Sphäre zuzuordnen**. Die Aufwendungen bzw Ausgaben aus dem Betrieb der Anlage stellen **Betriebsausgaben** oder **Werbungskosten** dar und sind entweder voll abzugsfähig oder (bei natürlichen Personen) gegebenenfalls von einem Betriebsausgabenpauschale erfasst. Diese Möglichkeit entfällt bei Vorliegen von Liebhaberei.

Mit Blick auf die Elektrizitätsabgabe gelten die Ausführungen in Kapitel 6.1.2. sinngemäß.

6.2. Erneuerbaren-Ausbau-Gesetz (EAG 2020)

Zusätzlich ergeben sich durch das **EAG 2020 weitere Vorteile bei der Anschaffung und Nutzung von Photovoltaik-Anlagen**: Im Rahmen dieses Gesetzes, welches dem Ökostromgesetz 2012 nachfolgt, hat sich die österreichische Bundesregierung das Ziel gesetzt, den **Stromverbrauch 2030** zu **100 %** aus **erneuerbaren Energien** abzudecken.[140] Die Erhöhung der **Photovoltaik-Erzeugungskapazität um 11 TWh** soll zu diesem Vorhaben beitragen. Der Entwurf des EAG 2020 wurde am 17.3.2021 im Ministerrat beschlossen.Es sollen **Investitionszuschüsse** für **Neuanlagen** und **Anlagenerweiterungen** zur Verfügung stehen. Besonders in Bezug auf gebäudeintegrierte PV-Anlagen bzw besonders innovative Projekte ist diese **Förderung iHv bis zu 30 % des Investitionsvolumens** äußerst attraktiv, da für diese zusätzlich ein Zuschlag iHv 30 % der Förderung (und parallel dazu ein Abschlag iHv 25 % der Förderung für auf Freiflächen errichtete

139 Vgl § 2 Z 4 Elektrizitätsabgabengesetz.

140 Vgl Erläuterungen Ministerratsvortrag zum EAG 2020, 18.3.2021, 27. GP.

Photovoltaik-Anlagen) zur Anwendung kommt. **Jährlich** sollen **60 Mio €** für die **Förderung** zur Verfügung stehen.[141]

Zusätzlich zu der Investitionsförderung soll auch der laufende Betrieb von Photovoltaik-Anlagen mit einer **Marktprämie** subventioniert werden. Die Marktprämie ist darauf gerichtet, die Differenz zwischen den Produktionskosten von Strom aus erneuerbaren Quellen und dem durchschnittlichen Marktpreis für Strom für eine bestimmte Dauer ganz oder teilweise auszugleichen.[142]

Das betrifft sowohl neu errichtete Anlagen mit einer Engpassleistung von mehr als 10 kW_{peak} als auch Erweiterungen von Anlagen um eine Engpassleistung von 10 kW_{peak}. Voraussetzung ist, dass das jeweilige Gebäude bzw die bauliche Anlage nicht ausschließlich zum Zweck der Nutzung von Solarenergie errichtet wurde. Umfasst ist jedoch auch die Errichtung auf einer Eisenbahnanlage oder Deponie bzw auf einer Freifläche (mit Ausnahme einer landwirtschaftlich genutzten Fläche oder einer Fläche im Grünland, sofern sie nicht eine speziell für die Errichtung einer Photovoltaik-Anlage vorgesehene Widmung aufweist).[143]

Für Photovoltaik-Anlagen wird die Marktprämie für die in einem Quartal ins öffentliche Elektrizitätsnetz eingespeiste Strommenge auf Basis des Referenzmarktwerts desselben Quartals gewährt. Die Berechnung erfolgt entsprechend der von der Anlage erzeugten und in das öffentliche Netz eingespeisten Strommenge.[144]

Das EAG 2020 wird zudem **Energiegemeinschaften** und damit eine gemeinsame Nutzung von lokal erzeugter erneuerbarer Energie möglich machen.[145]

UE wäre es sehr sinnvoll, den **Photovoltaik-Erlass** anlässlich des EAG 2020 seitens des BMF zu **aktualisieren** und somit **Klarstellungen** zu insb der Marktprämie und den Energiegemeinschaften und deren Auswirkungen auf die Regelungen des derzeit gültigen Photovoltaik-Erlasses zu treffen.

7. Wünsche an den Gesetzgeber

Wie den bisherigen Kapiteln dieses Buchbeitrags zu entnehmen ist, sind die steuerlichen Anreize für ökologisch-nachhaltige Investitionen in Wohn- und Gewerbeimmobilien in Österreich rar gesät. Angesichts einer historisch niedrigen Sanierungsrate und damit immer stärker steigendem Handlungsbedarf hinsichtlich einer Dekarbonisierung des Gebäudebestands wären derartige Investitionsanreize jedoch sehr sinnvolle Maßnahmen.

7.1. Ausgangssituation

Stand März 2020 ist der Wohnungsbestand in Österreich seit 1991 um etwa 40 % auf fast 4,8 Mio Einheiten angewachsen. Besonders stark zugelegt haben Eigenheime ohne

141 Vgl Ministerratsvortrag zum EAG 2020 vom 17.3.2021, 58/ME 27. GP, §§ 55 ff.
142 Vgl Ministerratsvortrag zum EAG 2020 vom 17.3.2021, §§ 9 und 10.
143 Vgl Ministerratsvortrag zum EAG 2020 vom 17.3.2021, § 10.
144 Vgl und Details zur Höhe der Marktprämie siehe Ministerratsvortrag zum EAG 2020 vom 17.3.2021, § 11.
145 Details siehe Ministerratsvortrag zum EAG 2020 vom 17.3.2021, § 79 sowie ElWOG § 16b.

Hauptwohnsitz, gemeinnützige Mietwohnungen und Eigentumswohnungen. Etwa **1,9 Mio Einheiten haben einen thermisch unzureichenden Standard**, davon etwa 1,4 Mio Hauptwohnsitzwohnungen. Besonders hoch ist der **Sanierungsbedarf** bei Eigenheimen, nicht nur wegen der sehr hohen Zahl von 2,1 Mio (davon fast ein Drittel ohne Hauptwohnsitz), sondern auch wegen dem sehr viel **höheren Energiebedarf** im Vergleich zu baugleichen Geschosswohnungen.[146]

Die **Sanierungsquote** (die Kalkulation berücksichtigt sowohl umfassende Sanierungen als auch kumulierte Einzelmaßnahmen) lag im Jahr 2018 bei **1,4 %** (2010: 2,1 %).[147]

Zur **Erreichung einer vollständigen thermisch-energetischen Ertüchtigung des Wohnungsbestands** bis 2040 muss die **Sanierungsrate** (umfassende Sanierungen und kumulierte Einzelmaßnahmen) **kurzfristig auf 2,6 %** und ab **2025 auf 3,2 %** erhöht werden. Das sind kurzfristig etwa 120.000 umfassende Sanierungsäquivalente. Überdurchschnittlich hoch ist der Sanierungsbedarf bei privaten und kommunalen Mietwohnungen sowie bei Wohnungen und Eigenheimen ohne Hauptwohnsitz.[148]

Während die einzelnen **Bundesländer** durchaus **verschiedene Formen** der **(Wohn-)Bauförderung** anbieten, fehlt es an einer bundesweit einheitlichen Strategie zur Förderung von nachhaltigem Wohnbau und Einzelmaßnahmen zur Erhöhung der Klima- und Energieeffizienz in Gebäuden.

Ein möglicher Ansatzpunkt wäre, sich an bereits implementierten Strategien anderer Länder zu orientieren. An dieser Stelle ist in erster Linie das **Südtiroler Modell** zu nennen.

7.2. Südtiroler Modell

Das Land Südtirol bietet sehr umfassende Förderungen für diverse Investitionen in ua energiesparende Klimasysteme, (thermische) Gebäudesanierungen und sogar Erstwohnungen.

Diese verschiedenen Maßnahmen beinhalten **sowohl direkte (Prämien) als auch indirekte Förderungen (Steuerabzüge)**. Neben den ökologischen Gesichtspunkten ist auch die **soziale Komponente** (bspw sozial gestaffelte Förderungen des Baus, der Sanierung oder des Kaufs von Erstwohnungen) zu betonen.

Das Förderungsangebot kann grob in die folgenden Kategorien eingeteilt werden:[149]

- **Landesförderung für Energiesparmaßnahmen und den Einsatz erneuerbarer Energiequellen:** Für Wärmedämmung, den Austausch von Fenstern und Türen, den Einbau von Lüftungsanlagen und weitere Maßnahmen werden Prämien iHv 30 % bis 70 % der anerkannten Kosten refundiert.

146 Definition und Messung der thermisch-energetischen Sanierungsrate in Österreich, IIBW, März 2020, 7.
147 Definition und Messung der thermisch-energetischen Sanierungsrate in Österreich, IIBW, März 2020, 6.
148 Definition und Messung der thermisch-energetischen Sanierungsrate in Österreich, IIBW, März 2020, 7.
149 Nähere Details siehe https://www.consumer.bz.it/de/foerderungen-im-baubereich-suedtirol (letzter Zugriff am 21.10.2020).

- **Landesförderungen für den Bau, die Sanierung oder den Kauf von Erstwohnungen (Wohnbauförderung):** Die Höhe und Art der Förderung (zinsloses Darlehen oder fixer Betrag) werden nach sozialen Kriterien mittels Punktesystem ermittelt.
- **Steuerabzüge (50 %, 36 %, 90 %) für die Gebäudesanierung:** Für außerordentliche Instandhaltungs- und Sanierungsarbeiten von Wohnungen und Wohngebäuden kann ein Teil der Ausgaben von der Einkommensteuer abgezogen werden.
- **Superbonus:** 110 % Steuerabzug (Superbonus) für Maßnahmen, die zur Verbesserung der Energieeffizienz von Mehr- und Einfamiliengebäuden beitragen und bis 31.12.2021 bezahlt werden (Maßnahme anlässlich COVID-19).
- **Steuerabzüge** (50 %, 65 % oder 75 %) für energetische Sanierungsarbeiten
- Wärmekonto „Conto termico“: Förderung für den Einbau von Wärmepumpen, Sonnenkollektoren und Biomasseanlagen

Ein derart umfangreicher Katalog an Förderungsmöglichkeiten mit konkreten Bandbreiten für die jeweilige Förderung bietet gerade in konjunkturell herausfordernden Zeiten (COVID-19) die Möglichkeit, an gewissen Stellschrauben zu drehen und punktuell verstärkte Förderungen anzubieten.

7.3. Konkrete Maßnahmen für Österreich

7.3.1. Verlängerung und Ausdehnung der COVID-19-Investitionsprämie

Das Investitionsprämiengesetz (InvPrG[150]) inkl Förderungsrichtlinie wurde zur Reduktion der Auswirkungen der COVID-19-Pandemie auf den Wirtschaftsstandort Österreich präsentiert und bot die Möglichkeit eines **7%- bzw 14%igen staatlichen Zuschusses** für Investitionen im **Zeitraum von 1.9.2020 und 28.2.2021 (bezogen auf die erste Maßnahme)**. Angesichts beantragter Prämien iHv insgesamt über 2 Mrd € wurde sie von den österreichischen Unternehmen äußerst positiv angenommen und stark nachgefragt. Die folgenden Ausführungen beschränken sich auf die Anwendung auf Investitionen in Immobilien und klammern sämtliche anderen Anwendungsbereiche der Investitionsprämie (va Investitionen mit Schwerpunkt Digitalisierung und Life-Science) aus:

Die Förderungsrichtlinie richtete sich an **Unternehmen iSd § 1 UGB, die über einen Sitz und/oder eine Betriebsstätte in Österreich verfügen und rechtmäßig im eigenen Namen und auf eigene Rechnung betrieben werden**. Förderfähig waren **aktivierungspflichtige Investitionen (Bau/Ausbau)** in Gebäude – Grund und Boden nicht umfasst –, die im Unternehmen bzw im Konzern bisher im Anlagevermögen bzw Anlagenverzeichnis noch nicht aktiviert waren. **Investitionen in Gebäude, die Wohnzwecken dienen, waren jedoch** aus dem **Anwendungsbereich** der Investitionsprämie **ausgeschlossen**.[151]

Die genannten Investitionen wurden grundsätzlich mit 7 % der Anschaffungskosten gefördert, wobei für die Investitionen mit Schwerpunkt Ökologisierung sogar 14 % des Investitionsvolumens bezuschusst wurden. Der sehr umfangreiche Katalog an ökologischen Investitionen umfasste dabei ua die Bereiche „Thermische Gebäudesanierung“,

150 InvPrG, BGBl I 2020/88.

151 Vgl *Fuhrmann/Gstaltner*, Die COVID-19-Investitionsprämie aus Sicht der Immobilienbranche, immolex, Ausgabe 10/2020, 320.

„Klimatisierung/Kühlung", „Energiesparen im Betrieb" und „Gewinnung erneuerbarer Energie".[152] Zusätzlich mit 14 % förderfähig waren Investitionen in ökologisch-nachhaltige, selbstständig aktivierbare Wirtschaftsgüter wie bspw Photovoltaik-Anlagen oder E-Lade-Stationen.

Durch die Einschränkung auf Unternehmen gemäß § 1 UGB und den Ausschluss von Investitionen in Wohnzwecken dienende Gebäude wurde der Anwendungsbereich der Prämie von der Bundesregierung sehr stark eingeengt. Grundsätzlich stellt das Konzept der COVID-19-Investitionsprämie aber uE eine gute Basis für weitere Überlegungen bzgl ökologischer Investitionsanreize dar. Eine zeitliche Verlängerung der Investitionsprämie sowie eine Ausdehnung auf Investitionen in außerbetrieblich bzw privat genutzte Gebäude wären äußerst wünschenswert und könnten zu einer maßgeblichen Erhöhung der Sanierungsquote beitragen.

7.3.2. Sonstige Maßnahmen

Begleitend zur Umsetzung des Südtiroler Modells bzw einer Erweiterung/Verlängerung der Investitionsprämie ist uE insb ein **Fokus** auf die **einkommensteuerliche Förderung wünschenswert**. Eine mögliche ergänzende Maßnahme wäre, zB **Zinsen** aus der **Fremdfinanzierung** von **Klima-Sanierungsaufwendungen** bei späterer Veräußerung **in** der **ImmoESt** (bei Privatnutzung) zu **berücksichtigen**.

Mit Blick auf die Grundstückswertverordnung, die der Berechnung der Bemessungsgrundlage für die Grunderwerbsteuer (GrESt) dient, sollen **Klimasanierungen** den **Grundstückswert nicht** erhöhen. Auf diese Weise würden bereits getätigte Investitionen beim Erwerb von bestehenden Gebäuden nicht automatisch zu einer höheren GrESt-Belastung führen, was besonders bei der Übertragung im Familienverband eine Rolle spielt.

Abgesehen vom Südtiroler Modell und einer Investitionsprämie wäre die Umsetzung der unten angeführten steuerlichen Maßnahmen ein wichtiger Beitrag zur **Erreichung** der **angepeilten Sanierungsrate**. Neben den ökologischen Effekten sind selbstverständlich die Effekte auf die österreichische Konjunktur ebenfalls zu berücksichtigen:

- Beschleunigte Abschreibung des Sanierungsaufwands bzw Sonderabschreibung bei Herstellungsaufwand über kurzen Zeitraum (bspw 10 Jahre) im privaten/mietengeschützten Bereich (für die Liebhabereibetrachtung wären diese Sanierungsaufwendungen und Sonderabschreibungen aber jedenfalls auf Normal-AfA umzurechnen).
- Ergänzung des Katalogs der beschleunigten Abschreibung von Herstellungsaufwendungen (siehe Kapitel 4.) um Klima-Sanierungsaufwendungen.
- Einführung eines Verlustvortrags für Klima-Sanierungsaufwendungen im außerbetrieblichen Bereich.
- Befristete Wiedereinführung (5 Jahre) einer Mietzinsrücklage zum Ansparen für künftige Klima-Sanierungsmaßnahmen. Sollte diese nicht innerhalb von bspw 4 Jahren verwendet werden, wäre diese mit Verteilung auf 2 Jahre nachzuversteuern.

152 Vgl Anhang 1 der Förderungsrichtlinie „COVID-19-Investitionsprämie für Unternehmen" des BMDW.

- Einführung einer befristeten Klima-Prämie im privaten Bereich in Höhe von 15 % der Ausgaben für Investitionen und Sanierungsaufwand (siehe Investitionsprämie, Kapitel 7.3.1.).
- Rechtssicherheit durch Vorweg-Bestätigung der Übereinstimmung der Baumaßnahmen mit den vorgegebenen Klima-Zielen.

Umsatzsteuerliche Begleitmaßnahmen

- Ausweitung des Vorsteuerabzugs für alle Klima-Sanierungen- und Investitionen auf Vermietung an „steuerschädliche" Mieter (bspw gemeinnützige Vereine oder Ärzte), für welche grundsätzlich kein Vorsteuerabzug zusteht.
- Ausweitung des Vorsteuerabzugs auf den Hoheitsbereich und steuerfreien Bereich (soweit EU-rechtlich bzw beihilfenrechtlich zulässig).
- Belastung der Verrechnung von Sanierungsmaßnahmen mit Rücklagen im Bereich des WEG mit nur 10 % Umsatzsteuer (soweit EU-rechtlich zulässig), womit positive Anreize für Wohnungseigentumsgemeinschaften geschaffen werden.

XI. Sanieren ist cool, revitalisieren ist sexy – aber wie werden Umbauprojekte erfolgreich?

Wolfgang Kradischnig

1. Überblick und gesetzlicher Rahmen

1.1. Einleitung

Etwa 40 % des Energieverbrauchs in der EU, 50 % aller Transporte, 35 % der Abfälle und ca 30 % des CO_2-Verbrauchs entfallen auf das Bauen.[1]

In Zeiten der Ressourcenverknappung (Grund und Boden, Rohstoffe, Energie) und des Klimawandels ist es für die Bau- und Immobilienwirtschaft nicht nur opportun, sondern eine (kontinuierlich strengere gesetzliche, aber auch moralische) Verpflichtung, Maßnahmen in Richtung Nachhaltigkeit und Umweltschutz zu setzen.

Gerade wir in der Bauwirtschaft tragen eine große Verantwortung hinsichtlich des Klimawandels. Diese Verantwortung können wir aber auch als Chance wahrnehmen, weil das bedeutet, dass wir etwas bewirken, bewegen und beeinflussen und damit auch die Zukunft gestalten können.

Und genau das ist es, was wir nicht nur tun können, sondern auch tun müssen, um den nächsten Generationen eine qualitätsvolle Zukunft zu ermöglichen.

Va Krisen wie die jetzige Corona-Pandemie bieten uns die Chance, uns auf das Wesentliche zu konzentrieren und etwas zu verändern. Und das, was uns die Krise va gezeigt hat, ist, dass innerhalb weniger Tage eine Riesenveränderung möglich ist, wenn diese sein muss.

Gebäude sind so etwas wie unsere dritte Haut. Dabei funktioniert diese Haut, die Gebäudehülle, wie die Funktionsbekleidung beim Sport: Sie schützt uns vor Wind, Regen und Sonne. Sie muss wärmen, kühlen und Feuchtigkeit regulieren.

Da liegt es nahe: Wie Gebäude aussehen und wie sie gebaut sind, hat einen direkten Einfluss auf uns und unser Wohlbefinden.

Aus der „Beziehung" der Gebäude zum Menschen, aber auch zu ihrem Umfeld und ihrem großen Einfluss auf die Umwelt entsteht der Bedarf, diese mit natürlichen Baustoffen, ressourcenschonend, abfallvermeidend und langlebig zu errichten.

Was liegt da näher, als vorhandene Gebäude in diesem Sinne „schonend" zu sanieren und sich nicht nur in Richtung Neubau zu orientieren?

Gerade in diesem Bereich liegt für die Bau- und Immobilienwirtschaft ein nahezu unbegrenztes Betätigungsfeld mit zahlreichen Möglichkeiten und Chancen. Dass diese derzeit

---

1 *IG Lebenszyklus Bau*, Der Weg zum lebenszyklusorientierten Hochbau (2017) 5.

kaum ausgeschöpft werden, ist an der niedrigen Sanierungsquote (Ist weniger als 1 % statt mittlerweile Soll ca 5 %) abzulesen.

Es ist also höchste Zeit, die Ärmel hochzukrempeln und in dieser Angelegenheit aktiv zu werden. Mit diesem Beitrag wollen wir ein Bewusstsein für die Bedeutung von Sanierung und insb Revitalisierung schaffen und Unterstützung beim Initiieren und Abwickeln eines konkreten „Sanierungsprojekts“ bieten.

1.2. EU-Maßnahmen und Strategien

Ein Ziel der EU ist es, bis 2020 zwanzig Prozent ihres Primärenergieverbrauchs einzusparen. Hierzu wurden verschiedene Schwerpunkte für die Strategie Europa 2020 gesetzt. Mit der Richtlinie 2012/27/EU werden bestimmte Aspekte des Energieeffizienzplans der EU-Kommission in verbindliche Maßnahmen aufgenommen. Alle Mitgliedstaaten sind durch die 24 Artikel der EED verpflichtet, den festgeschriebenen Pflichten nachzukommen, hierzu zählen Fortschrittsberichte, die jedes Jahr vorzulegen sind.

Zu diesen Strategien gehören ua die folgenden Punkte:

- Ein Überblick über den nationalen Gebäudebestand
- Die Ermittlung kostenwirksamer Renovierungskonzepte
- Strategien und Maßnahmen, um umfassende kostenwirksame Renovierungen anzuregen
- Eine zukunftsgerichtete Perspektive, um Investitionsentscheidungen zu lenken
- Nachweisgestützte Schätzung der zu erwartenden Energieeinsparungen und weiter reichender Vorteile

Derzeit sind bestehende Gebäude für 40 % des Energiebedarfs der EU verantwortlich.[2]

Um die Vorgaben der Klimaziele zu erreichen, müssten mindestens in etwa dreimal so viele Gebäude saniert werden.

1.3. Status der Umsetzung der EU-Maßnahmen in Österreich

> Die österreichische Renovierungsstrategie ist die am wenigsten detaillierte der zehn untersuchten Strategien. Sie enthält keine Erwähnung von Politiken auf nationaler Ebene, um Renovierung voranzutreiben, keine zukunftsgerichtete Perspektive, um Investitionsentscheidungen zu lenken und keine Abschätzung der Vorteile. Daher ist sie eindeutig nicht richtlinienkonform und sollte von der Europäischen Kommission zurückgewiesen werden.[3]

2 *IG Lebenszyklus Bau*, Der Weg zum lebenszyklusorientierten Hochbau (2017) 5.

3 *Buildings Performance Institute Europe – BPIE*, Renovation Strategies of Selected EU Countries – Executive summary GERMAN (2014) 3.

COMPLIANCE WITH EED ARTICLE 4 REQUIREMENTS						
COUNTRY	Overview of building stock	Identification of cost-effective approaches to renovation	Policies to stimulate cost-effective renovation	Forward-looking perspective to guide investment decisions	Estimate of expected energy savings and wider benefits	OVERALL level of compliance with Article 4
Austria	3	2	1	0	1	28%
Brussels Capital Region	5	5	3	2	2	68%
Czech Republic	3	3	4	4	4	72%
Denmark	2	1	4	0	1	32%
France	4	4	4	2	2	64%
Germany	4	2	3	2	3	56%
The Netherlands	3	0	3	1	3	40%
Romania	3	3	4	4	4	72%
Spain	4	4	3	4	3	72%
The UK	5	4	3	3	3	72%
AVERAGE	3.6	2.8	3.2	2.2	2.6	58%

Renovation Strategies of Selected EU Countries 2014 | 57

Abb XI.1: Erfüllung der Anforderungen des Artikel 4 Energieeffizienzrichtlinie [Buildings Performance Institute Europe: Renovation Strategies of Selected EU Countries (2014) 7]

1.4. Sanierungsstatus Österreich

Die Neubauquote liegt in Österreich bei etwa 1 %. Die derzeitige Sanierungsquote liegt bei 1 % oder weniger. Das bedeutet, dass 98 % der Gebäude dem Bestand zuzurechnen sind. Diese bestehenden Gebäude müssen laufend saniert bzw revitalisiert werden. Um die angestrebten Ziele zu erreichen, müssten statt 1 % jedoch etwa 5 % der bestehenden Gebäude jährlich konsequent saniert werden.

Um diese Daten zu veranschaulichen, kann man sich die Zahlen der Bauperiode zwischen 1945 und 2000 ansehen. In dieser Zeit wurden 1.454.514 Objekte errichtet, die derzeit oder in absehbarer Zeit sanierungsbedürftig sind bzw sein werden. Ebenso interessant ist die Zahl der Gebäude ab Bauperiode 2001: 540.015 Objekte. Das ergibt eine totale Summe von 2.107.323 und bedeutet im Umkehrschluss, dass etwa 75 % unseres Gebäudebestands sanierungs- bzw revitalisierungsbedürftig sind.[4]

4 *Statistik Austria*, Gebäude- und Wohnungsregister, Bestandsdaten, Stand 1.1.2020 (ohne Gebäude mit fehlender Bauperiode), siehe http://www.statistik.at/web_de/statistiken/menschen_und_gesellschaft/wohnen/gebaeude_und_wohnungsregister/bestandsdaten/index.html (1.10.2020).

2. Die Bedeutung von Sanierung und Revitalisierung

Die Begriffe „Sanierung" und „Revitalisierung"

Jahrzehntelang hat man von der „Sanierung" gesprochen, jedoch hat sich nach und nach gezeigt, dass Sanierung nicht gleich Sanierung ist. Mit neuen Anforderungen und fortschreitender Technologie hat sich schließlich der Begriff der Revitalisierung durchgesetzt. Heutzutage sollte es Ziel sein, nicht nur mehr sanierungsbedürftige Bauteile auszutauschen bzw zu erneuern, sondern vielmehr Gebäude vollumfänglich umzugestalten bzw bei Bedarf auch umzunutzen. Mit der Revitalisierung werden Aspekte wie zeitgemäße und zukunftsorientierte Nutzung im Hinblick auf den gesamten Gebäudelebenszyklus in Angriff genommen.

Revitalisierung oder Neubau?

Bevor ein vertiefter Einstieg in das Thema der Sanierung/Revitalisierung sinnvoll ist, braucht es einen kritischen Blick darauf, ob für die veränderungsbedürftige Immobilie eine Sanierungs-/Revitalisierungsmaßnahme überhaupt die adäquate Lösung darstellt.

Dazu gilt es, in mehreren Prozessschritten eine Gegenüberstellung verschiedener Sanierungs-/Revitalisierungs- und Neubau-Varianten durchzuführen und daraus – für das definierte Anforderungsprofil – die beste Variante herauszufiltern.

Die Prozessschritte lauten wie folgt:

Abb XI.2: Revitalisierung oder Neubau? In 4 Schritten zu einer fundierten Entscheidung [IG Lebenszyklus Hochbau (2014) 6]

Ausgangssituation: Wenn das vorhandene Gebäude den Anforderungen bzw Nutzerbedürfnissen nicht mehr entspricht und zB funktionale Einschränkungen, Baumängel oder Komforteinbußen vorhanden sind, dann stellt sich die Frage, mit welchen Maßnahmen die definierten Projektziele am besten erreicht werden können.

Soll-Definition: In einem ersten Schritt gilt es, die aktuellen Bedürfnisse in einem konkreten Bedarf-/Pflichtenheft auszudrücken. Besonderes Augenmerk muss hierbei auf die Festlegung von Muss- bzw Mindest-Kriterien gelegt werden und diese sind zu priorisieren. Sie müssen bei allen möglichen Lösungsvarianten der Machbarkeitsstudie enthalten sein.

Ist- bzw Bestandsanalyse: In einem zweiten Schritt gilt es, die Bestandsdokumentation zu erheben (aktuelle digitale Pläne? Materialdokumentationen? bauphysikalische Grundlagen? Anlagenschemata? Betriebskennzahlen? behördliche Genehmigungsstände? usw) und auf dieser Basis und auf der Grundlage von Bestandsbegehungen und -untersuchungen die Ist-Situation des Gebäudes („Gebäudepotenzial" mit bautechnischem, haustechnischem, gebäudehüllentechnischem, einrichtungstechnischem und genehmigungstechnischem Zustand) und des Grundstücks zu erfassen. Gegebenenfalls sind wichtige fehlende Bestandsunterlagen sowie -erhebungen (zB Geometeraufnahmen oder digitale Bestandspläne) zu ergänzen.

Auf Basis von Soll- und Ist-Angaben können eine Soll-Ist-Gegenüberstellung und die Bildung von Lösungsvarianten erfolgen. Diese sollen – je nach Erfüllung der Muss-Kriterien und der qualitativen Erfüllung der optionalen Soll-Kriterien – verschiedene Eingriffstiefen in den Bestand sowie zumindest eine Neubauvariante beinhalten.

Die Evaluierung (zB im Rahmen einer Kosten-Nutzwert-Analyse) der verschiedenen Varianten soll

- ökonomische Daten (Revitalisierungs- [inkl Betriebsausfall- und Provisoriumskosten] bzw Grundstücks- und Errichtungskosten, Finanzierungs- und Folgekosten, somit idealerweise die Lebenszykluskosten und -erträge), aber auch
- soziokulturelle (Komfort im Sommer und Winter, Tageslicht, Sicht nach außen, Raumluft, Akustik, Schallschutz etc) und
- ökologische (Ressourcenverbrauch von Wasser, Energie, Rohstoffen und CO_2-Belastung) Qualitäten

beinhalten.

Des Weiteren sind die Erfüllung der funktionalen Erfordernisse, der Standort und bau- und anlagentechnische Qualitäten zu beurteilen.

Nach Abschluss dieser Machbarkeitsstudie, einer möglichst objektiven Kosten-Nutzwert-Analyse, kann durch den Bauherrn eine fundierte Entscheidung getroffen werden, welche Revitalisierungsvariante geeignet wäre oder ob eine Neubauvariante vorzuziehen ist. Damit kann das Risiko einer Fehlentscheidung minimiert werden.

2.1. Sinnhaftigkeit der Sanierung/Revitalisierung – Potenziale und Risiken

Die Kosten für Rohstoffe werden kontinuierlich teurer und ein schonender Umgang mit der vorhandenen Gebäudesubstanz rückt immer mehr in den Vordergrund. Um die erforderlichen Klimaziele zu erreichen, ist es erforderlich, Gebäude ausreichend instand zu setzen und zu sanieren. Unzureichend gedämmte Bauobjekte führen zu erhöhtem Heizwärmebedarf, der wiederum die Emissionswerte steigen lässt. Im Sinne der Ressourcenschonung ist es am sinnvollsten, an einem Standort zu bauen, an dem ein bestehendes Gebäude bereits an diverse Infrastruktur angebunden ist. Die steigenden Grundstückspreise im Zentrum von Städten drängen die Menschen jedoch an den Stadtrand. Hinzu kommt der Traum vom „Haus im Grünen" für viele Familien; dieses Ideal führt zu drastischen CO_2-Emissionen.

Das Wachstum der Stadt an ihren Rändern – hierbei sind Wörter wie Speckgürtel und Pendler heranzuziehen – bringt große ökologische und verkehrstechnische Probleme mit sich. Hinzu kommt eine soziale und physische Belastung der Arbeitnehmer sowie der Arbeitgeber, die mit Verspätungen und diversen anderen Konflikten konfrontiert sind. Im Sinne der Ökologie und Ressourcenschonung ist es sinnvoll, ein Gebäude an einem bereits bestehenden Standort anzuschließen, sozusagen „nachzuverdichten", wo bereits eine Infrastruktur vorhanden ist. Neubauten „in der grünen Wiese" erzeugen genau das Gegenteil, weil unberührte Grünflächen versiegelt werden und erst erschlossen werden müssen.

Ein anderer entscheidender Faktor ist die Versiegelung von Grünflächen durch die Expansion der Gewerbe und Industrie und die Ansiedlung von Shoppingflächen an den Ortsrändern. Durch diese Entwicklung wird bewusst oder unbewusst der Marktcharakter in kleineren Gemeinden drastisch reduziert und zerstört. Das Marktzentrum ist sowohl geschichtlich als auch kulturell ein wichtiger Bestandteil der österreichischen Baukultur, wie die Agora im alten Griechenland.

Natürlich ist das Revitalisieren eines Bauobjekts mit diversen Herausforderungen verbunden, jedoch ist auch das Erhalten von historischer Bausubstanz für die nächsten Generationen ein wichtiger Faktor, der nicht außer Acht gelassen werden sollte. Das Stadtbild und der Ortskern leben von einer gewachsenen Baukultur, die sich über die Jahre gebildet hat. Weiters ist anzumerken, dass Bauen im Bestand einen besonderen Charme und Wert aufweist. Eine Stadt, in der historische Gebäude geschützt und erhalten werden, profitiert von einem positiven historischen Image, das wiederrum einen positiven Impact auf Wirtschaft und Tourismus erzeugt.

Unter Anbetracht dieser vielen verschiedenen Punkte ist das Gebot der Stunde, mehr Bestandsgebäude zu sanieren bzw zu revitalisieren.

Auch die Schaffung von guten Förderangeboten für Bauherrn ist ein wichtiger Bestandteil und fördert das Erreichen der festgelegten Klimaziele. Derzeit sind Förderungen oft mit einem umfangreichen Aufwand und komplizierten Behördenweg verbunden. Diese Hebel sollten vereinfacht werden, um für Bauherrn die Sanierung wieder attraktiver zu machen.

2.2. Sanierungs-/Revitalisierungsziele

Jedes Gebäude ist mit einem bestimmten Sinn und Zweck geplant und errichtet worden. Das Wichtigste bei einer Sanierung ist das Beurteilen der Bebauungsvorschriften, des Denkmalschutzes sowie der Bausubstanz an sich. Nachkriegshäuser weisen zB gegenüber den Gebäuden der Gründerzeit eine schlechte Materialität auf.

Die Erarbeitung eines Zielbilds für die zukünftige Immobilie und die Gegenüberstellung mit dem Gebäudebestand bzw dem sog Gebäudepotenzial bilden eine gute Grundlage für die Erarbeitung verschiedener Sanierungs- bzw Revitalisierungsvarianten und deren Gegenüberstellung mit der Abriss- und Neubauvariante, die dem Bauherrn bei der Entscheidung helfen.

Bei der Sanierung von Bestandsgebäuden müssen Aspekte der Gestaltung, Statik, Bau- und Gebäudetechnik, Bauphysik und Finanzen abgewogen werden. Das Ziel sollte sein „ein Gebäude, das ewig hält", zu errichten. Mit „ewig" ist im weiteren Sinne die Langlebigkeit der Konstruktion, die Schönheit und die Nutzungsfunktionalität bzw -flexibilität gemeint. Weitere Rahmenbedingungen, die Einfluss auf eine Sanierung haben, ergeben sich aufgrund der Gesetzeslage:

2.3. Behördliche Situation

Viele Objektbesitzer von sanierungsbedürftigen Gebäuden haben derzeit eingeschränkte Möglichkeiten, weil gewisse gesetzliche Rahmenbedingungen die notwendige Flexibilität einer Sanierung bzw Revitalisierung einschränken. Die Erhaltung und Instandsetzung von Altbauten in Wien stellen eine besonders große Herausforderung dar. In Österreich gilt seit 1994 bei Neuvermietung von Altbauwohnungen das Richtwertgesetz. Darin wird für den Mietpreis ein bestimmter Richtwert festgelegt, der verlangt werden darf. Der Richtwert ist je nach Bundesland unterschiedlich und wird laufend mit dem Verbraucherpreisindex valorisiert. Zusätzlich dürfen je nach Lage bzw Ausstattung der Wohnung Zu- oder Abschläge verrechnet werden, jedoch sind bei Gründerzeitvierteln keine Lagezuschläge erlaubt. Der Eigentümer darf die Mieten aufgrund des MRG (Mietrechtsgesetz) nicht drastisch anheben, weil sie an den Richtmietzins gebunden sind, jedoch muss er die Erhaltung des Hauses bzw der Wohnung gewährleisten.

Abb XI.3: Lage der Gründerzeitviertel in Wien [Die Mietervereinigung Wien]

Bei Gebäuden mit historischer Substanz kommen noch Aspekte des Denkmalschutzes hinzu. Hierbei ist unbedingt eine Abstimmung mit dem BDA (Bundesdenkmalamt) zu empfehlen. Bei Gebäuden unter Denkmalschutz ist es ratsam, schon bei der Bauaufnahme Restauratoren beizuziehen, welche die diversen Bauteile bewerten und bereits auf die benötigten Maßnahmen hinweisen. Bei den Restauratoren ist abzuklären, in welcher Sparte sie spezialisiert sind; je nachdem wird zwischen Stein-, Stuckmarmor-, Holz- und Dekorationsrestaurator unterschieden. Während des Bauablaufs sind notwendige Schutzmaßnahmen für den Schutz des Bestands zu klären, um Schäden während des Um- bzw Abbaus zu minimieren.

Weiters sollte das Objekt auf Stör- und Schadstoffe untersucht werden. Neue Bestimmungen und Gesetzeslagen definieren eine exakte Trennung von Restmassen (Bauschutt, Holz, Glas etc). Das frühzeitige Ermitteln und Erkennen von nicht kontaminierten Baustoffen und Stör- und Schadstoffen führt zu einer guten Kalkulation und schließlich zu einem erfolgreichen Projekt. Vorher unbekannte Funde von zB Asbest, Bitumen, Kunststoffen oder alter Brandschutztüren (mit Asbestfüllungen) können zu enormen Kostensteigerungen und Projektverzögerungen führen.

3. Revitalisierungen von Gebäuden – Erfolgsfaktoren

Wichtige Punkte zur erfolgreichen Sanierung bzw Revitalisierung

Bei Abbruch- und Umbauarbeiten sind Anrainer rechtzeitig zu informieren und in den Prozess einzubinden, allfällige Sicherungsmaßnahmen für Abbrucharbeiten sind zu planen und zu kalkulieren. Weiters sind Lärm, Staub und Schmutz auf ein Minimum zu reduzieren, um potenzielle Konflikte zu vermeiden. Eine Einbindung von allen berührten Parteien fördert die Projektkultur und das Erfolgspotential des Projekts.

Auch das Thema der Baustellenlogistik gewinnt zunehmend an Bedeutung, insb in innerstädtischen Lagen ist es wichtig, die Verkehrswege, Kosten für Gehsteigflächen, Absperrungen und Bewachung ausreichend zu bemessen. Langwierige Genehmigungsverfahren können den Bauzeitplan gefährden und lang andauernde Abnahmen können die Bauzeit drastisch verlängern, aber auch die Emissionen der Baugeräte legen eine Optimierung der Baustellenlogistik und zukünftig die Verwendung emissonsarmer oder -freier Baugeräte nahe. Grundsätzlich kann festgehalten werden, dass Planungsgenauigkeit (auf Basis ausführlicher Bestandsuntersuchungen) und detaillierte Arbeitsvorbereitungen für Abbruch und Sanierung/Revitalisierung und damit die Minimierung von Störumfängen und -intensitäten für die Einhaltung des Projektzeitplans essenziell sind.

Die Projektvorbereitungen bei Sanierungen und Revitalisierungen sind meistens unzureichend. Planungsthemen und -problematiken werden in die Bauphase verlagert und strapazieren Termine sowie die Projektkosten. Statische Defizite können oft erst nach dem Entkernen erkannt und untersucht werden und bringen neue Erkenntnisse, die einen erheblichen Einfluss auf das Projekt haben. Weiters können Feuchtigkeitsthemen oder zahlreiche Nachforderungen durch Unvorhergesehenes zu Problemen führen.

Falls die Baugenehmigung bzw die Bauvorschriften bei Abriss und Neubau dasselbe Bauvolumen erlauben sowie kein Denkmalschutz vorliegt und die Bausubstanz nur mit enormen Kosten zu ertüchtigen ist, dann kann man unter Berücksichtigung der Lebenszykluskosten und des zur Verfügung stehenden Errichtungsbudgets über einen Abriss und Neubau nachdenken.

Oft werden Reserven unterschätzt und zu niedrig angesetzt, der Unsicherheitsgrad ist von diversen Faktoren abhängig:

- Zustand des Objekts
- Intensitätsgrad der Bestandsanalyse
- Kostenermittlungsmethodik

Um ein Gebäude umfassend zu dokumentieren, sind verschiedene Daten notwendig. Die planerische Darstellung eines Objekts lässt keinerlei Rückschlüsse auf Zustand oder Konstruktion zu. Diese zahlreichen Informationen sind durch Berichte, Berechnungen und Bewertungen zu ergänzen.

Ein häufig auftretender Umstand ist jener, dass der Planer bei einer Besichtigung durch das Gebäude geführt wird und sofort danach eine Abschätzung der Kosten liefern soll, die im besten Fall nahe an den budgetär gedeckten und erwarteten Baukosten liegen. Entscheidend ist jedoch: Eine fundierte Aussage kann erst auf Grundlage einer ausführlichen Bestandserfassung getroffen werden.

Kostenschätzungen nach Bezugsgrößen, die im Neubau üblich sind, können nicht oder nur kaum herangezogen werden, weil bei Sanierungen im Altbau eine Unsicherheit von über +/– 50 % anzunehmen ist. Eine Einplanung von höheren Reserven für Kosten und Termine als im Neubau ist daher dringend zu empfehlen.

Daraus ergeben sich folgende Lernpunkte:

1. Umfassende Bestandserhebung und tiefgründige Bauteiluntersuchung
2. Höhere Reserven für Kosten und Termine
3. Abklärung von behördlichen Genehmigungsverfahren
4. Einschränkungen und Sondersituationen berücksichtigen
5. Flexibilität in allen Projektphasen einplanen und kalkulieren

In den folgenden Unterkapiteln werden die phasenbezogenen Erfolgsfaktoren von Revitalisierungsprojekten angeführt und beschrieben.

3.1. Strategie und Initiierung

- Lage/Standort – Bebauungsbestimmungen, Widmung, Nutzung
- Umnutzbarkeit
- Behördlicher Konsens – Behördenabstimmungen frühzeitig ansetzen
- Rentabilität
- Machbarkeitsstudie – auf Basis einer umfassenden Bestandsuntersuchung, zur Entscheidungserleichterung
- Erfahrene Projektmitglieder – mit klarer Aufgabendefinition und Teamfähigkeit

Zur Ermittlung der geeignetsten zukünftigen Nutzung ist bei der Lage zu untersuchen, welches Image der Standort hat und welchen Charakter das Gebäude vermittelt. Auch die Geschichte des Gebäudes verbunden mit der Umfeldqualität beeinflussen die Erfolgswirksamkeit von Investitionen maßgeblich.

Bei Umnutzungen sind Themen wie das statische System, Geschosshöhen, Schachtgrößen, Belichtung und Stellplätze mitzubedenken.

Oft sind Erschließungswege mit Problematiken der Mindestbreite verbunden, ebenso ist bei Erfordernis die Stiegenhaussituierung ein wichtiges Thema.

Die Auswirkung von alten Anlagenteilen auf erneuerte und deren behördliche Abnahme ist frühzeitig zu klären. Insb bei der Brandmeldeanlage sind häufige Problempunkte die Bindeglieder und Schnittstellen zwischen alten bzw neuen Komponenten.

Auch eine frühzeitige Absprache mit dem BDA ist empfehlenswert, um spätere Überraschungen zu vermeiden.

Zu berücksichtigen ist auch die Tatsache, dass während der Bauzeit häufig Erlösreduktionen (durch teilweisen Leerstand oder Nutzungseinbußen) der Immobilie auftreten.

Abb XI.4: Das Althan Wien, vorher – nachher [Daniel Hawelka]

3.2. Planung

- Bestandserhebung
- Projektabgrenzung
- Betriebskonzept-Neu – als funktionelle Grundlage für die Planung
- Beachtung der Anforderungen zur und Umsetzbarkeit der Barrierefreiheit
- Frühzeitige Behördenabstimmung, insb mit dem BDA
- Bau(stellen)logistik
- Teilinbetriebnahmen, Teilabnahmen (von Nutzern und Behörde) bedenken
- Stabile Organisation auf Bauherrenseite – mit klarer Entscheidungsstruktur

Bei Umbauvorhaben sind die Durchführung und Dokumentation der Projektabgrenzung (in Listenform und mit Plänen) im Frühstadium der Planung ein entscheidender Schritt zur Einhaltung der Projektziele.

Bestandserhebung

Sofern die detaillierte Bestandsuntersuchung nicht bereits im Zuge der Initiierungsphase erfolgt ist, muss diese spätestens zu Beginn der Planung nachgeholt werden. Bei näherer Betrachtung der Bestandserhebung kommen Fragen bzgl der Statik auf. Ein statischer Ingenieurbefund sowie eine tiefreichende Bauteiluntersuchung sind zur Ermittlung der bestehenden Bewehrung oder des Mauerwerkszustands im Hinblick auf die Mörteldruckfestigkeit von großer Bedeutung. Das ausreichende Aussteifen von Bestandsgebäuden sowie das notwendige Dimensionieren von Fundamenten sind einzuplanen. Hinzu kommen umfangreiche Eingriffe und Durchbrüche für die Gebäudetechnik, die eine weitere Herausforderung für die Planung darstellen, eventuelle Kollisionen von Leitungsführungen sind abzuklären und mit entsprechenden Gewerken abzustimmen.

Bei vielen Bestandsleitungen ist die Leitungsführung und -funktion nicht mehr zeitgemäß, eine Abwägung zur Erhaltung oder zum Austausch ist anzudenken, ebenso im Hinblick auf zentrale Anlagen und deren Technik. Die Betriebskostenplanung ist vorausschauend durchzuführen und tiefgreifend zu beurteilen.

Eine Unterteilung der Baustoffe bei der Bestandserhebung in Wert-, Stör- und Schadstoffe ist zweckmäßig. Schadstoffe sind sach- und fachgerecht zu entsorgen, daher ist die zeitgerechte Planung und Ermittlung der entsprechenden Massen zielführend, nachträgliche Erkenntnisse führen zu höheren Kosten. Ziel ist es, dass sich diese Erhebungen zukünftig durch den sog „Gebäudepass" (idealerweise auf Basis eines BIM-Modells) sehr einfach gestalten.

Abb XI.5: Gerngross – Bestandsleitungen & Elisabethinen Wien – Teilabbruch [Delta]

Baustellenlogistk

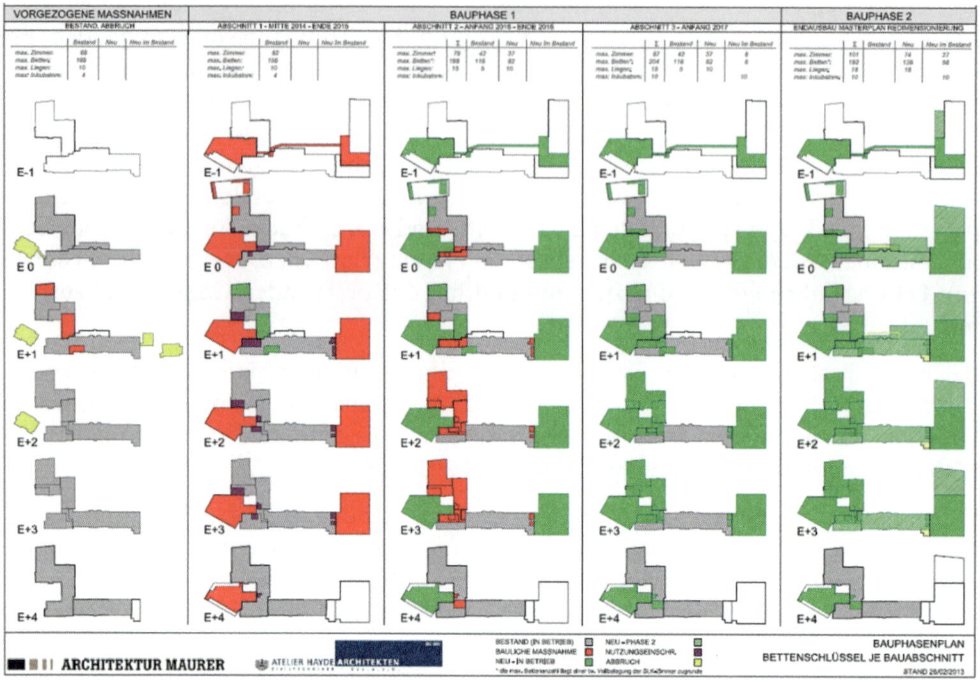

Abb XI.6: Bauphasenplan Projekt Krankenhaus St. Josef [Architektur Maurer]

Meist muss der Betrieb, zumindest in eingeschränkter Form, während der Baumaßnahme aufrechterhalten werden. Eine klare Trennung von Betrieb und Baustelle im Gebäude und im Außenanlagenbereich ist dafür essenziell. Dabei ist insb die (getrennte) Zugänglichkeit von Betrieb und Baustelle zu lösen. Va im innerstädtischen Umfeld sind die Themen Baustelleneinrichtung und Kranaufstellung im Vorfeld gut zu planen und mit der Behörde und den Anrainern abzustimmen. Beweissicherungen sind zu planen und bei Bedarf sind außerdem Schutzmaßnahmen des Bestands zu überlegen.

Mögliche Ausweichquartiere für die einzelnen Bauphasen sind zu ermitteln und gegebenenfalls mit Übersiedlungsplänen zu hinterlegen. Ausreichende Zeitfenster für Übersiedlungen, An- und Abtransporte sowie die Inbetriebnahme sind vorzusehen. Betriebsverträgliche Bauabschnitte sind abzustimmen und einzuhalten, damit ein intakter Betriebsablauf trotz der Bauarbeiten aufrechtbleibt. Dabei ist jedoch auch auf die Genehmigung von Zwischenzuständen und den Wechsel von Tag/Nacht mit Aufrechterhaltung der Sicherheitssysteme (Brandmeldeanlage, Brandfallsteuerungen, Sprinkler, Notstromversorgung usw) zu achten. Daher ist bei der Planung der Baustellenlogistik die Einbeziehung von Facilitymanagement, Brandschutzbeauftragten und dem externen Brandschutzgutachter sinnvoll. So kann die Gefahr, dass diesbezügliche Planungsthemen in die Ausführung verlagert werden und langwierige Genehmigungs- und Abnahmeverfahren entstehen, minimiert werden.

Öffentliche Gänge sollten mit ausreichender Breite vorgesehen werden, zB 2 m Gangbreite für den Bettenradius im Krankenhaus. Maßnahmen zur Kompensation von möglichen Einschränkungen sind vorzusehen, damit die behördlichen Auflagen aufrechterhalten werden. Abstimmungen mit dem Nutzer sind für gesperrte oder beeinträchtigte Bereiche vorzusehen (bspw wann und wie lange bestimmte Gänge, Fluchtwege, Ver- und Entsorgungswege eingeschränkt werden dürfen).

Zusätzlich zu den genannten Punkten ist auch die Sicherheit der Baustelle sowie des Betriebs (von Kunden und Betriebspersonal) zu gewährleisten. Hygieneanforderungen und Zwischenreinigungen sind erforderlich und vorzubereiten. Auch Teilinbetriebnahmen und Teilabnahmen (von Nutzern und Behörden) sind zu bedenken. Klare und stabile Projektvorgaben sind für eine erfolgreiche Projektabwicklung essenziell.

Trotz all dieser Vorüberlegungen und Vorplanungen ist zu berücksichtigen, dass bei Umbauten stets die Gefahr besteht, dass sich Detailplanungen als nicht durchführbar herausstellen. Daher sind regelmäßige Begehungen, beginnend ab der Entkernung des Gebäudes (zB zur Erkennung von konstruktiven Abweichungen) und nach Vorliegen von Montage- und Werkstattplänen einzuplanen.

Abb XI.7: SCS, vorher – nachher [ATP Kuball]

3.3. Ausführung

- Höhere Reserven für Zeit und Kosten vorsehen
- Beweissicherung
- Ausschreibung und Verträge
- Projektkommunikation und Projektmarketing
- Projektteam
- Stark lärm- und staubentwickelnde Baumaßnahmen (vor-)ankündigen
- Statik
- Anschlüsse umgebauter Bereiche am Bestand

- Fokus auf Änderungen und Nachtragsmanagement
- Abbruch – Überprüfung der gesetzeskonformen Trennung und Entsorgung der Baurestmassen

Während der Ausschreibungsphase sind der Planungs- und der Baustellenkoordinator einzubinden, um zB die Durchschlagssicherheit von provisorischen Zwischendecken beim Abbruch zu planen. Weiters ist ein stärkerer Fokus auf Änderungen zu legen. Hierbei ist anzumerken, dass Firmen oft kreativ sind und viele Lücken bzw fehlerhafte Ausschreibungen ausnutzen, um Nachträge zu argumentieren. Deshalb ist es wichtig, möglichst keine Pauschalpositionen auszuschreiben und keine „einmengigen" Preisabfragen zu machen. Eine möglichst ehrliche Ausschreibung und monatliche Kollaudierungen zu etablieren, fördert den positiven Projektfortschritt, schafft Kostensicherheit und senkt die Projektkosten auf lange Sicht.

In der Ausschreibung sind Zwischenreinigungen zu berücksichtigen, so wie in den Verträgen mit ausführenden Firmen auch entsprechende Vorkehrungen für Unterbrechungen vorzusehen sind.

Für eine erfolgreiche Projektkommunikation ist eine möglichst exakte Vorausplanung der Maßnahmen, insb lärm-, staub- oder erschütterungsintensiver Tätigkeiten (mit Vorankündigung idealerweise zwei bis vier Wochen vorab) notwendig. Die Akzeptanzsicherung bei Nutzern durch Einbindung/Information/Aufklärung mittels Homepage, Intranet und Einrichtung einer Hotline ist zu empfehlen. Ein Informationsverantwortlicher zwischen regulärem Betrieb und Bauprojekt sollte festgelegt werden.

Heikle Phasen in der Ausführung sind auch die Anschlüsse umgebauter Bereiche an den Bestand. Für die Herstellung von Material- und Leitungsstößen sind ausreichende Zeitfenster vorzusehen.

4. Projektziele und Projektkultur

Besonders bei hochkomplexen Bauprojekten wie Umbauprojekten bei laufendem Betrieb ist der Fokus auf Projektziele und Projektkultur ein wesentlicher Faktor für den Projekterfolg.

Die Kernbotschaften bei erfolgreichen Projekten

- Absicherung der Bestellqualität in Strategie und Initiierung
- Frühzeitig Risiken (für Kommunikation, Qualitäten, Termine und Kosten) ausloten – Risikomanagement organisieren
- Einen integralen Planungsprozess einfordern, um der hohen Komplexität von Umbauprojekten (insb bei laufendem Betrieb) gerecht zu werden

Die Kenntnis der Ziele und Motive des Bauherrn durch alle Projektbeteiligten ist ein entscheidender Erfolgsfaktor. Die umfassende Beschäftigung mit den Bedürfnissen des Bauherrn und die Evaluierung der zeitlichen Veränderbarkeit dieser Bedürfnisse sollte zu Projektbeginn erfolgen. Es muss verhindert werden, dass jeder Partner bzw jedes beteiligte Unternehmen seine eigenen Aufwände optimiert, ohne dabei für das gesamte Ziel zu arbeiten.

Die Prozesse sollten partnerschaftlich, nutzungsorientiert und auf Augenhöhe geführt werden. Zielführend ist eine möglichst exakte Vorausplanung von Maßnahmen und eine Akzeptanzsicherung bei Nutzern durch Einbindung, Information und Aufklärung. Hierzu zählen das Einplanen von Nutzerstrukturen sowie die Definition von verantwortlichen Nutzervertretern. Weiters ist es wichtig, Entscheidungsstrukturen und -fristen innerhalb des Projekts festzulegen, um einen möglichst verzögerungsfreien Workflow zu ermöglichen.

Die Beschäftigung mit Softskills beeinflusst die Abwicklung des Projekts jedenfalls positiv. Hierzu zählen Spielregeln der Zusammenarbeit, eine gemeinsame Projektvision, Konfliktmanagement und Teamfähigkeit.

Der Grad der Kooperationsbereitschaft ist direkt proportional zum Projekterfolg.

4.1. Die Bedeutung sozialer Systeme

Bauprojekte stellen einen Mix aus technischen und sozialen Systemen dar. Technische Systeme basieren auf physikalisch/chemischen Grundgesetzen, im Unterschied zu sozialen Systemen, die auf Beziehungen basieren. Während technische Prozesse im Allgemeinen nach dem Ursache-Wirkungs-Prinzip oder dem Prinzip der negativen Rückkopplung funktionieren, entwickeln sich soziale Systeme nach einem auf oder ab schaukelnden Prinzip. Veränderungen haben meistens multikausale Ursachen und entwickeln sich exponentiell – dh, dass sie zuerst schwer erkennbar und dann kaum mehr beherrschbar sind. Ein zentrales Steuerungselement ist das Vertrauen; eine Stärkung dieser Komponente führt zu einer Komplexitätsreduktion und zu einer Stabilisierung des Systems. Dh, Vertrauen stellt einen zentralen Wert, die Währung eines sozialen Systems, dar. Wie können wir aber Vertrauen stärken?

4.2. Vertrauen vs Misstrauen

Abb XI.8: vertrauende Mitarbeiter [Delta]

Abb XI.9: misstrauische Katze

Anthropologische Menschenbilder prägen die Art, wie wir uns selbst und andere sehen und wie wir miteinander umgehen. Sie hängen auch mit den Erfahrungen zusammen, die wir gemacht haben. Im Laufe des Lebens kann die Erfahrung mit anderen Menschen manchmal mit Angst oder Leid in Verbindung gebracht werden. Die Frage, die sich daher jeweils in bestimmten Situationen stellt, ist jedoch: Sind das meine „selbstgemachten" Gefühle aufgrund persönlicher Erfahrungenoder sind sie durch die aktuelle externe Situation hervorgerufen? Ist die Entwicklung eines negativen Menschenbilds die einzige Reaktion oder gibt es auch andere Lösungswege? Wenn die Grundüberzeugung besteht, dass Menschen nur auf ihren Vorteil bedacht oder „bösartig" sind, dann wird sich das automatisch auf die Verhaltensweisen aber auch Reaktionen anderer Mitmenschen auswirken. Das gilt nicht nur für Einzelfälle, sondern wird dann zB bei einer Führungskraft den gesamten Führungsstil bestimmen. Umgekehrt kann Vertrauen entgegenzubringen wiederum Vertrauen und damit positive Verhaltensweisen erzeugen.

4.3. Motivation des Menschen

Aus diesen Schlussfolgerungen geht die Frage hervor, was Menschen dazu motiviert, Vertrauen entgegenzubringen oder mit anderen konstruktiv und kooperativ zusammenzuarbeiten?

Abb XI.10: Mitarbeiterin des Jahres [Delta]

Abb XI.11: Weihnachtsfeier [Delta]

Dazu braucht es das Verständnis dafür, wie wir Menschen „funktionieren", was uns bewegt und leitet.

Seit Jahrtausenden liegen die Grundbedürfnisse des Menschen in einer Balance von Autonomie und sozialer Verbundenheit sowie dem Drang, zu wachsen, etwas zu schaffen, sich selbst zu verwirklichen. Besonders im Bereich des Zusammenwirkens von Menschen in sozialen Beziehungen sind die Auswirkungen eines positiven, wertschätzenden Miteinanders erkennbar und neurobiologisch messbar. Der Mensch ist für gelingende Beziehungen „konstruiert". Nichts aktiviert die Motivationssysteme so sehr wie der Wunsch, von anderen gesehen zu werden, die Aussicht auf soziale Anerkennung und ein gedeihliches Miteinander. Diesen „Rückenwind" gilt es in Bauprojekten zu nutzen.

Das physiologische Kernstück der Motivation besteht aus der Freisetzung von Dopamin. Das ausgeschüttete Dopamin erzeugt ein Gefühl von Wohlbefinden, Konzentration und Handlungsbereitschaft. Dopamin sorgt also dafür, dass wir uns auf das Ziel gelingender

Beziehungen und sozialer Anerkennung zubewegen. Es erhöht somit die physische Bewegungsfähigkeit und fungiert va als Antriebs- und Motivationsdroge.[5]

Der Kern jeder Motivation ist es, zwischenmenschliche Anerkennung, Wertschätzung, Zuwendung bzw Zuneigung zu bekommen und zu geben.

4.4. Der Mensch als Systemelement sozialer Systeme und die Verbindung zum Projekterfolg

Werden Rahmenbedingungen geschaffen, die dem Urbedürfnis jedes Menschen nach sozialer Zuwendung gerecht werden, so entsteht eine Kultur, in der Menschen bereit sind, sich zu engagieren und an einer Zielerreichung aktiv mitzuarbeiten. Und letztlich – und das ist die zweite gute Nachricht – hat das auch unmittelbare Auswirkungen auf das körperliche Wohlbefinden, die Gesundheit und den Alterungsprozess.

Im Rahmen einer interdisziplinär besetzten Arbeitsgruppe der IG Lebenszyklus Bau wurde in Kooperation mit der TU Wien und der TU Graz der Zusammenhang zwischen der gelebten Projektkultur und dem wirtschaftlichen Erfolg (Kosten, Termine, Qualität, Zufriedenheit aller Beteiligten) untersucht.

Dazu wurden 25 Neu- und Umbauprojekte öffentlicher und privater Bauherren im Hoch- und Infrastrukturbau analysiert. Der Einflussfaktor der partnerschaftlichen Projektkultur ist mit 24 Fragestellungen in den vier Kategorien Bauherreneinfluss, gelebte Kultur-/Prozessqualität, vertragliche Gestaltung sowie Einbindung der Nutzer bewertet worden. Der Projekterfolg ist über 11 Fragestellungen, bestehend aus den Faktoren Kosten, Termine, Qualität sowie Zufriedenheit aller Projektbeteiligten, erfasst. Für den stabilen Projekterfolg ist eine hohe gelebte Projektkultur notwendig: Während das Mittelmaß hohes wirtschaftliches Risiko birgt, sind Bauprojekte ohne ein eingehaltenes Mindestmaß der Säule Projektkultur zum Scheitern verurteilt. Auch bei unterschiedlicher Gewichtung von Hard- und Softfacts beim Projekterfolg blieb die Bedeutung der Projektkultur gleich hoch.

5 *Bauer*, Prinzip Menschlichkeit, Warum wir von Natur aus kooperieren (2008) 35.

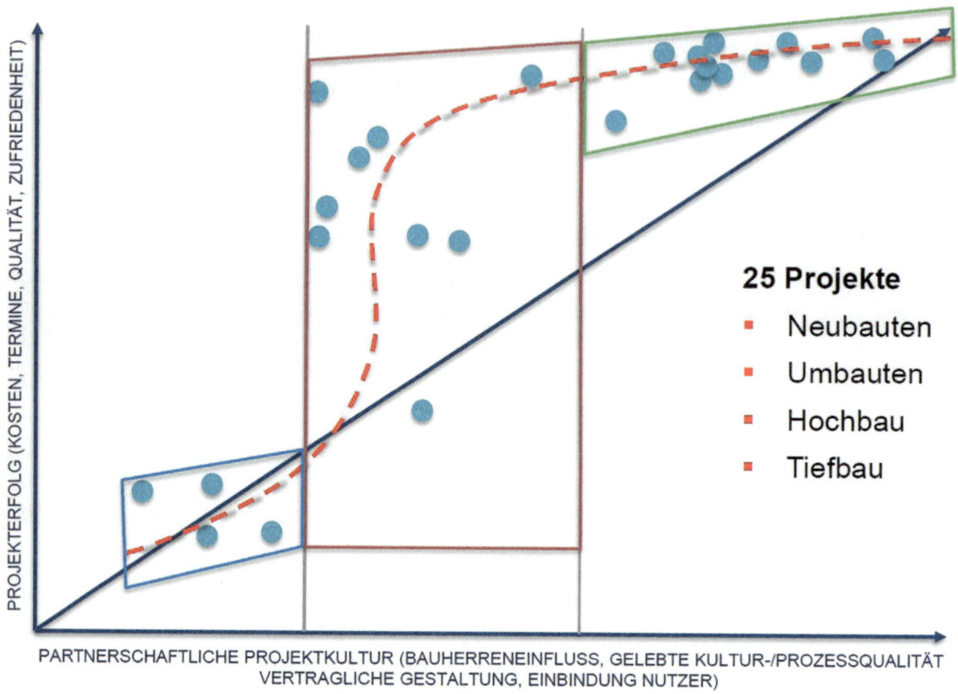

Abb XI.12: Zusammenhang Kultur und Erfolg [IG Lebenszyklus]

Aus dieser Studie der IG Lebenszyklus Bau geht klar hervor: Die Kultur muss nicht perfekt sein, also ganz oben bei „10" (auf einer Skala von 0 bis 10) stehen, denn jede Beziehung hat ihre Höhen und Tiefen. Aber wenn man es schafft, sich im oberen Bereich (zB von 7 bis 10) zu bewegen, sozusagen eine stabile Projektkultur aufrechterhalten kann, dann können Störungen und Krisen besser bewältigt werden; es geht hier also va auch um Kulturgestaltung als präventive Maßnahme. Der Mittelbereich (zB von 4 bis 6) ist für den Fokus auf eine aktive Kulturgestaltung besonders interessant; hier kann die Stimmung jederzeit kippen und man muss insb darauf achten, dass man durch gezielte Kulturförderungsmaßnahmen möglichst in den stabilen oberen Kulturbereich kommt oder dort bleibt.

4.5. Der Mensch im Mittelpunkt der digitalen Möglichkeiten

Wir leben in einer Welt zunehmender Digitalisierung, auch wenn die Baubranche ein Nachzügler ist, nimmt die Digitalisierung kontinuierlich immer mehr Raum ein. In der Digitalisierung steckt unglaublich viel Potenzial für die Optimierung von Gebäuden; zB für den Lebenszyklus eines Gebäudes, das mit BIM und der Kreation des digitalen Zwillings über den gesamten Lebenszyklus bereits am Anfang der Planung startet und schrittweise verbessert werden kann. Das führt aber dazu, dass das Thema der persönlichen Kommunikation automatisch reduziert wird und Gefahr läuft, in den Hintergrund gedrängt zu werden.

Bauprojekte haben das Ziel, (technisch funktionierende) Bauwerke zu schaffen, sind aber – wie in Kapitel 4.1. angeführt – auch soziale Systeme. Das Beziehungssystem und die Interaktion der Beteiligten dürfen daher nicht aus den Augen verloren werden.

Um die Chancen der Digitalisierung voll nutzen zu können, braucht es Menschen im stabilen sozialen System – und daher braucht es gerade in Zeiten der Digitalisierung auch wieder mehr Fokus auf die Stärkung der sozialen Beziehungen im Projekt. Die Kunst besteht also darin, die persönliche Begegnung parallel zur Nutzung digitaler Tools ins Wachstum zu bringen. Ein gutes Beispiel dafür ist die Anwendung von Lean Management: Hier geht es va um die Reduktion von Komplexität mit einem gemeinsamen analogen Prozess. Regelmäßiger Austausch ist dabei Pflicht und hält Projekte immer am aktuellsten Stand für alle Beteiligten.

Erst wenn die sozialen Beziehungen stabil sind, kann effizient an der Digitalisierung gearbeitet werden. Die Welle der Digitalisierung kann man nicht umgehen; man kann versuchen, sich dagegenzustellen oder sie zu ignorieren, oder man kann sie reiten. Die Antwort liegt im Sozialen: indem man so ein starkes Beziehungsgerüst schafft, dass trotz mobiler Tools Vertrauen da ist, damit man erfolgreich arbeiten kann – „ein Surfbrett kreiert", um dann die Welle reiten zu können, statt in ihr unterzugehen. Das ist in der Baubranche bspw durch BIM gut erkennbar. BIM ist nicht nur eine Technologie oder ein digitales Tool, sondern viel mehr eine innere Haltung – die Haltung des interdisziplinären Zusammenwirkens über alle Gewerke und Lebenszyklus-Phasen hinweg. BIM kann nur dann sinnvoll genutzt werden, wenn das Team auch sozial in der Lage ist, im mehrdimensionalen Modell zu interagieren. Kreative Lösungen können immer nur vom Menschen kommen, auch wenn Technologien wie KI sich immer weiterentwickeln. Digitalisierung wird als Gesamtlösung gesehen, was sie aber nicht ist – nicht ohne den Menschen im Mittelpunkt. Wir können entscheiden, wie wir mit der Digitalisierung umgehen; ob wir in der Digitalisierungswelle untergehen oder mit funktionierenden sozialen Beziehungen auf der Welle „surfen", liegt bei uns.

4.6. Wie passiert Veränderung? Wie kann ich eine positive Kultur schaffen?

Dieses Bild ist allgemein bekannt. Ein Tropfen fällt ins Wasser und konzentrische, kreisförmige Wellen breiten sich aus. Genauso beginnt auch Veränderung mit dem ersten Tropfen.

Als Erstes muss ich mir selbst bewusst machen, dass ich Teil eines Systems bin. Bevor ich etwas verändern will, frage ich also: Was kann ich selbst tun? Denn erst wenn ich bereit bin, bei mir selbst etwas zu verändern, kann ich meinen Anteil zur Stärkung von sozialen Beziehungen leisten. Wichtig zu verstehen ist dabei Folgendes: Wenn ich im eigenen Unternehmen eine positive Kultur schaffen kann, dann kann ich diese auch in andere Projekte einfließen lassen.

Ohne soziale stabile Beziehungen bringt auch die Einführung eines digitalen Tools nicht den vollen Erfolg. Auch wenn Menschen ein Tool verwenden, gilt die Faustregel: „a fool with a tool is still a fool“. Ein digitales Tool einzuführen, ist zwar ein wichtiger Schritt, aber man muss in der Lage sein, es auch für das gesamte Projekt wirkungsvoll anzuwenden – auf einer soliden Basis eines gut zusammenarbeitenden Projektteams.

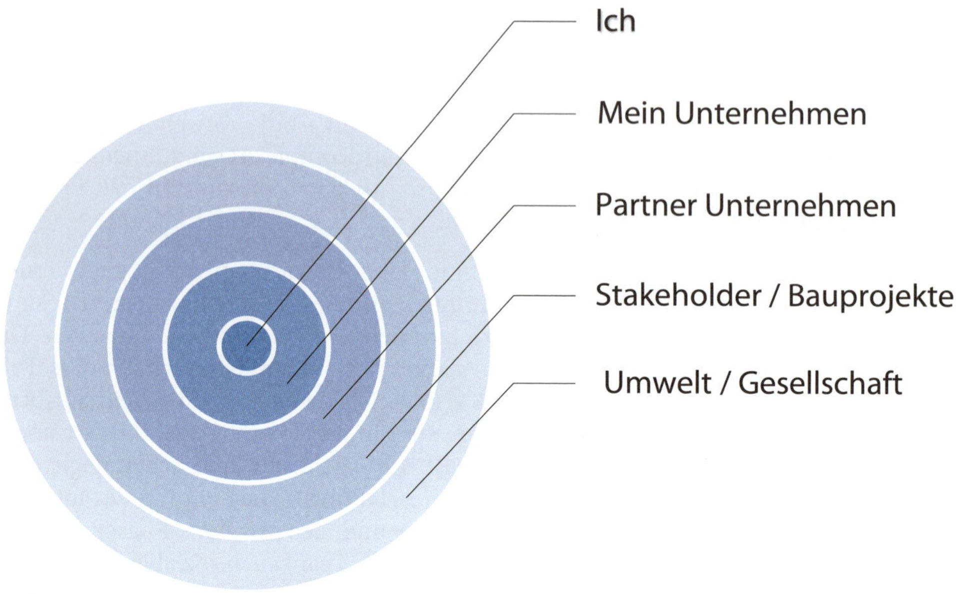

Abb XI.13: Wie Veränderung wirkt [Delta]

Hier stellt sich natürlich die Frage: Was ist die Basis für ein gut zusammenarbeitendes Team?

Jedes Bauprojekt beginnt mit einem Projektteam aus verschiedenen Akteuren: Bauherr, Planer, Projektsteuerer, Ausführende etc. Es gilt also, all diese Akteure zu einem eingeschweißten Team zu machen und ein gemeinsames Ziel vor Augen zu haben. Am Anfang eines Projekts wird das Konzept einer partnerschaftlichen Projektkultur vorgestellt und gemeinsame Ziele werden festgelegt. Klare Rollen, Zuständigkeiten, Abläufe und Prozesse mit einer respektvollen Kommunikation führen so auch unweigerlich zu mehr Erfolg im Projekt.

Die Erwartungen der Projektteammitglieder, aber auch mögliche Herausforderungen und Lösungsansätze sollen von allen frühzeitig kommuniziert und berücksichtigt werden. Daraus entstehen gemeinsame Spielregeln, zu deren verbindlicher Einhaltung sich das gesamte Projektteam verpflichtet. Trotzdem kann auch dann ein Projekt scheitern, wenn die Kultur nicht über den gesamten Projektverlauf hinweg weitergeführt wird. Oft gehen Projektbeteiligte davon aus, dass mit einem einmaligen Workshop am Beginn des Projekts schon alles für eine partnerschaftliche Projektkultur getan wurde. Eine positive Kultur zu schaffen, ist allerdings ein kontinuierlicher und andauernder Prozess, der gepflegt werden muss.

5. Schlusswort

Sanierungen und Revitalisierungen sind im derzeitigen Baugeschehen noch unterbewertet. Viel zu oft wird ein Neubau einer umfassenden Revitalisierung vorgezogen. Das zeigt sich auch in der in Österreich viel zu niedrigen Sanierungsrate von unter 1 %.

Natürlich sind Umbauprojekte in der Regel komplexer als Neubauprojekte, aber gerade in einer Zeit der Ressourcenverknappung und des Klimawandels ist Sanierungs- und Revitalisierungsprojekten Aufmerksamkeit zu schenken. Und bei systematischer und methodischer Vorgangsweise können auch Umbauprojekte erfolgversprechend abgewickelt werden.

Dazu sind viele bau-, anlagen- und prozesstechnische Aspekte zu berücksichtigen, va aber ist eines entscheidend: eine Kultur des partnerschaftlichen Miteinanders – eine integrale Zusammenarbeit auf Augenhöhe, mit der im Team die komplexen Herausforderungen von Umbauprojekten frühzeitig gelöst werden und das Projekt für alle Beteiligten mehr Freude und Erfolg bringt.

Wenn ich mir zum Abschluss etwas wünschen darf, dann ist es Folgendes: Dass sich immer mehr Bauherren und all jene, die am Lebenszyklus von Immobilien beteiligt sind, für diese Kultur des partnerschaftlichen Miteinanders entscheiden. Damit können sie ihren Beitrag dazu leisten, dass Sanierungs- und Revitalisierungsprojekte erfolgreich werden.

XII. Umnutzung, Nachnutzung, Flexibilität

Walter Hammertinger

1. Einleitung

Die Bau- und Immobilienbranche, so wie wir sie kennen und seit Jahren leben, ist ein echter Klimasünder und momentan verantwortlich für 40 % der CO_2-Emissionen und für über 40 % des Rohstoffverbrauchs. Über den gesamten Gebäude-Lebenszyklus – von der Materialherstellung bis hin zum Gebäuderückbau – sind ein immens hoher Energieeinsatz und -verbrauch notwendig.

Schön reden kann man das nicht! Mit Energiesparen und Energieeffizienz im Gebäude beschäftigen wir uns schon einige Jahre, das aber auch erst, seit der Druck der EU bezüglich des Themas gewachsen ist. Doch ist das energieeffiziente Gebäude nachhaltig? Ein Gebäude, das weniger Energieverbrauch hat, dafür aber Gebäudeschichten miteinander untrennbar verklebt sind, die das Recycling unmöglich machen und Abfall erzeugen? Ein Gebäude, in dem der Nutzerkomfort leidet, weil strenge Verhaltensregeln eingehalten werden müssen? Ein nachhaltiges Gebäude hat mehrere Dimensionen, als „nur" energieeffizient zu sein. Es wäre falsch, sich hier alleinig auf die energetische Performance zu fokussieren. Nachhaltigkeit hat mehrere Dimensionen. Auch das Abfallaufkommen im Gebäudesektor ist nicht zu vernachlässigen, so wie viele weitere Aspekte. Die Bauwirtschaft ist für mehr als 50 % des gesamten Abfallaufkommens verantwortlich.

Wie schaffen wir es also, in der Immobilienbranche ganzheitlich nachhaltiger, zukunftsorientierter zu agieren? Wie kann der Ressourcenverbrauch (fossile Ressourcen und die Ressource Boden) minimiert werden? Wie reduziert man Abfälle und verlängert die Nutzungsdauer von Ressourcen? Wie kann der Energieverbrauch in der Herstellungsphase minimiert werden?

Es ist möglich, Maßnahmen zu setzen, um den steigenden Verbrauch von Ressourcen und Energie zu reduzieren. Zweifelsohne ist hier im Gebäudebestand anzusetzen. Um ein bestehendes Gebäude zu optimieren, verändern, auszubauen, ist geringerer Ressourcen- und Energieeinsatz notwendig als beim Neubau eines Gebäudes.

Wie wir in Zukunft mit Bestandsgebäuden umgehen, spielt eine wegweisende Rolle. Wenn uns bestehende Immobilien länger erhalten bleiben und die Möglichkeiten sowohl auf baulicher als auch auf regulatorischer Seite bestehen, diese umzunutzen, kann die Lebensdauer von Gebäuden insgesamt verlängert und die Neubaurate verringert werden. Die derzeitige Sanierungsrate liegt unter 1 %. Ein wichtiger Beitrag zum European Green Deal ist die Sanierung von Gebäuden.

Nur wenn Gebäude in einem Kreislauf gedacht werden und somit eingesetzte Ressourcen und Energie in Herstellung und Betrieb nicht nach 50 Jahren „in Abfall enden", sondern die Lebensdauer verlängert wird, kann in Summe die Emissionsbilanz verbessert werden. Die lineare Ausrichtung der Wirtschaft – aus Rohstoffen werden Produkte, aus

Produkten werden Gebäude, Gebäude werden abgebrochen und werden zu Abfall – muss aufhören.

Ganz im Sinne des Wirtschaftsphilosophen *Anders Indset*, der schon lange ein neues Modell für die Wirtschaft fordert, ist ein Umdenken notwendig, weg von der Endlichkeit und hin zum Denkmodell der Unendlichkeit. Aus diesem Grund beschäftige ich mich mit der Immobilie als „ewiges Produkt", das durch nutzungsneutrale Strukturen punktet und dadurch ewig genutzt werden kann. Umnutzung von Bestandsgebäuden wird erst möglich, wenn beim Neubau dieser Gebäude bereits Flexibilität, Um- und Nachnutzung in der Planung mitberücksichtigt worden sind.

2. Gebäude im Wandel der Zeit

Heute ein Büro, morgen ein Hotel und anschließend ein Wohngebäude?

Mit dem gesellschaftlichen Wandel ändern sich auch die Anforderungen an Gebäude. In Zukunft werden Gebäude nutzungsneutraler gebaut werden müssen, um schnell auf sich ändernde Anforderungen und Bedürfnisse reagieren zu können.

Die Großstädte platzen aus allen Nähten. Der Bedarf an Wohnungen steigt. Währenddessen ändern sich Gesellschaftsformen und damit Wohn- und Arbeitsbedürfnisse. Die COVID-19-Pandemie hat uns bspw gezeigt, dass sich die Grundrisse vieler Wohnungen in dieser Zeit als wenig geeignet erwiesen haben, um Wohnen, Arbeiten, Home-Office und Home-Schooling miteinander zu vereinen. Ebenso hat uns der Lockdown im Jahr 2020 gezeigt, dass das Angebot an Freiflächen in Wohnquartieren in Großstädten oft unzureichend ist, um bspw Abstandsregeln einhalten zu können. Nicht nur Wohngebäude benötigen größere Flexibilität in den Grundrissen (und Freiräumen). Auch das Bürogebäude ist nicht mehr zeitgemäß. In Zeiten des voranschreitenden Digitalisierungsgrads und der Möglichkeit flexibler Arbeitsformen stellt sich die Frage, welche Räume tatsächlich gebraucht werden und welche Räume uns möglicherweise noch fehlen. Es wird sich zeigen, dass durch neue Arbeitsformen wie Remote-Vereinbarungen und dergleichen Mieter kleinere Büromieteinheiten benötigen werden. Ergänzend dazu ist die technische Infrastruktur in Wohngebieten auszubauen, um die benötigte Konnektivität für Home-Office sicherzustellen. Interessant wird in diesem Zusammenhang die Nach- bzw Umnutzung der leerstehenden Büroeinheiten sein.

Auch das Verständnis von Stadt hat sich geändert. Im antiken Griechenland war die Agora das Zentrum für Versammlungen, Feierlichkeiten und diente als Marktplatz. Heute sind die Funktionen als Versammlungs- und Festplatz weiterhin wichtige Merkmale der Stadt. Heute muss ich jedoch nicht zwingend in die Stadt, um einkaufen zu können. In Zeiten neuer Technologien, des boomenden Online-Handels und umfangreicher Lieferdienstangebote verlieren Ortszentren als Marktplatz an Bedeutung. Selbst Lebensmittel, Koch- und Obstboxen werden bis nach Hause geliefert. Die Frage, die sich hier stellt, ist, wie mit den frei werdenden Handelsflächen weiter umgegangen wird. Wie können diese sinnvoll nachgenutzt werden, um weiterhin attraktive und nachgefragte Sockelzonen in Ortskernen sicherzustellen? Und welche Nutzungen werden in Zukunft innerstädtisch überhaupt nachgefragt werden?

Neue Arbeitswelten, neue Wohnformen, der demographische Wandel und Digitalisierung verändern unsere Anforderungen an Gebäude und Stadtquartiere. Es gibt viele Fragen, die der Wandel mit sich bringt. Unsere Aufgabe ist es, auf die Zukunftstrends zu reagieren und neue Konzepte für Wohnen, Arbeiten, Handel, Multi-Use-Gebäude und in weiterer Folge neue Wirtschafts- und Geschäftsmodelle zu entwickeln. Für den Neubausektor können Nachnutzungskonzepte in der Planung „von null auf" erarbeitet werden. Die eigentliche Herausforderung ist viel mehr der Umgang mit bestehenden, baulichen Strukturen. Gründerzeitliche Bauten etwa erfüllen die baulichen Anforderungen einer nutzungsoffenen Immobilie. Viele Gebäude, die später errichtet wurden, machen eine Umnutzung schwierig.

Prämisse für den Neubau wird sein, dass der Neubau flexibel und nutzungsneutral geplant und gebaut sein muss. Die Umnutzungs- und Anpassungsfähigkeit von Gebäuden werden ein zentrales Kernthema. Man wird schneller auf sich ändernde Markterfordernisse reagieren können, Leerstände langfristig reduzieren können und so den Werterhalt der Immobilie sichern. Eine verlängerte Nutzungsdauer der Gebäude wird zu mehr Zirkularität im Bauwesen verhelfen und sich so positiv auf die Umwelt auswirken.

3. Bereits erprobt: Die Umnutzung denkmalgeschützter Tribünen

Im Zuge der Weiterentwicklung des Viertel Zwei (www.viertel-zwei.at) waren wir als Immobilienentwickler auch mit Gebäude-Altbestand konfrontiert. Entlang der Trabrennbahn befinden sich drei Zuschauertribünen, wovon nur eine in Verwendung ist. Es stellte sich die Frage, wie mit den zwei weiteren, denkmalgeschützten Zuschauertribünen umgegangen werden soll, für die es keine Verwendung als Tribüne mehr gab. Sie wurden jahrelang nicht genutzt, der Zustand war sehr desolat. Die zwei Tribünen gelten als erste Stahlbeton-Bauten Europas und stehen deshalb unter Denkmalschutz. Beide Tribünen wollten wir unbedingt in das neue Stadtquartier integrieren und eine Verwendung für sie finden. Wir konnten uns vorstellen, Bürogebäude daraus zu machen. In enger Abstimmung mit dem Bundesdenkmalamt wurde festgelegt, dass die Tribünen unter Auflagen saniert und umgenutzt werden können. Dabei blieb die historische Bausubstanz erhalten. Auch der typische Tribünencharakter findet sich wieder. Behutsam wurde der Altbestand saniert und wieder instand gesetzt. Es galt, Alt und Neu harmonisch miteinander zu verbinden, was sehr gut gelungen ist.

Abb XII.1: Tribüne [OLN/Value One]

Auf rund 5.600 m^2 Nutzfläche wurden bis zu 400 moderne Arbeitsplätze geschaffen. Eine wandelbare Bühne für die Umsetzung der neuen Arbeitswelt, in der unterschiedlichste Aktivitäten möglich sind. Im Altbestand wurden Tribünenränge in Teilbereichen überplattet, um vernünftige Büro- und Arbeitsräume zu schaffen. Trotzdem blieb der Tribünencharakter erhalten. Im Zubau südlich des Altbaus sind verschiedene Bürokonzepte umsetzbar, egal ob Einzel- oder Großraumbüros. Mit wenig Aufwand können die Flächen in Zukunft umgenutzt werden. In unserem Headquarter der Value One, der mittleren der drei Tribünen, leben wir das Bürokonzept des „Activity Based Working". So gibt es keine fix zugeordneten Arbeitsplätze, stattdessen werden viele unterschiedliche Arbeitsräume geschaffen, die für jede Tätigkeit die richtige Ausstattung bieten. Auch der Außenraum bietet viele Arbeitsmöglichkeiten und eine stabile technische Infrastruktur. Der Zubau ist sehr flexibel konstruiert, so etwa durch entsprechende Raumhöhen (3 m lichte Raumhöhe im Bürobereich) und offene Grundrisskonfigurationen.

Abb XII.2: Außenraum [OLN/Value One]

Abb XII.3: Tribüne Seitenansicht [OLN/Value One]

Abb XII.4: Terrasse [OLN/Value One]

4. Mehr Flexibilität durch intelligente Produktdesigns

Die heutigen Gebäudestrukturen hindern uns daran, Gebäudebestand umzunutzen. Es braucht in Zukunft möglichst nutzungsneutrale bauliche Strukturen, Grundrisse und Raumvolumen, sodass Nutzungsänderungen mit wenig Aufwand möglich sind. Betrachtet man dies in einem größeren historischen Kontext, so befinden wir uns eigentlich in einer Phase der Rückbesinnung auf die alten Ideale der Gründerzeitarchitektur. Die Baustruktur der Gründerzeitbauten und die mögliche Flexibilität in der Raumnutzung machen Immobilien dieser Periode immer noch zu attraktiven Wohn- und Büroimmobilien. So erlauben Raumhöhen von 3 m in einem Regelgeschoss eine hohe Flexibilität für eine etwaige Umnutzung. Ein weiterer Ansatz ist die Schaffung von Grundrissen, die nutzungsneutral sind. Heute sollten keine baulichen Strukturen mehr errichtet werden, die alternative Nutzungen vollkommen ausschließen. Schon in der Planung ist eine spätere Umnutzung mitzudenken und ein alternatives Nutzungskonzept zu überlegen.

Um hohe Flexibilität im Gebäude zu erzielen, ist mehr Kreativität in der Planungsphase gefragt. In der Produktdesignphase wird über die Nutzung und Nachnutzung des Gebäudes entschieden und letztlich auch über die späteren Umweltauswirkungen des Gebäudes.

Die Entwicklung eines flexiblen Gebäudes erfordert im Projektmanagement eine agile Arbeitsweise mit kreativen Phasen und periodischen Überprüfungen der Produktidee. Das kreative Arbeiten („creative sprints" und „loops") muss erst mit klassischen Projektmanagementansätzen verschmelzen und bedarf selbstverständlich eines Ressourcenaufwands. Hier werden die Ressourcen Mensch und Zeit gebraucht. Die Frage, die sich in diesem Zusammenhang stellt, ist: Wie kreativ ist unsere Branche? Ist es nicht so, dass wir Wohnungen und Büros „von der Stange" entwickeln? Es gilt umzudenken.

Erst wenn im Entwicklungsprozess der Ausarbeitung des Produktdesigns und des Nutzungskonzepts ausreichend Zeit eingeräumt wird, werden wir feststellen, dass sich im weiteren Projektverlauf Zeit einsparen lässt. Digitalisierung unterstützt uns hierbei. Die fortschreitende Digitalisierung führt im Planungs- und Bauablauf zu mehr Zeiteffizienz. Die Zeit, die im Projektverlauf durch digitale Tools eingespart wird, kann somit im Vorfeld sinnvoll für kreative Entwicklungsprozesse und die Ausarbeitung von Szenarien und (Nach-)Nutzungskonzepten genutzt werden. Durchläuft man einmal diesen Prozess, versteht man den immensen Mehrwert dieser Kreativphase.

Die Produktdesign-Phase ist die wichtigste Phase zur zukunftsfähigen Ausrichtung der Immobilie. Mittels Berücksichtigung von Zukunftstrends, des Wandels von Wohn- und Arbeitsformen und Learnings aus vergangenen Projekten können langfristig genutzte, flexible und Erfolg bringende Immobilien entwickelt werden.

Im Produktdesign wären somit drei wesentliche Grundsätze zu berücksichtigen, um höchstmögliche Flexibilität im Gebäude zu gewährleisten. Das Produkt ist auf eine lange Lebensdauer auszurichten, durch den Einsatz von qualitativ hochwertigen, umweltfreundlichen Materialien.

Weiters ist das Produkt so zu designen, dass es verändert und umgestaltet werden kann und so die Lebensdauer verlängert wird. Man denke an einen modularen Aufbau, so wie beim allseits bekannten IKEA Pax-Schrank, der sich verändern oder ausbauen lässt. Der Einsatz von Modulen im Gebäude ist heute ebenso möglich. Holzmodulbauweise ist eine sehr ökologische Form des Bauens, da ein nachwachsender und natürlicher Rohstoff verwendet wird. Bauen mit Holz birgt eine Menge Vorteile: gesundes, angenehmes Wohnklima, einen hohen Wohlfühlfaktor und ein ästhetisch ansprechendes, modernes Design. Weiters ermöglicht Holz einen hohen systematischen Vorfertigungsgrad, der bei vielerlei Lösungen gänzlich ohne Leim oder Schrauben auskommt. Sohin wird ein einfacherer Rückbau mit geringem Trennungsaufwand erzielt. Durch die Modularität schafft man einen schnelleren Bauablauf und höhere Kostensicherheit für den Bauherren. Das Baukastensystem ist skalierbar und systematisch einsetzbar.

Der dritte Grundsatz ist, dass Schadstoffe und Abfälle aus dem Produkt hinausdesignt werden müssen. Ganz im Sinne eines Übergangs in eine Kreislaufwirtschaft sind Produkte schadstofffrei und recyclebar zu designen.

5. Mehr Flexibilität durch kreislauffähige Gebäude

Das CO_2-neutralste Gebäude ist jenes, das nicht gebaut wird. Ist es nicht absurd, dass die Absicht, ein Gebäude neu zu errichten, direkt Kosten auslöst und Emissionen hervorruft, da im Vorhinein der Altbestand entsorgt werden muss? Im allerschlechtesten Fall gibt es für den Altbestand kein Rückbaubaukonzept und keine genaue Dokumentation über die Recyclingfähigkeit des Gebäudes, die den Rückbau erleichtert. Das Wirtschaftssystem ist linear ausgerichtet und dadurch nicht zukunftsorientiert. Aus Rohstoffen werden Produkte, aus Produkten wird Abfall. Die Ressourcen werden ausgebeutet und nach kurzer Einsatzdauer entsorgt.

Im Gebäudesektor muss ein Umdenken stattfinden, weg von der linearen Ressourcenausbeutung hin zum kreislauffähigen Einsatz von Ressourcen. Kreisläufe in der Ressourcenausbeutung und im Ressourceneinsatz zu schließen ist im Bausektor die aktuelle, große Herausforderung. Das Ziel wird sein, die Nutzungsdauer von Ressourcen, Materialien und Produkten auf ein Maximum auszudehnen. Heutzutage werden Gebäude vor ihrem technischen Lebensende abgerissen. Dabei gibt es Gebäudeteile, die man weiterverwenden könnte, da das Ende der Lebensdauer für diese Gebäudeteile noch nicht erreicht ist.

Kreislaufwirtschaft ist ein Ansatz, der es ermöglicht, Ressourcen möglichst lange und mit höchstmöglichem Wert zu nutzen. Das heißt, dass vorhandene Materialien und Bauteile, für deren Herstellung bereits Rohstoffe und Energie eingesetzt wurden, wiederverwendet werden und so die Lebensdauer ausgedehnt wird. Das ist ein bedeutender Schritt, um in der Bau- und Immobilienbranche zukunftsorientiert zu handeln. Zum einen ist es ein wichtiger Beitrag zum Klima- und Umweltschutz, den man hier leistet, zum anderen wandelt sich das Wesen von Gebäuden. Gebäude werden plötzlich als Rohstofflager verstanden. Eine Immobilie, die Jahrhunderte lang als immobil, also unbeweglich, verstanden wurde, wird nun mobil. Gebäudeteile und Materialien können ausgetauscht werden, das Gebäude verändert sich und passt sich an neue Bedürfnisse an. Ausgebaute Materialien werden anderswo wiederverwendet. Gebäude werden flexibler und umnutzungsfähiger. Dazu bedarf es einer behutsamen Auswahl an Bauprodukten und -materialien, die sich mit wenig Aufwand voneinander trennen und zur Wiederverwendung aufbereiten lassen.

In der Theorie gibt es viele Ansätze und Ideen, wie sich Kreisläufe schließen lassen und was zu tun wäre. Doch umgesetzt werden sie kaum. Zu groß ist die Befürchtung vor zu hohen Planungs- und Baukosten. Es wird also konventionell gebaut. Man folgt dem Mainstream, man baut so, wie die anderen bauen, denn hier ist es einfacher, die Kosten abzuschätzen. Außerdem ist die Sicherheit groß, dass das fertige Produkt in dieser Form am Markt einen Abnehmer findet. Ändern wird sich erst etwas, wenn kreislauffähiges Bauen vom Gesetzgeber gefordert wird.

Wenn man also Gebäude als Rohstoffplattform betrachtet und bereit ist, eingebaute Materialien wieder einsetzbar zu machen, dann setzt dies eine lückenlose Dokumentation und die Auseinandersetzung mit der Phase des Rückbaus bereits in der Planung voraus. Das Gebäude muss so geplant und gebaut sein, dass Baustoffe mit unterschiedlich langen Lebensdauern voneinander getrennt und aufbereitet werden können. Wie der Rückbau zu erfolgen hat, ist zu dokumentieren. Der technologische Fortschritt wird uns hier eine große Unterstützung sein. Der Einsatz von BIM hat sich in den letzten Jahren bereits in der Baubranche verankert. Der digitale Materialpass erleichtert den späteren Ausbau, die Wiederverwendung und das Recycling der Materialien.

Betrachtet man das Gebäude über den gesamten Lebenszyklus, spielt die Qualität der Bauprodukte eine entscheidende Rolle. Lebenszykluskostenbetrachtungen in der Planungsphase unterstützen das Treffen richtiger Entscheidungen. Qualitativ hochwertige Materialien sind Voraussetzung für die Langlebigkeit der Immobilie. Die Bereitschaft, höhere Kosten für mehr Qualität in Kauf zu nehmen, wird steigen, wenn die Lebensdauer des Gebäudes dadurch höher kalkuliert werden kann. Auch dem Investor oder Eigentümer kommt die längere Nutzungsdauer zugute. Wenn das Gebäude länger als bisher „lebt", steigt der Wert der Immobilie. Mehr Anpassungsfähigkeit der Immobilie und Aussicht auf geringere Leerstände tragen auch ihren Teil dazu bei. Es wird nicht mehr „nur" ein Gebäude verkauft werden, sondern ein Baukasten, der weiter verwertbar ist. Man stelle sich vor, dass durch die ewige Nutzung des Gebäudes keine Abbruchkosten mehr anfallen und kaum noch Abfall produziert wird. Durch den Rückbau, das Zerlegen des Bausatzes, fallen Umnutzungskosten an. Wenn diese früh genug in der Planung mitgedacht werden, können sie gering gehalten werden.

Wird der gesamte Lebenszyklus des Gebäudes schon ab Produktkonzeption mitbetrachtet, so wird es in Zukunft realistischer möglich sein, Gebäudebestand zu erhalten und die Sanierungsrate bzw „Umnutzungsrate" grundsätzlich zu erhöhen.

Unter echter Kreislaufwirtschaft verstehe ich Produkte, die über den gesamten Lebenszyklus in der Verantwortung des Herstellers liegen. So darf auch die Verantwortung des Herstellers nicht mit der Baufertigstellung der Immobilie aufhören. Der Verbleib der Verantwortung beim Hersteller ist ein Beleg für gute, langlebige Qualität des Produkts.

Hierzu gibt es bereits interessante Herangehensweisen, bspw Miet- und Leasingmodelle für Elemente mit einer kürzeren Lebensdauer, wie Möbel, Licht, Türgriffe und anderes Inventar. Nutzen statt Besitzen zeigt sich als Zukunftstrend.

Die ewig genutzte Immobilie ist die Planungsprämisse: Produkte und Materialien werden so lange wie möglich in Gebrauch gehalten. Abfall und Schadstoffe werden aus dem Produkt „hinausdesignt".

Der Druck in die richtige Richtung wird derzeit von Seiten der EU gemacht. Immer mehr große Unternehmen verpflichten sich, ESG-konform zu agieren und zu investieren. Der Green Deal der EU trägt ebenfalls dazu bei, dass eine sehr traditionelle und sich nur langsam verändernde Immobilienbranche sich ernsthaft mit der „Enkeltauglichkeit" ihrer Produkte auseinandersetzt.

6. Mehr Flexibilität durch Digitalisierung

Die Baubranche hat ein großes Potenzial, eine gesündere Umwelt zu gestalten und Gebäude zu realisieren, in denen wir gerne leben. Mit digitalen Tools lassen sich Wertschöpfungsketten zirkulär gestalten. Technologien und Digitalisierung allein werden uns vor dem Klimawandel nicht retten, aber sicher einen wichtigen Beitrag leisten. Wenn wir es schaffen, Gebäude langlebiger zu bauen, und Gebäude als Baukasten bzw Rohstoff-Plattformen verstanden werden, braucht es digitale Systeme, die uns dabei unterstützen, sämtliche Baumaterialien hinsichtlich ihrer Haltbarkeit, Recyclingfähigkeit, chemischen Zusammensetzung etc für Betrieb und Umnutzung zu dokumentieren.

Wichtiger Impulsgeber für die Digitalisierung im Bauwesen ist BIM. Der Einsatz der BIM-Methode ist in den letzten Jahren gestiegen und kaum jemand zweifelt noch daran, dass

BIM ein Standard in der Bau- und Immobilienbranche bleiben wird. Das 3D-Gebäudemodell wird mit Daten zu Materialien, Bauteilen, Komponenten, Prozessen gefüttert. Von der Planung und Bauausführung bis hin zu Nutzung und Rückbau dient das Datenmodell als „single point of truth", Quelle aller Informationen rund um das Gebäude.

Im Betrieb stellt das BIM-Modell ein Abbild des errichteten Gebäudes dar. Dieser „digitale Zwilling" erleichtert spätere Umnutzungen oder Nachnutzungen der Immobilie immens. Das BIM-Modell kann hierzu mit Recycling- und Materialdatenbanken verknüpft werden, die dem Eigentümer, Betreiber und jedem Nachnutzer Informationen über die eingebauten Materialien sowie Anleitung zum Zerlegen, Trennen, Wiederverwenden und Rückführen der Materialien in den Stoffkreislauf geben.

Es gibt bereits Initiativen, die im Umgang mit ausgebauten, recycelten Materialien unterstützen. Der Urban-Mining-Ansatz strebt die Nutzung von wiederverwendeten Wertstoffen an. Hierzu werden Rohstoffe und Materialien auf einer zentralen Börse zum erwarteten Restwert zum Zeitpunkt des Rückbaus angeboten und gehandelt.

Der steigende Digitalisierungsgrad im Bauwesen unterstützt die Flexibilität des Gebäudes, nicht nur hinsichtlich der Gebäudedokumentation. Auch bietet die digitale Nachrüstung im Gebäudebestand immenses Potential, um Ressourcen im Betrieb zu schonen sowie Energie- und Betriebskosten einzusparen. Durch die Vernetzung mehrerer Wohn- oder Mieteinheiten miteinander mithilfe intelligenter Steuerungs- und Kommunikationstechnologie kann bspw der Energieverbrauch gesenkt werden und eigens erzeugte Energie (zB Solarstrom) untereinander per Blockchain gehandelt werden. Digitalisierung unterstützt uns auf dem Weg vom Energieverbraucher hin zum Energieerzeuger.

Für mehr Flexibilität des Gebäudes sehe ich die künstliche Intelligenz als besonderen Mehrwert an. Das sog „lernende Gebäude" kann mittels Smart-Home-Technologien und dank künstlicher Intelligenz den Nutzerkomfort erhöhen und den Nutzer dabei unterstützen, Energie im Betrieb zu sparen. Uns als Entwickler ermöglicht die Analyse der gesammelten Daten jedoch, noch weiter in die Zukunft zu blicken. Sie hilft uns, das Nutzerverhalten und die Gebäudeperformance besser zu verstehen und das Gebäude für die Zukunft zu optimieren. Daraus lassen sich etwaige Nachnutzungskonzepte ableiten.

Digitalisierung bedeutet für mich die Vereinfachung und Personalisierung von Produkten und Services für den Kunden. Der Mensch, der Kunde, steht dabei im Mittelpunkt. Digitalisierung ermöglicht eine Effizienzsteigerung in allen Bereichen. Trotzdem soll Digitalisierung nicht zum Selbstzweck angewendet werden. Digitalisierung und entsprechende Technologien sollen den Menschen sinnvoll unterstützen, mehr Komfort schaffen und uns in der Entwicklung weiterer Produkte und Nutzungsideen unterstützen.

7. Leitsätze

Zusammengefasst geht es bei Gebäuden um Dauerhaftigkeit. Wir bauen und gestalten Lebensraum nicht für 20 Jahre, sondern für 100 Jahre. Ein Gebäude wird nur dann flexibel und umnutzungsfreundlich, wenn das Gebäude auf Langlebigkeit hin geplant und gebaut ist.

Doch nachhaltig ist nicht gleich nachhaltig.

Ist ein energieeffizientes Gebäude nachhaltig, in welchem zur Wärmedämmung Gebäudeschichten untrennbar miteinander verklebt sind und damit das Recyclen unmöglich machen? Es hat selbstverständlich seine Richtigkeit, Gebäudebestand zu sanieren und energetisch effizienter zu machen! Wenn wir aber an Neubau denken, ist es da nicht so, dass in Zukunft der Energieverbrauch im Betrieb möglicherweise gar kein Thema mehr sein wird, wenn der Bedarf aus 100 % erneuerbarer Ressourcen gedeckt wird? Ist der Energiebedarf des Gebäudes dann noch ein Thema? Oder wird es dann wichtiger, durch den Neubau Abfälle zu vermeiden und Ressourceneinsatz zu verringern?

Nachhaltigkeit hat mehrere Dimensionen als bloß die energetische Performance des Gebäudes.

Die Gebäudebranche ist für hohe Energie- und Ressourcenverbräuche und ein hohes Abfallaufkommen verantwortlich. Ca 50–60 % des Abfallaufkommens wird allein durch die Bauwirtschaft verursacht. Insgesamt ist die Gebäudebranche ein bedeutender CO_2-Emittent. Erneuerbare Energiesysteme werden zur Reduzierung der CO_2-Emissionen gefördert. Zur Reduzierung von Ressourcenverbräuchen und Abfallaufkommen sehe ich das flexible, nutzungsneutrale und langlebige Gebäude als Möglichkeit, Ressourcenverbrauch und Abfallaufkommen zu verringern.

Wie schaffen wir mehr Flexibilität in Gebäuden? Hierzu drei Leitsätze.

Flexibel durch ein langlebiges Produktdesign: Die ewig genutzte Immobilie

Die Produktdesign-Phase ist die wichtigste Phase zur Ausrichtung der Immobilie. Mittels Berücksichtigung von Trends, des Wandels von Wohn- und Arbeitsformen und der Bedürfnissen der Gesellschaft können langfristig genutzte, umnutzungsfähige und Erfolg bringende Immobilien entwickelt werden. Der Kreativprozess braucht Zeit. Der Bauherr muss sich diese Zeit nehmen. Durchläuft man einmal diesen Prozess, versteht man den Mehrwert, den die investierte Zeit in die Kreativphase bringt.

Im Produktdesign sind sohin folgende Grundsätze zu berücksichtigen, um höchstmögliche Flexibilität im Gebäude zu gewährleisten.

- Das Produkt ist langlebig zu designen, indem qualitativ hochwertige, langlebige und umweltfreundliche Materialien eingesetzt werden. Die Bereitschaft, höhere Kosten für bessere Qualität in Kauf zu nehmen, wird steigen, wenn die insgesamte Lebensdauer des Gebäudes dadurch höher kalkuliert werden kann. Auch dem Investor oder Eigentümer kommt die längere Nutzungsdauer zugute. Wenn das Gebäude länger „lebt“, steigt der Wert der Immobilie.
- Das Produkt ist so zu designen, dass es verändert und umgestaltet werden kann. Nachnutzungs- bzw Umnutzungskonzepte sind mitzudenken. Der Einsatz von Modulen im Gebäude, ähnlich wie beim allseits bekannten IKEA Pax-Schrank, der sich verändern oder erweitern lässt, bringt im Gebäudesektor viele Vorteile. Durch die Modularität schafft man einen schnelleren Bauablauf und höhere Kostensicherheit. Das Baukastensystem ist skalierbar und systematisch einsetzbar. Holzmodulbauweise ist eine sehr ökologische Form des Bauens, da ein nachwachsender Rohstoff verwendet wird. Weiters ermöglicht Holz einen hohen systematischen Vorfertigungs-

grad, der bei vielerlei Lösungen gänzlich ohne Leim oder Schrauben auskommt. Sohin wird ein einfacherer Rückbau mit geringem Trennungsaufwand erzielt.

- Der dritte Grundsatz ist, dass Schadstoffe und Abfälle aus dem Produkt hinausdesignt werden müssen. Ganz im Sinne eines Übergangs in eine Kreislaufwirtschaft sind Gebäude schadstofffrei und recyclebar zu entwickeln. Dazu bedarf es einer behutsamen Auswahl an Bauprodukten und -materialien, die sich mit wenig Aufwand voneinander trennen und zur Wiederverwendung aufbereiten lassen. Gebäude werden heute vor ihrem technischen Lebensende abgerissen. Dabei gibt es Gebäudeteile, die man weiterverwenden könnte, da das Ende der Lebensdauer noch nicht erreicht ist.

Flexibel durch nutzungsneutrale Strukturen: Das Gebäude als Baukasten

Die heutigen Gebäudestrukturen hindern uns daran, Gebäudebestand umzunutzen. Es braucht in Zukunft möglichst nutzungsneutrale bauliche Strukturen, Grundrisse und Raumvolumen, sodass Nutzungsänderungen mit wenig Aufwand umgesetzt werden können. Dann haben wir auch die Chance, Gebäudebestand vernünftig zu sanieren und höhere Sanierungsraten zu erzielen.

Wir sehen, dass sich sowohl Wohn- und Büroformen als auch der Handel in einem Wandel befinden. Mit dem gesellschaftlichen Wandel ändern sich auch unsere Bedürfnisse und Anforderungen an Gebäude. Um in Zukunft schnell auf sich ändernde Markterfordernisse reagieren zu können und Leerstände zu vermeiden, bedarf es Strukturen, die sich mit wenig Aufwand umnutzen lassen. Die nutzungsneutrale Immobilie ist daher die Zukunft. Die Anpassungsfähigkeit von Gebäuden ist ein Aspekt, der von der Planungsphase an mitbedacht werden muss. Hier erweisen sich Modulbauweisen als besonders geeignet, aufgrund der seriellen Fertigung und der Skalierbarkeit. Der Umbau wird einfacher möglich. Dieser Umbau ist während der Planung in Um-/Nachnutzungsszenarien mitzudenken und zu evaluieren.

Das Gebäude wird in Zukunft als Baukasten und Rohstofflager verstanden, es durchläuft nun einen Wandel vom unbeweglichen zum beweglichen Gut.

Flexibel durch höheren Digitalisierungsgrad: Der digitale Zwilling und das lernende Gebäude

Wenn wir es schaffen, Gebäude langlebiger zu bauen, und weiters Gebäude als Baukasten bzw Rohstoff-Plattformen fungieren, braucht es digitale Systeme, die uns dabei unterstützen, sämtliche Baumaterialien hinsichtlich ihrer Haltbarkeit, Recyclingfähigkeit, chemischen Zusammensetzung etc für Betrieb und Umnutzung zu dokumentieren. Der Einsatz von BIM hat sich in den letzten Jahren bereits in der Baubranche verankert. Der ua daraus resultierende digitale Gebäudepass beinhaltet alle Informationen für Eigentümer, Nutzer und Nachnutzer, um den späteren Ausbau, die Wiederverwendung und das Recycling von Materialien zu gewährleisten.

Durch den Einsatz entsprechender Technologien und künstlicher Intelligenz im Gebäude kann der Nutzerkomfort erhöht werden und der Nutzer dabei unterstützt werden, Energie im Betrieb zu sparen. Uns als Entwickler ermöglicht die Analyse der Daten, das Nutzerverhalten und die Gebäudeperformance besser zu verstehen und das Gebäude für die Zukunft zu optimieren. Daraus lassen sich etwaige Umnutzungskonzepte ableiten.

XIII. Nachhaltige Energieversorgung von Bestandsimmobilien am Beispiel SMART BLOCK Geblergasse

Franz Vogl

1. Ausgangslage

Die Energiewende hält Einzug in den Wiener Althausbestand. Mit dem SMART BLOCK Geblergasse entsteht erstmals eine nachhaltige Energieversorgung eines gründerzeitlichen Häuserblocks. Hier wird auf Basis von oberflächennaher Geothermie und Solarenergie schrittweise eine nachhaltige und CO_2-freie Energieversorgung mit dem Ziel realisiert, mittelfristig den gesamten Häuserblock, bestehend aus 18 Liegenschaften mit unterschiedlichen Eigentumsstrukturen, an der gemeinsamen Energieversorgungsanlage partizipieren zu lassen.

Der Grundstein dafür wurde von den Projektpartnern in zwei aneinandergrenzenden Objekten gelegt, die in den vergangenen beiden Jahren saniert und adaptiert wurden. Ausgehend von dieser sog Keimzelle sollen in der kommenden Projektphase die angrenzenden Objekte in das System aufgenommen werden. In dieser Phase ist auch geplant, ein bereits bestehendes Erdsondenfeld in das System zu integrieren und im Zuge dessen die Nutzung von reinem Wärmeentzug in den Wintermonaten auf eine saisonale Speicherung von Energie umzustellen.

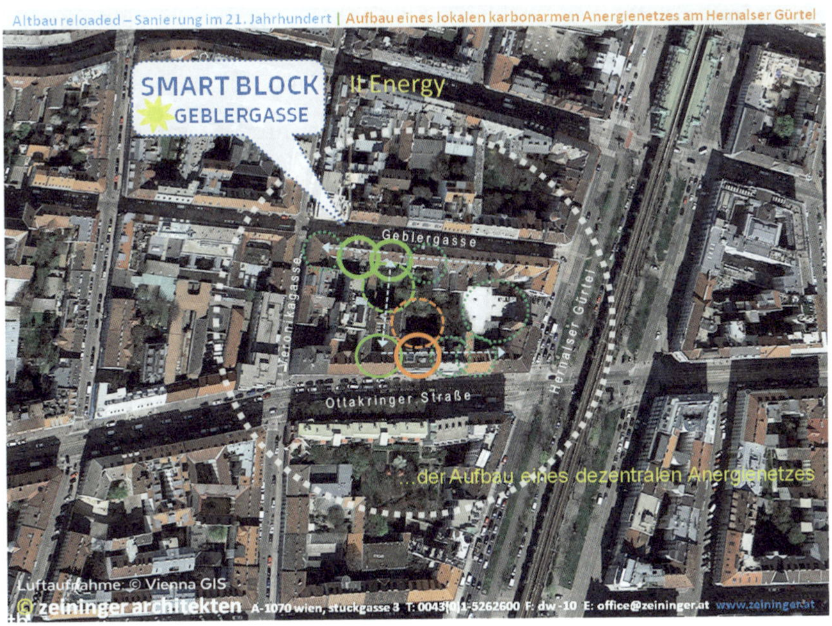

Abb XIII.1: Übersicht über das Projektgebiet [Zeininger Architekten]

Mittelfristiges Ziel ist es, den gesamten Häuserblock aus dem SMART BLOCK heraus zu versorgen und die Objekte durch ein Anergienetz miteinander zu verbinden. Der Saisonspeicher ermöglicht darüber hinaus, die Wohnflächen in der Sommersaison komfortabel und CO_2-schonend zu temperieren (kühlen), ohne dass splitgerätähnliche Lösungen dafür herangezogen werden müssen, die Abwärme an die Umgebungsluft abgeben und somit die Gefahr von Hitzeinseln erhöhen.

Vielmehr werden bei der saisonalen Energiespeicherung diese „Abwärme" sowie einfallende sommerliche Sonnenenergie dazu verwendet, die Objekte im Winter CO_2-frei zu beheizen.

So entsteht eine – im Hinblick auf Baustoffe oft geforderte – Kreislaufwirtschaft auf der Ebene der Energieversorgung, mit dem überaus positiven Nebeneffekt, dass die sommerliche Überwärmung der Stadt entsprechend reduziert werden kann.

2. Projektpartnerschaft

Zur Realisierung eines derart gelagerten Projekts bedarf es mehr als nur eines Energieliefervertrags. Vielmehr sind eine gemeinsame Vision, Ideenreichtum, Risikobereitschaft und unternehmerisches Wagnis und darauf aufbauend eine funktionierende Partnerschaft aller Beteiligten erforderlich.

Vor dem Hintergrund eines vielversprechenden Forschungsprojekts suchten die Liegenschaftseigentümer *Zeininger* und *Fischer* nach einem geeigneten Umsetzungspartner für diese innovative Art der Energieversorgungslösung.

Ihn haben sie in Form der BauConsult Energy GmbH gefunden, die zu diesem Zeitpunkt bereits an anderen Standorten innovative Konzepte für die Energieversorgung auf Basis von Saisonspeichern und Anergienetzen umgesetzt hatte.

Das vielversprechende Konzept und die Möglichkeit, ihre Erfahrungen auf dem Gebiet von Anergienetzen sowie der Nutzung regenerativer Energieformen in der Beheizung und Kühlung einzubringen sowie in diesem Projekt auch selbst weiter zu lernen und innovative Lösungen für den so wichtigen Gebäudealtbestand weiterzuentwickeln und mitzutragen, waren die ausschlaggebenden Faktoren für die BauConsult Energy GmbH, Teil des Projektteams zu werden. Die BauConsult Energy stellt in dieser Partnerschaft den Eigentümer und Betreiber der Anlagen dar und trägt auch die mit den Investitionen verbundenen Kosten.

Ziel der BauConsult Energy GmbH ist es, neben den eigentlichen Versorgungsanlagen auch die Energieabgabesysteme in den Wohnungen gemeinsam mit den Projektpartnern weiterzuentwickeln, da dies aus Sicht der BauConsult Energy GmbH ein Schlüsselfaktor für eine nachhaltige Energiewende im Altbestand ist.

Mit *Dr. Jochen Käferhaus* wurde ein engagierter Planer auf dem Gebiet der nachhaltigen Versorgungslösungen mit an den Tisch geholt, der das Projekt mit seinen Lösungsansätzen sowohl auf Seite der Energieversorgung als auch auf Seite der Abgabesysteme maßgeblich mitgestaltet hat.

Begleitet wurde und wird das Projekt, das mittlerweile in der Stadt Wien, aber auch international für Aufsehen gesorgt hat und von Delegationen aus mehreren europäischen Ländern besucht wurde, auch von *DI Bayer* von ÖGUT sowie den Magistratsabteilungen der Stadt Wien. Federführend an dieser Stelle sei hier die MA 20 zu erwähnen, die das Projekt auch finanziell im Rahmen einer Baukostenförderung unterstützt.

3. Forschungsprojekt SMART BLOCK

Die Basis für den SMART BLOCK Geblergasse hat bereits eine zweistufige Forschungsarbeit gelegt, auf deren Ergebnissen aufgebaut werden konnte.

Sie wurde im Rahmen einer Initiative von Smart City Wien – Rahmenstrategien durch die Stadt Wien gefördert. In der ersten Stufe der Forschung war das Ziel noch ein übergeordnetes, nämlich den inhaltlichen Bedarf der Sanierung der gründerzeitlichen Stadtteile Wiens zukunftsorientiert zu erfassen. Nach erfolgreichem Abschluss der ersten Phase entschloss man sich, das Projekt fortzuführen.

In der zweiten, vertiefenden Stufe „SMART BLOCK II Energy", die durch den klima + energie fonds gefördert wurde, konzentrierte man sich bereits auf einen konkreten Gründerzeitblock, der nach den Kriterien Bevölkerungsdichte und Sanierungsbedarf ausgewählt wurde.

Die Schwerpunkte in der vertiefenden 2. Forschungsphase bezogen sich auf folgende Themen:

- objekt- und liegenschaftsübergreifende, standortbezogene Erzeugung von und Versorgung mit regenerativer Energie,
- standortspezifische, alternative urbane Mobilitätskonzepte,
- alternative Finanzierungsmodelle für Energie- und Mobilitätskonzepte
- sowie Aufbau von Kommunikationsstrukturen und Modellen für die Umsetzung eines solchen Vorhabens.

4. Von der Idee zum Projekt – Der SMART BLOCK Geblergasse geht in die Realisierung

Ausgehend von den Ergebnissen der vorerwähnten Studie haben die Projektpartner im Jahr 2018 die Planung und die Realisierung des ersten Projektabschnitts in Angriff genommen.

Die wirtschaftliche Zielvorgabe, die von allen Projektpartnern mitgetragen wurde und Voraussetzung für die Umsetzung war und ist, sind Energiekosten für Raumheizung und Warmwasser für die Bewohner der versorgten Objekten zu marktüblichen Kosten. Orientiert hat man sich bei der Preisfindung an den ortsüblichen Fernwärmekosten.

Die sommerliche Temperierung der Wohnungen wird im Rahmen einer Flatrate abgewickelt. Durch diese Flatrate können die zusätzlichen Kosten wie zB Pumpenstrom, die mit der Temperierung in Zusammenhang stehen, gedeckt werden. Im Gegenzug hat sich die BauConsult Energy GmbH dazu entschlossen, anders als in anderen Projekten nicht auf ein reines FreeCooling-Modell für die Temperierung zu setzen, um den Kunden während der gesamten Temperierungsperiode gleichbleibenden Komfort bieten zu können.

Unterstützt durch eine Förderung der Stadt Wien, die sich mit 30 % der Errichtungskosten beteiligt, konnten diese Ziele bereits im ersten Projektabschnitt erreicht und die hohen Errichtungskosten für die Keimzelle für den Betreiber abgemildert werden.

Die Sanierung des ersten Objekts, Geblergasse 11, war Ende 2019 abgeschlossen. Es beherbergt in seinem Innenhof das Sondenfeld und die zentrale Steuerung. Seit Ende 2020 ist auch das zweite Objekt, Geblergasse 13, bezogen und wird aus der gemeinsamen Anlage versorgt. Zu diesem Zeitpunkt hatte die Versorgungsanlage ihre erste Bewährungsprobe bereits erfolgreich hinter sich gebracht.

Die Resonanz der Bewohner während der ersten Kühlperiode war außerordentlich gut. Durch die Temperierung der Wohnungen über den Fußboden, gepaart mit der durchdachten Architektur und den gelungenen, vorgelagerten Außenbereichen, kann ein sehr komfortables Raumklima sichergestellt werden. Und das alles ohne Auftreten der bekannten Nachteile (zB Lärm), die bei einer konventionellen Kühlung durch Split-Klima-Geräte entstehen.

Bis es so weit kommen konnte, waren auch während der Bauphase viele Hürden zu nehmen. So war man mit der Situation konfrontiert, dass man zwar ein Sondenfeld in einem Innenhof relativ gut konzipieren kann, die tatsächliche Umsetzung dann aber gegebenenfalls daran scheitern könnte, dass man mit dem Bohrgerät den Innenhof mit wirtschaftlich vertretbaren Mitteln nicht erreicht. So wurden die ersten Überlegungen, das Bohrgerät mittels Autokran in den Innenhof zu heben, aus Kostengründen relativ schnell wieder verworfen, da die Kosten für die Demontage diverser Installationen im Straßenraum sowie der Hub des Geräts selbst die angepeilten Kosten für den Erdspeicher bei weitem übertroffen hätten.

So hat man sich letztendlich dazu entschlossen, die Bohrungen mit einem kleineren Bohrgerät und weniger tief auszuführen. Um die notwendige Gesamtsondenlänge beizubehalten, wurde die Anzahl der Sonden von 12 auf 18 erhöht und die Sonden wurden teilweise schräg unter die Bestandsobjekte abgesenkt, um auch die bebauten Flächen nutzen zu können.

Der Vorteil des kleinen Bohrgeräts war, dass es nach Ausbau der Türzargen und einer temporären Verbreiterung der Türlaibung durch den Hauseingang und den Hausflur in den Innenhof gebracht werden konnte.

Abb XIII.2: Einfahrt des Bohrgerätes durch den Hauseingang [Zeininger Architekten]

Da die übrigen Gerätschaften sowie die Mulden für das Spülwasser nur im Straßenraum vor der Baustelle aufgestellt werden konnten, wurden die Spülleitungen kurzerhand durch eine im Umbau befindliche Erdgeschosswohnung verlegt.

Doch nicht nur die Einbringung der Gerätschaften war mit Herausforderungen verbunden. Durch die Lage der Bohrungen im Innenhof, umringt von bewohnten Gebäuden, war auf die Arbeitszeiten sowie die aus den Arbeiten resultierende Lärmbelästigung besonderes Augenmerk zu richten.

Abb XIII.3: Arbeiten im Innenhof [Zeininger Architekten]

Abb XIII.4: Arbeiten bei Nacht [Zeininger Architekten]

Beschwerden von Anrainern konnten in Abstimmung mit den Bauherren durch umfangreiche Kommunikationsmaßnahmen sowie laufende Anrainerinformationen zum Baufortschritt entsprechend abgemildert und in ihrer Anzahl auf einige wenige reduziert werden.

Auch der Einbau der technischen Anlagen im Gewölbekeller eines Gründerzeithauses war, beginnend bei der Planung bis zur Einbringung der Anlagen über die Bestandsstiege, abenteuerlich. So wurden zB Holzkisten in den tatsächlichen Abmessungen der Gerätschaften gebaut, um zu überprüfen, ob man die Geräte tatsächlich am Stück in den Keller bringen konnte oder ob man diese weiter zerlegen musste. Der Umstand der beengten Einbringung war auch während der Auswahl der Geräte bereits ein K-o-Kriterium. Anlagenteile, die nicht über die Stiege in den Keller passten, mussten in der Planung leider ausgeschieden werden.

Letztendlich haben sich die Mühen in der Planung und auch im Bau gelohnt. Nicht zuletzt durch die Bereitschaft des Bauherren, den Gewölbekeller im Vorfeld der Anlagenerrichtung umfangreich auf eigene Kosten zu sanieren, ist nach Meinung des Autors eine der schönsten Technikzentralen entstanden, die in Wien ihresgleichen sucht.

Abb XIII.5: Technikzentrale im Gewölbekeller [Zeininger Architekten]

Dass diverse Steigleitungen aufgrund von Platzmangel in stillgelegten Kaminen Platz gefunden haben, sei hier nur am Rande erwähnt. Auf diesem Weg kann die nachhaltige Energie sogar noch Teile der Infrastruktur aus der Zeit der fossilen Beheizung der Objekte nutzen!

Am Ende des Tages konnten gemeinsam mit den Planern und Bauherren für alle Problemstellungen und Herausforderungen konstruktive Lösungen zur Zufriedenheit aller Beteiligten gefunden werden.

Natürlich gab es aber auch Rückschläge zu verzeichnen. So wurde bereits mit der sog Keimzelle die erste Erweiterung mitkonzipiert und in der Errichtung auch vorbereitet. Durch zwischenzeitliche Verkäufe der Objekte und damit einhergehenden Adaptierungen in der Planung bzw der geplanten Nutzungen mussten diese Erweiterungen vorerst ausgesetzt werden. Die Gespräche mit den neuen Eigentümern sind aber bereits im Laufen, um den Anschluss an das wohl innovativste Versorgungsprojekt im Altbestand alsbald vertraglich zu sichern.

Positiv ist hingegen zu erwähnen, dass die Resonanz auf das Projekt so gut ist, dass es bereits Anfragen von außerhalb des eigentlichen Häuserblocks gibt, ob man sich mit den eigenen Gebäuden an das System anschließen könne. Die Beweggründe dafür liegen zum Teil sicher in den innovativen Lösungsansätzen und der Komfortsteigerung für die eigenen Objekte. Ein Teil der Anfragen ist aber auch darauf zurückzuführen, dass Bauherren auch bei Sanierungen im Altbestand ihrer Verantwortung nach regenerativer CO_2-sparender Versorgung nachkommen wollen.

Rechtzeitig vor dem Einzug der ersten Mieter wurde der Innenhof, der das Sondenfeld beherbergt, fertiggestellt und bietet den Bewohnern ein Höchstmaß an Lebensqualität, ohne einen Hinweis darauf zu geben, dass sich das Leben im Außenraum über dem ersten Saisonspeicher, der im Rahmen einer Sanierung errichtet wurde, abspielt.

5. Technische Umsetzung

5.1. Systemkomponenten

5.1.1. Anergienetz

Anergienetze werden oft auch mit dem Begriff „kaltes Fernwärmenetz“ bezeichnet. Die Funktion eines Anergienetzes ist der eines Fernwärmenetzes ähnlich, jedoch auf einem wesentlich tieferen Temperaturniveau. Während Fernwärmenetze mit Temperaturen bis zu 120 °C betrieben werden, liegen die Systemtemperaturen in Anergienetzen zwischen 5 °C und 35 °C.

Dieses niedrige Temperaturniveau schafft die Möglichkeit der Einbindung von regenerativen Energiequellen (Erdsonden, Brunnenanlagen, unterschiedlichste Abwärmequellen, aber auch Luftwärmetauscher), die in diesem Zusammenhang oft auch als Wärmequellen und Wärmesenken bezeichnet werden. Bei herkömmlichen Anlagenkonfigurationen verwendet die Wärmepumpe jeweils eine Wärmequelle/-senke zur Entnahme der Umweltenergie.

Das Anergienetz erfüllt die Funktion des verbindenden Elements zwischen den Abnehmern (in Form von Wärmepumpen, im Freecoolingbetrieb teils auch direkt) und den dezentralen Wärmequellen/-senken. Die Abnehmer werden aus dem Anergienetz heraus mit einer – soweit möglich – auf den Anlagenbetrieb optimierten Vorlauftemperatur versorgt, um größtmögliche Anlageneffizienz zu gewährleisten.

5.1.2. Wärmepumpen

Die Wärmepumpen sind in den Technikzentralen der jeweiligen Objekte situiert und dienen der Produktion von Wärme und Kälte für die Projekte auf dem angefragten Temperaturniveau. Vor- und Rücklauf der Wärmepumpen werden in diesem Fall aber nicht wie gewohnt über ausschließlich ein System (Erdsonden, Grundwasserbrunnen …) zur Verfügung gestellt. Vielmehr sind alle Wärmepumpen im Gesamtsystem mit dem Anergienetz verbunden und beziehen die notwendige Energie (oder eigentlich Anergie) aus dem Anergienetz bzw speisen Abwärme/Abkälte auch wieder in dieses ein.

Diese Anlagenkonfiguration bietet den Vorteil, dass im Anergienetz wesentlich geringere Temperaturschwankungen (als zB in der Außenluft) stattfinden und die bereitgestellten Vorlauftemperaturen aus dem Netz zu wesentlich besseren Leistungszahlen der Wärmepumpen führen.

5.1.3. Erdsonden – Saisonspeicher

Als Ausführung der Erdsonden im SMART BLOCK Geblergasse wurde die Bauart Doppel-U-Sonde gewählt, um einen größtmöglichen Wärmeübergang in das Erdreich zu erzielen. Die Bohrungen verliefen weitgehend reibungslos, im Untergrund wurde das erwartete Material angetroffen, wodurch es zu keinen nennenswerten Verzögerungen während der Bohrmaßnahmen kam.

Die Erdsonden fungieren im SMART BLOCK nicht ausschließlich als Wärmequelle, sondern werden auch zur saisonalen Speicherung von Wärme und Kälte genutzt. Wir sprechen hier von einem Saisonspeicher.

Im sommerlichen Kühlbetrieb wird die Abwärme aus den Wohnungen, Überschusswärme aus den PVT-Kollektoren sowie je nach Betriebszustand auch die Abwärme aus den Wärmepumpen über das Anergienetz in die Erdsonden abgeführt. Dadurch erwärmt sich das Erdreich im Sondenfeld.

Im winterlichen Heizbetrieb wird diese eingelagerte Wärme dem Erdreich wieder entnommen. Durch die sommerliche Beladung des Erdsondenfelds liefert das Erdreich maßgeblich bessere Vorlauftemperaturen für die versorgten Wärmepumpen, wodurch sich die Effizienz der Wärmepumpen entsprechend erhöht.

Die im Heizbetrieb entstehende „Abkälte" kühlt bei der Wärmeentnahme aus dem Erdreich dieses entsprechend ab und schafft einen Kältevorrat für die sommerliche Kühlperiode.

Durch diese im Boden gespeicherte Kälte ist eine relativ ausgedehnte Periode im Freecooling möglich, in welcher die temperierten Flächen ausschließlich durch die entnommene Umweltenergie gekühlt werden. Erst wenn sich das Erdreich soweit erwärmt hat, dass kein Freecooling mehr möglich ist, wird, um den Komfort für die versorgten Flächen aufrechtzuerhalten, die Wärmepumpe zur Kälteproduktion herangezogen.

In der kommenden Ausbaustufe soll ein bereits bestehendes Erdsondenfeld in das Gesamtsystem integriert werden. Die getrennte Anspeisung der beiden Erdsondenfelder erlaubt im Betrieb eine wesentliche Verlängerung der Freecoolingperiode, da die Sondenfelder nacheinander beladen und entladen werden können.

5.1.4. Luftwärmetauscher

Im Gesamtsystem wird ein Luftwärmetauscher als zusätzliche Wärmequelle/-senke zum Einsatz kommen. In erster Linie wird dieser in der Übergangszeit in Betrieb genommen, um die Dauer des Freecoolingbetriebs entsprechend auszudehnen und den Erdspeicher zu schonen.

Sobald aufgrund der Außentemperaturen der Betrieb über den Luftwärmetauscher ineffizienter wird als die Wärme-/Kälteentnahme aus dem Erdsondenfeld, wird der Rückkühler automatisch deaktiviert.

Grundsätzlich kann der Wärmetauscher in sehr heißen Perioden auch zur Beladung des Erdsondenfelds herangezogen werden. In diesem Fall wird der Umgebungsluft Wärme entzogen, die über das Anergienetz direkt im Erdsondenfeld eingelagert wird.

Natürlich kann der Luftwärmetauscher auch als Redundanz für den Fall einer Betriebsstörung im Erdsondenfeld herangezogen werden.

5.1.5. PV-Elemente/PVT-Elemente/thermische Kollektoren

Im Sinne eines möglichst hohen Eigenversorgungsgrads der Anlagen sind auf den Dachflächen PV-Kollektoren bzw in Teilbereichen PVT-Kollektoren situiert.

Die PV-Elemente generieren bei entsprechender Sonneneinstrahlung elektrische Energie, die in erster Linie zum Betrieb der eigenen Versorgungsanlagen herangezogen wird.

Auf einigen der Dachflächen kommen auch PVT-Kollektoren zum Einsatz. Diese Hybridkollektoren in Sandwichbauweise liefern durch den integrierten „Kühlkreis" an der Rückseite der Elemente neben elektrischer Energie auch thermische Energie in Form warmen Wassers.

Aus dieser zusätzlichen thermischen Wärmequelle wird im Sommer einerseits direkt der Warmwasserkreislauf zur Warmwasserbereitung gespeist, andererseits wird im Fall von überschüssiger Wärme diese über das Anergienetz in die Erdsonden abgeführt.

Auf einer der Dachflächen im Hoftrakt des Gebäudes wurden zusätzlich thermische Kollektoren verbaut, die ausschließlich der Heißwasserproduktion dienen. Diese Kollektoren, in ihrer Funktion den Kollektoren, die man auch für private Pools kennt, gleich, produzieren ausschließlich warmes Wasser, das ebenfalls die Erdsonden erwärmt.

Durch das Zusammenspiel dieser unterschiedlichen Kollektortypen gelingt es, die hohen solaren Erträge aus den Sommermonaten in die winterliche Heizperiode zu verschieben, was zu einer entsprechenden Reduktion beim Primärenergieeinsatz für die Beheizung und damit zu einer signifikanten Reduktion beim CO_2-Ausstoß für ebendiese führt.

Natürlich kann der Luftwärmetauscher auch als Redundanz für den Fall einer Betriebsstörung im Erdsondenfeld herangezogen werden.

5.2. Anlagenkonzeption

Um die primäre Zielsetzung einer nachhaltigen, objektübergreifenden und vor allem CO_2-reduzierten Energieversorgung für einen gesamten Häuserblock in der gebauten Stadt erfüllen zu können, war es notwendig, bereits in der Konzeption der Versorgungsanlage neue Wege zu beschreiten.

Um der gegebenen Kleinteiligkeit der Eigentumsstrukturen sowie der damit verbundenen verfügbaren Flächen für die Technikzentralen Rechnung zu tragen, wurde aus den Konzepten des zugrunde liegenden Forschungsprojekts eine modular aufgebaute Gesamtversorgungsanlage entwickelt. Dies soll in den kommenden Jahren, ausgehend von den ersten beiden versorgten Objekten, Haus für Haus erweitert werden. Im Idealfall entsteht so in den kommenden Jahren ein Energieverbund, der den gesamten Häuserblock mit nachhaltig CO_2-freier Wärme und Kälte versorgt.

Herzstück der Anlage ist ein Anergienetz, das als zentrales Verbindungselement der einzelnen versorgten Objekte dient. In diesem Anergienetz werden sowohl die Verbraucher in Form von Wärmepumpenanlagen der einzelnen Objekte als auch die für deren Betrieb notwendigen Wärmequellen und Wärmesenken vereint. Als zusätzlichen Vorteil bietet das Anergienetz die Möglichkeit, interne Lasten im Gesamtsystem zu verschieben.

Einfach gesagt, findet der oft geforderte Perspektivenwechsel im Sinne der Consumer/Prosumer-Thematik hier bereits statt. Durch die Möglichkeit, überschüssige Energie in das Netz einzuspeisen, werden aus den versorgten Objekten auch Energieerzeuger, die ins gemeinsame Netz einspeisen.

Ein üblicher Lastfall im Sommer ist jener, dass in gewerblich genutzten Objekten gekühlt wird, während zB in angrenzenden Objekten mit Wohnnutzung Wärme zur Warmwasserbereitung benötigt wird. Bei einem konventionellen Gebäudebetrieb wird die Abwärme, die beim Kühlen der Objekte anfällt, unter Einsatz von elektrischer Energie über Rückkühlanlagen an die Umgebungsluft abgegeben. Damit ist sie für die Verbraucher eigentlich nicht nur verloren, sondern trägt zusätzlich zur sommerlichen Bildung von Hitzeinseln bei. Im angrenzenden Wohnobjekt hingegen wird unter Einsatz von zumeist fossilen Brennstoffen die Energie für die Warmwasserversorgung bereitgestellt. Beide Fälle erfolgen im Regelfall unter Verwendung von elektrischer Energie oder fossilen Brennstoffen.

Die konzipierte Lösung erlaubt es nun, die überschüssige Abwärme über das Anergienetz in die angrenzenden Objekte weiterzuleiten, wo sie als gut temperierter Vorlauf für die Wärmepumpenanlage herangezogen werden kann. Durch die hohe Basistemperatur kann die Warmwasserbereitung sehr effizient und mit hohen Leistungszahlen der Wärmepumpen bewerkstelligt werden.

Die auf den Dachflächen erzeugte elektrische Energie wird direkt in den Objekten zum Betrieb der Wärmepumpen herangezogen. Sofern größere Mengen an Überschuss anfallen, werden diese zukünftig im Rahmen eines Mieterstrommodells oder einer Energy-Community, die sich über den gesamten Häuserblock erstreckt, an die Mieter/Eigentümer abgegeben werden.

Die gewonnene thermische Energie dient im ersten Schritt der Unterstützung der Warmwasserbereitung, überschüssige thermische Energie wird über die Erdsonden im Boden eingespeichert und steht mit geringen Verlusten im Winter zum Beheizen der versorgten Objekte zur Verfügung.

Um die Temperaturen auch im Bereich der versorgten Objekte selbst auf einem möglichst niedrigen Niveau zu halten, wurde seitens der Bauherren der ersten beiden Objekte auf ein innovatives Warmwasserbereitungssystem gesetzt. In den zum Einsatz kommenden Warmwasserboilern wird das Brauchwasser in einer ersten Stufe aus dem Niedrigtemperaturnetz auf ca 40 °C gebracht (und damit für die meisten Kunden schon auf eine angenehme Gebrauchstemperatur). Der einzelne Bewohner hat über die eingebaute elektrische Nachheizung zusätzlich die Möglichkeit, sein Brauchwasser auf die von ihm gewünschte Temperatur nachzuwärmen.

Um hygienische Probleme auszuschließen, sind alle Boiler mit einer elektrischen Aufheizautomatik ausgestattet, die in definierten zeitlichen Abständen den Boiler auf 65 °C aufheizt, um einem Legionellenbefall vorzubeugen.

Da es bei den Anlagen der BauConsult Energy GmbH immer darum geht, möglichst nachhaltige Energieversorgungssysteme mit einer maximalen CO_2-Einsparung zu konzipieren, ist der ebenfalls verbaute Gaskessel auf den ersten Blick eventuell ein Widerspruch.

Dieser dient im System ausschließlich der Redundanz und ist im Gesamtsystem so integriert, das er netzdienlich Energie in das Anergienetz speisen könnte, um im Fall eines Ausfalls der Sondenfelder trotzdem eine entsprechende Vorlauftemperatur zu garantieren und damit die Effizienz der aus dem Netz versorgten Wärmepumpen auf einem sinnvollen Niveau zu halten. Der Vollständigkeit halber sei erwähnt, dass der Gaskessel seit Inbetriebnahme, also während der gesamten ersten Heizperiode, lediglich zu Probebetriebszwecken aktiv war.

Die Aufgabe des Redundanzkessels könnte, sofern am Standort vorhanden, durchaus auch durch einen gering dimensionierten Fernwärmeanschluss bewerkstelligt werden. In diesem Fall wäre es sogar ausreichend, den geringer temperierten Rücklauf der Fernwärme zu nutzen. Dadurch könnte, wenn man derartige Systeme konsequent ausrollen würde, auch die Infrastruktur bestehender Fernwärmenetze besser ausgenutzt und die Effizienz in diesen entsprechend gesteigert werden. Im gegenständlichen Projektgebiet war das leider nicht umsetzbar, seitens der BauConsult Energy GmbH werden aber mit mehreren Fernwärmeanbietern Gespräche geführt, um eine solche Lösung bei einem der kommenden Projekte umzusetzen.

6. Herausforderungen

Ein besonderes Augenmerk in der Umsetzung eines derartigen Projekts muss auf die aus der Kleinteiligkeit der versorgten Objekte resultierenden unterschiedlichen Eigentümerstrukturen gelegt werden.

Im SMART BLOCK Geblergasse finden sich sowohl Miethäuser als auch bestehende Wohnungseigentumsobjekte.

Da die Zielsetzung in gemeinsam versorgten Objekten immer sein muss, einen möglichst gleichlautenden Vertrag für alle zukünftig versorgten Objekte zu schaffen, muss auf die Anforderungen und möglichen Notwendigkeiten, die sich aus den unterschiedlichen Rechtsformen und dadurch geltenden gesetzlichen Grundlagen ergeben, bereits bei der Erstellung des Versorgungsvertrags für das erste versorgte Objekt eingegangen werden.

Das führt dazu, dass der Vertrag (bzw die Allgemeinen Versorgungsbedingungen), um alle rechtlichen Punkte abzudecken, sehr umfangreich und ausführlich sein muss. Dieser Umstand wiederum führt bei den einzelnen Kunden zu umfangreichem Erklärungsbedarf im Hinblick auf die Vertragsgestaltung und oft auch zur Frage, warum bestimmte Vertragspassagen derart ausführlich beschrieben werden müssen (wenn es doch das eigene Objekt gar nicht betrifft).

Letztendlich muss der Vertrag aber nicht nur den Zweck erfüllen, die Interessen jedes einzelnen Vertragspartners zu wahren, sondern dient vielmehr dazu, die übergreifende Versorgungsanlage, das „Gesamtsystem Anergienetz“ vor dem Untergang zu schützen, auch wenn ein einzelner Partner, zB aufgrund des Verkaufs seines Objekts, aus dem Vertrag aussteigen will. Zudem muss der Vertag die zukünftige Weiterentwicklung der Gesamtversorgungsanlage entsprechend absichern.

Um genau diese Verunmöglichung eines geordneten Betriebs oder einer geplanten Erweiterung zu verhindern, wird zu Beginn der Konzeption ein entsprechendes Servitutskonzept erstellt. Auf Basis dessen werden mit allen Partnern entsprechende Servitutsvereinbarung geschlossen, die auch im Grundbuch eingetragen werden müssen und dem Zweck dienen, die verlegten Leitungen sowie Wärmequellen und -senken entsprechend im System zu halten, auch wenn einzelne Objekte nicht mehr aus dem Gesamtsystem versorgt werden.

Da ein Servitut für den Grundstücksbesitzer immer eine Belastung seines Grundstücks darstellt und er daher auch nicht akzeptiert, dass Servitute „für die Ewigkeit“ eingetragen werden, wurde eine Regelung gefunden, bei der die Servitute und damit die Leitungsstraßen usw so lange Bestand haben, als auch nur ein einziges Objekte aus den gemeinsamen Anlagen versorgt wird.

Sobald der letzte Versorgungsvertrag im SMART BLOCK erlischt, sind die eingetragenen Servitute seitens der BauConsult Energy GmbH umgehend löschen zu lassen.

Die rechtlichen Rahmenbedingungen machen die Umsetzung eines derartigen Projekts nicht immer leicht. Hier wird der Gesetzgeber in Zukunft gefordert seine, entsprechende Anpassungen im Miet- und auch im Wohnungseigentumsrecht umzusetzen, um die Umrüstung von Heizsystemen, die auf fossilen Brennstoffen basieren, auf solche, die aus regenerativen Quellen gespeist werden, entsprechend zu erleichtern.

Ein Umdenken wird auch in anderen Bereichen wie zB der Stadtbildgestaltung stattfinden müssen. Häufig und in vielen Städten geführte Diskussionen, ob es dem Stadtbild zumutbar ist, dass man PV-Anlagen von der Straße aus sieht, sind aus Sich des Autors vollkommen entbehrlich. Natürlich darf man Anlagen zur regenerativen Energieversorgung sehen. Genau genommen sollte man sie sogar sehen müssen, um klar zu signalisieren, dass hier etwas bewegt wird, und ein entsprechendes Bewusstsein in der Bevölkerung dafür zu schaffen. In einem der kommenden Projekte der BauConsult Energy GmbH wird genau diese Sichtbarmachung sogar in Abstimmung mit der öffentlichen Hand forciert, um zu zeigen, dass dort etwas Positives für die Stadt und die Bevölkerung umgesetzt wird.

7. Chancen und Möglichkeiten für die Zukunft

Um die CO_2-Ziele, zu deren Erreichung wir uns verpflichtet haben, einzuhalten und eine umfangreiche Energiewende herbeizuführen, wird es nicht ausreichen, ausschließlich für Neubauten entsprechend hohe Standards im Hinblick auf die Qualität der errichteten Gebäude und deren energetische Versorgung festzulegen.

Die Energiewende muss und wird auch in der gewachsenen Stadt und damit in den Gründerzeitvierteln Einzug halten, denn vergleicht man die durchschnittliche Nutzungsdauer dieser Gebäude mit modernen Neubauten, stellt man fest, dass diese Objekte offenbar so „flexibel“ sind, dass sie zum Teil bereits Generationen und umfangreiche Umbauten und Umnutzungen hinter sich gebracht haben. Daher ist davon auszugehen, dass uns diese Objekte hoffentlich noch eine lange Zeit begleiten. Vergleicht man den Charme vieler sanierter Gründerzeitviertel mit jenem von modernen Neubauten, wird man feststellen, dass die Neubauten den bereits bestehenden Gebäuden in puncto Charme und Lebensqualität oft nicht das Wasser reichen können. In diesem Zusammenhang stellt sich dem Autor zudem oft die Frage, wie anpassungsfähig moderne Neubauten im Hinblick auf zukünftige Veränderungen sind. Wird es gelingen, diese Neubauten in den kommenden 50 oder 100 Jahren mehrfach zu adaptieren und an Anforderungsänderungen anzupassen oder wird man sie im Sinne der modernen Wegwerfgesellschaft wegreißen und neue Wohnung errichten?

Aus Sicht des CO_2-Fußabdrucks ist es jedenfalls besser, einen Altbau umfassend zu sanieren und auch energetisch entsprechend zu ertüchtigen, als ihn durch einen modernen Neubau, und mag er technisch noch so gut sein, zu ersetzen.

Um die Entwicklung in den Gründerzeitvierteln voranzutreiben und mittelfristig zur Erreichung der Klimaziele die energetische Versorgung von fossilen Energieträgern auf regenerative Energieformen umzustellen, wird es sicher noch großer Anstrengungen bedürfen. Initiativen wie der SMART BLOCK Geblergasse sind hier sicher Leuchttürme und ein großer Schritt in die richtige Richtung. Die hier gewonnenen Erkenntnisse in

Bezug auf die Auslegung von Versorgungsanlagen, aber auch im Hinblick auf die Wärme- und Kälteabgabesysteme werden bereits in den kommenden Jahren sowohl im SMART BLOCK als auch bei anderen Projekten Einzug halten und die Energiewende im Bestand vorantreiben.

Auch die sommerliche Überhitzung der Städte wird zunehmend zu einem Problem werden. Aktuell wird diesem Thema mit teils abenteuerlichen und fast schon skurrilen Lösungsansätzen begegnet. Durch Erdsondensysteme, wie sie im SMART BLOCK Geblergasse umgesetzt werden, wird nicht nur verhindert, dass die Abwärme beim Kühlen der Wohnräume unter Einsatz von zusätzlicher Energie an den uns umgebenden Lebensraum und damit die Stadt abgegeben wird. Obendrein wird genau diese Abwärme im Erdreich gespeichert, um im Winter die im Sommer gekühlten Objekte CO_2-frei zu beheizen.

Um dieses System noch effizienter zu machen, konzipiert der Autor für die BauConsult Energy GmbH bereits erste Projekte, bei denen auch öffentliche Freiflächen mittels Kollektoren als Wärmequelle und das darunterliegende Erdreich im öffentlichen Raum als Speicher genutzt werden sollen. Positiver Nebeneffekt hierbei ist, dass durch Oberflächenkollektoren den öffentlichen Flächen im Sommer Wärme entzogen wird (die Flächen werden also temperiert), die in diesen Sonden gespeichert wird. So kann es gelingen, mit nur einem System der sommerlichen Überwärmung der Stadt entgegenzuwirken und gleichzeitig die Beheizung der angrenzenden Objekte im Winter auf Basis eben dieser „Abwärme“ CO_2-frei zu bewerkstelligen.

Oft wird im Bezug auf dezentrale Energieversorgung nur über die dezentrale Gewinnung von Strom aus PV-Anlagen nachgedacht und diese gefördert. Betrachtet man jedoch die Tatsache, dass mehr als die Hälfte der verwendeten Energie für die Beheizung (und zukünftig noch mehr für die Kühlung) unserer Wohn- und Lebensräume aufgewendet wird, erkennt man, wie wichtig es in Zukunft sein wird, auch diesem Bereich die entsprechende Aufmerksamkeit zu schenken. Oft ist davon zu lesen, dass unser gesamter Planet nur durch die einfallende Sonneneinstrahlung mit Strom versorgt werden könnte, wir aber ein Verteilungs- und ein Speicherproblem hätten. Das ist aber nicht nur im Bezug auf die Möglichkeiten zur Versorgung mit elektrischer Energie so. Im Bereich der Versorgung mit Wärme sind die Möglichkeiten der Speicherung mittels oberflächennaher Geothermie in Form von Saisonspeichern bereits ausgereift und im Vergleich zu Batteriespeichern als Lowtech-Lösung umfangreich einsetzbar.

Wichtig ist aber auch, dass hier keine dezentralen Insellösungen geschaffen werden sollen, sondern Symbiosen mit bestehenden Netzen. Daher ist die BauConsult Energy GmbH auch in diversen Forschungsprojekten engagiert, die sich mit der Verbindung von dezentralen Netzen bzw Anergienetzen mit bestehenden Fernwärmenetzen beschäftigen, um das Beste aus beiden Systemen herauszuholen.

Getreu der Formel 1 + 1 = 3, muss es unser aller Ziel sein, aus vielen guten Lösungen ein noch besseres großes Ganzes für uns, unsere Städte, unsere Umwelt und damit letztendlich für unser aller Lebensraum zu schaffen.

Abb XIII.6: Geschafft – Lebensqualität und Alternativenergie in perfekter Symbiose [Lisi Zeininger]

XIV. Beispiele aus der Praxis: Werdertorgasse 5–7 und 6 sowie Walfischgasse 13 und Krugerstraße 16

Walter Burger

1. Werdertorgasse 5–7 und 6

1.1. Einleitung

> *„Alles Alte, soweit es den Anspruch darauf verdient hat, sollen wir lieben; aber für das Neue sollen wir eigentlich leben.“*[1]

Theodor Fontane war einer der bedeutendsten deutschen Schriftsteller im 19. Jahrhundert, hat allerdings auf den ersten Blick keinerlei technischen Bezug, noch steht er in irgendeinem Zusammenhang mit dem Projekt Werdertorgasse 5–7 und 6. Trotz alledem hat er bereits 150 Jahre, bevor die Arbeiten bei den beiden Häusern im 1. Wiener Gemeindebezirk begonnen haben, mit seinem oben angeführten Zitat Nagel auf den Kopf getroffen.

Denn dieses Zitat schafft es, die Einzigartigkeit dieses Bauvorhabens kurz und bündig, aber exakt auf den Punkt wiederzugeben. Sowohl bei den Wohnungen in Haus 5–7, als auch bei Haus 6 ist die Basis ein Gründerzeithaus, das mit viel Arbeit und aufwendigen Verfahren rundum modernisiert und in weiterer Folge in höchster Qualität ausgebaut wurde. Der Drahtseilakt bei der Verbindung zwischen Altem und Neuem wurde dabei in jederlei Hinsicht gewagt und die damit einkehrenden Herausforderungen sowohl in positiver als auch in negativer Hinsicht angenommen.

Die folgenden Kapitel sollen einen Einblick in die verschiedensten Phasen des Projekts gewähren, wobei hier der literarisch, poetische Blickwinkel von Herrn *Fontane* durch eine technische und auch wirtschaftliche Betrachtung ergänzt wird.

Schließlich beschränken sich die Besonderheiten dieses Bauvorhabens nicht bloß auf die Planung und Ausführung, sondern beinhalten zahlreiche weitere Facetten, die bei der Abwicklung zum Vorschein treten. Nachfolgend soll anhand der Projektdaten und der Beschreibung von Werdertorgasse 5–7 und 6 die Grundlage für ein besseres Verständnis bzw für einen prägnanten Überblick sorgen. Im Anschluss wird ein vertiefter Einblick gewährt, indem ua auf die Planung und Ausführung und die dazugehörigen Faktoren Bauzeit und Kosten eingegangen wird. Abschließend werden die maßgebenden Punkte für einen erfolgreichen Projektabschluss thematisiert, die sich aus Mängelmanagement sowie Nutzung und Ausstattung zusammensetzen.

---

1 *Fontane*, https://gutezitate.com/zitat/136700 (15.10.2020).

1.2. Allgemeine Projektdaten

Als hochkomplexes Projekt in jederlei Hinsicht sind bei diesem Bauvorhaben viele unterschiedliche Parteien Teil der Umsetzung und im Umkehrschluss haben somit umso mehr äußere Faktoren einen erheblichen Einfluss auf die Umsetzung. Die nachfolgenden Tab sollen einen Überblick über die wichtigsten Daten und Fakten der Projekte Werdertorgasse 5–7 und Werdertorgasse 6 geben.

WERDERTORGASSE 5–7	
Bauherr	Sirius Neutor Wien GmbH
Projektsteuerung	Rudolf & Vier Partner GmbH
ÖBA	Rudolf & Vier Partner GmbH
Generalplaner	Wolf Reicht Architects ZT GmbH
Generalunternehmer	ARGE Böhm Granit
Bauzeit	25 Monate
Auftragsvolumen	etwa 24 Mio
Baumaßnahmen	Bestandsumbau und Dachgeschossausbau
Wohnungen	43 Wohnungen, 3 Geschäftslokale
	davon 7 Dachgeschosswohnungen
	34 Parkplätze mittels Stapelparker
Wohnungsgrößen	Appartements 45–195 m²
	Dachgeschoss-Penthouses bis zu 315 m²
Wohnnutzfläche	etwa 8.630 m²
Fassadensanierung	3730 m²
Mauerwerksverpressung	286 m³
Stahlunterfangungen	45 to
Dachgeschossausbau Stahl	100 to

Tab XIV.1: Projektdaten Werdertorgasse 5–7

WERDERTORGASSE 6	
Bauherr	Werdertorgasse 6 GmbH & Co KG
Projektsteuerung	Rudolf & Vier Partner GmbH
ÖBA	Rudolf & Vier Partner GmbH
Generalplaner	Wolf Reicht Architects ZT GmbH
Generalunternehmer	ARGE Böhm Granit

WERDERTORGASSE 6	
Bauzeit	26 Monate
Auftragsvolumen	etwa 21 Mio
Baumaßnahmen	Bestandsumbau und Dachgeschossausbau inklusive Neubau an den Bestand
Wohnungen	50 Wohnungen
	davon 4 Dachgeschosswohnungen
	50 Parkplätze mittels Stapelparker
Wohnungsgrößen	Appartements 53–97 m²
	Dachgeschoss-Penthouses bis zu 154 m²
Wohnnutzfläche	etwa 6.285 m²
Bohrpfähle	1720 lfm
Fassadensanierung	520 m²
Mauerwerksverpressung	144 m³
Stahlunterfangungen	14 to

Tab XIV.2: Projektdaten Werdertorgasse 6

1.3. Werdertorgasse 5–7 und 6

1.3.1. Das Wohnviertel

Die Werdertorgasse wurde 1864 nach dem ehemaligen Werdertor benannt, das ein Teil der historischen babenbergischen Stadtmauer war. Dieses Werdertor befand sich jedoch einige hundert Meter näher zum Stadtzentrum und Mitte des 13. Jahrhunderts wurde das sog neue Werdertor oder auch Neutor exakt an jener Stelle errichtet, an der sich heute die Liegenschaft Werdertorgasse 5–7 befindet. Der Namensteil Werd kommt aus dem Mittelhochdeutsch und steht für die damaligen Flussinseln in der Donau.[2]

1.3.2. Werdertorgasse 5–7

1.3.2.1. Historie

Mitten im exklusiven historischen Textilviertel der Wiener Innenstadt liegt das imperiale Haus an der Ecke Neutor/Werdertorgasse, das als imposantes Wohn- und Geschäftsgebäude im Jahr 1869 errichtet wurde. Das Gründerzeithaus besticht durch seine hochwertige Jahrhundertwende-Architektur, die historische Bedeutung des Orts und seine zentrale Lage. Im Auftrag von Herrn *Mayr Mandl*, einem Industriellen aus der Textilbranche, wurde das Ensemble Werdertorgasse 5–7 in den Jahren 1869/1870 vom renommierten Architekten *Ludwig Zettl* umgesetzt, der auch bei der Planung der Wiener

2 *Piment*, https://amwerdertor.at/das-haus (22.10.2020).

Ringstraßenzone in der Stadterweiterungskommission eine wichtige Rolle spielte. Ursprünglich diente das Gründerzeithaus als Wohn- und Geschäftsgebäude.[3]

Der Industrielle *Mayr Mandl* beschäftigte schon in den 1840er-Jahren hunderte Schneider, die Konfektionsstücke für den Verkauf in Ungarn und am Balkan herstellten. Ansehen erreichte er ua im Krimkrieg als Lieferant der osmanischen Armee. 1858 gründete *Mandl* die erste Kleiderfabrik Österreichs, in der er Männerkleidung anfertigte, und in den Jahren um 1860 etablierte sich die Familie *Mandl* in Wien als Teil der guten Wiener Gesellschaft. Zu Beginn des 20. Jahrhunderts verfügten mehrere Mitglieder der Dynastie bereits über ein Millionenvermögen.[4]

Abb XIV.1: Das Werdertor [Piment, https://amwerdertor.at/das-haus (22.10.2020)]

1.3.2.2. Bauliche Besonderheiten

Die Werdertorgasse 5–7 als Mittelpunkt und als Herzstück dieses Großprojekts besticht mit der imposanten Eckausrichtung inklusive Erker und historischer Fassade und unterscheidet sich in der Hinsicht vom Schwesternprojekt Werdertorgasse 6, als dass sich der Neubauanteil allein auf den Dachgeschossausbau beschränkt und die Substanz des 19. Jahrhunderts sonst die Basis für alles Weitere darstellt.

3 *Piment*, https://amwerdertor.at/das-haus (22.10.2020).
4 *Piment*, https://amwerdertor.at/das-haus (22.10.2020).

Dabei ist als Besonderheit anzumerken, dass trotz umfangreicher Umbauarbeiten die bestehende Apotheke im Erdgeschoss weiterhin den Betrieb aufrechterhalten sollte und durch zeitintensive Planungen im Bauablauf sowie einigem koordinatorischen Aufwand auch konnte. Des Weiteren wurde der bestehende Keller durch Spezialtiefbauarbeiten und Unterfangungen soweit verbessert, dass das Gründerzeithaus mit einer Tiefgarage, die mit Stapelparkern ausgestattet ist, versehen werden konnte. Eine Etage weiter oben, im Erdgeschoss, wurde im Innenhof ein Glasdach, aufgesetzt auf eine Stahlkonstruktion, konstruiert, damit darunter ein hauseigener Spa-Bereich für die Bewohner von Haus 5–7 errichtet werden konnte.

Der bereits erwähnte Dachgeschossausbau inklusive Galeriegeschoss und Dachterrassen erfolgte mittels Stahl- und in weiterer Folge zimmermannsmäßigen Konstruktion. Dabei erhielt das Penthouse, das im Bereich Ecke Werdertorgasse und Neutorgasse liegt, eine großflächige, abgerundete Schrägdachverglasung. Die straßenseitige Dachverkleidung erfolgte als Draufgabe mit einer Alu-Cobond-Verkleidung.

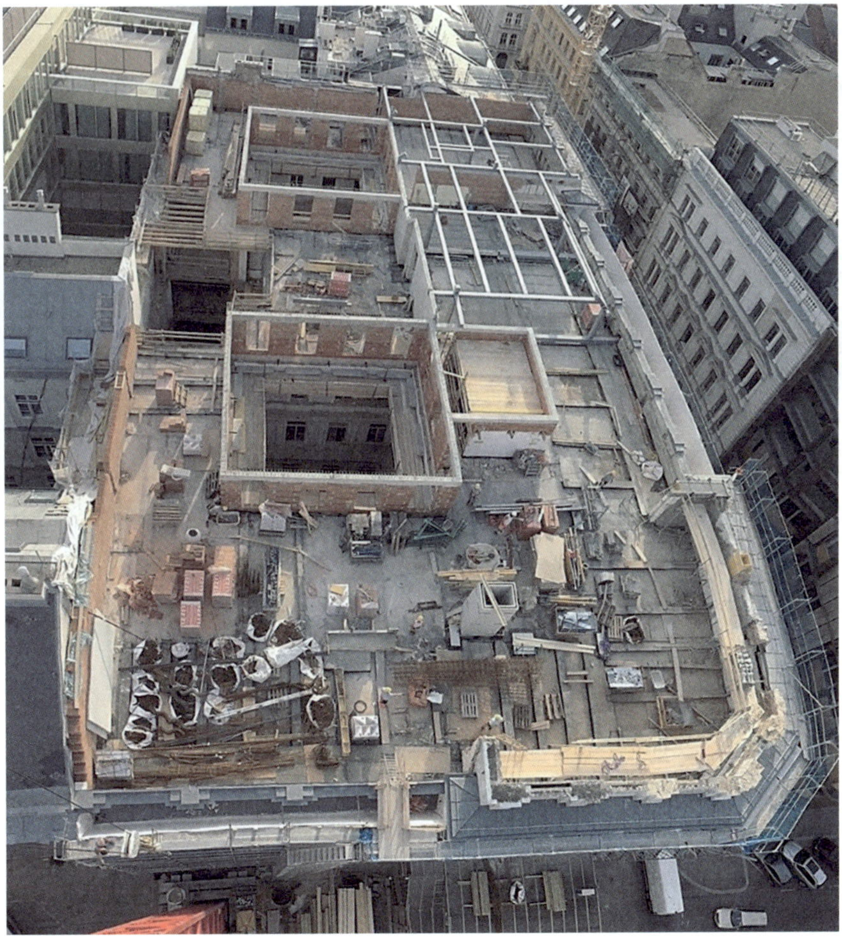

Abb XIV.2: Werdertorgasse 5–7 – Rohbau

1.3.2.3. Nutzung

Das anvisierte Ziel ist eine zeitlos elegante Immobilie in Wien, welche die klassische Eleganz und den unverwechselbaren Charme des Gebäudes beibehalten, aber auch durch die Neugestaltung den zeitgemäßen technischen Komfort auf höchstem Niveau bieten soll. Gediegenheit und Luxus sollen sich in den Eigentumswohnungen widerspiegeln. Va die dabei verwendeten Materialien vom geschmackvollen Wandbelag bis zum edlen Echtholzboden, vom mondänen Foyer über den klassischen Wiener Altbau bis zur luxuriös ausgestatteten Dachterrassenwohnung sollen diese Qualitäten zeigen.

Abb XIV.3: Werdertorgasse 5–7 – Visualisierung

1.3.3. Werdertorgasse 6

1.3.3.1. Historie

Das weitläufige Gründerzeithaus wurde 1876 erbaut und zu Beginn va von Kindern genutzt, da in der Werdertorgasse 6 mehrere Jahrzehnte lang eine Volkschule untergebracht war. Der wohl bekannteste Schüler unter ihnen war der Schriftsteller *Stefan Zweig*, der durch seine Klassiker wie „Die Welt von gestern“, „Schachnovelle“ oder „Ungeduld des Herzens“ zu einem weltbekannten Autor avancierte. Mehrere Jahrzehnte nachdem *Stefan Zweig* seine Schulzeit dort absolvierte, fand die heutige Luxusimmobilie in Wien eine alternative Nutzung als Verwaltungsgebäude durch die Stadt.[5]

5 *Piment*, https://werdersix.at/das-haus (22.10.2020).

Abb XIV.4: Stefan Zweig [Piment, https://werdersix.at/das-haus (22.10.2020)]

1.3.3.2. Bauliche Besonderheiten

Beim Bau bzw Umbau von Haus 6 ist va hervorzuheben, dass hierbei die Symbiose zwischen Alt und Neu in mehreren Ebenen eingegangen wird. Die Wohnungen von Objekt WERDER SIX, wie es schlussendlich genannt wird, bestehen aus einem straßenseitigen Altbautrakt, an welchem nach Teilabbruch des Bestands ein Neubau angeschlossen wird. Dieser Zubau wurde inklusive Tiefgarage als Lückenverbau ausgeführt, wobei sich hier auch die Besonderheit ergibt, dass die straßenseitigen Wohnungen einerseits Nutzflächen im Altbau als auch im Neubau aufweisen. Das Problem bei diesem Anschluss war jedoch, dass der Neubau nicht die Geschosshöhen des Altbaus übernommen hat, sondern gemäß derzeitigen Ausführungsstandards geringe Raumhöhen aufweist. Dies erfolgte ua mit dem Hintergedanken, dass aus rein wirtschaftlicher Sicht eine geringe Höhe mehrere Geschosse zulässt und somit mehr Wohnungen gebaut werden können. Dieser Höhenunterschied wurde gelöst, indem jene Wohnungen, welche Alt und Neu verbinden, als Splitlevelwohnungen konzipiert wurden. Dabei verbinden Innentreppen die unterschiedlichen Höhenniveaus der Wohnungen. Als besonderes Extra wurde über dem Bestand in Verbindung mit dem Neubau ein weiteres Geschoss sowie ein Dachgeschoss und Galeriegeschoss gebaut, die mittels Schrägdachverglasungen, Atrien und Dachterrassen den krönenden Abschluss bilden.

Eine weitere Besonderheit bei Haus 6 ergibt sich aus dem bereits angesprochenen geschichtlichen Hintergrund. Durch die Lage an der ehemaligen babenbergischen Stadtmauer wurden im Zuge der Aushubarbeiten vereinzelte Reste eben jener Mauer angetroffen und in weiterer Folge zusätzliche Überbleibsel aus dem Mittelalter freigelegt, was zur Folge hatte, dass die Aushubarbeiten drei Monate archäologisch begleitet wurden.

Abb XIV.5: Werdertorgasse 6 – Rohbau

1.3.3.3. Nutzung

Inmitten des historischen Textilviertels im 1. Bezirk gelegen, soll sich das Gründerzeitgebäude neu erfinden. Bei WERDER SIX ist der Anspruch gegeben, eine urbane Heimat zu schaffen, die beweist, dass sich ein ruhiges Wohnumfeld und das pulsierende Flair der Innenstadt nicht ausschließen. Umgeben von gepflegten Straßen und kleinen Parks finden sich in unmittelbarer Nachbarschaft auch zahlreiche Bauwerke des Fin de Siècle, einer Blütezeit der Architektur in Wien. Hier soll man gut und gerne leben. Das 1876 erbaute Wohn- und Amtshaus in der Werdertorgasse 6 erhält mit WERDER SIX ein modernes Gesicht. Die Altbau-Front ist hier va Fassade für ein originäres Neubaukonzept im Inneren, das sich zeitgemäßes Wohnen auf bemerkenswertem Niveau zur Aufgabe gemacht hat. Als Endprodukt sollen sich stylische Eigentumswohnungen auf der Höhe der Zeit mit einer Aufteilung, die sich nach außen hin öffnet, stehen. Mit einem begrünten Innenhof, kleinen Gärten, Dachterrassen und Loggien soll das Haus 6 ein abgerundetes Gesamtbild ergeben.

Abb XIV.6: Werdertorgasse 6 – Visualisierung

1.4. Planung und Ausführung

1.4.1. Planung

Heutzutage kann hinsichtlich Architektur mit hoher Wahrscheinlichkeit davon ausgegangen werden, dass eine bereits vorhandene Bausubstanz die Basis für alle weitere Maßnahmen darstellt. Das betrifft einerseits die baulichen Aspekte der Architektenaufgabe und andererseits auch immer häufiger die unmittelbare Einbeziehung eines Bestandsobjekts in die Planung. In erheblichem Maße fließen dabei beide Punkte in die Entscheidungsfindung und Lösungserarbeitung während der architektonischen Planung ein.

Zusammengefasst kann das Bauen im Bestand durch folgende Varianten erfolgen:

1. Umbauplanung (Sanierung, Modernisierung, Umnutzung)
2. Erweiterung
3. Abriss und Neubau

Die Entscheidungsfindung für eine der drei genannten Szenarien ist betreffend funktioneller, gestalterischer und konstruktiver Kriterien sorgfältig abzuwägen, wobei die beschreibenden Zustandsgrößen des zu bewertenden Gebäudes die entscheidenden Randbedingungen für die Analyse und Konzeption der Planungsaufgabe bilden. In diesem Aspekt liegt ein wesentlicher Unterschied zum Neubau. Die Bedeutung, welche die vorhandene Bestandssituation auf die bauliche Lösung hat, wird oft unterschätzt oder ua viel später erst in die Entscheidungsfindung einbezogen. Wie bei architektonischen Entwürfen und Planungen generell sind auch beim Bauen im Bestand die Auswirkungen auf die Sinnfälligkeit (Nutzung, Aufwand, Akzeptanz) der Lösung in früheren Arbeitsphasen weitaus größer als in späteren Prozessen.[6]

Durch die besondere Charakteristik vom Bauvorhaben Werdertorgasse 5–7 und 6 ergibt sich, dass bei diesem Projekt alle drei Varianten zum Einsatz kommen. Bei Haus 5–7 erfolgen die Baumaßnahmen größtenteils anhand von Umbau, Sanierung, Modernisierung und in kleinerem Maße als Erweiterung im Zuge des Dachgeschossausbaus und bei Haus 6 wird ein Teil des Altbautrakts abgerissen und mit einem Neubau an den straßenseitigen Bestand erweitert.

1.4.2. Ausführung Werdertorgasse 5–7

Beim Haus 5–7 als imperiales Wohn- und Geschäftsgebäude wurde der Bestand als optimale Basis für eine umfangreiche Sanierung und Modernisierung für die geplanten luxuriösen, eleganten Wohnungen gesehen, weswegen sich der Neubau bzw die Erweiterung auf den Ausbau des Dachgeschosses begrenzte.

Um die zusätzlichen Lasten durch den Ausbau abtragen zu können und um die geforderten Stellplätze für die Wohnungsbesitzer zu gewährleisten, erfolgten im Keller von Werdertorgasse 5–7 weitreichende Spezialtiefbauarbeiten mittels DSV-Säulen, Mauerwerksverpressungen und Unterfangungsarbeiten. Im Zuge dessen wurde der Keller für den gewünschten Einsatz von Stapelparkern weiter abgegraben und mittels aufwendigen abschnittsweisen Betoniervorgängen die Gruben für die Parkvorrichtungen errichtet.

Abb XIV.7: Werdertorgasse 5–7 – Unterfangungsarbeiten

6 *Donath*, Bauaufnahme und Planung im Bestand (2009) 1.

In den Obergeschossen musste unterdessen der bestehende Grundriss bzw die bestehende Raumaufteilung an die gewünschten Wohnungsgeometrien und Aufteilungen angepasst werden. Das erfolgte anhand von vielen Arbeitsstunden mit dem Abbruch von bestehenden Konstruktionen und Erneuerung in der geforderten Einteilung mit Stahlunterfangungen, Mauerwerk und Ortbeton. Ua mussten die Stiegenhäuser gänzlich abgebrochen und neu hergestellt bzw überhaupt ein neues Stiegenhaus errichtet werden. Des Weiteren musste die häusliche Infrastruktur den Anforderungen des 21. Jahrhunderts gerecht und in das Gründerzeithaus integriert werden, besonders da im Innenhof des Erdgeschosses ein Spa-Bereich für die Wohnungseigentümer errichtet wurde.

Das Dachgeschoss als absolutes Prunkstück von Haus 5–7 mit gerundeter Schrägdachverglasung, Alu-Cobondfassade und schrägen, dem Dachverlauf folgenden Glasabsturzsicherungen wurde anders als der Rest des Gebäudes gänzlich neu errichtet. Mittels Stahlkonstruktion, die auf das 4. Obergeschoss aufgesetzt wurde, konnte das Grundgerüst des Dach- und Galeriegeschosses gelegt werden. Anschließend wurde diese Basis zimmermannsmäßig vervollständigt, womit diese beiden Geschosse gänzlich aus einer Stahl-Holz-Konstruktion bestehen. Des Weiteren mussten in die eben beschriebene Konstruktion Pfosten-Riegel-Dachausstiege integriert werden, damit ein dem Objekt entsprechender Zugang auf die Dachterrassen gegeben ist. Die prunkvolle Fassade inklusive Erker an der Ecke Neutorgasse/Werdertorgasse wurde umfangreich und vollständig instandgesetzt, gesäubert und neu gemalt, womit das äußere Erscheinungsbild von Haus 5–7 um ein weiteres ins Auge stechendes Merkmal bereichert wurde.

Abb XIV.8: Werdertorgasse 5–7 aus der Perspektive von Werdertorgasse 6

Hervorzuheben ist dabei va, dass bei all diesen Arbeiten der fortlaufende Betrieb der Apotheke im Erdgeschoss gewährleistet wurde und diese von Baubeginn bis Bauende trotz aller baulichen Maßnahmen in den gewöhnten Öffnungszeiten öffnen konnte. Diese weitreichenden Eingriffe in die Bausubstanz und die umfangreichen und technisch fordernden Arbeiten im Bestand, um dieses Gründerzeithaus an die hohen Anforderungen anzupassen, waren jene Besonderheit, welche die Ausführung in jeder Hinsicht einzigartig gemacht haben.

1.4.3. Ausführung Werdertorgasse 6

Die Ausführung bei Haus 6 erfolgte gegensätzlich zu Haus 5–7 hauptsächlich als Neubau, wobei hierfür bis auf den straßenseitigen Bestandstrakt der Altbau abgerissen werden musste. Nach erfolgreichen Abbruch- und Entrümpelungsarbeiten im Bestand erfolgten die Spezialtiefbauarbeiten mittels aufgelöster Bohrpfahlwand mit DSV-Zwickelabdichtung sowie Unterfangung des erhaltenen Gründerzeithaus mit DSV-Säulen. Anschließend erfolgte der abschnittsweise Aushub inklusive Baugrubenaussteifung durch Stahlträger. Besonderes Highlight des Aushubs stellten sicher die archäologischen Funde dar, die sich nicht nur wie gedacht auf wenige Reste der historischen Stadtmauer beschränkten, sondern durch mittelalterlichen Wehranlagen und Kleinteile wie Scherben und Werkzeug erweitert wurden. Das hatte zur Folge, dass die Aushubarbeiten nur unter Beisein von archäologischem Fachpersonal durchgeführt werden konnten und die Funde erst nach vollständiger Aufnahme und Vermessung abgebrochen werden durften.

Abb XIV.9: Archäologie

Nach Archäologie und Abbruch begannen die Rohbauarbeiten mit der Errichtung des Kellers inklusive Tiefgarage, der in weiterer Folge mit einem Rotationsparker ausgestattet wurde. Ab dem Niveau vom 1. Kellergeschoss wurde der Zubau wieder mit dem Altbau verbunden, wobei wie bereits erwähnt die Obergeschosse des Neubaus und des Altbaus ein nicht immer durchgängiges Niveau aufweisen. Die Zusammenführung von Alt- und Neubau wurde mittels Einsatzes von Seilsäge, Unterfangungen und innenliegenden Treppen möglich gemacht.

Abb XIV.10: Werdertorgasse 6 – Neubau an Bestand

Ab dem 7. Obergeschoss wird der Bestandstrakt endgültig überragt und als Zugabe noch ein Dachgeschoss inklusive Galeriegeschoss mittels Sargdeckelkonstruktion aufgesetzt. Die straßenseitige Bestandsfassade erhält dabei gleich zu Haus 5–7 eine Generalüberholung, bei der ebenfalls das vorhandene Bild erhalten blieb. Konträr dazu erhielt die hofseitige Hülle des Neubaus als moderner Part des Hauses 6 eine klassische Wärmedämmverbundfassade.

Ausführungstechnisch speziell fordernd war bei Haus 6 jedenfalls der Lückenverbau sowie der Anbau an den Bestand, besonders das Anbinden an den Bestand mit einer Seilsäge und Durchbrüchen, während direkt daneben Rohbauarbeiten des Zubaus stattgefunden haben. Weiters war die reibungslose Koordinierung zwischen Rohbau und Innenausbau, der aufgrund des straffen Zeitplans ab dem 2. Obergeschoss zeitgleich stattfand, ein weiterer Aspekt, der die Bemühungen aller Beteiligten erforderte.

Abb XIV.11: Werdertorgasse 6 aus der Perspektive von Werdertorgasse 5–7

1.5. Ausstattung

Die Ausstattung von Werdertorgasse 5–7 und Werdertorgasse 6 lässt sich als die oft genannte Symbiose zwischen Altem und Neuem beschreiben. Modern ist va die technische Ausführung, die hinter all diesen Wohnungen steht. Verbaut wurden nur die besten Materialien und die neueste Technik, wobei hier nicht nur auf technische und optische Qualität Wert gelegt wurde, sondern auch der ökologische Faktor im Vordergrund gestanden ist. Jegliche Produkte, ganz gleich welches Gewerk sie betrafen, wurden auf ihre Umweltverträglichkeit mittels Anforderungsprofil von BauXund bzw Baubook geprüft.

Besonders Haus 5–7 strahlt den klassischen eleganten Wiener Altbaustil aus. Neben großzügigen Wohnungen in den Etagen des klassischen Altbaus werden auch neu konzipierte Dachgeschosswohnungen mit Terrasse geboten. Der Ausbau des obersten Geschosses verbindet die zeitlose Schönheit des historischen Gebäudes mit der modernen Penthouse-Welt. Die hohe Qualität der Ausstattung und des Wohnkomforts eint alle Wohnungstypen und ist von Design auf internationalem Niveau geprägt: mit großzügigen Raumhöhen, Fischgrät-/Parkettböden, Stuck oder exquisit ausgestatteten Bädern, ua mit Armaturen von Zazzeri und maßgefertigten Waschtischen. Zudem verfügen alle Wohnungen über Klimatisierung und ein Smart-Home-System.

Bei Haus 6 soll die Modernität durch reduzierte Eleganz im Vordergrund stehen. Hinter der revitalisierten Jahrhundertwende-Fassade finden sich größtenteils komplett neu entworfene Eigentumswohnungen, die höchsten Komfort bieten, und eine moderne Interpretation der Beletage, mit historischen und modernen Bezügen. Französische Fenster, Klimatisierung, Außenbeschattung und elegante Dielenböden setzen in den hochwertigen Appartements neue Standards. Ein weiteres Komfort-Plus ist der digitale Concierge-Service, über den die Bewohner unkompliziert verschiedenste Services buchen können. Neben den Altbauwohnungen wird hofseitig ein Neubau mit Zubau um einen begrünten Innenhof errichtet, ein Akzent Natur im Herzen der Stadt. Die Appartements im Erdgeschossbereich verfügen zudem über eigene Gärten.

Abb XIV.12: Werdertorgasse 6 – Splitlevelwohnung

Abb XIV.13: Werdertorgasse 6 – Badezimmer

1.6. Bauzeit und Kosten

Die Bauzeit bei den beiden Häusern war trotz aller unterschiedlicher Parameter und Kenndaten beinahe ident. Die Bauzeit von Werdertorgasse 5–7 beläuft sich von Oktober 2018 bis November 2020 und somit auf 25 Monate, während die baulichen Maßnahmen bei Werdertorgasse 6 einen Zeitraum von Oktober 2018 bis Dezember 2020 in Anspruch nahmen und somit einen Monat länger benötigten.

Sieht man sich somit die beiden Schwesternhäuser im Vergleich an, so fällt auf, dass ein Großteil der Bauzeit in Haus 5–7 als – rein von der Fläche und vom Baukörper gesehen – größeres Objekt der beiden Häuser va durch die zeitintensiven Arbeiten am Bestandskeller sowie beim großzügigen Dachgeschossausbau zustande kommt. Bei Haus 6 wiederum entfallen zwar die meisten Bestandsarbeiten, jedoch musste ein Teil des Hauses abgebrochen werden und durch den Wunsch nach einer Tiefgarage fielen langwierige Spezialtiefbauarbeiten an, bevor die eigentlichen Rohbauarbeiten beginnen konnten.

Diese Betrachtung kann auch auf die Kosten umgelegt werden. Denn trotz der umfangreichen Bestandsarbeiten im größeren Haus 5–7 inklusive Garage im Bestandskeller, Spa-Bereich, Dachgeschossausbau und dem luxuriöseren Innenausbau belaufen sich die

Kosten bei Haus 6 auf etwas weniger als bei Haus 5–7 und sind somit nicht in dem Ausmaß höher, das man vielleicht annimmt. Die Mehrkosten für Haus 5–7 halten sich demnach relativ gesehen in Grenzen, was sich dadurch begründen lässt, dass sich die Kosten beim Bauvorhaben Werdertorgasse 6 in dem Sinne summieren, als dass sie zuallererst für den Abbruch anfielen, dann für die erheblichen Spezialtiefbauarbeiten und schlussendlich für die Erweiterung als Neubau.

Erwähnenswert hinsichtlich Bauzeit beim Projekt in der Werdertorgasse 6 sind sicherlich auch die archäologischen Funde, die im Juni 2020 dazu führten, dass die geplanten Aushubarbeiten nicht wie gedacht stattfinden konnten, sondern dass diese im Beisein von archäologischem Fachpersonal und mit kleineren Geräten durchgeführt werden mussten. Nach Freilegung und wissenschaftlicher Dokumentation der Funde konnten diese schlussendlich abgebrochen und die Aushubarbeiten beendet werden. Die Begleiterscheinung war eine Leistungsausdünnung gegenüber dem Vertragssoll aus der Sphäre des Auftraggebers, was zur Folge hatte, dass die Bauzeit bei Haus 6 verlängert wurde.

Demgegenüber waren bei Werdertorgasse 5–7 va die Sonderwünsche der Kunden ein ausschlaggebender Faktor für die Bauzeit. Die Wohnungen in Haus 5–7 als elegante und va luxuriöse Wiener Altbauwohnungen im 1. Bezirk hatten anders als im Haus 6, welches das junge und moderne Wohnprojekt verkörpert, um ein Vielfaches mehr Kundensonderwünsche. Durch die zögerliche Entscheidungsfindung von potenziellen oder tatsächlichen Kunden wurde der Baufortschritt zum Teil aufgehalten und einige Wohnungen durften erst nach Rücksprache mit Bauherrschaft und Kunden fertiggestellt werden.

Ein weiterer Punkt, der die Bauzeit beeinflusst und jener Punkt ist, der die gesamte Bauwirtschaft betroffen hat bzw immer noch betrifft, war der Ausbruch der Covid-19-Pandemie im März 2020. Aufgrund der staatlichen Beschränkungen wurden die Arbeiten unterbrochen, konnten aber bereits nach kurzer Zeit, jedoch unter Einhaltung von umfangreichen Schutzmaßnahmen, wiederaufgenommen werden. Baubetrieblich hatte dies zur Folge, dass aufgrund bestehender Abstandsregeln und Hygienemaßnahmen Personalressourcen teilweise nur begrenzt eingesetzt werden konnte und das Arbeiten nur mit Mundschutz erlaubt war.

1.7. Mängelmanagement

Heutzutage ist Mängelmanagement ein essenzieller Prozess zur Qualitätssicherung jedes Bauprojekts, um eine Mängelverwaltung sowie Mängeldokumentation zu erhalten, die nicht nur durchgängig, sondern einwandfrei sind. Damit sollen die erhöhten Anforderungen an die Qualität, die besonders bei diesen Luxusimmobilien gefragt ist, erfüllt werden. Dabei wurde dafür sowohl für Haus 5–7 als auch für Haus 6 Planradar als hilfestellende Bausoftware herangezogen.

Die vereinbarte Strategie zwischen Auftraggeberschaft und Generalunternehmerin beinhaltete, dass das Mängelmanagement von Anfang an konsequent stattfand. Das heißt, dass von Baubeginn an Mängel durch die ÖBA mittels Planradar festgehalten wurden und mit einer maximalen Frist von zwei Wochen von der Generalunternehmerin und ihren Subunternehmen zu beheben waren. Der Hintergedanke dabei war, dass Mängel nicht erst bei der Übergabe gesammelt aufgenommen und ab diesem Zeitpunkt abgearbeitet, sondern bereits im Laufe der Ausführung die gegebenenfalls auftretenden Mängel frühzeitig erkannt, gemeldet und anschließend behoben werden. Das anvisierte Ziel war es, einer Mangelflut vorzubeugen und mögliche anfallende Mängel bereits frühzeitig zu beheben, va da bei diesem Projekt Erwartungen hinsichtlich der Ausführungsqualität in erhöhtem Maße zu erwarten waren.

Der alltägliche Arbeitsablauf im Zuge des Mängelmanagements beinhaltete, dass die örtliche Bauaufsicht direkt vor Ort tägliche Baustellenbegehungen durchführte und im Zuge dessen allfällige Mängel mittels Planradar-App festhielt. Dabei wurde ein Mangelticket mit Foto erstellt, das mittels einer Markierung am Ausführungsplan und einer Beschreibung exakt zugeordnet werden konnte. Die Generalunternehmerin erhielt diese Mängeltickets in weiterer Folge per E-Mail und konnte somit unmittelbar darauf reagieren, indem zum Beispiel Aufgaben direkt an die betreffenden Subunternehmen mit Priorität, Fertigstellungsgrad und einer Erledigungsfrist weitergegeben wurden.

Die Mangelfreimeldungen fand durch direkte Statusänderungen auf Planradar statt. Diesbezüglich erfolgte der Vorgang, indem die bemängelten Punkte von der Generalunternehmerin oder direkt von den Subunternehmern mit einem Erledigungsbild inklusive Kommentar versehen und anschließend als automatische Benachrichtigung an die Beteiligten gesendet wurden. Diese Vorgehensweise hat die Aufgabenverteilung im Team oder im Unternehmen sowie die Nachverfolgung effizienter gestaltet und Struktur in die Arbeitsweise gebracht.

1.8. Resümee

Oft stellen sich Bauherrn und auch die ausführenden Firmen die Frage, ob die Sanierung des bestehenden Altbaus erstrebenswert ist, bzw nach erfolgter Fertigstellung, ob sich die Sanierung durch die Erschwernisse und Mühen, die bei einer Bestandssanierung zu Tage treten, gelohnt hat. Aufgrund der Vielseitigkeit von Altbausanierungen kann hierbei sicherlich keine generelle Antwort gegeben werden, da die Vor- und Nachteile projektbezogen abgewogen werden müssen. Doch gerade bei einem Projekt wie in der Werdertorgasse ist die Substanzerhaltung der historischen Gebäude eine gewisse Notwendigkeit zum Erhalt der klassischen Charakteristik der Wiener Baukultur im 1. Bezirk und auch ein Stück Demut gegenüber der Geschichte und Kultur, die von diesen Gebäuden ausgeht. Die historischen Gebäude werden saniert und erhalten, damit das alte Ambiente eines Straßenzugs oder sogar eines ganzen Wohnviertels mit der Zeit, aber nicht gegen die Historie geht.

Abb XIV.14: Ecke Neutorgasse/Werdertorgasse

Funktionierende Produkte allzu schnell auszusortieren, ist nicht nur bei Gebrauchsgegenständen wie Autos oder Mobiltelefonen ökologisch fragwürdig. Auch beim Bauen gibt es Bilanzen, die man berücksichtigen sollte, bevor man ein Haus voreilig abbricht. Den Aspekt der Heizenergie übermäßig Bedeutung zu geben, resultiert häufig daher, dass man den Ressourcen- und Energieverbrauch von neu herzustellenden Bauteilen insb für die Gebäudehülle nicht ganzheitlich berücksichtigt. Wie beim vorherig angemerkten Beispiel des Autos sollte sich auch ein Neubau am kompletten Lebenszyklus messen lassen und über seine hohe Energieeffizienz den zusätzlichen Energieeinsatz für seine Erstellung kompensieren. Die Faktenlage ist eigentlich recht simpel. Schließlich liegt der Energieverbrauch eines nach den aktuellen Richtlinien errichteten Hauses bei einem Bruchteil der Gebäude im Bestand. Die Energiebilanz von sanierten Bestandsgebäuden ist jedoch im Vergleich zum Neubau oft besser als vermutet. Das zeigen auch die Berechnungen des anerkannten Bremerhavener Architekten *Hans-Joachim Ewert* aus dem Jahr 2018. Dort schnitt die Sanierung stets besser ab als der Abriss mit anschließendem Neubau, selbst im Vergleich zum Passivhaus. Doch auch die Kosten können als Argument ins Treffen geführt werden Die Kosten der Sanierung lagen bei exakt 1.184,94 €/m^2, inklusive eines Anbaus und neuem Aufzug. Ein Abriss mit Ersatzneubau vergleichbarer Größe hätte rund 1.800 €/m² gekostet. Für ein neu errichtetes Passivhaus hätte der finanzielle Aufwand über 2.000 €/m² betragen. Eine Studie der österreichischen Fachhochschule Burgenland offenbart ebenfalls die unterschätzte graue Energie. Die Studie kommt zu dem Ergebnis, dass der Herstellungsenergiebedarf eines Niedrigenergie- oder Passivhauses wesentlich höher sein kann als der während des gesamten Lebenszyklus erforderliche Heizenergiebedarf. Hauptverantwortlich dafür sind Bauteile, die in zahlreichen energieintensiven Umwandlungsschritten hergestellt werden. Diese Darstellung steht somit dafür, dass Gebäude als gesamtheitliches System – auch hinsichtlich ihres Lebenszyklus für eine Gesamtökobilanzierung – betrachtet werden muss.[7]

Durch energetische Sanierungen, also Altbausanierungen mit dem Ziel. den Energieverbrauch des Gebäudes zu reduzieren, werden oft die Betriebskosten bzw der Heizwärmebedarf der Gebäude um mehr als 50 % gesenkt. Investitionen in eine energetische Sanierung sind Investitionen, die sich erst nach mehreren Jahren (von Projekt zu Projekt verschieden; in der Regel 10–20 Jahren je nach Größe des Bauvorhabens und Höhe der Investitionskosten) rentieren, jedoch ab dem Break-even-Point nur mehr einen Gewinn erzielen. Ein Neubau muss somit eigentlich erst errichtet werden, wenn keine sanierungsfähigen Gebäude mehr vorhanden sind.

Nicht zu vergessen ist auch die Ausstrahlung, die von den historischen Bauten ausgeht und sich auch in wirtschaftlicher Hinsicht positiv auswirkt. Die imposanten Altbauwohnungen im imperialen Stil mit Raumhöhen von teilweise über vier Metern, aber doch mordernster Ausstattung und bester Lage im 1. Bezirk sind jene Wohnungen, die am Markt auf besonders viel Gegenliebe stoßen. Erkennbar wurde das, als die Wohnungen vom reinen Bestandssanierungsprojekt Werdertorgasse 5–7 bereits wesentlich früher vor Fertigstellung verkauft waren, während der Verkauf der Neubauwohnungen in der Werdertorgasse 5–7 einen längeren Zeitraum benötigte. Des Weiteren ergibt sich durch das massive Ziegelmauerwerk ein behagliches Raumklima, da zB an heißen Tagen in den Sommermonaten va die Speicherfähigkeit massiver Wände zum Tragen kommt. Das Mauerwerk wirkt wie ein Schutzschild, nimmt während des Tages Wärme auf und gibt sie zeitversetzt in der kühleren Nacht wieder ab.

7 *Bund-Bawue,* Abreißen oder Sanieren? SWK 2018, 16.

Abb XIV.15: Werdertorgasse 5–7 – Foyer

Zum Erreichen eines Vorteils aus einer Altbausanierung im Gesamten müssen aber auf jeden Fall die Sanierung vor dem Beginn der Ausführung gründlich durchgeplant und die Möglichkeiten der Sanierungsmethode sowie der Alternativmethode gründlich geprüft werden, um die technisch und wirtschaftlich beste Methode zu wählen. Eine gründliche Substanzuntersuchung stellt das Um und Auf dar, wenn aus der Vielzahl von möglichen Sanierungsmöglichkeiten die beste Methode gewählt werden muss.

Um zur Frage am Beginn dieses Kapitels zurückzukehren, ob eine Sanierung des Bestandsgebäudes erstrebenswert ist, benötigt es wohl bei den Bauvorhaben Werdertorgasse 5–7 und 6 keiner weiteren Worte, denn die beiden Häuser, die Alt und Neu, Klassik und Moderne sowie Bestand und Neubau so miteinander vereinen, dass kein Vergleich gescheut werden muss, stehen als eindeutige Antwort für sich.

2. Walfischgasse 13 und Krugerstraße 16

Abb XIV.16: Ansicht Gebäude Ecke Walfischgasse/Akademiestraße

Ausführendes Bauunternehmen:
Böhm Stadtbaumeister & Gebäudetechnik GmbH
Donau-City-Straße 1, 1220 Wien
+43 1 / 224 22 – 1499

Planer:
Architekt DI Thomas Kutschera
Kopfgasse 8, 1130 Wien
+43 1 / 877 23 15 – 0

Bauherr:
Wiener Städtische Versicherung AG
Schottenring 30, 1010 Wien
+43 50 / 350 350

Projektmanagement:
UBM Developement AG
Laaer-Berg-Straße 43, 1100 Wien
+43 50 / 626 – 2600

2.1. Kurzbeschreibung

Die im Jahre 1881 im Neu-Renaissance-Stil nach den Plänen von Architekt *Ludwig Tischler* errichteten Gebäude Walfischgasse 13 und Krugerstraße 16 wurden im Zeitraum vom 17.9.2018–17.12.2020 generalsaniert.

Standort der beiden Häuser ist ein im Rahmen der Schleifung der Wiener Stadtbefestigung neu parzelliertes Eck-Grundstück auf dem Areal der ehemaligen Wasserkunstbastion.

Ludwig Tischler (1840–1906) gehörte zu den meistbeschäftigten Wiener Architekten des späten 19. Jahrhunderts. *Tischler* errichtete rund 250 Bauten allein im Wiener Raum, davon 28 in der Inneren Stadt. Va die von ihm entworfenen repräsentativen Mietpalais in der Inneren Stadt und entlang der Ringstraße prägen bis heute das Stadtbild Wiens.

Die ursprünglich errichteten Zwillingsgebäude hatten im Laufe der Zeit verschiedene Nutzungen. Während der Gebäudeteil Walfischgasse noch zum Großteil im Originalzustand geblieben ist, musste das Gebäude in der Krugerstraße nach massiven Bombenschäden im 2. Weltkrieg im Jahr 1951 generalsaniert werden, wobei auch wesentliche Veränderungen in der Gebäudestruktur realisiert wurden – die Lage des Stiegenhauses und das äußere Erscheinungsbild wurden verändert. Im Laufe der folgenden Jahrzehnte sind diverse Bedarfsumbauten im kleineren Ausmaß durchgeführt worden.

Abb XIV.17: Ansicht Gebäude Ecke Walfischgasse/Akademiestraße

Im Zuge des Umbaus wurden auf der Bruttogeschoßfläche von 8.491 m^2, sieben Büroeinheiten und neun Luxuswohnungen hergestellt. Dabei wurden unter anderem 120 to Stahlbau, zahlreiche Stahlauswechslungen sowie 350 m^3 Beton eingebaut. Des Weiteren wurden aufwändige Alu-Glas-Konstruktionen und hochwertige Endbeläge sowohl im Bürohaus als auch im Wohnhaus verbaut.

Abb XIV.18: Ansicht Gebäude Ecke Krugerstraße/Akademiestraße

2.2. Statische Maßnahmen

2.2.1. Ast-Molin-Decke

Im Zuge der statischen Sanierung der bestehenden Ast-Molin-Decke wurden die Deckenuntersichten aufgrund der zu geringen Betondeckung sandgestrahlt und reprofiliert, sodass die statische Tragfähigkeit wieder gegeben war.

Betonabplatzungen wurden entfernt, freiliegende Bewehrungseisen mechanisch gereinigt und entrostet. Anschließend wurde ein Korrosionsschutz angebracht und die Rippen wurden reprofiliert. Zur Erreichung der erforderlichen Brandschutzklasse (EI60) wurde eine Brandschutzdecke in Leichtbauweise (Gipskartondecke) eingezogen.

Abb XIV.19: Sanierte Ast-Molin-Decke

2.2.2. Tramdecken

Die bestehenden Tram-Traversendecken mussten sowohl aus statischen als auch schallschutztechnischen Gründen komplett saniert werden. Dabei wurde der gesamte Bodenaufbau (Blindboden, Polsterhölzer und Beschüttung) abgebrochen. Die obere Schalhaut wurde demontiert und die Träme mittels Aufdopplungen verstärkt.

Der Hohlraum zwischen den Trämen wurde aus Schallschutzgründen mit Steinwolle ausgestopft und eine neue Schalung aufgebracht. Als neuer Fußbodenaufbau wurde ein schwimmender Zementestrich hergestellt.

Abb XIV.20: Tram-Traversendecke im Bauzustand

2.3. Tragkonstruktion – Ziegelmauerwerk

Die bestehenden tragenden Ziegelwände (Außen- und Mittelwände) wurden gemäß statischen Angaben mittels verschiedener Methoden ertüchtigt.

Im Keller- sowie Erdgeschoß wurden die Wände mittels Kunstharzverpressungen saniert. In den Regelgeschoßen wurden zahlreiche Stahlprofile in Form einzelner Träger, Rahmenkonstruktionen und Zugbänder eingebaut.

Zum Erreichen der notwendigen Brandbeständigkeit wurden die einzelnen Träger entweder leichtbaumäßig verkleidet oder einbetoniert.

Abb XIV.21: Erdbebenrahmen mit und ohne Brandschutzverkleidung

2.4. Sanierung unter Vorgaben des Bundesdenkmalamts

2.4.1. Fassade

Ludwig Tischler gilt als ein prominenter Vertreter des für die Ringstraßenära typischen Historismus. Sein Schwerpunkt umfasste va Miethäuser und Hotels. In seinen frühen Bauten orientierte sich Tischler an der italienischen Renaissance. Wie das Gebäude in der Walfischgasse 13 zeigen seine Gestaltungen klassische Proportionen und Ordnungen. Zum eleganten Erscheinungsbild tragen repräsentative Eingangsportale, prägnante Ecklösungen und eine architektonisch hervorgehobene Beletage bei.

Im Laufe der 1880er-Jahre wandte sich *Tischler* verstärkt einer monumentalen, an Stilelementen des Barock orientierten Formensprache zu. Das Gebäude in der Walfischgasse 13 darf somit noch der Phase der italienischen Renaissance im Œuvre *Tischlers* zugeordnet werden.

Als charakteristisch in *Tischlers* Repertoire gelten die von der klassischen Serliana inspirierten, dreiteiligen Fenster. Dieses Palladio-Motiv ziert auch die Fenster der Walfischgasse 13 im Eckrisalit auf Höhe der Beletage und wiederholt sich auf der ganzen Fassadenlänge unterhalb des Kranzgesimses. Um das Piano Nobile besonders elegant erscheinen zu lassen, zeichnete *Tischler* jede Fensterachse mit einem Feld aus reich profilierten Balustern aus. Dieses Motiv wiederholte er bei der das Gebäude bekrönenden Attikabalustrade.

Abb XIV.22: Ansicht Gebäude Ecke Walfischgasse/Akademiestraße vor der Generalsanierung

Abb XIV.23: Ansicht Gebäude Ecke Walfischgasse/Akademiestraße nach der Generalsanierung

Da die straßenseitige Fassade des Gebäudeteils Walfischgasse unter Denkmalschutz steht, mussten alle Arbeitsschritte und verwendeten Materialen vorher vom BDA freigegeben werden. Alle Putzflächen wurden einer gründlichen Oberflächenreinigung unterzogen, bei welcher der letzte Anstrich mit Dampf entfernt wurde, irreparable Verputzungen und Überriebe wurden mechanisch entfernt. Vor Aufbringung des neuen Fassadenanstrichs wurden sandene Oberflächen verfestigt, Fehlstellen ergänzt und Risse sowie Schollen hinterfüllt.

Abb XIV.24: Ansicht Fassade Akademiestraße 1A

Die Fassadenflächen mit Ziegelmauerwerk wurden ebenfalls einer gründlichen Oberflächenreinigung mittels Wasserdampf unterzogen, bei welcher sämtliche Fremdsubstanzen entfernt wurden. Diese erfolgte unter besonderer Schonung der Oberfläche unter Minimaldruck. Oberflächenparallele Risse und Schollen wurden verpresst, nach Bedarf wurden einzelne, ganze farblich an den Bestand angepasste Ziegelsteine eingesetzt.

Loser Mörtel aus den Fugen wurde flankensauber ausgekratzt (gleichmäßig ca 15–20 mm tief), die Fugenflanken gereinigt und mit schwach plastischen Fugenmörtel in zwei Arbeitsgängen in die Fugen eingedrückt und gut verdichtet (1. Arbeitsgang: erst Lagerfuge, dann Stoßfuge, 2. Arbeitsgang: erst Stoßfuge, dann Lagerfuge).

Versatzteile wurden von qualifizierten Stuckrestaurateuren manuell freigelegt. Die Oberfläche wurde gereinigt, lockere Teile fixiert und Fehlstellen ergänzt. Nach Fertigstellung der Restauratorarbeiten und Freigabe durch das BDA wurden die Versatzteile gestrichen. Natursteine wurden verfestigt, mit Dampf und im Niederdruck-Rotationsverfahren gereinigt. Fehlstellen wurden restauriert.

2.4.2. Steinbalustrade

Gestalterisch erhöht die Attikabalustrade die Außenwand über den Dachrand hinaus und verdeckt optisch das dahinter aufragende Dach. Die Balustrade schließt die Fassadengliederung nach oben ab und ist somit ein wesentlicher Bestandteil der Fassadengestaltung.

Von Juli bis Oktober 2019 sanierte im Auftrag der BÖHM Stadtbaumeister & Gebäudetechnik GmbH die auf die Pflege und Erhaltung von Baudenkmalen aus Naturstein spezialisierte Wolfgang Ecker GmbH die Attikabalustrade.

Insgesamt 84 Baluster teilen sich in Siebenergruppen in zwölf Feldern auf und sind seitlich von Postamenten umrahmt. Jeder Baluster wiederum besteht aus einem profilierten, quadratischen Schaft und einem bauchigen Oberteil mit rundem Querschnitt in Form eines stehenden Karnieses. Zum Einsatz kam Sankt Margarethener Kalksandstein. Der im sog Römersteinbruch in Sankt Margarethen im Burgenland gewonnene Naturstein zählt zu den bekanntesten Natursteinen Österreichs und wird ua am Wiener Stephansdom eingesetzt

2.4.2.1. Schadensbilder

Die exponierten Steinteile einer Attikabalustrade sind ständiger Bewitterung ausgesetzt und gelten unter Denkmalpflegern als besonders stark beanspruchte Bauteile. Bei der Befundung durch die Steinmetze wurden ausgeprägte Schäden an der rund 140 Jahre alten Steinsubstanz festgestellt. Wie jeder Baustoff unterliegt auch Naturstein über die lange Nutzungsdauer einem natürlichen Alterungsprozess. Neben oberflächlichen Absandungen durch Witterungseinflüsse wie Durchnässung, Frost-Tauwechseln sowie Erosion durch Wind und Regen zeigten die Werkstücke tiefgehende Risse oder waren in ihrer Substanz gänzlich zerstört.

Diese Schäden waren vorwiegend durch vorangegangene, unsachgemäße Sicherungen und Sanierungen hervorgerufen worden. Va in früheren Jahrzehnten gebräuchliche, nicht oder nur ungenügend gegen Korrosion geschützte Eisenanker hatten zu Rostsprengungen und Rissen geführt. Besonders stark in ihrer Substanz – und damit auch in der statischen Sicherheit – waren die Postamente, Fußläufe und horizontalen Profilteile oberhalb der Baluster beeinträchtigt.

Die in der Walfischgasse 13 vorgefundene Rostsprengung zählt zu den weltweit am weitesten verbreiteten Schadensbildern bei der unsachgemäßen Sanierung historischer Bausubstanz. Prominente Beispiele sind das Parthenon oder auch das Kolosseum. Der Austausch rostender Verankerungen und die fachgerechte Sicherung zählen somit zu einer wesentlichen Aufgabe bei der Bewahrung von Baudenkmalen aus und mit Naturstein.

Abb XIV.25: Schadensbild 1

Abb XIV.26: Schadensbild 2

Abb XIV.27: Schadensbild 3

2.4.2.2. Denkmalpflegerische Maßnahmen

Für die größtmögliche Sicherheit der Balustrade erarbeitete man zunächst ein statisches Konzept.

Die nachfolgende Aufgabe bestand darin, die Balustradenfelder unter der Vorgabe einer weitgehenden Erhaltung der Originalsubstanz behutsam abzubauen, die einzelnen Steinelemente zu beschriften, zu verpacken und zur Einlagerung ins Werk Traiskirchen abzutransportieren. Vor der Demontage wurde jedes Balustradenfeld vermessen und fotografisch dokumentiert.

Im Zuge der Steinsanierung wurden die Steinteile nach dem Entfernen der korrodierten alten Anker durch rostbeständige Vernadelungen neu gesichert. Intakte Baluster wurden im Niederdruck-Strahlverfahren materialschonend von Inkrustierungen und Verunreinigungen gesäubert. Kleinere Fehlstellen wurden mit Restauriermörteln ergänzt. Dabei kamen mineralische Steinergänzungsmörtel vom Typ Remmers RM N sowie RM GM M20 zum Einsatz. Wo erforderlich, ersetzen sog Vierungen die Fehlstellen steinmetzmäßig. Dabei setzen Steinmetze Neuteile aus Originalsubstanz passgenau in die zuvor sauber angearbeiteten Partien der historischen Substanz ein.

Abb XIV.28: Steinergänzungen

Abb XIV.29: Vierungen

Waren Werkstücke so stark geschädigt, dass eine Steinergänzung oder der Einsatz von Vierungen denkmalpflegerisch nicht möglich war, nutzten die Steinmetze die Technik der Rekonstruktion. Insgesamt 19 Baluster wurden auf diese Weise als exakte Kopie der bestehenden Baluster handwerklich angefertigt. Für ein einheitliches Erscheinungsbild der alten und neuen Steinsubstanz erhielten die Oberflächen abschließend ein sandgestrahltes Finish sowie – in Übereinstimmung mit den Vorgaben des BDA – einen Anstrich mit Kalkschlämme als sog Opferschicht. Diese Kalkschlemme mit Steinmehl aus Sankt Margarethener Kalksandstein bereitete die Werkstücke für den finalen Farbauftrag in situ vor.

Abb XIV.30: Ansicht Sanierte Balustrade Akademiestraße 1A

Abb XIV.31: Sanierte Ornamentvasen

2.4.3. Fenster und Türen

Die Kastenfenster einschließlich Parapeten und Laibungsverkleidungen wurden gem architektonischem Konzept und Vorgaben des BDA saniert und gestrichen. Dabei mussten zunächst alle losen und schadhaften Beschichtungen abgeschliffen werden, verbleibende Beschichtungen wurden chemisch oder mechanisch aufgeraut und nach Erfordernis gänzlich abgebrannt oder abgelaugt. Schadhafte Holzteile (angefault, ausgewittert, rissig) an Stöcken und Flügeln wurden ausgebaut, neue Teile nur in ganzer Länge eingesetzt. Verzogene Flügel wurden durch neue, dem Bestand nachempfundene ersetzt. Holzfehler und Risse wurden aufgeweitet und mit einer 2-Komponenten-Füllmasse verschlossen. Lockere Holzverbindungen wurden geöffnet und neu verleimt. Nach erfolgter Verkittung wurde die ganze Fläche (ausgenommen der bewitterten Außenflächen) mit einem Spachtelkitt überzogen, einmal zwischenbeschichtet und mit Lack schlussbeschichtet.

In den Stock der Innenflügel wurde eine Nut eingefräst und ein Dichtungsprofil aus synthetischem Kautschuk eingepresst (geklebt). Die Ecken wurden auf Gehrung geschnitten. Alle Beschläge wurden auf ihre richtige Funktion überprüft und instandgesetzt. Unbrauchbare und fehlende Teile wurden durch neue, funktionsgleiche ersetzt oder ergänzt. Abnehmbare Zierbeschläge wurden demontiert, gereinigt, lackiert und anschließend wieder lackiert (Einbrennlackierung). Raumweise nach gleichen Modellen sortiert wurden diese wieder montiert. Genietete Zierbeschläge wurden am Flügel gereinigt und poliert.

2.4.4. Stiegenhaus

Der im Stiegenhaus vorhandene Aufzug wurde abgetragen. Das fehlende historische Geländer wurde in Form eines bedruckten Glasgeländers mit formgerechter Anpassung der Handläufe ergänzt. Aufgrund der aktuell gültigen Normen und der Klassifizierung als Hochhaus war die bestehende Geländerhöhe als Absturzsicherung nicht mehr ausreichend und wurde mittels aufgesetzten Rundrohrhandlaufs erhöht.

Die „Kaisersteinstufen" (Kalkstein) und das Musterterrazzo wurden entsprechend den Vorgaben des BDA saniert, sodass keine Stolperfallen mehr bestehen und das gesamte Stiegenhaus wie in einstiger Schönheit wieder glänzt.

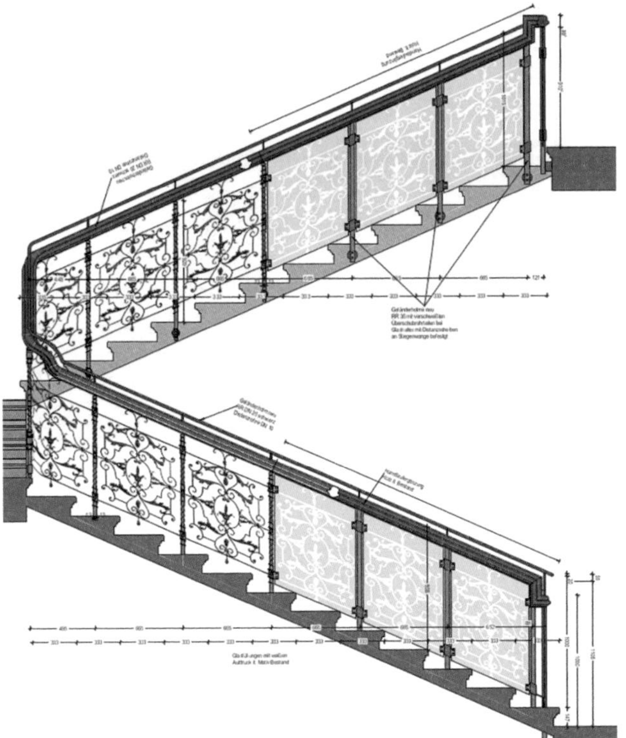

Abb XIV.32: Detailplan Geländerergänzung

Abb XIV.33: Stiegenhaus Walfischgasse vorher

Abb XIV.34: Stiegenhaus Walfischgasse nachher

2.4.5. Podeste

Durch den neu hergestellten Aufzugsschacht und die damit verbundene Positionsveränderung des Aufzuges im Stiegenhaus war es notwendig, die Podestfläche in jedem Geschoß zu erweitern.

Aufgrund der massiven Rohbauarbeiten (Einbau Stahlbetonausfachung) musste der Bestandsstuck mitsamt dem Mauerwerk abgebrochen werden.

Zur Erhaltung der historisch wertvollen Optik wurde vor Beginn der Arbeiten ein Abbild der jeweiligen Stuckverzierungen genommen, sodass die einzelnen Bilder und Leisten neu gegossen und vor Ort angebracht werde konnten.

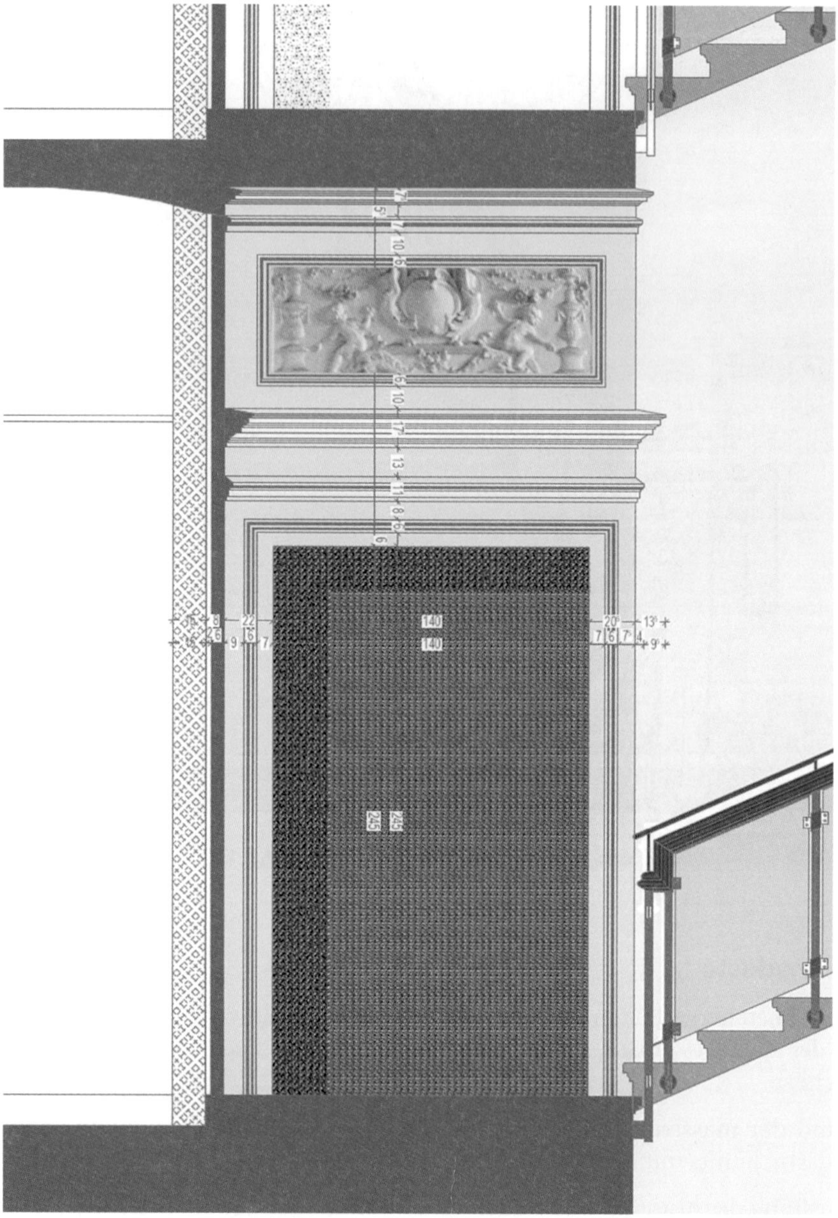

Abb XIV.35: Detailplan Durchbruch Podestbereich

Abb XIV.36: Podest Stiegenhaus Walfischgasse vorher

Abb XIV.37: Podest Stiegenhaus Walfischgasse nachher

2.4.6. Eingangshalle

Der bestehende Asphaltbelag wurde abgebrochen und durch großformatige Feinsteinzeug-Platten in rhombusförmiger Verlegung ersetzt.

Zur Erreichung des barrierefreien Zugangs des auf der Höhe des Zwischenpodests gelegenen Aufzuges wurde ein Treppenlift auf Straßenniveau hergestellt. Um den Durchgang zum Empfang zu schaffen, musste ein einbetonierter Stahlrahmen eingebaut werden. Die zum Durchgang verlaufenden Stuckbilder wurden im Leibungsbereich fortgeführt.

Abb XIV.38: Zwischenpodest Walfischgasse Eingangshalle

Abb XIV.39: Eingangshalle Walfischgasse vorher

Abb XIV.40: Eingangshalle Walfischgasse nachher

2.4.7. Restaurierung Schmuckparkett

Tafelparkett 680 × 680 × 22–30 mm
diagonal verlegt mit breitem Mäanderrandfries

Das aus der Erbauungszeit des Gebäudes stammende Schmuckparkett wurde bereits mehrmals durch Abschleifen sowie diverse, unfachmännisch ausgeführten Eingriffe erheblich in seiner Substanz bzw Nutzschicht reduziert. Die vorgefundene Fläche war mit einem neuzeitlichen Lacküberzug versehen, der bereits durch zu häufigen Wassereintrag vermilcht und erheblich gestört war. Die Furnierschichten waren partiell durchgeschliffen und das Blindholz lag in vielen Bereichen frei.

Das noch im Original erhaltene, aber schwer beschädigte Parkett wurde einer eingehenden Restaurierung zugeführt. Hierbei mussten mehrere, teilweise grob ausgeführte Ergänzungsarbeiten und Unterfütterungsversuche durch die restauratorische Neukonzeption ersetzt und ergänzt werden. Alle Maßnahmen und Eingriffe wurden stets mit artgleichem Material und reversiblen Klebemittel ausgeführt. Die vermutlich in den 1970er-Jahren aufgetragene Lackschicht wurde vorsichtig entfernt und durch eine atmungsaktive Oberfläche mit Öl und Wachsüberzug ersetzt.

2.4.7.1. Vorzustand

Bereits sehr schadhafte Platten waren durch furnierte Spanplattenergänzungen ersetzt, wobei die Versatzstücke nicht passgenau eingefügt wurden. Das Parkett war im Randbereich mit Bauschaum unterspritzt worden, wodurch es leicht angehoben wurde und daher beim nachfolgenden Abschleifen die Furnierbereiche durchschliffen wurden. Umfangreiche Bereiche wurden durch das Abschleifen so reduziert, dass sich über die ganze Parkettfläche verteilt oft kleine und großflächigere zur Gänze durchgeschliffene Bereiche befanden. Lose Furniere waren vielfach mit kleinen Nägeln unsachgemäß befestigt.

2.4.7.2. Restaurierung

Das Parkett wurde vor Beginn der Platten und Fehlstellendokumentation gereinigt. Nach der Nummerierung der einzelnen Platten, dem vorsichtigen Ausbau sowie dem Transport in das Atelier der Firma Antuque Parquet konnten bei eingehenderen Untersuchungen weitere Ergänzungen mit furnierten Spanplatten festgestellt werden. Hierbei wurden Niveauunterschiede mit Hartfaserunterlagen unterfüttert, was auf eine Bearbeitung in den 1980/90er-Jahren hindeutet.

Es fanden sich ua Furniere und sehr häufig beschädigte Nut- und Federwangen an der Unterseite. Ein Großteil der Furniere war gelöst oder fehlte ganz.

Die einzelnen Furnierstücke wurden vorsichtig mit Wärmekissen ausgelöst, das unter dem Furnier befindliche spröde Klebematerial wurde mechanisch entfernt und die gelösten noch verwendbaren Furniere wieder mit reversiblem Klebematerial befestigt.

Durchgeschliffene Bereiche wurden mit der Oberfräse ausgeschnitten und – dem Maserverlauf des Holzes folgend – mit neuem ca 4–5 mm dickem Holz wieder eingesetzt.

An allen Platten wurden die unterseitigen Fehlstellen mit artgleichem Material ausgeführt, sodass nach dem Kalibrieren eine vollflächige Auflage vorhanden ist.

Die durchgeführten Maßnahmen betrafen alle Platten und Randfriese. Die durch artfremdes Material ergänzten Bereiche betrufen ca 10 % der Gesamtfläche und wurden in der historischen Herstellungsvariante nachgebaut.

2.4.7.3. Einbau/Verlegung/Oberflächenbehandlung

Der Einbau erfolgte mit hochelastischem Kleber auf neu hergestelltem Zementestrich. Es wurden alle sich noch ergebenden Fehlbereiche und Fugen sowie nicht passenden Anschlüsse nach dem Verlegen eingefügt und angepasst.

Da sich ein Großteil der Fehlbereiche aufgrund der leicht veränderten Raumdimensionen erst nach dem Einbau herauskristallisiert hatte, wurden zusätzlich passgenaue Ergänzungs- und Anpassungsarbeiten vor Ort ausgeführt.

Die durchgeschliffenen Bereiche wurden nochmals vor Ort mittels Oberfräse ausgefräst und mit artgleichem Altmaterial ergänzt, das an die Umgebung angeglichen wurde.

Die Abnahme der gestörten Lackschichten erfolgte durch mechanisches Einweichen und Abpadden der Oberfläche, wodurch die natürlich gewachsene Patina der historischen Tafeln erhalten geblieben ist.

Alte und neu eingesetzte Bereiche im Parkettmuster wurden material- und farbtechnisch zusammengefügt und weitere, zu dünne Furnierbereiche in der beschrieben Technik ausgebessert.

Alle Spalten, Fugen und Randbereiche wurden passgenau mit artgleichem Altmaterial ergänzt und ausgeführt.

Sämtliche Arbeitsschritte erfolgten in enger Kooperation mit dem BDA, das den genauen Ablauf bei mehreren gemeinsamen Begehungen vor Ort mitverfolgte.

2.4.7.4. Endzustand

Dank vollendeter Restaurierung und zweifach aufgetragenen Öl-/Wachsüberzugs erstrahlt das bereits rund 140 Jahre alte Parkett in neuem Glanz.

Bei adäquater Pflege kann der Boden so auch für die kommenden Generationen erhalten bleiben und ist ein stummer Zeuge einstiger Baukunst.

Abb XIV.41: Schmuckparkett vorher

Abb XIV.42: Schmuckparkett nachher

2.5. Eingansghalle Krugerstraße 16

Der bestehende Gussasphalt sowie der Randstein wurden abgebrochen. Ein neuer Bodenaufbau mit Feinsteinzeugbelag und farblich unterschiedlichem Randfries wurde geschaffen.

Wandeinbauleuchten und eine abgehängte Lichtschiene ermöglichen eine optisch ansprechende Beleuchtung. Die Putznischen wurden mit großformatigen Feinsteigzeugplatten (160/250 cm) gefüllt und mit einer Stuckleiste umrandet.

Abb XIV.43: Eingangshalle Krugerstraße vorher

Abb XIV.44: Eingangshalle Krugerstraße nachher

Anstelle der alten Holz-Pendeltür in der Eingangshalle wurde auf der Ebene des Zwischengeschoßes ein mit Glimmerlack pulverbeschichtetes Alu-Glas-Portal als Abschluss für den druckbelüfteten Stiegenhausbereich geschaffen.

Um einen barrierefreien Zugang zum Hauptpodest in dem Hochparterre zu gewährleisten, wurde die Zugangsstiege umgebaut und ein behindertengerechter Treppenlift zwischen dem Eingang und dem Hochparterre errichtet.

Abb XIV.45: Krugerstraße Zugang Hauptpodest vorher

Abb XIV.46: Krugerstraße Zugang Hauptpodest nachher

2.6. Beispielbilder

2.6.1. Walfischgasse 13

2.6.1.1. Büroräumlichkeiten im Dach- und Galeriegeschoss

Abb XIV.47: Ausstattung Großraumbüro

Abb XIV.48: Ausstattung Sanitärraum

2.6.1.2. Büroräumlichkeiten im 1. Obergeschoss

Abb XIV.49: Ausstattung Büro

Abb XIV.50: Ausstattung Büro

2.6.2. Krugerstraße 16

2.6.2.1. Wohnung

Abb XIV.51: Ausstattung Wohnraum

Abb XIV.52: Ausstattung Sanitärraum

Stichwortverzeichnis